Treaty Series

Treaties and international agreements registered or filed and recorded with the Secretariat of the United Nations

VOLUME 3141

Recueil des Traités

Traités et accords internationaux enregistrés ou classés et inscrits au répertoire au Secrétariat de l'Organisation des Nations Unies

United Nations • Nations Unies
New York, 2024

Print ISBN: 978-92-1-003026-7
e-ISBN: 978-92-1-358751-5
ISSN: 0379-8267
e-ISSN: 2412-1495

TABLE OF CONTENTS

ANNEX A

Ratifications, accessions, subsequent agreements, etc., concerning treaties and international agreements registered in July 2016 with the Secretariat of the United Nations

TABLE DES MATIÈRES

ANNEXE A

Ratifications, adhésions, accords ultérieurs, etc.,
concernant des traités et accords internationaux
enregistrés en juillet 2016 au Secrétariat de l'Organisation des Nations Unies

NOTE BY THE SECRETARIAT

Under Article 102 of the Charter of the United Nations, every treaty and every international agreement entered into by any Member of the United Nations after the coming into force of the Charter shall, as soon as possible, be registered with the Secretariat and published by it. Furthermore, no party to a treaty or international agreement subject to registration which has not been registered may invoke that treaty or agreement before any organ of the United Nations. The General Assembly, by resolution 97 (I), established regulations to give effect to Article 102 of the Charter (see text of the regulations, vol. 859, p. VIII; https://treaties.un.org/Pages/Resource.aspx?path=Publication/Regulation/Page1_en.xml).

The terms "treaty" and "international agreement" have not been defined either in the Charter or in the regulations, and the Secretariat follows the principle that it acts in accordance with the position of the Member State submitting an instrument for registration that, so far as that party is concerned, the instrument is a treaty or an international agreement within the meaning of Article 102. Registration of an instrument submitted by a Member State, therefore, does not imply a judgement by the Secretariat on the nature of the instrument, the status of a party or any similar question. It is the understanding of the Secretariat that its acceptance for registration of an instrument does not confer on the instrument the status of a treaty or an international agreement if it does not already have that status, and does not confer upon a party a status which it would not otherwise have.

*

* *

Disclaimer: All authentic texts in the present Series are published as submitted for registration by a party to the instrument. Unless otherwise indicated, the translations of these texts have been made by the Secretariat of the United Nations, for information.

NOTE DU SECRÉTARIAT

Aux termes de l'Article 102 de la Charte des Nations Unies, tout traité ou accord international conclu par un Membre des Nations Unies après l'entrée en vigueur de la Charte sera, le plus tôt possible, enregistré au Secrétariat et publié par lui. De plus, aucune partie à un traité ou accord international qui aurait dû être enregistré mais ne l'a pas été ne pourra invoquer ledit traité ou accord devant un organe de l'Organisation des Nations Unies. Par sa résolution 97 (I), l'Assemblée générale a adopté un règlement destiné à mettre en application l'Article 102 de la Charte (voir texte du règlement, vol. 859, p. IX; https://treaties.un.org/Pages/Resource.aspx?path=Publication/Regulation/Page1_fr.xml).

Les termes « traité » et « accord international » n'ont été définis ni dans la Charte ni dans le règlement, et le Secrétariat a pris comme principe de s'en tenir à la position adoptée à cet égard par l'État Membre qui a présenté l'instrument à l'enregistrement, à savoir que, en ce qui concerne cette partie, l'instrument constitue un traité ou un accord international au sens de l'Article 102. Il s'ensuit que l'enregistrement d'un instrument présenté par un État Membre n'implique, de la part du Secrétariat, aucun jugement sur la nature de l'instrument, le statut d'une partie ou toute autre question similaire. Le Secrétariat considère donc que son acceptation pour enregistrement d'un instrument ne confère pas audit instrument la qualité de traité ou d'accord international si ce dernier ne l'a pas déjà, et qu'il ne confère pas à une partie un statut que, par ailleurs, elle ne posséderait pas.

*

* *

Déni de responsabilité : Tous les textes authentiques du présent Recueil sont publiés tels qu'ils ont été soumis pour enregistrement par l'une des parties à l'instrument. Sauf indication contraire, les traductions de ces textes ont été établies par le Secrétariat de l'Organisation des Nations Unies, à titre d'information.

ANNEX A

Ratifications, accessions, subsequent agreements, etc., concerning treaties and international agreements registered in July 2016 with the Secretariat of the United Nations

ANNEXE A

Ratifications, adhésions, accords ultérieurs, etc., concernant des traités et accords internationaux enregistrés en juillet 2016 au Secrétariat de l'Organisation des Nations Unies

No. 23279. International Atomic Energy Agency and Ivory Coast

AGREEMENT BETWEEN THE REPUBLIC OF THE IVORY COAST AND THE INTERNATIONAL ATOMIC ENERGY AGENCY FOR THE APPLICATION OF SAFEGUARDS IN CONNECTION WITH THE TREATY ON THE NON-PROLIFERATION OF NUCLEAR WEAPONS. VIENNA, 8 SEPTEMBER 1983 [*United Nations, Treaty Series, vol. 1391, I-23279.*]

PROTOCOL ADDITIONAL TO THE AGREEMENT BETWEEN THE REPUBLIC OF THE IVORY COAST AND THE INTERNATIONAL ATOMIC ENERGY AGENCY FOR THE APPLICATION OF SAFEGUARDS IN CONNECTION WITH THE TREATY ON THE NON-PROLIFERATION OF NUCLEAR WEAPONS (WITH ANNEXES). VIENNA, 22 OCTOBER 2008

Entry into force: 5 May 2016 by notification, in accordance with article 17

Authentic text: French

Registration with the Secretariat of the United Nations: International Atomic Energy Agency, 20 July 2016

Nº 23279. Agence internationale de l'énergie atomique et Côte d'Ivoire

ACCORD ENTRE LA RÉPUBLIQUE DE CÔTE D'IVOIRE ET L'AGENCE INTERNATIONALE DE L'ÉNERGIE ATOMIQUE RELATIF À L'APPLICATION DE GARANTIES DANS LE CADRE DU TRAITÉ SUR LA NON-PROLIFÉRATION DES ARMES NUCLÉAIRES. VIENNE, 8 SEPTEMBRE 1983 [*Nations Unies, Recueil des Traités, vol. 1391, I-23279.*]

PROTOCOLE ADDITIONNEL À L'ACCORD ENTRE LA RÉPUBLIQUE DE CÔTE D'IVOIRE ET L'AGENCE INTERNATIONALE DE L'ÉNERGIE ATOMIQUE RELATIF À L'APPLICATION DE GARANTIES DANS LE CADRE DU TRAITÉ SUR LA NON-PROLIFÉRATION DES ARMES NUCLÉAIRES (AVEC ANNEXES). VIENNE, 22 OCTOBRE 2008

Entrée en vigueur : 5 mai 2016 par notification, conformément à l'article 17

Texte authentique : français

Enregistrement auprès du Secrétariat de l'Organisation des Nations Unies : Agence internationale de l'énergie atomique, 20 juillet 2016

[TEXT IN FRENCH – TEXTE EN FRANÇAIS]

PROTOCOLE ADDITIONNEL À L'ACCORD ENTRE LA RÉPUBLIQUE DE CÔTE D'IVOIRE ET L'AGENCE INTERNATIONALE DE L'ÉNERGIE ATOMIQUE RELATIF À L'APPLICATION DE GARANTIES DANS LE CADRE DU TRAITÉ SUR LA NON-PROLIFÉRATION DES ARMES NUCLÉAIRES

CONSIDÉRANT que la République de Côte d'Ivoire (ci-après dénommée « la Côte d'Ivoire ») et l'Agence internationale de l'énergie atomique (ci-après dénommée « l'Agence ») sont parties à un accord relatif à l'application de garanties dans le cadre du Traité sur la non-prolifération des armes nucléaires (ci-après dénommé « l'Accord de garanties »), qui est entré en vigueur le 8 septembre 1983 ;

CONSCIENTES du désir de la communauté internationale de continuer à promouvoir la non-prolifération nucléaire en renforçant l'efficacité et en améliorant l'efficience du système de garanties de l'Agence ;

RAPPELANT que l'Agence doit tenir compte, dans l'application des garanties, de la nécessité : d'éviter d'entraver le développement économique et technologique de la Côte d'Ivoire ou la coopération internationale dans le domaine des activités nucléaires pacifiques; de respecter les dispositions en vigueur en matière de santé, de sûreté, de protection physique et d'autres questions de sécurité ainsi que les droits des personnes physiques; et de prendre toutes précautions utiles pour protéger les secrets commerciaux, technologiques et industriels ainsi que les autres renseignements confidentiels dont elle aurait connaissance ;

CONSIDÉRANT que la fréquence et l'intensité des activités décrites dans le présent Protocole seront maintenues au minimum compatible avec l'objectif consistant à renforcer l'efficacité et à améliorer l'efficience des garanties de l'Agence ;

La Côte d'Ivoire et l'Agence sont convenues de ce qui suit :

LIENS ENTRE LE PROTOCOLE ET L'ACCORD DE GARANTIES

Article premier

Les dispositions de l'Accord de garanties sont applicables au présent Protocole dans la mesure où elles sont en rapport et compatibles avec celles de ce Protocole. En cas de conflit entre les dispositions de l'Accord de garanties et celles du présent Protocole, les dispositions dudit Protocole s'appliquent.

RENSEIGNEMENTS À FOURNIR

Article 2

a. La Côte d'Ivoire présente à l'Agence une déclaration contenant :

i) Une description générale des activités de recherche-développement liées au cycle du combustible nucléaire ne mettant pas en jeu des matières nucléaires et menées en quelque lieu que ce soit, qui sont financées, autorisées expressément ou contrôlées par la Côte d'Ivoire ou qui sont exécutées pour son compte, ainsi que des renseignements indiquant l'emplacement de ces activités.

ii) Des renseignements déterminés par l'Agence en fonction de gains escomptés d'efficacité ou d'efficience et acceptés par la Côte d'Ivoire sur les activités d'exploitation importantes du point de vue des garanties dans les installations et dans les emplacements hors installation où des matières nucléaires sont habituellement utilisées.

iii) Une description générale de chaque bâtiment de chaque site, y compris son utilisation et, si cela ne ressort pas de cette description, son contenu. La description doit comprendre une carte du site.

iv) Une description de l'ampleur des opérations pour chaque emplacement menant des activités spécifiées à l'annexe I du présent Protocole.

v) Des renseignements indiquant l'emplacement, la situation opérationnelle et la capacité de production annuelle estimative des mines et des usines de concentration d'uranium ainsi que des usines de concentration de thorium et la production annuelle actuelle de ces mines et usines de concentration pour la Côte d'Ivoire dans son ensemble. La Côte d'Ivoire communique, à la demande de l'Agence, la production annuelle actuelle d'une mine ou d'une usine de concentration déterminée. La communication de ces renseignements n'exige pas une comptabilisation détaillée des matières nucléaires.

vi) Les renseignements ci-après sur les matières brutes qui n'ont pas encore une composition et une pureté propres à la fabrication de combustible ou à l'enrichissement en isotopes :

a) Quantités, composition chimique, utilisation ou utilisation prévue de ces matières, que ce soit à des fins nucléaires ou non, pour chaque emplacement situé en Côte d'Ivoire où de telles matières se trouvent en quantités excédant dix tonnes d'uranium et/ou vingt tonnes de thorium, et pour les autres emplacements où elles se trouvent en quantités supérieures à 1 tonne, total pour la Côte d'Ivoire dans son ensemble si ce total excède dix tonnes d'uranium ou vingt tonnes de thorium. La communication de ces renseignements n'exige pas une comptabilisation détaillée des matières nucléaires.

b) Quantités, composition chimique et destination de chaque exportation hors de la Côte d'Ivoire de telles matières à des fins expressément non nucléaires en quantités excédant :

1) Dix tonnes d'uranium, ou pour des exportations successives d'uranium hors de la Côte d'Ivoire destinées au même État, dont chacune est inférieure à dix tonnes mais dont le total dépasse dix tonnes pour l'année ;

2) Vingt tonnes de thorium, ou pour des exportations successives de thorium hors de la Côte d'Ivoire destinées au même État, dont chacune est inférieure à vingt tonnes mais dont le total dépasse vingt tonnes pour l'année ;

c) Quantités, composition chimique, emplacement actuel et utilisation ou utilisation prévue de chaque importation en Côte d'Ivoire de telles matières à des fins expressément non nucléaires en quantités excédant :

1) Dix tonnes d'uranium, ou pour des importations successives d'uranium en Côte d'Ivoire, dont chacune est inférieure à dix tonnes mais dont le total dépasse dix tonnes pour l'année ;

2) Vingt tonnes de thorium, ou pour des importations successives de thorium en Côte d'Ivoire, dont chacune est inférieure à vingt tonnes mais dont le total dépasse vingt tonnes pour l'année ;

étant entendu qu'il n'est pas exigé que des renseignements soient fournis sur de telles matières destinées à une utilisation non nucléaire une fois qu'elles se présentent sous la forme voulue pour leur utilisation finale non nucléaire.

vii) a) Des renseignements sur les quantités, les utilisations et les emplacements des matières nucléaires exemptées des garanties en application de l'article 37 de l'Accord de garanties ;

b) Des renseignements sur les quantités (qui pourront être sous la forme d'estimations) et sur les utilisations dans chaque emplacement des matières nucléaires qui sont exemptées des garanties en application de l'alinéa 36 b) de l'Accord de garanties, mais qui ne se présentent pas encore sous la forme voulue pour leur utilisation finale non nucléaire, en quantités excédant celles qui sont indiquées à l'article 37 de l'Accord de garanties. La communication de ces renseignements n'exige pas une comptabilisation détaillée des matières nucléaires.

viii) Des renseignements sur l'emplacement ou le traitement ultérieur de déchets de moyenne ou de haute activité contenant du plutonium, de l'uranium fortement enrichi ou de l'uranium 233 pour lesquels les garanties ont été levées en application de l'article 11 de l'Accord de garanties. Aux fins du présent paragraphe, le « traitement ultérieur » n'englobe pas le réemballage des déchets ou leur conditionnement ultérieur, sans séparation d'éléments, en vue de leur entreposage ou de leur stockage définitif.

ix) Les renseignements suivants sur les équipements et les matières non nucléaires spécifiés qui sont indiqués dans la liste figurant à l'annexe II :

a) Pour chaque exportation hors de la Côte d'Ivoire d'équipements et de matières de ce type, données d'identification, quantité, emplacement où il est prévu de les utiliser dans l'État destinataire et date ou date prévue, selon le cas, de l'exportation ;

b) À la demande expresse de l'Agence, confirmation par la Côte d'Ivoire, en tant qu'État importateur, des renseignements communiqués à l'Agence par un autre État concernant l'exportation de tels équipements et matières vers la Côte d'Ivoire.

x) Les plans généraux pour les dix années à venir qui se rapportent au développement du cycle du combustible nucléaire (y compris les activités de recherche-développement liées au cycle du combustible nucléaire qui sont prévues) lorsqu'ils ont été approuvés par les autorités compétentes de la Côte d'Ivoire.

b. La Côte d'Ivoire fait tout ce qui est raisonnablement possible pour communiquer à l'Agence les renseignements suivants :

i) Description générale des activités de recherche-développement liées au cycle du combustible nucléaire ne mettant pas en jeu des matières nucléaires qui se rapportent expressément à l'enrichissement, au retraitement de combustible nucléaire ou au traitement de déchets de moyenne ou de haute activité contenant du plutonium, de l'uranium fortement enrichi ou de l'uranium 233, qui sont menées en Côte d'Ivoire en quelque lieu que ce soit, mais qui ne sont pas financées, expressément autorisées ou contrôlées par la Côte d'Ivoire ou exécutées pour son compte, ainsi que des renseignements indiquant l'emplacement de ces activités. Aux fins du présent alinéa, le « traitement » de déchets de moyenne ou de haute activité n'englobe pas le réemballage des déchets ou leur conditionnement, sans séparation d'éléments, en vue de leur entreposage ou de leur stockage définitif.

ii) Description générale des activités et identité de la personne ou de l'entité menant de telles activités dans des emplacements déterminés par l'Agence hors d'un site qui, de l'avis de l'Agence, pourraient être fonctionnellement liées aux activités de ce site. La communication de ces renseignements est subordonnée à une demande expresse de l'Agence. Lesdits renseignements sont communiqués en consultation avec l'Agence et en temps voulu.

c. À la demande de l'Agence, la Côte d'Ivoire fournit des précisions ou des éclaircissements sur tout renseignement qu'elle a communiqué en vertu du présent article, dans la mesure où cela est nécessaire aux fins des garanties.

Article 3

a. La Côte d'Ivoire communique à l'Agence les renseignements visés aux alinéas a.i), iii), iv), v), vi)a), vii) et x) et à l'alinéa b.i) de l'article 2 dans les 180 jours qui suivent l'entrée en vigueur du présent Protocole.

b. La Côte d'Ivoire communique à l'Agence, pour le 15 mai de chaque année, des mises à jour des renseignements visés au paragraphe a. ci-dessus pour la période correspondant à l'année civile précédente. Si les renseignements communiqués précédemment restent inchangés, la Côte d'Ivoire l'indique.

c. La Côte d'Ivoire communique à l'Agence, pour le 15 mai de chaque année, les renseignements visés aux sous-alinéas a.vi)b) et c) de l'article 2 pour la période correspondant à l'année civile précédente.

d. La Côte d'Ivoire communique à l'Agence tous les trimestres les renseignements visés au sous-alinéa a.ix)a) de l'article 2. Ces renseignements sont communiqués dans les soixante jours qui suivent la fin de chaque trimestre.

e. La Côte d'Ivoire communique à l'Agence les renseignements visés à l'alinéa a.viii) de l'article 2 cent quatre-vingt jours avant qu'il ne soit procédé au traitement ultérieur et, pour le 15 mai de chaque année, des renseignements sur les changements d'emplacement pour la période correspondant à l'année civile précédente.

f. La Côte d'Ivoire et l'Agence conviennent du moment et de la fréquence de la communication des renseignements visés à l'alinéa a.ii) de l'article 2.

g. La Côte d'Ivoire communique à l'Agence les renseignements visés au sous-alinéa a.ix)b) de l'article 2 dans les soixante jours qui suivent la demande de l'Agence.

ACCÈS COMPLÉMENTAIRE

Article 4

Les dispositions ci-après sont applicables à l'occasion de la mise en œuvre de l'accès complémentaire en vertu de l'article 5 du présent Protocole :

a. L'Agence ne cherche pas de façon mécanique ou systématique à vérifier les renseignements visés à l'article 2; toutefois, l'Agence a accès :

   i) À tout emplacement visé à l'alinéa a.i) ou ii) de l'article 5, de façon sélective, pour s'assurer de l'absence de matières et d'activités nucléaires non déclarées;

   ii) À tout emplacement visé au paragraphe b. ou c. de l'article 5 pour résoudre une question relative à l'exactitude et à l'exhaustivité des renseignements communiqués en application de l'article 2 ou pour résoudre une contradiction relative à ces renseignements;

   iii) À tout emplacement visé à l'alinéa a.iii) de l'article 5 dans la mesure nécessaire à l'Agence pour confirmer, aux fins des garanties, la déclaration de déclassement d'une installation ou d'un emplacement hors installation où des matières nucléaires étaient habituellement utilisées qui a été faite par la Côte d'Ivoire.

b. i) Sous réserve des dispositions de l'alinéa ii) ci-après, l'Agence donne à la Côte d'Ivoire un préavis d'accès d'au moins 24 heures;

   ii) Pour l'accès à tout endroit d'un site qui est demandé à l'occasion de visites aux fins de la vérification des renseignements descriptifs ou d'inspections *ad hoc* ou régulières de ce site, le délai de préavis, si l'Agence le demande, est d'au moins deux heures mais peut, dans des circonstances exceptionnelles, être inférieur à deux heures.

c. Le préavis est donné par écrit et indique les raisons de la demande d'accès et les activités qui seront menées à l'occasion d'un tel accès.

d. Dans le cas d'une question ou d'une contradiction, l'Agence donne à la Côte d'Ivoire la possibilité de clarifier la question ou la contradiction et d'en faciliter la solution. Cette possibilité est donnée avant que l'accès soit demandé, à moins que l'Agence ne considère que le fait de retarder l'accès nuirait à l'objet de la demande d'accès. En tout état de cause, l'Agence ne tire pas de conclusions quant à la question ou la contradiction tant que cette possibilité n'a pas été donnée à la Côte d'Ivoire.

e. À moins que la Côte d'Ivoire n'accepte qu'il en soit autrement, l'accès n'a lieu que pendant les heures de travail normales.

f. La Côte d'Ivoire a le droit de faire accompagner les inspecteurs de l'Agence, lorsqu'ils bénéficient d'un droit d'accès, par ses représentants, sous réserve que les inspecteurs ne soient pas de ce fait retardés ou autrement gênés dans l'exercice de leurs fonctions.

Article 5

La Côte d'Ivoire accorde à l'Agence accès :

a. i) À tout endroit d'un site;

ii) À tout emplacement indiqué par la Côte d'Ivoire en vertu des alinéas a.v) à viii) de l'article 2;

iii) À toute installation déclassée ou tout emplacement hors installation déclassé où des matières nucléaires étaient habituellement utilisées.

b. À tout emplacement, autre que ceux visés à l'alinéa a.i) ci-dessus, qui est indiqué par la Côte d'Ivoire en vertu de l'alinéa a.i), de l'alinéa a.iv), du sous-alinéa a.ix)b) ou du paragraphe b. de l'article 2, étant entendu que si la Côte d'Ivoire n'est pas en mesure d'accorder un tel accès, elle fait tout ce qui est raisonnablement possible pour satisfaire sans retard aux exigences de l'Agence par d'autres moyens.

c. À tout emplacement, autre que ceux visés aux paragraphes a. et b. ci-dessus, qui est spécifié par l'Agence aux fins de l'échantillonnage de l'environnement dans un emplacement précis, étant entendu que si la Côte d'Ivoire n'est pas en mesure d'accorder un tel accès, elle fait tout ce qui est raisonnablement possible pour satisfaire sans retard aux exigences de l'Agence dans des emplacements adjacents ou par d'autres moyens.

Article 6

Lorsqu'elle applique l'article 5, l'Agence peut mener les activités suivantes :

a. Dans le cas de l'accès accordé conformément à l'alinéa a.i) ou à l'alinéa a.iii) de l'article 5, observation visuelle, prélèvement d'échantillons de l'environnement, utilisation d'appareils de détection et de mesure des rayonnements, mise en place de scellés et d'autres dispositifs d'identification et d'indication de fraude spécifiés dans les arrangements subsidiaires, et autres mesures objectives qui se sont révélées possibles du point de vue technique et dont l'emploi a été accepté par le Conseil des gouverneurs (ci-après dénommé « le Conseil ») et à la suite de consultations entre l'Agence et la Côte d'Ivoire.

b. Dans le cas de l'accès accordé conformément à l'alinéa a.ii) de l'article 5, observation visuelle, dénombrement des articles de matières nucléaires, mesures non destructives et échantillonnage, utilisation d'appareils de détection et de mesure des rayonnements, examen des relevés concernant les quantités, l'origine et l'utilisation des matières, prélèvement d'échantillons de l'environnement, et autres mesures objectives qui se sont révélées possibles du point de vue technique et dont l'emploi a été accepté par le Conseil et à la suite de consultations entre l'Agence et la Côte d'Ivoire.

c. Dans le cas de l'accès accordé conformément au paragraphe b. de l'article 5, observation visuelle, prélèvement d'échantillons de l'environnement, utilisation d'appareils de détection et de mesure des rayonnements, examen des relevés concernant la production et les expéditions qui sont importants du point de vue des garanties, et autres mesures objectives qui se sont révélées possibles du point de vue technique et dont l'emploi a été accepté par le Conseil et à la suite de consultations entre l'Agence et la Côte d'Ivoire.

d. Dans le cas de l'accès accordé conformément au paragraphe c. de l'article 5, prélèvement d'échantillons de l'environnement et, lorsque les résultats ne permettent pas de résoudre la question ou la contradiction à l'emplacement spécifié par l'Agence en vertu du paragraphe c. de l'article 5, recours dans cet emplacement à l'observation visuelle, à des appareils de détection et de mesure des rayonnements et, conformément à ce qui a été convenu par la Côte d'Ivoire et l'Agence, à d'autres mesures objectives.

Article 7

a. À la demande de la Côte d'Ivoire, l'Agence et la Côte d'Ivoire prennent des dispositions afin de réglementer l'accès en vertu du présent Protocole pour empêcher la diffusion d'informations sensibles du point de vue de la prolifération, pour respecter les prescriptions de sûreté ou de protection physique ou pour protéger des informations exclusives ou sensibles du point de vue commercial. Ces dispositions n'empêchent pas l'Agence de mener les activités nécessaires pour donner l'assurance crédible qu'il n'y a pas de matières et d'activités nucléaires non déclarées dans l'emplacement en question, y compris pour résoudre toute question concernant l'exactitude et l'exhaustivité des renseignements visés à l'article 2 ou toute contradiction relative à ces renseignements.

b. La Côte d'Ivoire peut indiquer à l'Agence, lorsqu'elle communique les renseignements visés à l'article 2, les endroits où l'accès peut être réglementé sur un site ou dans un emplacement.

c. En attendant l'entrée en vigueur des arrangements subsidiaires nécessaires le cas échéant, la Côte d'Ivoire peut avoir recours à l'accès réglementé conformément aux dispositions du paragraphe a. ci-dessus.

Article 8

Aucune disposition du présent Protocole n'empêche la Côte d'Ivoire d'accorder à l'Agence accès à des emplacements qui s'ajoutent à ceux visés aux articles 5 et 9 ou de demander à l'Agence de mener des activités de vérification dans un emplacement particulier. L'Agence fait sans retard tout ce qui est raisonnablement possible pour donner suite à une telle demande.

Article 9

La Côte d'Ivoire accorde à l'Agence accès aux emplacements spécifiés par l'Agence pour l'échantillonnage de l'environnement dans une vaste zone, étant entendu que si la Côte d'Ivoire n'est pas en mesure d'accorder un tel accès, elle fait tout ce qui est raisonnablement possible pour satisfaire aux exigences de l'Agence dans d'autres emplacements. L'Agence ne demande pas un tel accès tant que le Conseil n'a pas approuvé le recours à l'échantillonnage de l'environnement dans une vaste zone et les modalités d'application de cette mesure et que des consultations n'ont pas eu lieu entre l'Agence et la Côte d'Ivoire.

Article 10

L'Agence informe la Côte d'Ivoire :

a. Des activités menées en vertu du présent Protocole, y compris de celles qui concernent toutes questions ou contradictions qu'elle a portées à l'attention de la Côte d'Ivoire, dans les soixante jours qui suivent l'exécution de ces activités.

b. Des résultats des activités menées en ce qui concerne toutes questions ou contradictions qu'elle a portées à l'attention de la Côte d'Ivoire, dès que possible et en tout cas dans les trente jours qui suivent la détermination des résultats par l'Agence.

c. Des conclusions qu'elle a tirées de ses activités en application du présent Protocole. Ces conclusions sont communiquées annuellement.

DÉSIGNATION DES INSPECTEURS DE L'AGENCE

Article 11

a. i) Le Directeur général notifie à la Côte d'Ivoire l'approbation par le Conseil de l'emploi de tout fonctionnaire de l'Agence en qualité d'inspecteur des garanties. Sauf si la Côte d'Ivoire fait savoir au Directeur général qu'elle n'accepte pas le fonctionnaire comme inspecteur pour la Côte d'Ivoire dans les trois mois suivant la réception de la notification de l'approbation du Conseil, l'inspecteur faisant l'objet de cette notification à la Côte d'Ivoire est considéré comme désigné pour la Côte d'Ivoire.

ii) Le Directeur général, en réponse à une demande adressée par la Côte d'Ivoire ou de sa propre initiative, fait immédiatement savoir à la Côte d'Ivoire que la désignation d'un fonctionnaire comme inspecteur pour la Côte d'Ivoire est annulée.

b. La notification visée au paragraphe a. ci-dessus est considérée comme ayant été reçue par la Côte d'Ivoire sept jours après la date de sa transmission en recommandé par l'Agence à la Côte d'Ivoire.

VISAS

Article 12

La Côte d'Ivoire délivre, dans un délai d'un mois à compter de la date de réception d'une demande à cet effet, des visas appropriés valables pour des entrées/sorties multiples et/ou des visas de transit, si nécessaire, à l'inspecteur désigné indiqué dans cette demande afin de lui permettre d'entrer et de séjourner sur le territoire de la Côte d'Ivoire pour s'acquitter de ses fonctions. Les visas éventuellement requis sont valables pour un an au moins et sont renouvelés selon que de besoin afin de couvrir la durée de la désignation de l'inspecteur pour la Côte d'Ivoire.

ARRANGEMENTS SUBSIDIAIRES

Article 13

a. Lorsque la Côte d'Ivoire ou l'Agence indique qu'il est nécessaire de spécifier dans des Arrangements subsidiaires comment les mesures prévues dans le présent Protocole doivent être appliquées, la Côte d'Ivoire et l'Agence se mettent d'accord sur ces Arrangements subsidiaires dans les quatre-vingt-dix jours suivant l'entrée en vigueur du présent Protocole ou, lorsque la nécessité de tels Arrangements subsidiaires est indiquée après l'entrée en vigueur du présent Protocole, dans les quatre-vingt-dix jours suivant la date à laquelle elle est indiquée.

b. En attendant l'entrée en vigueur des Arrangements subsidiaires nécessaires, l'Agence est en droit d'appliquer les mesures prévues dans le présent Protocole.

SYSTÈMES DE COMMUNICATION

Article 14

a. La Côte d'Ivoire autorise l'établissement de communications libres par l'Agence à des fins officielles entre les inspecteurs de l'Agence en Côte d'Ivoire et le Siège et/ou les bureaux régionaux de l'Agence, y compris la transmission, automatique ou non, d'informations fournies par les dispositifs de confinement et/ou de surveillance ou de mesure de l'Agence, et protège ces communications. L'Agence, en consultation avec la Côte d'Ivoire, a le droit de recourir à des systèmes de communications directes mis en place au niveau international, y compris des systèmes satellitaires et d'autres formes de télécommunication, non utilisés en Côte d'Ivoire. À la demande de la Côte d'Ivoire ou de l'Agence, les modalités d'application du présent paragraphe en ce qui concerne la transmission, automatique ou non, d'informations fournies par les dispositifs de confinement et/ou de surveillance ou de mesure de l'Agence seront précisées dans les Arrangements subsidiaires.

b. Pour la communication et la transmission des renseignements visés au paragraphe a. ci-dessus, il est dûment tenu compte de la nécessité de protéger les informations exclusives ou sensibles du point de vue commercial ou les renseignements descriptifs que la Côte d'Ivoire considère comme particulièrement sensibles.

PROTECTION DES INFORMATIONS CONFIDENTIELLES

Article 15

a. L'Agence maintient un régime rigoureux pour assurer une protection efficace contre la divulgation des secrets commerciaux, technologiques et industriels ou autres informations confidentielles dont elle aurait connaissance, y compris celles dont elle aurait connaissance en raison de l'application du présent Protocole.

b. Le régime prévu au paragraphe a. ci-dessus comporte notamment des dispositions concernant :

i) Les principes généraux et les mesures connexes pour le maniement des informations confidentielles;

ii) Les conditions d'emploi du personnel ayant trait à la protection des informations confidentielles;

iii) Les procédures prévues en cas de violations ou d'allégations de violations de la confidentialité.

c. Le régime visé au paragraphe a. ci-dessus est approuvé et réexaminé périodiquement par le Conseil.

ANNEXES

Article 16

a. Les annexes au présent Protocole font partie intégrante de celui-ci. Sauf aux fins de l'amendement des annexes, le terme « Protocole », tel qu'il est utilisé dans le présent instrument, désigne le Protocole et les annexes considérés ensemble.

b. La liste des activités spécifiées dans l'annexe I et la liste des équipements et des matières spécifiés dans l'annexe II peuvent être amendées par le Conseil sur avis d'un groupe de travail d'experts à composition non limitée établi par lui. Tout amendement de cet ordre prend effet quatre mois après son adoption par le Conseil.

ENTRÉE EN VIGUEUR

Article 17

a. Le présent Protocole entre en vigueur à la date à laquelle l'Agence reçoit de la Côte d'Ivoire notification écrite que les conditions légales et/ou constitutionnelles nécessaires à l'entrée en vigueur sont remplies.

b. La Côte d'Ivoire peut, à tout moment avant l'entrée en vigueur du présent Protocole, déclarer qu'elle appliquera provisoirement ce Protocole.

c. Le Directeur général informe sans délai tous les États Membres de l'Agence de toute déclaration d'application provisoire et de l'entrée en vigueur du présent Protocole.

DÉFINITIONS

Article 18

Aux fins du présent Protocole :

a. Par <u>activités de recherche-développement liées au cycle du combustible nucléaire</u>, on entend les activités qui se rapportent expressément à tout aspect de la mise au point de procédés ou de systèmes concernant l'une quelconque des opérations ou installations ci-après :

- Transformation de matières nucléaires,
- Enrichissement de matières nucléaires,
- Fabrication de combustible nucléaire,
- Réacteurs,
- Installations critiques,
- Retraitement de combustible nucléaire,
- Traitement (à l'exclusion du réemballage ou du conditionnement ne comportant pas la séparation d'éléments, aux fins d'entreposage ou de stockage définitif) de déchets de moyenne ou de haute activité contenant du plutonium, de l'uranium fortement enrichi ou de l'uranium 233,

à l'exclusion des activités liées à la recherche scientifique théorique ou fondamentale ou aux travaux de recherche-développement concernant les applications industrielles des radio-isotopes, les applications médicales, hydrologiques et agricoles, les effets sur la santé et l'environnement, et l'amélioration de la maintenance.

b. Par site, on entend la zone délimitée par la Côte d'Ivoire dans les renseignements descriptifs concernant une installation, y compris une installation mise à l'arrêt, et les renseignements concernant un emplacement hors installation où des matières nucléaires sont habituellement utilisées, y compris un emplacement hors installation mis à l'arrêt où des matières nucléaires étaient habituellement utilisées (ceci ne concerne que les emplacements contenant des cellules chaudes ou dans lesquels des activités liées à la transformation, à l'enrichissement, à la fabrication ou au retraitement de combustible étaient menées). Le site englobe également tous les établissements, implantés au même endroit que l'installation ou l'emplacement, pour la fourniture ou l'utilisation de services essentiels, notamment les cellules chaudes pour le traitement des matériaux irradiés ne contenant pas de matières nucléaires, les installations de traitement, d'entreposage et de stockage définitif de déchets, et les bâtiments associés à des activités spécifiées indiquées par la Côte d'Ivoire en vertu de l'alinéa a.iv) de l'article 2.

c. Par installation déclassée ou emplacement hors installation déclassé, on entend un établissement ou un emplacement où les structures et équipements résiduels essentiels pour son utilisation ont été retirés ou rendus inutilisables, de sorte qu'il n'est pas utilisé pour entreposer des matières nucléaires et ne peut plus servir à manipuler, traiter ou utiliser de telles matières.

d. Par installation mise à l'arrêt ou emplacement hors installation mis à l'arrêt, on entend un établissement ou un emplacement où les opérations ont été arrêtées et où les matières nucléaires ont été retirées, mais qui n'a pas été déclassé.

e. Par uranium fortement enrichi, on entend l'uranium contenant 20 % ou plus d'isotope 235.

f. Par échantillonnage de l'environnement dans un emplacement précis, on entend le prélèvement d'échantillons de l'environnement (air, eau, végétation, sol, frottis, par exemple) dans un emplacement spécifié par l'Agence et au voisinage immédiat de celui-ci afin d'aider l'Agence à tirer des conclusions quant à l'absence de matières ou d'activités nucléaires non déclarées dans cet emplacement spécifié.

g. Par échantillonnage de l'environnement dans une vaste zone, on entend le prélèvement d'échantillons de l'environnement (air, eau, végétation, sol, frottis, par exemple) dans un ensemble d'emplacements spécifiés par l'Agence afin d'aider l'Agence à tirer des conclusions quant à l'absence de matières ou d'activités nucléaires non déclarées dans une vaste zone.

h. Par matière nucléaire, on entend toute matière brute ou tout produit fissile spécial tels qu'ils sont définis à l'article XX du Statut. Le terme matière brute n'est pas interprété comme s'appliquant aux minerais ou aux résidus de minerais. Si, après l'entrée en vigueur du présent Protocole, le Conseil, agissant en vertu de l'article XX du Statut, désigne d'autres matières et les ajoute à la liste de celles qui sont considérées comme des matières brutes ou des produits fissiles spéciaux, cette désignation ne prend effet en vertu du présent Protocole qu'après avoir été acceptée par la Côte d'Ivoire.

i. Par <u>installation</u>, on entend :

i) Un réacteur, une installation critique, une usine de transformation, une usine de fabrication, une usine de retraitement, une usine de séparation des isotopes ou une installation d'entreposage séparée;

ii) Tout emplacement où des matières nucléaires en quantités supérieures à un kilogramme effectif sont habituellement utilisées.

j. Par <u>emplacement hors installation</u>, on entend tout établissement ou emplacement ne constituant pas une installation, où des matières nucléaires sont habituellement utilisées en quantités égales ou inférieures à un kilogramme effectif.

FAIT à Vienne, le 22 octobre 2008, en double exemplaire, en langue française.

Pour la RÉPUBLIQUE DE CÔTE D'IVOIRE :	Pour l'AGENCE INTERNATIONALE DE L'ÉNERGIE ATOMIQUE :
Léon Emmanuel Monet Ministre des mines et de l'énergie	David B. Waller Directeur général par intérim

ANNEXE I

LISTE DES ACTIVITÉS VISÉES À L'ALINÉA a.iv) DE L'ARTICLE 2 DU PROTOCOLE

i) Fabrication de bols pour centrifugeuses ou assemblage de centrifugeuses gazeuses.

Par bols pour centrifugeuses, on entend les cylindres à paroi mince décrits sous 5.1.1.b) dans l'annexe II.

Par centrifugeuses gazeuses, on entend les centrifugeuses décrites dans la Note d'introduction sous 5.1 dans l'annexe II.

ii) Fabrication de barrières de diffusion.

Par barrières de diffusion, on entend les filtres minces et poreux décrits sous 5.3.1.a) dans l'annexe II.

iii) Fabrication ou assemblage de systèmes à laser.

Par systèmes à laser, on entend des systèmes comprenant les articles décrits sous 5.7 dans l'annexe II.

iv) Fabrication ou assemblage de séparateurs électromagnétiques.

Par séparateurs électromagnétiques, on entend les articles visés sous 5.9.1 dans l'annexe II qui contiennent les sources d'ions décrites sous 5.9.1.a).

v) Fabrication ou assemblage de colonnes ou d'équipements d'extraction.

Par colonnes ou équipements d'extraction, on entend les articles décrits sous 5.6.1, 5.6.2, 5.6.3, 5.6.5, 5.6.6, 5.6.7 et 5.6.8 dans l'annexe II.

vi) Fabrication de tuyères ou de tubes vortex pour la séparation aérodynamique.

Par tuyères ou tubes vortex pour la séparation aérodynamique, on entend les tuyères et tubes vortex de séparation décrits respectivement sous 5.5.1 et 5.5.2 dans l'annexe II.

vii) Fabrication ou assemblage de systèmes générateurs de plasma d'uranium.

Par systèmes générateurs de plasma d'uranium, on entend les systèmes décrits sous 5.8.3 dans l'annexe II.

viii) Fabrication de tubes de zirconium.

Par <u>tubes de zirconium</u>, on entend les tubes décrits sous 1.6 dans l'annexe II.

ix) Fabrication d'eau lourde ou de deutérium ou amélioration de leur qualité.

Par <u>eau lourde ou deutérium</u>, on entend le deutérium, l'eau lourde (oxyde de deutérium) et tout composé de deutérium dans lequel le rapport atomique deutérium/hydrogène dépasse 1/5 000.

x) Fabrication de graphite de pureté nucléaire.

Par <u>graphite de pureté nucléaire</u>, on entend du graphite d'une pureté supérieure à cinq parties par million d'équivalent en bore et d'une densité de plus de 1,50 g par cm^3.

xi) Fabrication de châteaux pour combustible irradié.

Par <u>château pour combustible irradié</u>, on entend un récipient destiné au transport et/ou à l'entreposage de combustible irradié qui assure une protection chimique, thermique et radiologique et qui dissipe la chaleur de décroissance pendant la manipulation, le transport et l'entreposage.

xii) Fabrication de barres de commande pour réacteur.

Par <u>barres de commande pour réacteur</u>, on entend les barres décrites sous 1.4 dans l'annexe II.

xiii) Fabrication de réservoirs et récipients dont la sûreté-criticité est assurée.

Par <u>réservoirs et récipients dont la sûreté-criticité est assurée</u>, on entend les articles décrits sous 3.2 et 3.4 dans l'annexe II.

xiv) Fabrication de machines à dégainer les éléments combustibles irradiés.

Par <u>machines à dégainer les éléments combustibles irradiés</u>, on entend les équipements décrits sous 3.1 dans l'annexe II.

xv) Construction de cellules chaudes.

Par <u>cellules chaudes</u>, on entend une cellule ou des cellules interconnectées ayant un volume total d'au moins 6 m^3 et une protection égale ou supérieure à l'équivalent de 0,5 m de béton d'une densité égale ou supérieure à 3,2 g/cm^3, et disposant de matériel de télémanipulation.

ANNEXE II

LISTE DES ÉQUIPEMENTS ET DES MATIÈRES NON NUCLÉAIRES SPÉCIFIÉS POUR LA DÉCLARATION DES EXPORTATIONS ET DES IMPORTATIONS CONFORMÉMENT À L'ALINÉA a.ix) DE L'ARTICLE 2

1. RÉACTEURS ET ÉQUIPEMENTS POUR RÉACTEURS

1.1. Réacteurs nucléaires complets

Réacteurs nucléaires pouvant fonctionner de manière à maintenir une réaction de fission en chaîne auto-entretrenue contrôlée, exception faite des réacteurs de puissance nulle dont la production maximale prévue de plutonium ne dépasse pas 100 grammes par an.

Note explicative

Un « réacteur nucléaire » comporte essentiellement les articles se trouvant à l'intérieur de la cuve de réacteur ou fixés directement sur cette cuve, le matériel pour le réglage de la puissance dans le cœur, et les composants qui renferment normalement le fluide de refroidissement primaire du cœur du réacteur, entrent en contact direct avec ce fluide ou permettent son réglage.

Il n'est pas envisagé d'exclure les réacteurs qu'il serait raisonnablement possible de modifier de façon à produire une quantité de plutonium sensiblement supérieure à 100 grammes par an. Les réacteurs conçus pour un fonctionnement prolongé à des niveaux de puissance significatifs, quelle que soit leur capacité de production de plutonium, ne sont pas considérés comme étant des « réacteurs de puissance nulle ».

1.2. Cuves de pression pour réacteurs

Cuves métalliques, sous forme d'unités complètes ou d'importants éléments préfabriqués, qui sont spécialement conçues ou préparées pour contenir le cœur d'un réacteur nucléaire au sens donné à cette expression sous 1.1 ci-dessus, et qui sont capables de résister à la pression de travail du fluide de refroidissement primaire.

Note explicative

La plaque de couverture d'une cuve de pression de réacteur tombe sous 1.2 en tant qu'élément préfabriqué important d'une telle cuve.

Les internes d'un réacteur (tels que colonnes et plaques de support du cœur et autres internes de la cuve, tubes guides pour barres de commande, écrans thermiques, déflecteurs, plaques à grille du cœur, plaques de diffuseur, etc.) sont normalement livrés par le fournisseur du réacteur. Parfois, certains internes de supportage sont inclus dans la fabrication de la cuve de pression. Ces articles sont d'une importance suffisamment cruciale pour la sûreté et la fiabilité du fonctionnement d'un réacteur (et, partant, du point de vue des garanties données et de la responsabilité assumée par le fournisseur du réacteur) pour que leur fourniture en marge de l'accord fondamental de fourniture du réacteur lui-même ne soit pas de pratique courante. C'est pourquoi, bien que la fourniture séparée de ces articles uniques, spécialement conçus et préparés, d'une importance cruciale, de grandes dimensions et d'un prix élevé ne soit pas nécessairement considérée comme exclue du domaine en question, ce mode de fourniture est jugé peu probable.

1.3. Machines pour le chargement et le déchargement du combustible nucléaire

Matériel de manutention spécialement conçu ou préparé pour introduire ou extraire le combustible d'un réacteur nucléaire au sens donné à cette expression sous 1.1 ci-dessus, et qui peut être utilisé en marche ou est doté de dispositifs techniques perfectionnés de positionnement ou d'alignement pour permettre des opérations complexes de chargement à l'arrêt, telles que celles au cours desquelles il est normalement impossible d'observer le combustible directement ou d'y accéder.

1.4. Barres de commande pour réacteurs

Barres spécialement conçues ou préparées pour le réglage de la vitesse de réaction dans un réacteur nucléaire au sens donné à cette expression sous 1.1 ci-dessus.

Note explicative

Cet article comprend, outre l'absorbeur de neutrons, les structures de support ou de suspension de l'absorbeur, si elles sont fournies séparément.

1.5. Tubes de force pour réacteurs

Tubes spécialement conçus ou préparés pour contenir les éléments combustibles et le fluide de refroidissement primaire d'un réacteur nucléaire au sens donné à cette expression sous 1.1 ci-dessus, à des pressions de travail supérieures à 5,1 MPa (740 psi).

1.6. Tubes de zirconium

Zirconium métallique et alliages à base de zirconium, sous forme de tubes ou d'assemblages de tubes, fournis en quantités supérieures à 500 kg pendant une période de 12 mois, spécialement conçus ou préparés pour être utilisés dans un réacteur nucléaire au sens donné à cette expression sous 1.1 ci-dessus, et dans lesquels le rapport hafnium/zirconium est inférieur à 1/500 parties en poids.

1.7. Pompes du circuit primaire

Pompes spécialement conçues ou préparées pour faire circuler le fluide de refroidissement primaire pour réacteurs nucléaires au sens donné à cette expression sous 1.1 ci-dessus.

Note explicative

Les pompes spécialement conçues ou préparées peuvent comprendre des systèmes complexes à dispositifs d'étanchéité simples ou multiples destinés à éviter les fuites du fluide de refroidissement primaire, des pompes à rotor étanche et des pompes dotées de systèmes à masse d'inertie. Cette définition englobe les pompes conformes à la norme NC-1 ou à des normes équivalentes.

2. MATIÈRES NON NUCLÉAIRES POUR RÉACTEURS

2.1. Deutérium et eau lourde

Deutérium, eau lourde (oxyde de deutérium) et tout composé de deutérium dans lequel le rapport atomique deutérium/hydrogène dépasse 1/5 000, destinés à être utilisés dans un réacteur nucléaire, au sens donné à cette expression sous 1.1 ci-dessus, et fournis en quantités dépassant 200 kg d'atomes de deutérium pendant une période de 12 mois, quel que soit le pays destinataire.

2.2. Graphite de pureté nucléaire

Graphite d'une pureté supérieure à cinq parties par million d'équivalent en bore et d'une densité de plus de 1,50 g/cm^3, qui est destiné à être utilisé dans un réacteur nucléaire tel que défini au paragraphe 1.1 ci-dessus et qui est fourni en quantités dépassant 3×10^4 kg (30 tonnes métriques) pendant une période de 12 mois, quel que soit le pays destinataire.

Note :

Aux fins de la déclaration, le gouvernement déterminera si les exportations de graphite répondant aux spécifications ci-dessus sont destinées ou non à être utilisées dans un réacteur nucléaire.

3. USINES DE RETRAITEMENT D'ÉLÉMENTS COMBUSTIBLES IRRADIÉS ET MATÉRIEL SPÉCIALEMENT CONÇU OU PRÉPARÉ À CETTE FIN

Note d'introduction

Le retraitement du combustible nucléaire irradié sépare le plutonium et l'uranium des produits de fission et d'autres éléments transuraniens de haute activité. Différents procédés techniques peuvent réaliser cette séparation. Mais, avec les années, le procédé Purex est devenu le plus couramment utilisé et accepté. Il comporte la dissolution du combustible nucléaire irradié dans l'acide nitrique, suivie d'une séparation de l'uranium, du plutonium et des produits de fission, que l'on extrait par solvant en utilisant le phosphate tributylique mélangé à un diluant organique.

D'une usine Purex à l'autre, les opérations du processus sont similaires : dégainage des éléments combustibles irradiés, dissolution du combustible, extraction par solvant et stockage des solutions obtenues. Il peut y avoir aussi des équipements pour la dénitration thermique du nitrate d'uranium, la conversion du nitrate de plutonium en oxyde ou en métal, et le traitement des solutions de produits de fission qu'il s'agit de convertir en une forme se prêtant au stockage de longue durée ou au stockage définitif. Toutefois, la configuration et le type particuliers des équipements qui accomplissent ces opérations peuvent différer selon les installations Purex pour diverses raisons, notamment selon le type et la quantité de combustible nucléaire irradié à retraiter et l'usage prévu des matières récupérées, et selon les principes de sûreté et d'entretien qui ont été retenus dans la conception de l'installation.

L'expression « usine de retraitement d'éléments combustibles irradiés » englobe les matériel et composants qui entrent normalement en contact direct avec le combustible irradié ou servent à contrôler directement ce combustible et les principaux flux de matières nucléaires et de produits de fission pendant le traitement.

Ces procédés, y compris les systèmes complets pour la conversion du plutonium et la production de plutonium métal, peuvent être identifiés par les mesures prises pour éviter la criticité (par exemple par la géométrie), les radioexpositions (par exemple par blindage) et les risques de toxicité (par exemple par confinement).

Articles considérés comme tombant dans la catégorie visée par le membre de phrase « et matériel spécialement conçu ou préparé » pour le retraitement d'éléments combustibles irradiés :

3.1. Machines à dégainer les éléments combustibles irradiés

Note d'introduction

Ces machines dégainent le combustible afin d'exposer la matière nucléaire irradiée à la dissolution. Des cisailles à métaux spécialement conçues sont le plus couramment employées, mais du matériel de pointe, tel que lasers, peut être utilisé.

Machines télécommandées spécialement conçues ou préparées pour être utilisées dans une usine de retraitement au sens donné à ce terme ci-dessus, et destinées à désassembler, découper ou cisailler des assemblages, faisceaux ou barres de combustible nucléaire irradiés.

3.2. Dissolveurs

Note d'introduction

Les dissolveurs reçoivent normalement les tronçons de combustible irradié. Dans ces récipients dont la sûreté-criticité est assurée, la matière nucléaire irradiée est dissoute dans l'acide nitrique ; restent les coques, qui sont retirées du flux de traitement.

Récipients « géométriquement sûrs » (de petit diamètre, annulaires ou plats) spécialement conçus ou préparés en vue d'être utilisés dans une usine de retraitement, au sens donné à ce terme ci-dessus, pour dissoudre du combustible nucléaire irradié, capables de résister à des liquides fortement corrosifs chauds et dont le chargement et l'entretien peuvent être télécommandés.

3.3. Extracteurs et matériel d'extraction par solvant

Note d'introduction

Les extracteurs reçoivent à la fois la solution de combustible irradié provenant des dissolveurs et la solution organique qui sépare l'uranium, le plutonium et les produits de fission. Le matériel d'extraction par solvant est normalement conçu pour satisfaire à des paramètres de fonctionnement rigoureux tels que longue durée de vie utile sans exigences d'entretien ou avec facilité de remplacement, simplicité de commande et de contrôle, et adaptabilité aux variations des conditions du procédé.

Extracteurs, tels que colonnes pulsées ou garnies, mélangeurs-décanteurs et extracteurs centrifuges, spécialement conçus ou préparés pour être utilisés dans une usine de retraitement de combustible irradié. Les extracteurs doivent pouvoir résister à l'action corrosive de l'acide nitrique. Les extracteurs sont normalement fabriqués, selon des exigences très strictes (notamment techniques spéciales de soudage, d'inspection et d'assurance et contrôle de la qualité), en acier inoxydable à bas carbone, titane, zirconium ou autres matériaux à haute résistance.

3.4. Récipients de collecte ou de stockage des solutions

Note d'introduction

Une fois franchie l'étape de l'extraction par solvant, on obtient trois flux principaux. Dans la suite du traitement, des récipients de collecte ou de stockage sont utilisés comme suit :

a) La solution de nitrate d'uranium est concentrée par évaporation et le nitrate est converti en oxyde. Cet oxyde est réutilisé dans le cycle du combustible nucléaire ;

b) La solution de produits de fission de très haute activité est normalement concentrée par évaporation et stockée sous forme de concentrat liquide. Ce concentrat peut ensuite être évaporé et converti en une forme se prêtant au stockage temporaire ou définitif ;

c) La solution de nitrate de plutonium est concentrée et stockée avant de passer aux stades ultérieurs du traitement. En particulier, les récipients de collecte ou de stockage des solutions de plutonium sont conçus pour éviter tout risque de criticité résultant des variations de concentration et de forme du flux en question.

Récipients de collecte ou de stockage spécialement conçus ou préparés pour être utilisés dans une usine de retraitement de combustible irradié. Les récipients de collecte ou de stockage doivent pouvoir résister à l'action corrosive de l'acide nitrique. Les récipients de collecte ou de stockage sont normalement fabriqués à l'aide de matériaux tels qu'acier inoxydable à bas carbone, titane ou zirconium ou autres matériaux à haute résistance. Les récipients de collecte ou de stockage peuvent être conçus pour la conduite et l'entretien télécommandés et peuvent avoir, pour prévenir le risque de criticité, les caractéristiques suivantes :

1) Parois ou structures internes avec un équivalent en bore d'au moins deux pour cent, ou

2) Un diamètre maximum de 175 mm (7 pouces) pour les récipients cylindriques, ou

3) Une largeur maximum de 75 mm (3 pouces) pour les récipients plats ou annulaires.

3.5. Système de conversion du nitrate de plutonium en oxyde

Note d'introduction

Dans la plupart des usines de retraitement, le traitement final consiste en la conversion de la solution de nitrate de plutonium en dioxyde de plutonium. Les principales activités que comporte cette conversion sont : stockage et ajustage de la solution, précipitation et séparation solide/liquide, calcination, manutention du produit, ventilation, gestion des déchets et contrôle du procédé.

Systèmes complets spécialement conçus ou préparés pour la conversion du nitrate de plutonium en oxyde, qui sont en particulier adaptés de manière à éviter tout risque de criticité et d'irradiation et à réduire le plus possible les risques de toxicité.

3.6. Système de conversion de l'oxyde de plutonium en métal

Note d'introduction

Ce traitement, qui pourrait être associé à une installation de retraitement, comporte la fluoration du dioxyde de plutonium, normalement par l'acide fluorhydrique très corrosif, pour obtenir du fluorure de plutonium qui est ensuite réduit au moyen de calcium métal de grande pureté pour produire du plutonium métal et un laitier de fluorure de calcium. Les principales activités que comporte cette conversion sont : fluoration (avec par exemple un matériel fait ou revêtu de métal précieux), réduction (par exemple dans des creusets en céramique), récupération du laitier, manutention du produit, ventilation, gestion des déchets et contrôle du procédé.

Systèmes complets spécialement conçus ou préparés pour la production de plutonium métal, qui sont en particulier adaptés de manière à éviter tout risque de criticité et d'irradiation et à réduire le plus possible les risques de toxicité.

4. USINES DE FABRICATION D'ÉLÉMENTS COMBUSTIBLES

Une « usine de fabrication d'éléments combustibles » est équipée du matériel :

a) Qui entre normalement en contact direct avec le flux de matières nucléaires, le traite directement ou commande le processus de production ;

b) Qui assure le gainage des matières nucléaires.

5. USINES DE SÉPARATION DES ISOTOPES DE L'URANIUM ET MATÉRIEL, AUTRE QUE LES APPAREILS D'ANALYSE, SPÉCIALEMENT CONÇU OU PRÉPARÉ À CETTE FIN

Articles considérés comme tombant dans la catégorie visée par le membre de phrase « et matériel, autre que les appareils d'analyse, spécialement conçu ou préparé » pour la séparation des isotopes de l'uranium :

5.1. Centrifugeuses et assemblages et composants spécialement conçus ou préparés pour utilisation dans les centrifugeuses

Note d'introduction

Ordinairement, la centrifugeuse se compose d'un ou de plusieurs cylindres à paroi mince, d'un diamètre compris entre 75 mm (3 pouces) et 400 mm (16 pouces), placés dans une enceinte à vide et tournant à grande vitesse périphérique de l'ordre de 300 m/s ou plus autour d'un axe vertical. Pour atteindre une grande vitesse, les matériaux constitutifs des composants tournants doivent avoir un rapport résistance-densité élevé et l'assemblage rotor, et donc ses composants, doivent être usinés avec des tolérances très serrées pour minimiser les écarts par rapport à l'axe. À la différence d'autres centrifugeuses, la centrifugeuse utilisée pour l'enrichissement de l'uranium se caractérise par la présence dans le bol d'une ou de plusieurs chicanes tournantes en forme de disque, d'un ensemble de tubes fixe servant à introduire et à prélever l'UF_6 gazeux et d'au moins trois canaux séparés, dont deux sont connectés à des écopes s'étendant de l'axe à la périphérie du bol. On trouve aussi dans l'enceinte à vide plusieurs articles critiques qui ne tournent pas et qui, bien qu'ils soient conçus spécialement, ne sont pas difficiles à fabriquer et ne sont pas non plus composés de matériaux spéciaux. Toutefois, une installation d'ultracentrifugation nécessite un grand nombre de ces composants, de sorte que la quantité peut être une indication importante de l'utilisation finale.

5.1.1. Composants tournants

a) Assemblages rotors complets

Cylindres à paroi mince, ou ensembles de cylindres à paroi mince réunis, fabriqués dans un ou plusieurs des matériaux à rapport résistance-densité élevé décrits dans la note explicative ; lorsqu'ils sont réunis, les cylindres sont joints les uns aux autres par les soufflets ou anneaux flexibles décrits sous 5.1.1 c) ci-après. Le bol est équipé d'une ou de plusieurs chicanes internes et de bouchons d'extrémité, comme indiqué sous 5.1.1 d) et e) ci-après, s'il est prêt à l'emploi. Toutefois, l'assemblage complet peut être livré partiellement monté seulement ;

b) Bols

Cylindres à paroi mince d'une épaisseur de 12 mm (0,5 pouce) ou moins, spécialement conçus ou préparés, ayant un diamètre compris entre 75 mm (3 pouces) et 400 mm (16 pouces) et fabriqués dans un ou plusieurs des matériaux à rapport résistance-densité élevé décrits dans la note explicative ;

c) Anneaux ou soufflets

Composants spécialement conçus ou préparés pour fournir un support local au bol ou pour joindre ensemble plusieurs cylindres constituant le bol. Le soufflet est un cylindre court ayant une paroi de 3 mm (0,12 pouce) ou moins d'épaisseur, un diamètre compris entre 75 mm (3 pouces) et 400 mm (16 pouces) et une spire, et fabriqué dans l'un des matériaux ayant un rapport résistance-densité élevé décrit dans la note explicative ;

d) Chicanes

Composants en forme de disque d'un diamètre compris entre 75 mm (3 pouces) et 400 mm (16 pouces) spécialement conçus ou préparés pour être montés à l'intérieur du bol de la centrifugeuse afin d'isoler la chambre de prélèvement de la chambre de séparation principale et, dans certains cas, de faciliter la circulation de l'UF_6 gazeux à l'intérieur de la chambre de séparation principale du bol, et fabriqués dans l'un des matériaux ayant un rapport résistance-densité élevé décrit dans la note explicative ;

e) Bouchons d'extrémité supérieurs et inférieurs

Composants en forme de disque d'un diamètre compris entre 75 mm (3 pouces) et 400 mm (16 pouces) spécialement conçus ou préparés pour s'adapter aux extrémités du bol et maintenir ainsi l'UF_6 à l'intérieur de celui-ci et, dans certains cas, pour porter, retenir ou contenir en tant que partie intégrante un élément du palier supérieur (bouchon supérieur) ou pour porter les éléments tournants du moteur et du palier inférieur (bouchon inférieur), et fabriqués dans l'un des matériaux ayant un rapport résistance-densité élevé décrit dans la note explicative.

Note explicative

Les matériaux utilisés pour les composants tournants des centrifugeuses sont :

a) Les aciers martensitiques vieillissables ayant une charge limite de rupture égale ou supérieure à $2{,}05 \cdot 10^9$ N/m^2 (300 000 psi) ou plus ;

b) Les alliages d'aluminium ayant une charge limite de rupture égale ou supérieure à $0{,}46 \cdot 10^9$ N/m^2 (67 000 psi) ou plus ;

c) Des matériaux filamenteux pouvant être utilisés dans des structures composites et ayant un module spécifique égal ou supérieur à $12{,}3 \cdot 10^6$ m, et une charge limite de rupture spécifique égale ou supérieure à $0{,}3 \cdot 10^6$ m (le « module spécifique » est le module de Young exprimé en N/m^2 divisé par le poids volumique exprimé en N/m^3 ; la « charge limite de rupture spécifique » est la charge limite de rupture exprimée en N/m^2 divisée par le poids volumique exprimé en N/m^3).

5.1.2. Composants fixes

a) Paliers de suspension magnétique

Assemblages de support spécialement conçus ou préparés comprenant un aimant annulaire suspendu dans un carter contenant un milieu amortisseur. Le carter est fabriqué dans un matériau résistant à l'UF_6 (voir la note explicative de la section 5.2). L'aimant est couplé à une pièce polaire ou à un deuxième aimant fixé sur le bouchon d'extrémité supérieur décrit sous 5.1.1 e). L'aimant annulaire peut avoir un rapport entre le diamètre extérieur et le diamètre intérieur inférieur ou égal à 1,6:1. L'aimant peut avoir une perméabilité initiale égale ou supérieure à 0,15 H/m (120 000 en unités CGS), ou une rémanence égale ou supérieure à 98,5 % ou une densité d'énergie électromagnétique supérieure à 80 kJ/m^3 (10^7 gauss-oersteds). Outre les propriétés habituelles du matériau, une condition essentielle est que la déviation des axes magnétiques par rapport aux axes géométriques soit limitée par des tolérances très serrées (inférieures à 0,1 mm ou 0,004 pouce) ou que l'homogénéité du matériau de l'aimant soit spécialement imposée ;

b) Paliers de butée/amortisseurs

Paliers spécialement conçus ou préparés comprenant un assemblage pivot/coupelle monté sur un amortisseur. Le pivot se compose habituellement d'un arbre en acier trempé comportant un hémisphère à une extrémité et un dispositif de fixation au bouchon inférieur décrit sous 5.1.1 e) à l'autre extrémité. Toutefois, l'arbre peut être équipé d'un palier hydrodynamique. La coupelle a la forme d'une pastille avec indentation hémisphérique sur une surface. Ces composants sont souvent fournis indépendamment de l'amortisseur ;

c) Pompes moléculaires

Cylindres spécialement conçus ou préparés qui comportent sur leur face interne des rayures hélicoïdales obtenues par usinage ou extrusion et dont les orifices sont alésés. Leurs dimensions habituelles sont les suivantes : diamètre interne compris entre 75 mm (3 pouces) et 400 mm (16 pouces), épaisseur de paroi égale ou supérieure à 10 mm et longueur égale ou supérieure au diamètre. Habituellement, les rayures ont une section rectangulaire et une profondeur égale ou supérieure à 2 mm (0,08 pouce) ;

d) Stators de moteur

Stators annulaires spécialement conçus ou préparés pour des moteurs grande vitesse à hystérésis (ou à réluctance) alimentés en courant alternatif multiphasé pour fonctionnement synchrone dans le vide avec une gamme de fréquence de 600 à 2 000 Hz, et une gamme de puissance de 50 à 1 000 VA. Les stators sont constitués par des enroulements multiphasés sur des noyaux de fer doux feuilletés constitués de couches minces dont l'épaisseur est habituellement inférieure ou égale à 2 mm (0,08 pouce).

e) Enceintes de centrifugeuse

Composants spécialement conçus ou préparés pour contenir l'assemblage rotor d'une centrifugeuse. L'enceinte est constituée d'un cylindre rigide possédant une paroi d'au plus de 30 mm (1,2 pouce) d'épaisseur, ayant subi un usinage de précision aux extrémités en vue de recevoir les paliers et qui est muni d'une ou plusieurs brides pour le montage. Les extrémités usinées sont parallèles entre elles et perpendiculaires à l'axe longitudinal du cylindre avec une déviation au plus égale à 0,05 degré. L'enceinte peut également être formée d'une structure de type alvéolaire permettant de loger plusieurs bols. Les enceintes sont constituées ou revêtues de matériaux résistant à la corrosion par l'UF_6.

f) Écopes

Tubes ayant un diamètre interne d'au plus 12 mm (0,5 pouce), spécialement conçus ou préparés pour extraire l'UF_6 gazeux contenu dans le bol selon le principe du tube de Pitot (c'est-à-dire que leur ouverture débouche dans le flux gazeux périphérique à l'intérieur du bol, configuration obtenue par exemple en courbant l'extrémité d'un tube disposé selon le rayon) et pouvant être raccordés au système central de prélèvement du gaz. Les tubes sont constitués ou revêtus de matériaux résistant à la corrosion par l'UF_6.

5.2. Systèmes, matériel et composants auxiliaires spécialement conçus ou préparés pour utilisation dans les usines d'enrichissement par ultracentrifugation

Note d'introduction

Les systèmes, matériel et composants auxiliaires d'une usine d'enrichissement par ultracentrifugation sont les systèmes nécessaires pour introduire l'UF_6 dans les centrifugeuses, pour relier les centrifugeuses les unes aux autres en cascades pour obtenir des taux d'enrichissement de plus en plus élevés et pour prélever l'UF_6 dans les centrifugeuses en tant que « produit » et « résidus », ainsi que le matériel d'entraînement des centrifugeuses et de commande de l'usine.

Habituellement, l'UF_6 est sublimé au moyen d'autoclaves chauffés et réparti à l'état gazeux dans les diverses centrifugeuses grâce à un collecteur tubulaire de cascade. Les flux de « produit » et de « résidus » sortant des centrifugeuses sont aussi acheminés par un collecteur tubulaire de cascade vers des pièges à froid (fonctionnant à environ 203 °K (-70 °C)) où l'UF_6 est condensé avant d'être transféré dans des conteneurs de transport ou de stockage. Étant donné qu'une usine d'enrichissement contient plusieurs milliers de centrifugeuses montées en cascade, il y a plusieurs kilomètres de tuyauteries comportant des milliers de soudures, ce qui suppose une répétitivité considérable du montage. Les matériel, composants et tuyauteries sont fabriqués suivant des normes très rigoureuses de vide et de propreté.

5.2.1. Systèmes d'alimentation/systèmes de prélèvement du produit et des résidus

Systèmes spécialement conçus ou préparés comprenant :

Des autoclaves (ou stations) d'alimentation, utilisés pour introduire l'UF_6 dans les cascades de centrifugeuses à une pression allant jusqu'à 100 kPa (15 psi) et à un débit égal ou supérieur à 1 kg/h ;

Des pièges à froid utilisés pour prélever l'UF_6 des cascades à une pression allant jusqu'à 3 kPa (0,5 psi). Les pièges à froid peuvent être refroidis jusqu'à 203 °K (-70 °C) et chauffés jusqu'à 343 °K (70 °C) ;

Des stations « Produit » et « Résidus » pour le transfert de l'UF_6 dans des conteneurs.

Ce matériel et ces tuyauteries sont constitués entièrement ou revêtus intérieurement de matériaux résistant à l'UF_6 (voir la note explicative de la présente section) et sont fabriqués suivant des normes très rigoureuses de vide et de propreté.

5.2.2. Collecteurs/tuyauteries

Tuyauteries et collecteurs spécialement conçus ou préparés pour la manipulation de l'UF_6 à l'intérieur des cascades de centrifugeuses. La tuyauterie est habituellement du type collecteur « triple », chaque centrifugeuse étant connectée à chacun des collecteurs. La répétitivité du montage du système est donc grande. Le système est constitué entièrement de matériaux résistant à l'UF_6 (voir la note explicative de la présente section) et est fabriqué suivant des normes très rigoureuses de vide et de propreté.

5.2.3. Spectromètres de masse pour UF_6/sources d'ions

Spectromètres de masse magnétiques ou quadripolaires spécialement conçus ou préparés, capables de prélever en direct sur les flux d'UF_6 gazeux des échantillons du gaz d'entrée, du produit ou des résidus, et ayant toutes les caractéristiques suivantes :

1. Pouvoir de résolution unitaire pour l'unité de masse atomique supérieur à 320
2. Sources d'ions constituées ou revêtues de nichrome ou de monel ou nickelées
3. Sources d'ionisation par bombardement électronique
4. Présence d'un collecteur adapté à l'analyse isotopique.

5.2.4. Convertisseurs de fréquence

Convertisseurs de fréquence spécialement conçus ou préparés pour l'alimentation des stators de moteurs décrits sous 5.1.2 d), ou parties, composants et sous-assemblages de convertisseurs de fréquence, ayant toutes les caractéristiques suivantes :

1. Sortie multiphasée de 600 à 2 000 Hz
2. Stabilité élevée (avec un contrôle de la fréquence supérieur à 0,1 %)
3. Faible distorsion harmonique (inférieure à 2 %)
4. Rendement supérieur à 80 %.

Note explicative

Les articles énumérés ci-dessus, soit sont en contact direct avec l'UF_6 gazeux, soit contrôlent directement les centrifugeuses et le passage du gaz d'une centrifugeuse à l'autre et d'une cascade à l'autre.

Les matériaux résistant à la corrosion par l'UF_6 comprennent l'acier inoxydable, l'aluminium, les alliages d'aluminium, le nickel et les alliages contenant 60 % ou plus de nickel.

5.3. Assemblages et composants spécialement conçus ou préparés pour utilisation dans l'enrichissement par diffusion gazeuse

Note d'introduction

Dans la méthode de séparation des isotopes de l'uranium par diffusion gazeuse, le principal assemblage du procédé est constitué par une barrière poreuse spéciale de diffusion gazeuse, un échangeur de chaleur pour refroidir le gaz (qui est échauffé par la compression), des vannes d'étanchéité et des vannes de réglage ainsi que des tuyauteries. Étant donné que le procédé de la diffusion gazeuse fait appel à l'hexafluorure d'uranium (UF_6), toutes les surfaces des équipements, tuyauteries et instruments (qui sont en contact avec le gaz) doivent être constituées de matériaux qui restent stables en présence d'UF_6. Une installation de diffusion gazeuse nécessite un grand nombre d'assemblages de ce type, de sorte que la quantité peut être une indication importante de l'utilisation finale.

5.3.1. Barrières de diffusion gazeuse

a) Filtres minces et poreux spécialement conçus ou préparés, qui ont des pores d'un diamètre de 100 à 1 000 Å (angströms), une épaisseur égale ou inférieure à 5 mm (0,2 pouce) et, dans le cas des formes tubulaires, un diamètre égal ou inférieur à 25 mm (1 pouce) et sont constitués de matériaux métalliques, polymères ou céramiques résistant à la corrosion par l'UF_6.

b) Composés ou poudres préparés spécialement pour la fabrication de ces filtres. Ces composés et poudres comprennent le nickel et des alliages contenant 60 % ou plus de nickel, l'oxyde d'aluminium et les polymères d'hydrocarbures totalement fluorés ayant une pureté égale ou supérieure à 99,9 %, une taille des grains inférieure à 10 microns et une grande uniformité de cette taille, qui sont spécialement préparés pour la fabrication de barrières de diffusion gazeuse.

5.3.2. Diffuseurs

Enceintes spécialement conçues ou préparées, hermétiquement scellées, de forme cylindrique et ayant plus de 300 mm (12 pouces) de diamètre et plus de 900 mm (35 pouces) de long, ou de forme rectangulaire avec des dimensions comparables, qui sont dotées d'un raccord d'entrée et de deux raccords de sortie ayant tous plus de 50 mm (2 pouces) de diamètre, prévues pour contenir la barrière de diffusion gazeuse, constituées ou revêtues intérieurement de matériaux résistant à l'UF_6 et conçues pour être installées horizontalement ou verticalement.

5.3.3. Compresseurs et soufflantes à gaz

Compresseurs axiaux, centrifuges ou volumétriques et soufflantes à gaz spécialement conçus ou préparés, ayant une capacité d'aspiration de 1 m^3/min ou plus d'UF_6 et une pression de sortie pouvant aller jusqu'à plusieurs centaines de kPa (100 psi), conçus pour fonctionner longtemps en atmosphère d'UF_6, avec ou sans moteur électrique de puissance appropriée, et assemblages séparés de compresseurs et soufflantes à gaz de ce type. Ces compresseurs et soufflantes à gaz ont un rapport de compression compris entre 2/1 et 6/1 et sont constitués ou revêtus intérieurement de matériaux résistant à l'UF_6.

5.3.4. Garnitures d'étanchéité d'arbres

Garnitures à vide spécialement conçues ou préparées, avec connexions d'alimentation et d'échappement, pour assurer de manière fiable l'étanchéité de l'arbre reliant le rotor du compresseur ou de la soufflante à gaz au moteur d'entraînement en empêchant l'air de pénétrer dans la chambre intérieure du compresseur ou de la soufflante à gaz qui est remplie d'UF_6. Ces garnitures sont normalement conçues pour un taux de pénétration de gaz tampon inférieur à 1 000 cm^3/min (60 pouces cubes/min).

5.3.5. Échangeurs de chaleur pour le refroidissement de l'UF_6

Échangeurs de chaleur spécialement conçus ou préparés, constitués ou revêtus intérieurement de matériaux résistant à l'UF_6 (à l'exception de l'acier inoxydable) ou de cuivre ou d'une combinaison de ces métaux et prévus pour un taux de variation de la pression due à une fuite qui est inférieur à 10 Pa (0,0015 psi) par heure pour une différence de pression de 100 kPa (15 psi).

5.4. Systèmes, matériel et composants auxiliaires spécialement conçus ou préparés pour utilisation dans l'enrichissement par diffusion gazeuse

Note d'introduction

Les systèmes, le matériel et les composants auxiliaires des usines d'enrichissement par diffusion gazeuse sont les systèmes nécessaires pour introduire l'UF_6 dans l'assemblage de diffusion gazeuse, pour relier les assemblages les uns aux autres en cascades (ou étages) afin d'obtenir des taux d'enrichissement de plus en plus élevés, et pour prélever l'UF_6 dans les cascades de diffusion en tant que « produit » et « résidus ». En raison des fortes propriétés d'inertie des cascades de diffusion, toute interruption de leur fonctionnement, et en particulier leur mise à l'arrêt, a de sérieuses conséquences. Le maintien d'un vide rigoureux et constant dans tous les systèmes du procédé, la protection automatique contre les accidents et le réglage automatique précis du flux de gaz revêtent donc une grande importance dans une usine de diffusion gazeuse. Tout cela oblige à équiper l'usine d'un grand nombre de systèmes spéciaux de commande, de régulation et de mesure.

Habituellement, l'UF_6 est sublimé à partir de cylindres placés dans des autoclaves et envoyé à l'état gazeux au point d'entrée grâce à un collecteur tubulaire de cascade. Les flux de « produit » et de « résidus » issus des points de sortie sont acheminés par un collecteur tubulaire de cascade vers les pièges à froid ou les stations de compression où l'UF_6 gazeux est liquéfié avant d'être transféré dans des conteneurs de transport ou de stockage appropriés. Étant donné qu'une usine d'enrichissement par diffusion gazeuse contient un grand nombre d'assemblages de diffusion gazeuse disposés en cascades, il y a plusieurs kilomètres de tuyauteries comportant des milliers de soudures, ce qui suppose une répétitivité considérable du montage. Le matériel, composants et tuyauteries sont fabriqués suivant des normes très rigoureuses de vide et de propreté.

5.4.1. Systèmes d'alimentation/systèmes de prélèvement du produit et des résidus

Systèmes spécialement conçus ou préparés, capables de fonctionner à des pressions égales ou inférieures à 300 kPa (45 psi) et comprenant :

Des autoclaves (ou systèmes) d'alimentation utilisés pour introduire l'UF_6 dans les cascades de diffusion gazeuse ;

Des pièges à froid utilisés pour prélever l'UF_6 des cascades de diffusion ;

Des stations de liquéfaction où l'UF_6 gazeux provenant de la cascade est comprimé et refroidi pour obtenir de l'UF_6 liquide ;

Des stations « Produit » ou « Résidus » pour le transfert de l'UF_6 dans des conteneurs.

5.4.2. Collecteurs/tuyauteries

Tuyauteries et collecteurs spécialement conçus ou préparés pour la manipulation de l'UF_6 à l'intérieur des cascades de diffusion gazeuse. La tuyauterie est normalement du type collecteur « double », chaque cellule étant connectée à chacun des collecteurs.

5.4.3. Systèmes à vide

a) Grands distributeurs à vide, collecteurs à vide et pompes à vide ayant une capacité d'aspiration égale ou supérieure à 5 m^3/min (175 pieds cubes/min), spécialement conçus ou préparés ;

b) Pompes à vide spécialement conçues pour fonctionner en atmosphère d'UF_6, constituées ou revêtues intérieurement d'aluminium, de nickel ou d'alliages comportant plus de 60 % de nickel. Ces pompes peuvent être rotatives ou volumétriques, être à déplacement et dotées de joints en fluorocarbures et être pourvues de fluides de service spéciaux.

5.4.4. Vannes spéciales d'arrêt et de réglage

Soufflets d'arrêt et de réglage, manuels ou automatiques, spécialement conçus ou préparés, constitués de matériaux résistant à l'UF_6 et ayant un diamètre compris entre 40 et 1 500 mm (1,5 à 59 pouces) pour installation dans des systèmes principaux et auxiliaires des usines d'enrichissement par diffusion gazeuse.

5.4.5. Spectromètres de masse pour UF_6/sources d'ions

Spectromètres de masse magnétiques ou quadripolaires spécialement conçus ou préparés, capables de prélever en direct sur les flux d'UF_6 gazeux des échantillons du gaz d'entrée, du produit ou des résidus, et ayant toutes les caractéristiques suivantes :

1. Pouvoir de résolution unitaire pour l'unité de masse atomique supérieur à 320

2. Sources d'ions constituées ou revêtues de nichrome ou de monel ou nickelées

3. Sources d'ionisation par bombardement électronique

4. Collecteur adapté à l'analyse isotopique.

Note explicative

Les articles énumérés ci-dessus, soit sont en contact direct avec l'UF_6 gazeux, soit contrôlent directement le flux de gaz dans la cascade. Toutes les surfaces qui sont en contact avec le gaz de procédé sont constituées entièrement ou revêtues de matériaux résistant à l'UF_6. Aux fins des sections relatives aux articles pour diffusion gazeuse, les matériaux résistant à la corrosion par l'UF_6 comprennent l'acier inoxydable, l'aluminium, les alliages d'aluminium, l'oxyde d'aluminium, le nickel et les alliages contenant 60 % ou plus de nickel et les polymères d'hydrocarbures totalement fluorés résistant à l'UF_6.

5.5. Systèmes, matériel et composants spécialement conçus ou préparés pour utilisation dans les usines d'enrichissement par procédé aérodynamique

Note d'introduction

Dans les procédés d'enrichissement aérodynamiques, un mélange d'UF_6 gazeux et d'un gaz léger (hydrogène ou hélium) est comprimé, puis envoyé au travers d'éléments séparateurs dans lesquels la séparation isotopique se fait grâce à la production de forces centrifuges importantes le long d'une paroi courbe. Deux procédés de ce type ont été mis au point avec de bons résultats : le procédé à tuyères et le procédé vortex. Dans les deux cas, les principaux composants d'un étage de séparation comprennent des enceintes cylindriques qui renferment les éléments de séparation spéciaux (tuyères ou tubes vortex), des compresseurs et des échangeurs de chaleur destinés à évacuer la chaleur de compression. Une usine d'enrichissement par procédé aérodynamique nécessite un grand nombre de ces étages, de sorte que la quantité peut être une indication importante de l'utilisation finale. Étant donné que les procédés aérodynamiques font appel à l'UF_6, toutes les surfaces des équipements, tuyauteries et instruments (qui sont en contact avec le gaz) doivent être constituées de matériaux qui restent stables au contact de l'UF_6.

Note explicative

Les articles énumérés dans la présente section soit sont en contact direct avec l'UF_6 gazeux, soit contrôlent directement le flux de gaz dans la cascade. Toutes les surfaces qui sont en contact avec le gaz de procédé sont constituées entièrement ou revêtues de matériaux résistant à l'UF_6. Aux fins de la section relative aux articles pour enrichissement par procédé aérodynamique, les matériaux résistant à la corrosion par l'UF_6 comprennent le cuivre, l'acier inoxydable, l'aluminium, les alliages d'aluminium, le nickel et les alliages contenant 60 % ou plus de nickel, et les polymères d'hydrocarbures totalement fluorés résistant à l'UF_6.

5.5.1. Tuyères de séparation

Tuyères de séparation et assemblages de tuyères de séparation spécialement conçus ou préparés. Les tuyères de séparation sont constituées de canaux incurvés à section à fente, de rayon de courbure inférieur à 1 mm (habituellement compris entre 0,1 et 0,05 mm), résistant à la corrosion par l'UF_6, à l'intérieur desquels un écorceur sépare en deux fractions le gaz circulant dans la tuyère.

5.5.2. Tubes vortex

Tubes vortex et assemblages de tubes vortex, spécialement conçus ou préparés. Les tubes vortex, de forme cylindrique ou conique, sont constitués ou revêtus de matériaux résistant à la corrosion par l'UF_6, ont un diamètre compris entre 0,5 cm et 4 cm et un rapport longueur/diamètre inférieur ou égal à 20:1, et sont munis d'un ou plusieurs canaux d'admission tangentiels. Les tubes peuvent être équipés de dispositifs de type tuyère à l'une de leurs extrémités ou à leurs deux extrémités.

Note explicative

Le gaz pénètre tangentiellement dans le tube vortex à l'une de ses extrémités, ou par l'intermédiaire de cyclones, ou encore tangentiellement par de nombreux orifices situés le long de la périphérie du tube.

5.5.3. Compresseurs et soufflantes à gaz

Compresseurs axiaux, centrifuges ou volumétriques ou soufflantes à gaz spécialement conçus ou préparés, constitués ou revêtus de matériaux résistant à la corrosion par l'UF_6 et ayant une capacité d'aspiration du mélange d'UF_6 et de gaz porteur (hydrogène ou hélium) de 2 m^3/min ou plus.

Note explicative

Ces compresseurs et ces soufflantes à gaz ont généralement un rapport de compression compris entre 1,2/1 et 6/1.

5.5.4. Garnitures d'étanchéité d'arbres

Garnitures spécialement conçues ou préparées, avec connexions d'alimentation et d'échappement, pour assurer de manière fiable l'étanchéité de l'arbre reliant le rotor du compresseur ou de la soufflante à gaz au moteur d'entraînement en empêchant le gaz de procédé de s'échapper, ou l'air ou le gaz d'étanchéité de pénétrer dans la chambre intérieure du compresseur ou de la soufflante à gaz qui est remplie du mélange d'UF_6 et de gaz porteur.

5.5.5. Échangeurs de chaleur pour le refroidissement du mélange de gaz

Échangeurs de chaleur spécialement conçus ou préparés, constitués ou revêtus de matériaux résistant à la corrosion par l'UF_6.

5.5.6. Enceintes renfermant les éléments de séparation

Enceintes spécialement conçues ou préparées, constituées ou revêtues de matériaux résistant à la corrosion par l'UF_6, destinées à recevoir les tubes vortex ou les tuyères de séparation.

Note explicative

Ces enceintes peuvent être des conteneurs de forme cylindrique ayant plus de 300 mm de diamètre et plus de 900 mm de long, ou de forme rectangulaire avec des dimensions comparables, et elles peuvent être conçues pour être installées horizontalement ou verticalement.

5.5.7. Systèmes d'alimentation/systèmes de prélèvement du produit et des résidus

Systèmes ou équipements spécialement conçus ou préparés pour les usines d'enrichissement, constitués ou revêtus de matériaux résistant à la corrosion par l'UF_6 et comprenant :

a) Des autoclaves, fours et systèmes d'alimentation utilisés pour introduire l'UF_6 dans le processus d'enrichissement ;

b) Des pièges à froid utilisés pour prélever l'UF_6 du processus d'enrichissement en vue de son transfert ultérieur après réchauffement ;

c) Des stations de solidification ou de liquéfaction utilisées pour prélever l'UF_6 du processus d'enrichissement, par compression et passage à l'état liquide ou solide ;

d) Des stations « Produit » ou « Résidus » pour le transfert de l'UF_6 dans des conteneurs.

5.5.8. Collecteurs/tuyauteries

Tuyauteries et collecteurs constitués ou revêtus de matériaux résistant à la corrosion par l'UF_6, spécialement conçus ou préparés pour la manipulation de l'UF_6 à l'intérieur des cascades aérodynamiques. La tuyauterie est normalement du type collecteur « double », chaque étage ou groupe d'étages étant connecté à chacun des collecteurs.

5.5.9. Systèmes et pompes à vide

a) Systèmes à vide spécialement conçus ou préparés, ayant une capacité d'aspiration supérieure ou égale à 5 m^3/min, comprenant des distributeurs à vide, des collecteurs à vide et des pompes à vide et conçus pour fonctionner en atmosphère d'UF_6.

b) Pompes à vide spécialement conçues ou préparées pour fonctionner en atmosphère d'UF_6, et constituées ou revêtues de matériaux résistant à la corrosion par l'UF_6. Ces pompes peuvent être dotées de joints en fluorocarbures et pourvues de fluides de service spéciaux.

5.5.10. Vannes spéciales d'arrêt et de réglage

Soufflets d'arrêt et de réglage, manuels ou automatiques, constitués ou revêtus de matériaux résistant à la corrosion par l'UF_6 et ayant un diamètre compris entre 40 et 1 500 mm, spécialement conçus ou préparés pour installation dans des systèmes principaux ou auxiliaires d'usines d'enrichissement par procédé aérodynamique.

5.5.11. Spectromètres de masse pour UF_6/sources d'ions

Spectromètres de masse magnétiques ou quadripolaires spécialement conçus ou préparés, capables de prélever en direct sur les flux d'UF_6 gazeux des échantillons du gaz d'entrée, du produit ou des résidus, et ayant toutes les caractéristiques suivantes :

1. Pouvoir de résolution unitaire pour l'unité de masse atomique supérieur à 320

2. Sources d'ions constituées ou revêtues de nichrome ou de monel ou nickelées

3. Sources d'ionisation par bombardement électronique

4. Collecteur adapté à l'analyse isotopique.

5.5.12. Systèmes de séparation de l'UF_6 et du gaz porteur

Systèmes spécialement conçus ou préparés pour séparer l'UF_6 du gaz porteur (hydrogène ou hélium).

Note explicative

Ces systèmes sont conçus pour réduire la teneur en UF_6 du gaz porteur à 1 ppm ou moins et peuvent comprendre les équipements suivants :

a) Échangeurs de chaleur cryogéniques et cryoséparateurs capables d'atteindre des températures inférieures ou égales à -120 °C ;

b) Appareils de réfrigération cryogéniques capables d'atteindre des températures inférieures ou égales à -120 °C ;

c) Tuyères de séparation ou tubes vortex pour séparer l'UF_6 du gaz porteur ;

d) Pièges à froid pour l'UF_6 capables d'atteindre des températures inférieures ou égales à – 20 °C.

5.6. Systèmes, matériel et composants spécialement conçus ou préparés pour utilisation dans les usines d'enrichissement par échange chimique ou par échange d'ions

Note d'introduction

Les différences de masse minimes que présentent les isotopes de l'uranium entraînent de légères différences dans l'équilibre des réactions chimiques, phénomène qui peut être utilisé pour séparer les isotopes. Deux procédés ont été mis au point avec de bons résultats : l'échange chimique liquide-liquide et l'échange d'ions solide-liquide.

Dans le procédé d'échange chimique liquide-liquide, deux phases liquides non miscibles (aqueuse et organique) sont mises en contact par circulation à contre-courant de façon à obtenir un effet de cascade correspondant à plusieurs milliers d'étages de séparation. La phase aqueuse est composée de chlorure d'uranium en solution dans de l'acide chlorhydrique ; la phase organique est constituée d'un agent d'extraction contenant du chlorure d'uranium dans un solvant organique. Les contacteurs employés dans la cascade de séparation peuvent être des colonnes d'échange liquide-liquide (telles que des colonnes pulsées à plateaux perforés) ou des contacteurs centrifuges liquide-liquide. Des phénomènes chimiques (oxydation et réduction) sont nécessaires à chacune des deux extrémités de la cascade de séparation afin d'y permettre le reflux. L'un des principaux soucis du concepteur est d'éviter la contamination des flux du procédé par certains ions métalliques. On utilise par conséquent des colonnes et des tuyauteries en plastique, revêtues intérieurement de plastique (y compris des fluorocarbures polymères) et/ou revêtues intérieurement de verre.

Dans le procédé d'échange d'ions solide-liquide, l'enrichissement est réalisé par adsorption/désorption de l'uranium sur une résine échangeuse d'ions ou un adsorbant spécial à action très rapide. La solution d'uranium dans l'acide chlorhydrique et d'autres agents chimiques est acheminée à travers des colonnes d'enrichissement cylindriques contenant un garnissage constitué de l'adsorbant. Pour que le processus se déroule de manière continue, il faut qu'un système de reflux libère l'uranium de l'adsorbant pour le remettre en circulation dans la phase liquide, de façon à ce que le produit et les résidus puissent être collectés. Cette opération est effectuée au moyen d'agents chimiques d'oxydo-réduction appropriés, qui sont totalement régénérés dans des circuits externes indépendants et peuvent être partiellement régénérés dans les colonnes de séparation proprement dites. En raison de la présence de solutions dans de l'acide chlorhydrique concentré chaud, les équipements doivent être constitués ou revêtus de matériaux spéciaux résistant à la corrosion.

5.6.1. Colonnes d'échange liquide-liquide (échange chimique)

Colonnes d'échange liquide-liquide à contre-courant avec apport d'énergie mécanique (à savoir colonnes pulsées à plateaux perforés, colonnes à plateaux animés d'un mouvement alternatif et colonnes munies de turbo-agitateurs internes), spécialement conçues ou préparées pour l'enrichissement de l'uranium par le procédé d'échange chimique. Afin de les rendre résistantes à la corrosion par les solutions dans de l'acide chlorhydrique concentré, les colonnes et leurs internes sont constitués ou revêtus de matériaux plastiques appropriés (fluorocarbures polymères, par exemple) ou de verre. Les colonnes sont conçues de telle manière que le temps de séjour correspondant à un étage soit court (30 secondes au plus).

5.6.2. Contacteurs centrifuges liquide-liquide (échange chimique)

Contacteurs centrifuges liquide-liquide spécialement conçus ou préparés pour l'enrichissement de l'uranium par le procédé d'échange chimique. Dans ces contacteurs, la dispersion des flux organique et aqueux est obtenue par rotation, puis la séparation des phases par application d'une force centrifuge. Afin de les rendre résistants à la corrosion par les solutions dans de l'acide chlorhydrique concentré, les contacteurs sont constitués ou revêtus de matériaux plastiques appropriés (fluorocarbures polymères, par exemple) ou revêtus de verre. Les contacteurs centrifuges sont conçus de telle manière que le temps de séjour correspondant à un étage soit court (30 secondes au plus).

5.6.3. Systèmes et équipements de réduction de l'uranium (échange chimique)

a) Cellules de réduction électrochimique spécialement conçues ou préparées pour ramener l'uranium d'un état de valence à un état inférieur en vue de son enrichissement par le procédé d'échange chimique. Les matériaux de la cellule en contact avec les solutions du procédé doivent être résistants à la corrosion par les solutions dans de l'acide chlorhydrique concentré.

<u>Note explicative</u>

Le compartiment cathodique de la cellule doit être conçu de manière à empêcher que l'uranium ne repasse à la valence supérieure par réoxydation. Afin de maintenir l'uranium dans le compartiment cathodique, la cellule peut être pourvue d'une membrane inattaquable constituée d'un matériau spécial échangeur de cations. La cathode est constituée d'un matériau conducteur solide approprié tel que le graphite.

b) Systèmes situés à l'extrémité de la cascade où est récupéré le produit, spécialement conçus ou préparés pour prélever U^{4+} sur le flux organique, ajuster la concentration en acide et alimenter les cellules de réduction électrochimique.

<u>Note explicative</u>

Ces systèmes comprennent les équipements d'extraction par solvant permettant de prélever U^{4+} sur le flux organique pour l'introduire dans la solution aqueuse, les équipements d'évaporation et/ou autres équipements permettant d'ajuster et de contrôler le pH de la solution, ainsi que les pompes ou autres dispositifs de transfert destinés à alimenter les cellules de réduction électrochimique. L'un des principaux soucis du concepteur est d'éviter la contamination du flux aqueux par certains ions métalliques. Par conséquent, les parties du système qui sont en contact avec le flux du procédé sont composées d'éléments constitués ou revêtus de matériaux appropriés (tels que le verre, les fluorocarbures polymères, le sulfate de polyphényle, le polyéther sulfone et le graphite imprégné de résine).

5.6.4. Systèmes de préparation de l'alimentation (échange chimique)

Systèmes spécialement conçus ou préparés pour produire des solutions de chlorure d'uranium de grande pureté destinées à alimenter les usines de séparation des isotopes de l'uranium par échange chimique.

Note explicative

Ces systèmes comprennent les équipements de purification par dissolution, extraction par solvant et/ou échange d'ions, ainsi que les cellules électrolytiques pour réduire l'uranium U^{6+} ou U^{4+} en U^{3+}. Ils produisent des solutions de chlorure d'uranium ne contenant que quelques parties par million d'impuretés métalliques telles que chrome, fer, vanadium, molybdène et autres cations de valence égale ou supérieure à 2. Les matériaux dont sont constituées ou revêtues les parties du système où est traité de l'uranium U^{3+} de grande pureté comprennent le verre, les fluorocarbures polymères, le sulfate de polyphényle ou le polyéther sulfone et le graphite imprégné de résine.

5.6.5. Systèmes d'oxydation de l'uranium (échange chimique)

Systèmes spécialement conçus ou préparés pour oxyder U^{3+} en U^{4+} en vue du reflux vers la cascade de séparation des isotopes dans le procédé d'enrichissement par échange chimique.

Note explicative

Ces systèmes peuvent comprendre des appareils des types suivants :

a) Appareils destinés à mettre en contact le chlore et l'oxygène avec l'effluent aqueux provenant de la section de séparation des isotopes et à prélever U^{4+} qui en résulte pour l'introduire dans l'effluent organique appauvri provenant de l'extrémité de la cascade où est prélevé le produit ;

b) Appareils qui séparent l'eau de l'acide chlorhydrique de façon à ce que l'eau et l'acide chlorhydrique concentré puissent être réintroduits dans le processus aux emplacements appropriés.

5.6.6. Résines échangeuses d'ions/adsorbants à réaction rapide (échange d'ions)

Résines échangeuses d'ions ou adsorbants à réaction rapide spécialement conçus ou préparés pour l'enrichissement de l'uranium par le procédé d'échange d'ions, en particulier résines poreuses macroréticulées et/ou structures pelliculaires dans lesquelles les groupes actifs d'échange chimique sont limités à un revêtement superficiel sur un support poreux inactif, et autres structures composites sous une forme appropriée, et notamment sous forme de particules ou de fibres. Ces articles ont un diamètre inférieur ou égal à 0,2 mm ; du point de vue chimique, ils doivent être résistant aux solutions dans de l'acide chlorhydrique concentré et, du point de vue physique, être suffisamment solides pour ne pas se dégrader dans les colonnes d'échange. Ils sont spécialement conçus pour obtenir de très grandes vitesses d'échange des isotopes de l'uranium (temps de demi-réaction inférieur à 10 secondes) et sont efficaces à des températures comprises entre 100 °C et 200 °C.

5.6.7. Colonnes d'échange d'ions (échange d'ions)

Colonnes cylindriques de plus de 1 000 mm de diamètre contenant un garnissage de résine échangeuse d'ions/d'absorbant, spécialement conçues ou préparées pour l'enrichissement de l'uranium par le procédé d'échange d'ions. Ces colonnes sont constituées ou revêtues de matériaux (tels que le titane ou les plastiques à base de fluorocarbures) résistant à la corrosion par des solutions dans de l'acide chlorhydrique concentré, et peuvent fonctionner à des températures comprises entre 100 °C et 200 °C et à des pressions supérieures à 0,7 MPa (102 psia).

5.6.8. Systèmes de reflux (échange d'ions)

a) Systèmes de réduction chimique ou électrochimique spécialement conçus ou préparés pour régénérer l'agent (les agents) de réduction chimique utilisé(s) dans les cascades d'enrichissement de l'uranium par le procédé d'échange d'ions.

b) Systèmes d'oxydation chimique ou électrochimique spécialement conçus ou préparés pour régénérer l'agent (les agents) d'oxydation chimique utilisé(s) dans les cascades d'enrichissement de l'uranium par le procédé d'échange d'ions.

Note explicative

Dans le procédé d'enrichissement par échange d'ions, on peut par exemple utiliser comme cation réducteur le titane trivalent (Ti^{3+}) : le système de réduction régénérerait alors Ti^{3+} par réduction de Ti^{4+}.

De même, on peut par exemple utiliser comme oxydant le fer trivalent (Fe^{3+}) : le système d'oxydation régénérerait alors Fe^{3+} par oxydation de Fe^{2+}.

5.7. Systèmes, matériel et composants spécialement conçus et préparés pour utilisation dans les usines d'enrichissement par laser

Note d'introduction

Les systèmes actuellement employés dans les procédés d'enrichissement par laser peuvent être classés en deux catégories, selon le milieu auquel est appliqué le procédé : vapeur atomique d'uranium ou vapeur d'un composé de l'uranium. Ces procédés sont notamment connus sous les dénominations courantes suivantes : première catégorie - séparation des isotopes par laser sur vapeur atomique (SILVA ou AVLIS) ; seconde catégorie - séparation des isotopes par irradiation au laser de molécules (SILMO ou MLIS) et réaction chimique par activation laser isotopiquement sélective (CRISLA). Les systèmes, le matériel et les composants utilisés dans les usines d'enrichissement par laser comprennent : a) des dispositifs d'alimentation en vapeur d'uranium métal (en vue d'une photo-ionisation sélective) ou des dispositifs d'alimentation en vapeur d'un composé de l'uranium (en vue d'une photodissociation ou d'une activation chimique) ; b) des dispositifs pour recueillir l'uranium métal enrichi (produit) et appauvri (résidus) dans les procédés de la première catégorie et des dispositifs pour recueillir les composés dissociés ou activés (produit) et les matières non modifiées (résidus) dans les procédés de la seconde catégorie ; c) des systèmes laser de procédé pour exciter sélectivement la forme uranium 235 ; d) des équipements pour la préparation de l'alimentation et pour la conversion du produit. En raison de la complexité de la spectroscopie des atomes d'uranium et des composés de l'uranium, il peut falloir englober les articles utilisés dans tous ceux des procédés laser qui sont disponibles.

Note explicative

Un grand nombre des articles énumérés dans la présente section sont en contact direct soit avec l'uranium métal vaporisé ou liquide, soit avec un gaz de procédé consistant en UF_6 ou en un mélange d'UF_6 et d'autres gaz. Toutes les surfaces qui sont en contact avec l'uranium ou l'UF_6 sont constituées entièrement ou revêtues de matériaux résistant à la corrosion. Aux fins de la section relative aux articles pour enrichissement par laser, les matériaux résistant à la corrosion par l'uranium métal ou les alliages d'uranium vaporisés ou liquides sont le graphite revêtu d'oxyde d'yttrium et le tantale ; les matériaux résistant à la corrosion par l'UF_6 sont le cuivre, l'acier inoxydable, l'aluminium, les alliages d'aluminium, le nickel, les alliages contenant 60 % ou plus de nickel et les polymères d'hydrocarbures totalement fluorés résistant à l'UF_6.

5.7.1. Systèmes de vaporisation de l'uranium (SILVA)

Systèmes de vaporisation de l'uranium spécialement conçus ou préparés, renfermant des canons à électrons de grande puissance à faisceau en nappe ou à balayage, fournissant une puissance au niveau de la cible supérieure à 2,5 kW/cm.

5.7.2. Systèmes de manipulation de l'uranium métal liquide (SILVA)

Systèmes de manipulation de métaux liquides spécialement conçus ou préparés pour l'uranium ou les alliages d'uranium fondus, comprenant des creusets et des équipements de refroidissement pour les creusets.

Note explicative

Les creusets et autres parties de ces systèmes qui sont en contact avec l'uranium ou les alliages d'uranium fondus sont constitués ou revêtus de matériaux ayant une résistance appropriée à la corrosion et à la chaleur. Les matériaux appropriés comprennent le tantale, le graphite revêtu d'oxyde d'yttrium, le graphite revêtu d'autres oxydes de terres rares ou des mélanges de ces substances.

5.7.3. Assemblages collecteurs du produit et des résidus d'uranium métal (SILVA)

Assemblages collecteurs du produit et des résidus spécialement conçus ou préparés pour l'uranium métal à l'état liquide ou solide.

Note explicative

Les composants de ces assemblages sont constitués ou revêtus de matériaux résistant à la chaleur et à la corrosion par l'uranium métal vaporisé ou liquide (tels que le graphite recouvert d'oxyde d'yttrium ou le tantale) et peuvent comprendre des tuyaux, des vannes, des raccords, des « gouttières », des traversants, des échangeurs de chaleur et des plaques collectrices utilisées dans les méthodes de séparation magnétique, électrostatique ou autres.

5.7.4. Enceintes de module séparateur (SILVA)

Conteneurs de forme cylindrique ou rectangulaire spécialement conçus ou préparés pour loger la source de vapeur d'uranium métal, le canon à électrons et les collecteurs du produit et de résidus.

Note explicative

Ces enceintes sont pourvues d'un grand nombre d'orifices pour les barreaux électriques et les traversants destinés à l'alimentation en eau, les fenêtres des faisceaux laser, les raccordements de pompes à vide et les appareils de diagnostic et de surveillance. Elles sont dotées de moyens d'ouverture et de fermeture qui permettent la remise en état des internes.

5.7.5. Tuyères de détente supersonique (SILMO)

Tuyères de détente supersonique, résistant à la corrosion par l'UF_6, spécialement conçues ou préparées pour refroidir les mélanges d'UF_6 et de gaz porteur jusqu'à 150 °K ou moins.

5.7.6. Collecteurs du produit (pentafluorure d'uranium) (SILMO)

Collecteurs de pentafluorure d'uranium (UF_5) solide spécialement conçus ou préparés, constitués de collecteurs ou de combinaisons de collecteurs à filtre, à impact ou à cyclone et résistant à la corrosion en milieu UF_5/UF_6.

5.7.7. Compresseurs d'UF_6/gaz porteur (SILMO)

Compresseurs spécialement conçus ou préparés pour les mélanges d'UF_6 et de gaz porteur, prévus pour un fonctionnement de longue durée en atmosphère d'UF_6. Les composants de ces compresseurs qui sont en contact avec le gaz de procédé sont constitués ou revêtus de matériaux résistant à la corrosion par l'UF_6.

5.7.8. Garnitures d'étanchéité d'arbres (SILMO)

Garnitures spécialement conçues ou préparées, avec connexions d'alimentation et d'échappement, pour assurer de manière fiable l'étanchéité de l'arbre reliant le rotor du compresseur au moteur d'entraînement en empêchant le gaz de procédé de s'échapper, ou l'air ou le gaz d'étanchéité de pénétrer dans la chambre intérieure du compresseur qui est rempli du mélange UF_6/gaz porteur.

5.7.9. Systèmes de fluoration (SILMO)

Systèmes spécialement conçus ou préparés pour fluorer l'UF_5 (solide) en UF_6 (gazeux).

<u>Note explicative</u>

Ces systèmes sont conçus pour fluorer la poudre d'UF_5, puis recueillir l'UF_6, dans les conteneurs destinés au produit, ou le réintroduire dans les unités SILMO en vue d'un enrichissement plus poussé. Dans l'une des méthodes possibles, la fluoration peut être réalisée à l'intérieur du système de séparation des isotopes, la réaction et la récupération se faisant directement au niveau des collecteurs du produit. Dans une autre méthode, la poudre d'UF_5 peut être retirée des collecteurs du produit et transférée dans une enceinte appropriée (par exemple réacteur à lit fluidisé, réacteur hélicoïdal ou tour à flamme) pour y subir la fluoration. Dans les deux méthodes, on emploie un certain matériel pour le stockage et le transfert du fluor (ou d'autres agents de fluoration appropriés) et pour la collecte et le transfert de l'UF_6.

5.7.10. Spectromètres de masse pour UF_6/sources d'ions (SILMO)

Spectromètres de masse magnétiques ou quadripolaires spécialement conçus ou préparés, capables de prélever en direct sur les flux d'UF_6 gazeux des échantillons du gaz d'entrée, du produit ou des résidus, et ayant toutes les caractéristiques suivantes :

1. Pouvoir de résolution unitaire pour l'unité de masse atomique supérieur à 320

2. Sources d'ions constituées ou revêtues de nichrome ou de monel ou nickelées

3. Sources d'ionisation par bombardement électronique

4. Collecteur adapté à l'analyse isotopique.

5.7.11. Systèmes d'alimentation/systèmes de prélèvement du produit et des résidus (SILMO)

Systèmes ou équipements spécialement conçus ou préparés pour les usines d'enrichissement, constitués ou revêtus de matériaux résistant à la corrosion par l'UF_6 et comprenant :

a) Des autoclaves, fours et systèmes d'alimentation utilisés pour introduire l'UF_6 dans le processus d'enrichissement ;

b) Des pièges à froid utilisés pour retirer l'UF_6 du processus d'enrichissement en vue de son transfert ultérieur après réchauffement ;

c) Des stations de solidification ou de liquéfaction utilisées pour retirer l'UF_6 du processus d'enrichissement par compression et passage à l'état liquide ou solide ;

d) Des stations « Produit » ou « Résidus » pour le transfert de l'UF_6 dans des conteneurs.

5.7.12. Systèmes de séparation de l'UF_6 et du gaz porteur (SILMO)

Systèmes spécialement conçus ou préparés pour séparer l'UF_6 du gaz porteur. Ce dernier peut être l'azote, l'argon ou un autre gaz.

<u>Note explicative</u>

Ces systèmes peuvent comprendre les équipements suivants :

a) Échangeurs de chaleur cryogéniques et cryoséparateurs capables d'atteindre des températures inférieures ou égales à -120 °C ;

b) Appareils de réfrigération cryogéniques capables d'atteindre des températures inférieures ou égales à -120 °C ;

c) Pièges à froid pour l'UF_6 capables d'atteindre des températures inférieures ou égales à -20 °C.

5.7.13. Systèmes laser (SILVA, SILMO et CRISLA)

Lasers ou systèmes laser spécialement conçus ou préparés pour la séparation des isotopes de l'uranium.

Note explicative

Le système laser utilisé dans le procédé SILVA comprend généralement deux lasers : un laser à vapeur de cuivre et un laser à colorant. Le système laser employé dans le procédé SILMO comprend généralement un laser à CO_2 ou un laser à excimère et une cellule optique à multipassages munie de miroirs tournants aux deux extrémités. Dans les deux procédés, les lasers ou les systèmes laser doivent être munis d'un stabilisateur de fréquence pour pouvoir fonctionner pendant de longues périodes.

5.8. Systèmes, matériel et composants spécialement conçus ou préparés pour utilisation dans les usines d'enrichissement par séparation des isotopes dans un plasma

Note d'introduction

Dans le procédé de séparation dans un plasma, un plasma d'ions d'uranium traverse un champ électrique accordé à la fréquence de résonance des ions ^{235}U, de sorte que ces derniers absorbent de l'énergie de manière préférentielle et que le diamètre de leurs orbites hélicoïdales s'accroît. Les ions qui suivent un parcours de grand diamètre sont piégés et on obtient un produit enrichi en ^{235}U. Le plasma, qui est créé en ionisant de la vapeur d'uranium, est contenu dans une enceinte à vide soumise à un champ magnétique de haute intensité produit par un aimant supraconducteur. Les principaux systèmes du procédé comprennent le système générateur du plasma d'uranium, le module séparateur et son aimant supraconducteur et les systèmes de prélèvement de l'uranium métal destinés à collecter le produit et les résidus.

5.8.1. Sources d'énergie hyperfréquence et antennes

Sources d'énergie hyperfréquence et antennes spécialement conçues ou préparées pour produire ou accélérer des ions et ayant les caractéristiques suivantes : fréquence supérieure à 30 GHz et puissance de sortie moyenne supérieure à 50 kW pour la production d'ions.

5.8.2. Bobines excitatrices d'ions

Bobines excitatrices d'ions à haute fréquence spécialement conçues ou préparées pour des fréquences supérieures à 100 kHz et capables de supporter une puissance moyenne supérieure à 40 kW.

5.8.3. Systèmes générateurs de plasma d'uranium

Systèmes de production de plasma d'uranium spécialement conçus ou préparés, pouvant renfermer des canons à électrons de grande puissance à faisceau en nappe ou à balayage, fournissant une puissance au niveau de la cible supérieure à 2,5 kW/cm.

5.8.4. Systèmes de manipulation de l'uranium métal liquide

Systèmes de manipulation de métaux liquides spécialement conçus ou préparés pour l'uranium ou les alliages d'uranium fondus, comprenant des creusets et des équipements de refroidissement pour les creusets.

Note explicative

Les creusets et autres parties de ces systèmes qui sont en contact avec l'uranium ou les alliages d'uranium fondus sont constitués ou revêtus de matériaux ayant une résistance appropriée à la corrosion et à la chaleur. Les matériaux appropriés comprennent le tantale, le graphite revêtu d'oxyde d'yttrium, le graphite revêtu d'autres oxydes de terres rares ou des mélanges de ces substances.

5.8.5. Assemblages collecteurs du produit et des résidus d'uranium métal

Assemblages collecteurs du produit et des résidus spécialement conçus ou préparés pour l'uranium métal à l'état solide. Ces assemblages collecteurs sont constitués ou revêtus de matériaux résistant à la chaleur et à la corrosion par la vapeur d'uranium métal, tels que le graphite revêtu d'oxyde d'yttrium ou le tantale.

5.8.6. Enceintes de module séparateur

Conteneurs cylindriques spécialement conçus ou préparés pour les usines d'enrichissement par séparation des isotopes dans un plasma et destinés à loger la source de plasma d'uranium, la bobine excitatrice à haute fréquence et les collecteurs du produit et des résidus.

Note explicative

Ces enceintes sont pourvues d'un grand nombre d'orifices pour les barreaux électriques, les raccordements de pompes à diffusion et les appareils de diagnostic et de surveillance. Elles sont dotées de moyens d'ouverture et de fermeture qui permettent la remise en état des internes et sont constituées d'un matériau non magnétique approprié tel que l'acier inoxydable.

5.9. Systèmes, matériel et composants spécialement conçus et préparés pour utilisation dans les usines d'enrichissement par le procédé électromagnétique

Note d'introduction

Dans le procédé électromagnétique, les ions d'uranium métal produits par ionisation d'un sel (en général UCl4) sont accélérés et envoyés à travers un champ magnétique sous l'effet duquel les ions des différents isotopes empruntent des parcours différents. Les principaux composants d'un séparateur d'isotopes électromagnétique sont les suivants : champ magnétique provoquant la déviation du faisceau d'ions et la séparation des isotopes, source d'ions et son système accélérateur et collecteurs pour recueillir les ions après séparation. Les systèmes auxiliaires utilisés dans le procédé comprennent l'alimentation de l'aimant, l'alimentation haute tension de la source d'ions, l'installation de vide et d'importants systèmes de manipulation chimique pour la récupération du produit et l'épuration ou le recyclage des composants.

5.9.1. Séparateurs électromagnétiques

Séparateurs électromagnétiques spécialement conçus ou préparés pour la séparation des isotopes de l'uranium, et matériel et composants pour cette séparation, à savoir en particulier :

a) Sources d'ions

Sources d'ions uranium uniques ou multiples, spécialement conçues ou préparées, comprenant la source de vapeur, l'ionisateur et l'accélérateur de faisceau, constituées de matériaux appropriés comme le graphite, l'acier inoxydable ou le cuivre, et capables de fournir un courant d'ionisation total égal ou supérieur à 50 mA.

b) Collecteurs d'ions

Plaques collectrices comportant des fentes et des poches (deux ou plus), spécialement conçues ou préparées pour collecter les faisceaux d'ions uranium enrichis et appauvris, et constituées de matériaux appropriés comme le graphite ou l'acier inoxydable.

c) Enceintes à vide

Enceintes à vide spécialement conçues ou préparées pour les séparateurs électromagnétiques, constituées de matériaux non magnétiques appropriés comme l'acier inoxydable et conçues pour fonctionner à des pressions inférieures ou égales à 0,1 Pa.

Note explicative

Les enceintes sont spécialement conçues pour renfermer les sources d'ions, les plaques collectrices et les chemises d'eau et sont dotées des moyens de raccorder les pompes à diffusion et de dispositifs d'ouverture et de fermeture qui permettent de déposer et de reposer ces composants.

d) Pièces polaires

Pièces polaires spécialement conçues ou préparées, de diamètre supérieur à 2 m, utilisées pour maintenir un champ magnétique constant à l'intérieur du séparateur électromagnétique et pour transférer le champ magnétique entre séparateurs contigus.

5.9.2. Alimentations haute tension

Alimentations haute tension spécialement conçues ou préparées pour les sources d'ions et ayant toutes les caractéristiques suivantes : capables de fournir en permanence, pendant une période de 8 heures, une tension de sortie égale ou supérieure à 20 000 V avec une intensité de sortie égale ou supérieure à 1 A et une variation de tension inférieure à 0,01 %.

5.9.3. Alimentations des aimants

Alimentations des aimants en courant continu de haute intensité spécialement conçues ou préparées et ayant toutes les caractéristiques suivantes : capables de produire en permanence, pendant une période de 8 heures, un courant d'intensité supérieure ou égale à 500 A à une tension supérieure ou égale à 100 V, avec des variations d'intensité et de tension inférieures à 0,01 %.

6. USINES DE PRODUCTION D'EAU LOURDE, DE DEUTÉRIUM ET DE COMPOSÉS DE DEUTÉRIUM ; ÉQUIPEMENTS SPÉCIALEMENT CONÇUS OU PRÉPARÉS À CETTE FIN

Note d'introduction

Divers procédés permettent de produire de l'eau lourde. Toutefois, les deux procédés dont il a été prouvé qu'ils sont commercialement viables sont le procédé d'échange eau-sulfure d'hydrogène (procédé GS) et le procédé d'échange ammoniac-hydrogène.

Le procédé GS repose sur l'échange d'hydrogène et de deutérium entre l'eau et le sulfure d'hydrogène dans une série de tours dont la section haute est froide et la section basse chaude. Dans les tours, l'eau s'écoule de haut en bas et le sulfure d'hydrogène gazeux circule de bas en haut. Une série de plaques perforées sert à favoriser le mélange entre le gaz et l'eau. Le deutérium est transféré à l'eau aux basses températures et au sulfure d'hydrogène aux hautes températures. Le gaz ou l'eau, enrichi en deutérium, est retiré des tours du premier étage à la jonction entre les sections chaudes et froides, et le processus est répété dans les tours des étages suivants. Le produit obtenu au dernier étage, à savoir de l'eau enrichie jusqu'à 30 % en deutérium, est envoyé dans une unité de distillation pour produire de l'eau lourde de qualité réacteur, c'est-à-dire de l'oxyde de deutérium à 99,75 %.

Le procédé d'échange ammoniac-hydrogène permet d'extraire le deutérium d'un gaz de synthèse par contact avec de l'ammoniac liquide en présence d'un catalyseur. Le gaz de synthèse est introduit dans les tours d'échange, puis dans un convertisseur d'ammoniac. Dans les tours, le gaz circule de bas en haut et l'ammoniac liquide s'écoule de haut en bas. Le deutérium est enlevé à l'hydrogène dans le gaz de synthèse et concentré dans l'ammoniac. L'ammoniac passe ensuite dans un craqueur d'ammoniac au bas de la tour, et le gaz est acheminé vers un convertisseur d'ammoniac en haut de la tour. L'enrichissement se poursuit dans les étages ultérieurs, et de l'eau lourde de qualité réacteur est produite par distillation finale. Le gaz de synthèse d'alimentation peut provenir d'une usine d'ammoniac qui, elle-même, peut être construite en association avec une usine de production d'eau lourde par échange ammoniac-hydrogène. Dans le procédé d'échange ammoniac-hydrogène, on peut aussi utiliser de l'eau ordinaire comme source de deutérium.

Un grand nombre d'articles de l'équipement essentiel des usines de production d'eau lourde par le procédé GS ou le procédé d'échange ammoniac-hydrogène sont communs à plusieurs secteurs des industries chimique et pétrolière. Ceci est particulièrement vrai pour les petites usines utilisant le procédé GS. Toutefois, seuls quelques articles sont disponibles « dans le commerce ». Le procédé GS et le procédé d'échange ammoniac-hydrogène exigent la manipulation de grandes quantités de fluides inflammables, corrosifs et toxiques sous haute pression. En conséquence, pour fixer les normes de conception et d'exploitation des usines et des équipements utilisant ces procédés, il faut accorder une attention particulière au choix et aux spécifications des matériaux pour garantir une longue durée de service avec des facteurs de sûreté et de fiabilité élevés. Le choix de l'échelle est fonction principalement de considérations économiques et des besoins. Ainsi, la plupart des équipements seront préparés d'après les prescriptions du client.

Enfin, il convient de noter que, tant pour le procédé GS que pour le procédé d'échange ammoniac-hydrogène, des articles d'équipement qui, pris individuellement, ne sont pas spécialement conçus ou préparés pour la production d'eau lourde peuvent être assemblés en des systèmes qui sont spécialement conçus ou préparés pour la production d'eau lourde. On peut en donner comme exemples le système de production du catalyseur utilisé dans le procédé d'échange ammoniac-hydrogène et les systèmes de distillation de l'eau utilisés dans les deux procédés pour la concentration finale de l'eau lourde afin d'obtenir une eau de qualité réacteur.

Articles spécialement conçus ou préparés pour la production d'eau lourde, soit par le procédé d'échange eau-sulfure d'hydrogène, soit par le procédé d'échange ammoniac-hydrogène :

6.1. Tours d'échange eau-sulfure d'hydrogène

Tours d'échange fabriquées en acier au carbone fin (par exemple ASTM A516), ayant un diamètre compris entre 6 m (20 pieds) et 9 m (30 pieds), capables de fonctionner à des pressions supérieures ou égales à 2 MPa (300 psi) et ayant une surépaisseur de corrosion de 6 mm ou plus, spécialement conçues ou préparées pour la production d'eau lourde par le procédé d'échange eau-sulfure d'hydrogène.

6.2. Soufflantes et compresseurs

Soufflantes ou compresseurs centrifuges à étage unique sous basse pression (c'est-à-dire 0,2 MPa ou 30 psi) pour la circulation de sulfure d'hydrogène (c'est-à-dire un gaz contenant plus de 70 % de H_2S) spécialement conçus ou préparés pour la production d'eau lourde par le procédé d'échange eau-sulfure d'hydrogène. Ces soufflantes ou compresseurs ont une capacité de débit supérieure ou égale à 56 m^3/s (120 000 SCFM) lorsqu'ils fonctionnent à des pressions d'aspiration supérieures ou égales à 1,8 MPa (260 psi), et sont équipés de joints conçus pour être utilisés en milieu humide en présence de H_2S.

6.3. Tours d'échange ammoniac-hydrogène

Tours d'échange ammoniac-hydrogène d'une hauteur supérieure ou égale à 35 m (114,3 pieds) ayant un diamètre compris entre 1,5 m (4,9 pieds) et 2,5 m (8,2 pieds) et pouvant fonctionner à des pressions supérieures à 15 MPa (2 225 psi), spécialement conçues ou préparées pour la production d'eau lourde par le procédé d'échange ammoniac-hydrogène. Ces tours ont aussi au moins une ouverture axiale à rebord du même diamètre que la partie cylindrique, par laquelle les internes de la tour peuvent être insérés ou retirés.

6.4. Internes de tour et pompes d'étage

Internes de tour et pompes d'étage spécialement conçus ou préparés pour des tours servant à la production d'eau lourde par le procédé d'échange ammoniac-hydrogène. Les internes de tour comprennent des contacteurs d'étage spécialement conçus qui favorisent un contact intime entre le gaz et le liquide. Les pompes d'étage comprennent des pompes submersibles spécialement conçues pour la circulation d'ammoniac liquide dans un étage de contact à l'intérieur des tours.

6.5. Craqueurs d'ammoniac

Craqueurs d'ammoniac ayant une pression de fonctionnement supérieure ou égale à 3 MPa (450 psi) spécialement conçus ou préparés pour la production d'eau lourde par le procédé d'échange ammoniac-hydrogène.

6.6. Analyseurs d'absorption infrarouge

Analyseurs d'absorption infrarouge permettant une analyse en ligne du rapport hydrogène/deutérium lorsque les concentrations en deutérium sont égales ou supérieures à 90 %.

6.7. Brûleurs catalytiques

Brûleurs catalytiques pour la conversion en eau lourde du deutérium enrichi spécialement conçus ou préparés pour la production d'eau lourde par le procédé d'échange ammoniac-hydrogène.

7. USINES DE CONVERSION DE L'URANIUM ET MATÉRIEL SPÉCIALEMENT CONÇU OU PRÉPARÉ À CETTE FIN

Note d'introduction

Les usines et systèmes de conversion de l'uranium permettent de réaliser une ou plusieurs transformations de l'une des formes chimiques de l'uranium en une autre forme, notamment : conversion des concentrés de minerai d'uranium en UO_3, conversion d'UO_3 en UO_2, conversion des oxydes d'uranium en UF_4 ou UF_6, conversion de l'UF_4 en UF_6, conversion de l'UF_6 en UF_4, conversion de l'UF_4 en uranium métal et conversion des fluorures d'uranium en UO_2. Un grand nombre des articles de l'équipement essentiel des usines de conversion de l'uranium sont communs à plusieurs secteurs de l'industrie chimique. Par exemple, ces procédés peuvent faire appel à des équipements des types suivants : fours, fourneaux rotatifs, réacteurs à lit fluidisé, tours à flamme, centrifugeuses en phase liquide, colonnes de distillation et colonnes d'extraction liquide-liquide. Toutefois, seuls quelques articles sont disponibles « dans le commerce » ; la plupart seront préparés d'après les besoins du client et les spécifications définies par lui. Parfois, lors de la conception et de la construction, il faut prendre spécialement en considération les propriétés corrosives de certains des produits chimiques en jeu (HF, F_2, ClF_3 et fluorures d'uranium). Enfin, il convient de noter que, dans tous les procédés de conversion de l'uranium, des articles d'équipement qui, pris individuellement, ne sont pas spécialement conçus ou préparés pour la conversion de l'uranium peuvent être assemblés en des systèmes qui sont spécialement conçus ou préparés à cette fin.

7.1. Systèmes spécialement conçus ou préparés pour la conversion des concentrés de minerai d'uranium en UO_3

Note explicative

La conversion des concentrés de minerai d'uranium en UO_3 peut être réalisée par dissolution du minerai dans l'acide nitrique et extraction de nitrate d'uranyle purifié au moyen d'un solvant tel que le phosphate tributylique. Le nitrate d'uranyle est ensuite converti en UO_3 soit par concentration et dénitration, soit par neutralisation au moyen de gaz ammoniac afin d'obtenir du diuranate d'ammonium qui est ensuite filtré, séché et calciné.

7.2. Systèmes spécialement conçus ou préparés pour la conversion d'UO_3 en UF_6

Note explicative

La conversion d'UO_3 en UF_6 peut être réalisée directement par fluoration. Ce procédé nécessite une source de fluor gazeux ou de trifluorure de chlore.

7.3. Systèmes spécialement conçus ou préparés pour la conversion d'UO_3 en UO_2

Note explicative

La conversion d'UO_3 en UO_2 peut être réalisée par réduction de l'UO_3 au moyen d'ammoniac craqué ou d'hydrogène.

7.4. Systèmes spécialement conçus ou préparés pour la conversion d'UO_2 en UF_4

Note explicative

La conversion d'UO_2 en UF_4 peut être réalisée en faisant réagir l'UO_2 avec de l'acide fluorhydrique gazeux (HF) à une température de 300 à 500 °C.

7.5. Systèmes spécialement conçus ou préparés pour la conversion d'UF_4 en UF_6

Note explicative

La conversion d'UF_4 en UF_6 est réalisée par réaction exothermique avec du fluor dans un réacteur à tour. Pour condenser l'UF_6 à partir des effluents gazeux chauds, on fait passer les effluents dans un piège à froid refroidi à -10 °C. Ce procédé nécessite une source de fluor gazeux.

7.6. Systèmes spécialement conçus ou préparés pour la conversion d'UF_4 en U métal

Note explicative

La conversion d'UF_4 en uranium métal est réalisée par réduction au moyen de magnésium (grandes quantités) ou de calcium (petites quantités). La réaction a lieu à des températures supérieures au point de fusion de l'uranium (1 130 °C).

7.7. Systèmes spécialement conçus ou préparés pour la conversion d'UF_6 en UO_2

Note explicative

La conversion d'UF_6 en UO_2 peut être réalisée par trois procédés différents. Dans le premier procédé, l'UF_6 est réduit et hydrolysé en UO_2 au moyen d'hydrogène et de vapeur. Dans le deuxième procédé, l'UF_6 est hydrolysé par dissolution dans l'eau ; l'addition d'ammoniaque à cette solution entraîne la précipitation de diuranate d'ammonium, lequel est réduit en UO_2 par de l'hydrogène à une température de 820 °C. Dans le troisième procédé, l'UF_6, le CO_2 et le NH_3 gazeux sont mis en solution dans l'eau, ce qui entraîne la précipitation de carbonate double d'uranyle et d'ammonium ; le carbonate est combiné avec de la vapeur et de l'hydrogène à 500-600 °C pour produire de l'UO_2.

La conversion d'UF_6 en UO_2 constitue souvent la première phase des opérations dans les usines de fabrication de combustible.

7.8. Systèmes spécialement conçus ou préparés pour la conversion d'UF_6 en UF_4

Note explicative

La conversion d'UF_6 en UF_4 est réalisée par réduction au moyen d'hydrogène.

[TRANSLATION – TRADUCTION][1]

PROTOCOL ADDITIONAL TO THE AGREEMENT BETWEEN THE REPUBLIC OF THE IVORY COAST AND THE INTERNATIONAL ATOMIC ENERGY AGENCY FOR THE APPLICATION OF SAFEGUARDS IN CONNECTION WITH THE TREATY ON THE NON-PROLIFERATION OF NUCLEAR WEAPONS

WHEREAS the Republic of Côte d'Ivoire (hereinafter referred to as "Côte d'Ivoire ") and the International Atomic Energy Agency (hereinafter referred to as the "Agency") are parties to an Agreement for the Application of Safeguards in Connection with the Treaty on the Non-Proliferation of Nuclear Weapons (hereinafter referred to as the "Safeguards Agreement"), which entered into force on 8 September 1983;

AWARE OF the desire of the international community to further enhance nuclear non-proliferation by strengthening the effectiveness and improving the efficiency of the Agency's safeguards system;

RECALLING that the Agency must take into account in the implementation of safeguards the need to: avoid hampering the economic and technological development of Côte d'Ivoire or international co-operation in the field of peaceful nuclear activities; respect health, safety, physical protection and other security provisions in force and the rights of individuals; and take every precaution to protect commercial, technological and industrial secrets as well as other confidential information coming to its knowledge;

WHEREAS the frequency and intensity of activities described in this Protocol shall be kept to the minimum consistent with the objective of strengthening the effectiveness and improving the efficiency of Agency safeguards;

NOW THEREFORE Côte d'Ivoire and the Agency have agreed as follows:

[1] Translation provided by the International Atomic Energy Agency – Traduction fournie par l'Agence internationale de l'énergie atomique.

RELATIONSHIP BETWEEN THE PROTOCOL AND THE SAFEGUARDS AGREEMENT

Article 1

The provisions of the Safeguards Agreement shall apply to this Protocol to the extent that they are relevant to and compatible with the provisions of this Protocol. In case of conflict between the provisions of the Safeguards Agreement and those of this Protocol, the provisions of this Protocol shall apply.

PROVISION OF INFORMATION

Article 2

a. Côte d'Ivoire shall provide the Agency with a declaration containing:

(i) A general description of and information specifying the location of nuclear fuel cycle-related research and development activities not involving nuclear material carried out anywhere that are funded, specifically authorized or controlled by, or carried out on behalf of, Côte d'Ivoire.

(ii) Information identified by the Agency on the basis of expected gains in effectiveness or efficiency, and agreed to by Côte d'Ivoire, on operational activities of safeguards relevance at facilities and at locations outside facilities where nuclear material is customarily used.

(iii) A general description of each building on each site, including its use and, if not apparent from that description, its contents. The description shall include a map of the site.

(iv) A description of the scale of operations for each location engaged in the activities specified in Annex I to this Protocol.

(v) Information specifying the location, operational status and the estimated annual production capacity of uranium mines and concentration plants and thorium concentration plants, and the current annual production of such mines and concentration plants for Côte d'Ivoire as a whole. Côte d'Ivoire shall provide, upon request by the Agency, the current annual production of an individual mine or concentration plant. The provision of this information does not require detailed nuclear material accountancy.

(vi) Information regarding source material which has not reached the composition and purity suitable for fuel fabrication or for being isotopically enriched, as follows:

(a) The quantities, the chemical composition, the use or intended use of such material, whether in nuclear or non-nuclear use, for each location in Côte d'Ivoire at which the material is present in quantities exceeding ten metric tons of uranium and/or twenty metric tons of thorium, and for other locations with quantities of more than one metric ton, the aggregate for Côte d'Ivoire as a whole if the aggregate exceeds ten metric tons of uranium or twenty metric tons of thorium. The provision of this information does not require detailed nuclear material accountancy;

(b) The quantities, the chemical composition and the destination of each export out of Côte d'Ivoire, of such material for specifically non-nuclear purposes in quantities exceeding:

(1) Ten metric tons of uranium, or for successive exports of uranium from Côte d'Ivoire to the same State, each of less than ten metric tons, but exceeding a total of ten metric tons for the year;

(2) Twenty metric tons of thorium, or for successive exports of thorium from Côte d'Ivoire to the same State, each of less than twenty metric tons, but exceeding a total of twenty metric tons for the year;

(c) The quantities, chemical composition, current location and use or intended use of each import into Côte d'Ivoire of such material for specifically non-nuclear purposes in quantities exceeding:

(1) Ten metric tons of uranium, or for successive imports of uranium into Côte d'Ivoire each of less than ten metric tons, but exceeding a total of ten metric tons for the year;

(2) Twenty metric tons of thorium, or for successive imports of thorium into Côte d'Ivoire each of less than twenty metric tons, but exceeding a total of twenty metric tons for the year;

it being understood that there is no requirement to provide information on such material intended for a non-nuclear use once it is in its non-nuclear end-use form.

(vii) (a) Information regarding the quantities, uses and locations of nuclear material exempted from safeguards pursuant to Article 37 of the Safeguards Agreement;

(b) Information regarding the quantities (which may be in the form of estimates) and uses at each location, of nuclear material exempted from safeguards pursuant to Article 36(b) of the Safeguards Agreement but not yet in a non-nuclear end-use form, in quantities exceeding those set out in Article 37 of the Safeguards Agreement. The provision of this information does not require detailed nuclear material accountancy.

(viii) Information regarding the location or further processing of intermediate or high-level waste containing plutonium, high enriched uranium or uranium-233 on which safeguards have been terminated pursuant to Article 11 of the Safeguards Agreement. For the purpose of this paragraph, "further processing" does not include repackaging of the waste or its further conditioning not involving the separation of elements, for storage or disposal.

(ix) The following information regarding specified equipment and non-nuclear material listed in Annex II:

(a) For each export out of Côte d'Ivoire of such equipment and material: the identity, quantity, location of intended use in the receiving State and date or, as appropriate, expected date, of export;

(b) Upon specific request by the Agency, confirmation by Côte d'Ivoire, as importing State, of information provided to the Agency by another State concerning the export of such equipment and material to Côte d'Ivoire.

(x) General plans for the succeeding ten-year period relevant to the development of the nuclear fuel cycle (including planned nuclear fuel cycle-related research and development activities) when approved by the appropriate authorities in Côte d'Ivoire.

b. Côte d'Ivoire shall make every reasonable effort to provide the Agency with the following information:

(i) A general description of and information specifying the location of nuclear fuel cycle-related research and development activities not involving nuclear material which are specifically related to enrichment, reprocessing of nuclear fuel or the processing of intermediate or high-level waste containing plutonium, high enriched uranium or uranium-233 that are carried out anywhere in Côte d'Ivoire but which are not funded, specifically authorized or controlled by, or carried out on behalf of, Côte d'Ivoire. For the purpose of this paragraph, "processing" of intermediate or high-level waste does not include repackaging of the waste or its conditioning not involving the separation of elements, for storage or disposal.

(ii) A general description of activities and the identity of the person or entity carrying out such activities, at locations identified by the Agency outside a site which the Agency considers might be functionally related to the activities of that site. The provision of this information is subject to a specific request by the Agency. It shall be provided in consultation with the Agency and in a timely fashion.

c. Upon request by the Agency, Côte d'Ivoire shall provide amplifications or clarifications of any information it has provided under this Article, in so far as relevant for the purpose of safeguards.

Article 3

a. Côte d'Ivoire shall provide to the Agency the information identified in Article 2.a.(i), (iii), (iv), (v), (vi)(a), (vii) and (x) and Article 2.b.(i) within 180 days of the entry into force of this Protocol.

b. Côte d'Ivoire shall provide to the Agency, by 15 May of each year, updates of the information referred to in paragraph a. above for the period covering the previous calendar year. If there has been no change to the information previously provided, Côte d'Ivoire shall so indicate.

c. Côte d'Ivoire shall provide to the Agency, by 15 May of each year, the information identified in Article 2.a.(vi)(b) and (c) for the period covering the previous calendar year.

d. Côte d'Ivoire shall provide to the Agency on a quarterly basis the information identified in Article 2.a.(ix)(a). This information shall be provided within sixty days of the end of each quarter.

e. Côte d'Ivoire shall provide to the Agency the information identified in Article 2.a.(viii) 180 days before further processing is carried out and, by 15 May of each year, information on changes in location for the period covering the previous calendar year.

f. Côte d'Ivoire and the Agency shall agree on the timing and frequency of the provision of the information identified in Article 2.a.(ii).

g. Côte d'Ivoire shall provide to the Agency the information in Article 2.a.(ix)(b) within sixty days of the Agency's request.

COMPLEMENTARY ACCESS

Article 4

The following shall apply in connection with the implementation of complementary access under Article 5 of this Protocol:

a. The Agency shall not mechanistically or systematically seek to verify the information referred to in Article 2; however, the Agency shall have access to:

(i) Any location referred to in Article 5.a.(i) or (ii) on a selective basis in order to assure the absence of undeclared nuclear material and activities;

(ii) Any location referred to in Article 5.b. or c. to resolve a question relating to the correctness and completeness of the information provided pursuant to Article 2 or to resolve an inconsistency relating to that information;

(iii) Any location referred to in Article 5.a.(iii) to the extent necessary for the Agency to confirm, for safeguards purposes, Côte d'Ivoire's declaration of the decommissioned status of a facility or of a location outside facilities where nuclear material was customarily used.

b. (i) Except as provided in paragraph (ii) below, the Agency shall give Côte d'Ivoire advance notice of access of at least 24 hours;

(ii) For access to any place on a site that is sought in conjunction with design information verification visits or ad hoc or routine inspections on that site, the period of advance notice shall, if the Agency so requests, be at least two hours but, in exceptional circumstances, it may be less than two hours.

c. Advance notice shall be in writing and shall specify the reasons for access and the activities to be carried out during such access.

d. In the case of a question or inconsistency, the Agency shall provide Côte d'Ivoire with an opportunity to clarify and facilitate the resolution of the question or inconsistency. Such an opportunity will be provided before a request for access, unless the Agency considers that delay in access would prejudice the purpose for which the access is sought. In any event, the Agency shall not draw any conclusions about the question or inconsistency until Côte d'Ivoire has been provided with such an opportunity.

e. Unless otherwise agreed to by Côte d'Ivoire, access shall only take place during regular working hours.

f. Côte d'Ivoire shall have the right to have Agency inspectors accompanied during their access by representatives of Côte d'Ivoire, provided that the inspectors shall not thereby be delayed or otherwise impeded in the exercise of their functions.

Article 5

Côte d'Ivoire shall provide the Agency with access to:

a. (i) Any place on a site;

(ii) Any location identified by Côte d'Ivoire under Article 2.a.(v)-(viii);

(iii) Any decommissioned facility or decommissioned location outside facilities where nuclear material was customarily used.

b. Any location identified by Côte d'Ivoire under Article 2.a.(i), Article 2.a.(iv), Article 2.a.(ix)(b) or Article 2.b., other than those referred to in paragraph a.(i) above, provided that if Côte d'Ivoire is unable to provide such access, Côte d'Ivoire shall make every reasonable effort to satisfy Agency requirements, without delay, through other means.

c. Any location specified by the Agency, other than locations referred to in paragraphs a. and b. above, to carry out location-specific environmental sampling, provided that if Côte d'Ivoire is unable to provide such access, Côte d'Ivoire shall make every reasonable effort to satisfy Agency requirements, without delay, at adjacent locations or through other means.

Article 6

When implementing Article 5, the Agency may carry out the following activities:

a. For access in accordance with Article 5.a.(i) or (iii): visual observation; collection of environmental samples; utilization of radiation detection and measurement devices; application of seals and other identifying and tamper indicating devices specified in Subsidiary Arrangements; and other objective measures which have been demonstrated to be technically feasible and the use of which has been agreed by the Board of Governors (hereinafter referred to as the "Board") and following consultations between the Agency and Côte d'Ivoire.

b. For access in accordance with Article 5.a.(ii): visual observation; item counting of nuclear material; non-destructive measurements and sampling; utilization of radiation detection and measurement devices; examination of records relevant to the quantities, origin and disposition of the material; collection of environmental samples; and other objective measures which have been demonstrated to be technically feasible and the use of which has been agreed by the Board and following consultations between the Agency and Côte d'Ivoire.

c. For access in accordance with Article 5.b.: visual observation; collection of environmental samples; utilization of radiation detection and measurement devices; examination of safeguards relevant production and shipping records; and other objective measures which have been demonstrated to be technically feasible and the use of which has been agreed by the Board and following consultations between the Agency and Côte d'Ivoire.

d. For access in accordance with Article 5.c.: collection of environmental samples and, in the event the results do not resolve the question or inconsistency at the location specified by the Agency pursuant to Article 5.c., utilization at that location of visual observation, radiation detection and measurement devices, and, as agreed by Côte d'Ivoire and the Agency, other objective measures.

Article 7

a. Upon request by Côte d'Ivoire, the Agency and Côte d'Ivoire shall make arrangements for managed access under this Protocol in order to prevent the dissemination of proliferation sensitive information, to meet safety or physical protection requirements, or to protect proprietary or commercially sensitive information. Such arrangements shall not preclude the Agency from conducting activities necessary to provide credible assurance of the absence of undeclared nuclear material and activities at the location in question, including the resolution of a question relating to the correctness and completeness of the information referred to in Article 2 or of an inconsistency relating to that information.

b. Côte d'Ivoire may, when providing the information referred to in Article 2, inform the Agency of the places at a site or location at which managed access may be applicable.

c. Pending the entry into force of any necessary Subsidiary Arrangements, Côte d'Ivoire may have recourse to managed access consistent with the provisions of paragraph a. above.

Article 8

Nothing in this Protocol shall preclude Côte d'Ivoire from offering the Agency access to locations in addition to those referred to in Articles 5 and 9 or from requesting the Agency to conduct verification activities at a particular location. The Agency shall, without delay, make every reasonable effort to act upon such a request.

Article 9

Côte d'Ivoire shall provide the Agency with access to locations specified by the Agency to carry out wide-area environmental sampling, provided that if Côte d'Ivoire is unable to provide such access it shall make every reasonable effort to satisfy Agency requirements at alternative locations. The Agency shall not seek such access until the use of wide-area environmental sampling and the procedural arrangements therefor have been approved by the Board and following consultations between the Agency and Côte d'Ivoire.

Article 10

The Agency shall inform Côte d'Ivoire of:

a. The activities carried out under this Protocol, including those in respect of any questions or inconsistencies the Agency had brought to the attention of Côte d'Ivoire, within sixty days of the activities being carried out by the Agency.

b. The results of activities in respect of any questions or inconsistencies the Agency had brought to the attention of Côte d'Ivoire, as soon as possible but in any case within thirty days of the results being established by the Agency.

c. The conclusions it has drawn from its activities under this Protocol. The conclusions shall be provided annually.

DESIGNATION OF AGENCY INSPECTORS

Article 11

a. (i) The Director General shall notify Côte d'Ivoire of the Board's approval of any Agency official as a safeguards inspector. Unless Côte d'Ivoire advises the Director General of its rejection of such an official as an inspector for Côte d'Ivoire within three months of receipt of notification of the Board's approval, the inspector so notified to Côte d'Ivoire shall be considered designated to Côte d'Ivoire.

(ii) The Director General, acting in response to a request by Côte d'Ivoire or on his own initiative, shall immediately inform Côte d'Ivoire of the withdrawal of the designation of any official as an inspector for Côte d'Ivoire.

b. A notification referred to in paragraph a. above shall be deemed to be received by Côte d'Ivoire seven days after the date of the transmission by registered mail of the notification by the Agency to Côte d'Ivoire.

VISAS

Article 12

Côte d'Ivoire shall, within one month of the receipt of a request therefor, provide the designated inspector specified in the request with appropriate multiple entry/exit and/or transit visas, where required, to enable the inspector to enter and remain on the territory of Côte d'Ivoire for the purpose of carrying out his/her functions. Any visas required shall be valid for at least one year and shall be renewed, as required, to cover the duration of the inspector's designation to Côte d'Ivoire.

SUBSIDIARY ARRANGEMENTS

Article 13

a. Where Côte d'Ivoire or the Agency indicates that it is necessary to specify in Subsidiary Arrangements how measures laid down in this Protocol are to be applied, Côte d'Ivoire and the Agency shall agree on such Subsidiary Arrangements within ninety days of the entry into force of this Protocol or, where the indication of the need for such Subsidiary Arrangements is made after the entry into force of this Protocol, within ninety days of the date of such indication.

b. Pending the entry into force of any necessary Subsidiary Arrangements, the Agency shall be entitled to apply the measures laid down in this Protocol.

COMMUNICATIONS SYSTEMS

Article 14

a. Côte d'Ivoire shall permit and protect free communications by the Agency for official purposes between Agency inspectors in Côte d'Ivoire and Agency Headquarters and/or Regional Offices, including attended and unattended transmission of information generated by Agency containment and/or surveillance or measurement devices. The Agency shall have, in consultation with Côte d'Ivoire, the right to make use of internationally established systems of direct communications, including satellite systems and other forms of telecommunication, not in use in Côte d'Ivoire. At the request of Côte d'Ivoire or the Agency, details of the implementation of this paragraph with respect to the attended or unattended transmission of information generated by Agency containment and/or surveillance or measurement devices shall be specified in the Subsidiary Arrangements.

b. Communication and transmission of information as provided for in paragraph a. above shall take due account of the need to protect proprietary or commercially sensitive information or design information which Côte d'Ivoire regards as being of particular sensitivity.

PROTECTION OF CONFIDENTIAL INFORMATION

Article 15

a. The Agency shall maintain a stringent regime to ensure effective protection against disclosure of commercial, technological and industrial secrets and other confidential information coming to its knowledge, including such information coming to the Agency's knowledge in the implementation of this Protocol.

b. The regime referred to in paragraph a. above shall include, among others, provisions relating to:

(i) General principles and associated measures for the handling of confidential information;

(ii) Conditions of staff employment relating to the protection of confidential information;

(iii) Procedures in cases of breaches or alleged breaches of confidentiality.

c. The regime referred to in paragraph a. above shall be approved and periodically reviewed by the Board.

ANNEXES

Article 16

a. The Annexes to this Protocol shall be an integral part thereof. Except for the purposes of amendment of the Annexes, the term "Protocol" as used in this instrument means the Protocol and the Annexes together.

b. The list of activities specified in Annex I, and the list of equipment and material specified in Annex II, may be amended by the Board upon the advice of an open-ended working group of experts established by the Board. Any such amendment shall take effect four months after its adoption by the Board.

ENTRY INTO FORCE

Article 17

a. This Protocol shall enter into force on the date on which the Agency receives from Côte d'Ivoire written notification that Côte d'Ivoire's statutory and/or constitutional requirements for entry into force have been met.

b. Côte d'Ivoire may, at any date before this Protocol enters into force, declare that it will apply this Protocol provisionally.

c. The Director General shall promptly inform all Member States of the Agency of any declaration of provisional application of, and of the entry into force of, this Protocol.

DEFINITIONS

Article 18

For the purpose of this Protocol:

a. Nuclear fuel cycle-related research and development activities means those activities which are specifically related to any process or system development aspect of any of the following:

- conversion of nuclear material,
- enrichment of nuclear material,
- nuclear fuel fabrication,
- reactors,
- critical facilities,
- reprocessing of nuclear fuel,
- processing (not including repackaging or conditioning not involving the separation of elements, for storage or disposal) of intermediate or high-level waste containing plutonium, high enriched uranium or uranium-233,

but do not include activities related to theoretical or basic scientific research or to research and development on industrial radioisotope applications, medical, hydrological and agricultural applications, health and environmental effects and improved maintenance.

b. Site means that area delimited by Côte d'Ivoire in the relevant design information for a facility, including a closed-down facility, and in the relevant information on a location outside facilities where nuclear material is customarily used, including a closed-down location outside facilities where nuclear material was customarily used (this is limited to locations with hot cells or where activities related to conversion, enrichment, fuel fabrication or reprocessing were carried out). It shall also include all installations, co-located with the facility or location, for the provision or use of essential services, including: hot cells for processing irradiated materials not containing nuclear material; installations for the treatment, storage and disposal of waste; and buildings associated with specified activities identified by Côte d'Ivoire under Article 2.a.(iv) above.

c. Decommissioned facility or decommissioned location outside facilities means an installation or location at which residual structures and equipment essential for its use have been removed or rendered inoperable so that it is not used to store and can no longer be used to handle, process or utilize nuclear material.

d. Closed-down facility or closed-down location outside facilities means an installation or location where operations have been stopped and the nuclear material removed but which has not been decommissioned.

e. High enriched uranium means uranium containing 20 percent or more of the isotope uranium-235.

f. Location-specific environmental sampling means the collection of environmental samples (e.g., air, water, vegetation, soil, smears) at, and in the immediate vicinity of, a location specified by the Agency for the purpose of assisting the Agency to draw conclusions about the absence of undeclared nuclear material or nuclear activities at the specified location.

g. Wide-area environmental sampling means the collection of environmental samples (e.g., air, water, vegetation, soil, smears) at a set of locations specified by the Agency for the purpose of assisting the Agency to draw conclusions about the absence of undeclared nuclear material or nuclear activities over a wide area.

h. Nuclear material means any source or any special fissionable material as defined in Article XX of the Statute. The term source material shall not be interpreted as applying to ore or ore residue. Any determination by the Board under Article XX of the Statute of the Agency after the entry into force of this Protocol which adds to the materials considered to be source material or special fissionable material shall have effect under this Protocol only upon acceptance by Côte d'Ivoire.

i. Facility means:

(i) A reactor, a critical facility, a conversion plant, a fabrication plant, a reprocessing plant, an isotope separation plant or a separate storage installation; or

(ii) Any location where nuclear material in amounts greater than one effective kilogram is customarily used.

j. Location outside facilities means any installation or location, which is not a facility, where nuclear material is customarily used in amounts of one effective kilogram or less.

DONE in Vienna on the 22nd day of October 2008 in duplicate in the French language.

For the REPUBLIC OF CÔTE D'IVOIRE:	For the INTERNATIONAL ATOMIC ENERGY AGENCY:
Léon Emmanuel Monet Minister of Mines and Energy	David B. Waller Acting Director General

ANNEX I

LIST OF ACTIVITIES REFERRED TO IN ARTICLE 2.a.(iv) OF THE PROTOCOL

(i) The manufacture of centrifuge rotor tubes or the assembly of gas centrifuges.

Centrifuge rotor tubes means thin-walled cylinders as described in entry 5.1.1(b) of Annex II.

Gas centrifuges means centrifuges as described in the Introductory Note to entry 5.1 of Annex II.

(ii) The manufacture of diffusion barriers.

Diffusion barriers means thin, porous filters as described in entry 5.3.1(a) of Annex II.

(iii) The manufacture or assembly of laser-based systems.

Laser-based systems means systems incorporating those items as described in entry 5.7 of Annex II.

(iv) The manufacture or assembly of electromagnetic isotope separators.

Electromagnetic isotope separators means those items referred to in entry 5.9.1 of Annex II containing ion sources as described in 5.9.1(a) of Annex II.

(v) The manufacture or assembly of columns or extraction equipment.

Columns or extraction equipment means those items as described in entries 5.6.1, 5.6.2, 5.6.3, 5.6.5, 5.6.6, 5.6.7 and 5.6.8 of Annex II.

(vi) The manufacture of aerodynamic separation nozzles or vortex tubes.

Aerodynamic separation nozzles or vortex tubes means separation nozzles and vortex tubes as described respectively in entries 5.5.1 and 5.5.2 of Annex II.

(vii) The manufacture or assembly of uranium plasma generation systems.

Uranium plasma generation systems means systems for the generation of uranium plasma as described in entry 5.8.3 of Annex II.

(viii) The manufacture of zirconium tubes.

Zirconium tubes means tubes as described in entry 1.6 of Annex II.

(ix) The manufacture or upgrading of heavy water or deuterium.

Heavy water or deuterium means deuterium, heavy water (deuterium oxide) and any other deuterium compound in which the ratio of deuterium to hydrogen atoms exceeds 1:5000.

(x) The manufacture of nuclear grade graphite.

Nuclear grade graphite means graphite having a purity level better than 5 parts per million boron equivalent and with a density greater than 1.50 g/cm^3.

(xi) The manufacture of flasks for irradiated fuel.

A flask for irradiated fuel means a vessel for the transportation and/or storage of irradiated fuel which provides chemical, thermal and radiological protection, and dissipates decay heat during handling, transportation and storage.

(xii) The manufacture of reactor control rods.

Reactor control rods means rods as described in entry 1.4 of Annex II.

(xiii) The manufacture of criticality safe tanks and vessels.

Criticality safe tanks and vessels means those items as described in entries 3.2 and 3.4 of Annex II.

(xiv) The manufacture of irradiated fuel element chopping machines.

Irradiated fuel element chopping machines means equipment as described in entry 3.1 of Annex II.

(xv) The construction of hot cells.

Hot cells means a cell or interconnected cells totalling at least 6 m^3 in volume with shielding equal to or greater than the equivalent of 0.5 m of concrete, with a density of 3.2 g/cm^3 or greater, outfitted with equipment for remote operations.

ANNEX II

LIST OF SPECIFIED EQUIPMENT AND NON-NUCLEAR MATERIAL FOR THE REPORTING OF EXPORTS AND IMPORTS ACCORDING TO ARTICLE 2.a.(ix)

1. Reactors and equipment therefor

1.1. Complete nuclear reactors

Nuclear reactors capable of operation so as to maintain a controlled self-sustaining fission chain reaction, excluding zero energy reactors, the latter being defined as reactors with a designed maximum rate of production of plutonium not exceeding 100 grams per year.

EXPLANATORY NOTE

A "nuclear reactor" basically includes the items within or attached directly to the reactor vessel, the equipment which controls the level of power in the core, and the components which normally contain or come in direct contact with or control the primary coolant of the reactor core.

It is not intended to exclude reactors which could reasonably be capable of modification to produce significantly more than 100 grams of plutonium per year. Reactors designed for sustained operation at significant power levels, regardless of their capacity for plutonium production, are not considered as "zero energy reactors".

1.2. Reactor pressure vessels

Metal vessels, as complete units or as major shop-fabricated parts therefor, which are especially designed or prepared to contain the core of a nuclear reactor as defined in paragraph 1.1. above and are capable of withstanding the operating pressure of the primary coolant.

EXPLANATORY NOTE

A top plate for a reactor pressure vessel is covered by item 1.2. as a major shop-fabricated part of a pressure vessel.

Reactor internals (e.g. support columns and plates for the core and other vessel internals, control rod guide tubes, thermal shields, baffles, core grid plates, diffuser plates, etc.) are normally supplied by the reactor supplier. In some cases, certain internal support components are included in the fabrication of the pressure vessel. These items are sufficiently critical to the safety and reliability of the operation of the reactor (and, therefore, to the guarantees and liability of the reactor supplier), so that their supply, outside the basic supply arrangement for the reactor itself, would not be common practice. Therefore, although the separate supply of these unique, especially designed and prepared, critical, large and expensive items would not necessarily be considered as falling outside the area of concern, such a mode of supply is considered unlikely.

1.3. Reactor fuel charging and discharging machines

Manipulative equipment especially designed or prepared for inserting or removing fuel in a nuclear reactor as defined in paragraph 1.1. above capable of on-load operation or employing technically sophisticated positioning or alignment features to allow complex off-load fuelling operations such as those in which direct viewing of or access to the fuel is not normally available.

1.4. Reactor control rods

Rods especially designed or prepared for the control of the reaction rate in a nuclear reactor as defined in paragraph 1.1. above.

EXPLANATORY NOTE

This item includes, in addition to the neutron absorbing part, the support or suspension structures therefor if supplied separately.

1.5. Reactor pressure tubes

Tubes which are especially designed or prepared to contain fuel elements and the primary coolant in a reactor as defined in paragraph 1.1. above at an operating pressure in excess of 5.1 MPa (740 psi).

1.6. Zirconium tubes

Zirconium metal and alloys in the form of tubes or assemblies of tubes, and in quantities exceeding 500 kg in any period of 12 months, especially designed or prepared for use in a reactor as defined in paragraph 1.1. above, and in which the relation of hafnium to zirconium is less than 1:500 parts by weight.

1.7. Primary coolant pumps

Pumps especially designed or prepared for circulating the primary coolant for nuclear reactors as defined in paragraph 1.1. above.

EXPLANATORY NOTE

Especially designed or prepared pumps may include elaborate sealed or multi-sealed systems to prevent leakage of primary coolant, canned-driven pumps, and pumps with inertial mass systems. This definition encompasses pumps certified to NC-1 or equivalent standards.

2. Non-nuclear materials for reactors

2.1. Deuterium and heavy water

Deuterium, heavy water (deuterium oxide) and any other deuterium compound in which the ratio of deuterium to hydrogen atoms exceeds 1:5000 for use in a nuclear reactor as defined in paragraph 1.1. above in quantities exceeding 200 kg of deuterium atoms for any one recipient country in any period of 12 months.

2.2. Nuclear grade graphite

Graphite having a purity level better than 5 parts per million boron equivalent and with a density greater than 1.50 g/cm^3 for use in a nuclear reactor as defined in paragraph 1.1. above in quantities exceeding 3 x 10^4 kg (30 metric tons) for any one recipient country in any period of 12 months.

NOTE

For the purpose of reporting, the Government will determine whether or not the exports of graphite meeting the above specifications are for nuclear reactor use.

3. Plants for the reprocessing of irradiated fuel elements, and equipment especially designed or prepared therefor

INTRODUCTORY NOTE

Reprocessing irradiated nuclear fuel separates plutonium and uranium from intensely radioactive fission products and other transuranic elements. Different technical processes can accomplish this separation. However, over the years Purex has become the most commonly used and accepted process. Purex involves the dissolution of irradiated nuclear fuel in nitric acid, followed by separation of the uranium, plutonium, and fission products by solvent extraction using a mixture of tributyl phosphate in an organic diluent.

Purex facilities have process functions similar to each other, including: irradiated fuel element chopping, fuel dissolution, solvent extraction, and process liquor storage. There may also be equipment for thermal denitration of uranium nitrate, conversion of plutonium nitrate to oxide or metal, and treatment of fission product waste liquor to a form suitable for long term storage or disposal. However, the specific type and configuration of the equipment performing these functions may differ between Purex facilities for several reasons, including the type and quantity of irradiated nuclear fuel to be reprocessed and the intended disposition of the recovered materials, and the safety and maintenance philosophy incorporated into the design of the facility.

A "plant for the reprocessing of irradiated fuel elements" includes the equipment and components which normally come in direct contact with and directly control the irradiated fuel and the major nuclear material and fission product processing streams.

These processes, including the complete systems for plutonium conversion and plutonium metal production, may be identified by the measures taken to avoid criticality (e.g. by geometry), radiation exposure (e.g. by shielding), and toxicity hazards (e.g. by containment).

Items of equipment that are considered to fall within the meaning of the phrase "and equipment especially designed or prepared" for the reprocessing of irradiated fuel elements include:

3.1. Irradiated fuel element chopping machines

INTRODUCTORY NOTE

This equipment breaches the cladding of the fuel to expose the irradiated nuclear material to dissolution. Especially designed metal cutting shears are the most commonly employed, although advanced equipment, such as lasers, may be used.

Remotely operated equipment especially designed or prepared for use in a reprocessing plant as identified above and intended to cut, chop or shear irradiated nuclear fuel assemblies, bundles or rods.

3.2. Dissolvers

INTRODUCTORY NOTE

Dissolvers normally receive the chopped-up spent fuel. In these critically safe vessels, the irradiated nuclear material is dissolved in nitric acid and the remaining hulls removed from the process stream.

Critically safe tanks (e.g. small diameter, annular or slab tanks) especially designed or prepared for use in a reprocessing plant as identified above, intended for dissolution of irradiated nuclear fuel and which are capable of withstanding hot, highly corrosive liquid, and which can be remotely loaded and maintained.

3.3. Solvent extractors and solvent extraction equipment

INTRODUCTORY NOTE

Solvent extractors both receive the solution of irradiated fuel from the dissolvers and the organic solution which separates the uranium, plutonium, and fission products. Solvent extraction equipment is normally designed to meet strict operating parameters, such as long operating lifetimes with no maintenance requirements or adaptability to easy replacement, simplicity of operation and control, and flexibility for variations in process conditions.

Especially designed or prepared solvent extractors such as packed or pulse columns, mixer settlers or centrifugal contactors for use in a plant for the reprocessing of irradiated fuel. Solvent extractors must be resistant to the corrosive effect of nitric acid. Solvent extractors are normally fabricated to extremely high standards (including special welding and inspection and quality assurance and quality control techniques) out of low carbon stainless steels, titanium, zirconium, or other high quality materials.

3.4. Chemical holding or storage vessels

INTRODUCTORY NOTE

Three main process liquor streams result from the solvent extraction step. Holding or storage vessels are used in the further processing of all three streams, as follows:

(a) *The pure uranium nitrate solution is concentrated by evaporation and passed to a denitration process where it is converted to uranium oxide. This oxide is re-used in the nuclear fuel cycle.*

(b) The intensely radioactive fission products solution is normally concentrated by evaporation and stored as a liquor concentrate. This concentrate may be subsequently evaporated and converted to a form suitable for storage or disposal.

(c) The pure plutonium nitrate solution is concentrated and stored pending its transfer to further process steps. In particular, holding or storage vessels for plutonium solutions are designed to avoid criticality problems resulting from changes in concentration and form of this stream.

Especially designed or prepared holding or storage vessels for use in a plant for the reprocessing of irradiated fuel. The holding or storage vessels must be resistant to the corrosive effect of nitric acid. The holding or storage vessels are normally fabricated of materials such as low carbon stainless steels, titanium or zirconium, or other high quality materials. Holding or storage vessels may be designed for remote operation and maintenance and may have the following features for control of nuclear criticality:

(1) walls or internal structures with a boron equivalent of at least two per cent, or

(2) a maximum diameter of 175 mm (7 in) for cylindrical vessels, or

(3) a maximum width of 75 mm (3 in) for either a slab or annular vessel.

3.5. Plutonium nitrate to oxide conversion system

INTRODUCTORY NOTE

In most reprocessing facilities, this final process involves the conversion of the plutonium nitrate solution to plutonium dioxide. The main functions involved in this process are: process feed storage and adjustment, precipitation and solid/liquor separation, calcination, product handling, ventilation, waste management, and process control.

Complete systems especially designed or prepared for the conversion of plutonium nitrate to plutonium oxide, in particular adapted so as to avoid criticality and radiation effects and to minimize toxicity hazards.

3.6. Plutonium oxide to metal production system

INTRODUCTORY NOTE

This process, which could be related to a reprocessing facility, involves the fluorination of plutonium dioxide, normally with highly corrosive hydrogen fluoride, to produce plutonium fluoride which is subsequently reduced using high purity calcium metal to produce metallic plutonium and a calcium fluoride slag. The main functions involved in this process are: fluorination (e.g. involving equipment fabricated or lined with a precious metal), metal reduction (e.g. employing ceramic crucibles), slag recovery, product handling, ventilation, waste management and process control.

Complete systems especially designed or prepared for the production of plutonium metal, in particular adapted so as to avoid criticality and radiation effects and to minimize toxicity hazards.

4. Plants for the fabrication of fuel elements

A "plant for the fabrication of fuel elements" includes the equipment:

(a) Which normally comes in direct contact with, or directly processes, or controls, the production flow of nuclear material, or

(b) Which seals the nuclear material within the cladding.

5. Plants for the separation of isotopes of uranium and equipment, other than analytical instruments, especially designed or prepared therefor

Items of equipment that are considered to fall within the meaning of the phrase "equipment, other than analytical instruments, especially designed or prepared" for the separation of isotopes of uranium include:

5.1. Gas centrifuges and assemblies and components especially designed or prepared for use in gas centrifuges

INTRODUCTORY NOTE

The gas centrifuge normally consists of a thin-walled cylinder(s) of between 75 mm (3 in) and 400 mm (16 in) diameter contained in a vacuum environment and spun at high peripheral speed of the order of 300 m/s or more with its central axis vertical. In order to achieve high speed the materials of construction for the rotating components have to be of a high strength to density ratio and the rotor assembly, and hence its individual components, have to be manufactured to very close tolerances in order to minimize the unbalance. In contrast to other centrifuges, the gas centrifuge for uranium enrichment is characterized by having within the rotor chamber a rotating disc-shaped baffle(s) and a stationary tube arrangement for feeding and extracting the UF_6 gas and featuring at least 3 separate channels, of which 2 are connected to scoops extending from the rotor axis towards the periphery of the rotor chamber. Also contained within the vacuum environment are a number of critical items which do not rotate and which although they are especially designed are not difficult to fabricate nor are they fabricated out of unique materials. A centrifuge facility however requires a large number of these components, so that quantities can provide an important indication of end use.

5.1.1. Rotating components

(a) Complete rotor assemblies:

Thin-walled cylinders, or a number of interconnected thin-walled cylinders, manufactured from one or more of the high strength to density ratio materials described in the EXPLANATORY NOTE to this Section. If interconnected, the cylinders are joined together by flexible bellows or rings as described in section 5.1.1.(c) following. The rotor is fitted with an internal baffle(s) and end caps, as described in section 5.1.1.(d) and (e) following, if in final form. However the complete assembly may be delivered only partly assembled.

(b) Rotor tubes:

Especially designed or prepared thin-walled cylinders with thickness of 12 mm (0.5 in) or less, a diameter of between 75 mm (3 in) and 400 mm (16 in), and manufactured from one or more of the high strength to density ratio materials described in the EXPLANATORY NOTE to this Section.

(c) Rings or Bellows:

Components especially designed or prepared to give localized support to the rotor tube or to join together a number of rotor tubes. The bellows is a short cylinder of wall thickness 3 mm (0.12 in) or less, a diameter of between 75 mm (3 in) and 400 mm (16 in), having a convolute, and manufactured from one of the high strength to density ratio materials described in the EXPLANATORY NOTE to this Section.

(d) Baffles:

Disc-shaped components of between 75 mm (3 in) and 400 mm (16 in) diameter especially designed or prepared to be mounted inside the centrifuge rotor tube, in order to isolate the take-off chamber from the main separation chamber and, in some cases, to assist the UF_6 gas circulation within the main separation chamber of the rotor tube, and manufactured from one of the high strength to density ratio materials described in the EXPLANATORY NOTE to this Section.

(e) Top caps/Bottom caps:

Disc-shaped components of between 75 mm (3 in) and 400 mm (16 in) diameter especially designed or prepared to fit to the ends of the rotor tube, and so contain the UF_6 within the rotor tube, and in some cases to support, retain or contain as an integrated part an element of the upper bearing (top cap) or to carry the rotating elements of the motor and lower bearing (bottom cap), and manufactured from one of the high strength to density ratio materials described in the EXPLANATORY NOTE to this Section.

EXPLANATORY NOTE

The materials used for centrifuge rotating components are:

(a) Maraging steel capable of an ultimate tensile strength of 2.05×10^9 N/m^2 (300,000 psi) or more;

(b) Aluminium alloys capable of an ultimate tensile strength of 0.46×10^9 N/m^2 (67,000 psi) or more;

(c) Filamentary materials suitable for use in composite structures and having a specific modulus of 12.3×10^6 m or greater and a specific ultimate tensile strength of 0.3×10^6 m or greater ('Specific Modulus' is the Young's Modulus in N/m^2 divided by the specific weight in N/m^3; 'Specific Ultimate Tensile Strength' is the ultimate tensile strength in N/m^2 divided by the specific weight in N/m^3).

5.1.2. Static components

(a) Magnetic suspension bearings:

Especially designed or prepared bearing assemblies consisting of an annular magnet suspended within a housing containing a damping medium. The housing will be manufactured from a UF_6-resistant material (see EXPLANATORY NOTE to Section 5.2.). The magnet couples with a pole piece or a second magnet fitted to the top cap described in Section 5.1.1.(e). The magnet may be ring-shaped with a relation between outer and inner diameter smaller or equal to 1.6:1. The magnet may be in a form having an initial permeability of 0.15 H/m (120,000 in CGS units) or more, or a remanence of 98.5% or more, or an energy product of greater than 80 kJ/m^3 (10^7 gauss-oersteds). In addition to the usual material properties, it is a prerequisite that the deviation of the magnetic axes from the geometrical axes is limited to very small tolerances (lower than 0.1 mm or 0.004 in) or that homogeneity of the material of the magnet is specially called for.

(b) Bearings/Dampers:

Especially designed or prepared bearings comprising a pivot/cup assembly mounted on a damper. The pivot is normally a hardened steel shaft with a hemisphere at one end with a means of attachment to the bottom cap described in section 5.1.1.(e) at the other. The shaft may however have a hydrodynamic bearing attached. The cup is pellet-shaped with a hemispherical indentation in one surface. These components are often supplied separately to the damper.

(c) Molecular pumps:

Especially designed or prepared cylinders having internally machined or extruded helical grooves and internally machined bores. Typical dimensions are as follows: 75 mm (3 in) to 400 mm (16 in) internal diameter, 10 mm (0.4 in) or more wall thickness, with the length equal to or greater than the diameter. The grooves are typically rectangular in cross-section and 2 mm (0.08 in) or more in depth.

(d) Motor stators:

Especially designed or prepared ring-shaped stators for high speed multiphase AC hysteresis (or reluctance) motors for synchronous operation within a vacuum in the frequency range of 600 - 2000 Hz and a power range of 50 - 1000 VA. The stators consist of multi-phase windings on a laminated low loss iron core comprised of thin layers typically 2.0 mm (0.08 in) thick or less.

(e) Centrifuge housing/recipients:

Components especially designed or prepared to contain the rotor tube assembly of a gas centrifuge. The housing consists of a rigid cylinder of wall thickness up to 30 mm (1.2 in) with precision machined ends to locate the bearings and with one or more flanges for mounting. The machined ends are parallel to each other and perpendicular to the cylinder's longitudinal axis to within 0.05 degrees or less. The housing may also be a honeycomb type structure to accommodate several rotor tubes. The housings are made of or protected by materials resistant to corrosion by UF_6.

(f) Scoops:

Especially designed or prepared tubes of up to 12 mm (0.5 in) internal diameter for the extraction of UF_6 gas from within the rotor tube by a Pitot tube action (that is, with an aperture facing into the circumferential gas flow within the rotor tube, for example by bending the end of a radially disposed tube) and capable of being fixed to the central gas extraction system. The tubes are made of or protected by materials resistant to corrosion by UF_6.

5.2. Especially designed or prepared auxiliary systems, equipment and components for gas centrifuge enrichment plants

INTRODUCTORY NOTE

The auxiliary systems, equipment and components for a gas centrifuge enrichment plant are the systems of plant needed to feed UF_6 to the centrifuges, to link the individual centrifuges to each other to form cascades (or stages) to allow for progressively higher enrichments and to extract the 'product' and 'tails' UF_6 from the centrifuges, together with the equipment required to drive the centrifuges or to control the plant.

Normally UF_6 is evaporated from the solid using heated autoclaves and is distributed in gaseous form to the centrifuges by way of cascade header pipework. The 'product' and 'tails' UF_6 gaseous streams flowing from the centrifuges are also passed by way of cascade header pipework to cold traps (operating at about 203 K (-70 °C)) where they are condensed prior to onward transfer into suitable containers for transportation or storage. Because an enrichment plant consists of many thousands of centrifuges arranged in cascades there are many kilometers of cascade header pipework, incorporating thousands of welds with a substantial amount of repetition of layout. The equipment, components and piping systems are fabricated to very high vacuum and cleanliness standards.

5.2.1. Feed systems/product and tails withdrawal systems

Especially designed or prepared process systems including:

Feed autoclaves (or stations), used for passing UF_6 to the centrifuge cascades at up to 100 kPa (15 psi) and at a rate of 1 kg/h or more;

Desublimers (or cold traps) used to remove UF_6 from the cascades at up to 3 kPa (0.5 psi) pressure. The desublimers are capable of being chilled to 203 K (-70 °C) and heated to 343 K (70 °C);

'Product' and 'Tails' stations used for trapping UF_6 into containers.

This plant, equipment and pipework is wholly made of or lined with UF_6-resistant materials (see EXPLANATORY NOTE to this section) and is fabricated to very high vacuum and cleanliness standards.

5.2.2. Machine header piping systems

Especially designed or prepared piping systems and header systems for handling UF_6 within the centrifuge cascades. The piping network is normally of the 'triple' header system with each centrifuge connected to each of the headers. There is thus a substantial amount of repetition in its form. It is wholly made of UF_6-resistant materials (see EXPLANATORY NOTE to this section) and is fabricated to very high vacuum and cleanliness standards.

5.2.3. UF_6 mass spectrometers/ion sources

Especially designed or prepared magnetic or quadrupole mass spectrometers capable of taking 'on-line' samples of feed, product or tails, from UF_6 gas streams and having all of the following characteristics:

1. **Unit resolution for atomic mass unit greater than 320;**

2. **Ion sources constructed of or lined with nichrome or monel or nickel plated;**

3. **Electron bombardment ionization sources;**

4. **Having a collector system suitable for isotopic analysis.**

5.2.4. Frequency changers

Frequency changers (also known as converters or invertors) especially designed or prepared to supply motor stators as defined under 5.1.2.(d), or parts, components and sub-assemblies of such frequency changers having all of the following characteristics:

1. **A multiphase output of 600 to 2000 Hz;**

2. **High stability (with frequency control better than 0.1%);**

3. **Low harmonic distortion (less than 2%); and**

4. **An efficiency of greater than 80%.**

EXPLANATORY NOTE

The items listed above either come into direct contact with the UF_6 process gas or directly control the centrifuges and the passage of the gas from centrifuge to centrifuge and cascade to cascade.

Materials resistant to corrosion by UF_6 include stainless steel, aluminium, aluminium alloys, nickel or alloys containing 60% or more nickel.

5.3. Especially designed or prepared assemblies and components for use in gaseous diffusion enrichment

INTRODUCTORY NOTE

In the gaseous diffusion method of uranium isotope separation, the main technological assembly is a special porous gaseous diffusion barrier, heat exchanger for cooling the gas (which is heated by the process of compression), seal valves and control valves, and pipelines. Inasmuch as gaseous diffusion technology uses uranium hexafluoride (UF_6), all equipment, pipeline and instrumentation surfaces (that come in contact with the gas) must be made of materials that remain stable in contact with UF_6. A gaseous diffusion facility requires a number of these assemblies, so that

quantities can provide an important indication of end use.

5.3.1. Gaseous diffusion barriers

(a) Especially designed or prepared thin, porous filters, with a pore size of 100 - 1,000 Å (angstroms), a thickness of 5 mm (0.2 in) or less, and for tubular forms, a diameter of 25 mm (1 in) or less, made of metallic, polymer or ceramic materials resistant to corrosion by UF_6, and

(b) especially prepared compounds or powders for the manufacture of such filters. Such compounds and powders include nickel or alloys containing 60 per cent or more nickel, aluminium oxide, or UF_6-resistant fully fluorinated hydrocarbon polymers having a purity of 99.9 per cent or more, a particle size less than 10 microns, and a high degree of particle size uniformity, which are especially prepared for the manufacture of gaseous diffusion barriers.

5.3.2. Diffuser housings

Especially designed or prepared hermetically sealed cylindrical vessels greater than 300 mm (12 in) in diameter and greater than 900 mm (35 in) in length, or rectangular vessels of comparable dimensions, which have an inlet connection and two outlet connections all of which are greater than 50 mm (2 in) in diameter, for containing the gaseous diffusion barrier, made of or lined with UF_6-resistant materials and designed for horizontal or vertical installation.

5.3.3. Compressors and gas blowers

Especially designed or prepared axial, centrifugal, or positive displacement compressors, or gas blowers with a suction volume capacity of 1 m^3/min or more of UF_6, and with a discharge pressure of up to several hundred kPa (100 psi), designed for long-term operation in the UF_6 environment with or without an electrical motor of appropriate power, as well as separate assemblies of such compressors and gas blowers. These compressors and gas blowers have a pressure ratio between 2:1 and 6:1 and are made of, or lined with, materials resistant to UF_6.

5.3.4. Rotary shaft seals

Especially designed or prepared vacuum seals, with seal feed and seal exhaust connections, for sealing the shaft connecting the compressor or the gas blower rotor with the driver motor so as to ensure a reliable seal against in-leaking of air into the inner chamber of the compressor or gas blower which is filled with UF_6. Such seals are normally designed for a buffer gas in-leakage rate of less than 1000 cm^3/min (60 in^3/min).

5.3.5. Heat exchangers for cooling UF_6

Especially designed or prepared heat exchangers made of or lined with UF_6-resistant materials (except stainless steel) or with copper or any combination of those metals, and intended for a leakage pressure change rate of less than 10 Pa (0.0015 psi) per hour under a pressure difference of 100 kPa (15 psi).

5.4. Especially designed or prepared auxiliary systems, equipment and components for use in gaseous diffusion enrichment

INTRODUCTORY NOTE

The auxiliary systems, equipment and components for gaseous diffusion enrichment plants are the systems of plant needed to feed UF_6 to the gaseous diffusion assembly, to link the individual assemblies to each other to form cascades (or stages) to allow for progressively higher enrichments and to extract the 'product' and 'tails' UF_6 from the diffusion cascades. Because of the high inertial properties of diffusion cascades, any interruption in their operation, and especially their shut-down, leads to serious consequences. Therefore, a strict and constant maintenance of vacuum in all technological systems, automatic protection from accidents, and precise automated regulation of the gas flow is of importance in a gaseous diffusion plant. All this leads to a need to equip the plant with a large number of special measuring, regulating and controlling systems.

Normally UF_6 is evaporated from cylinders placed within autoclaves and is distributed in gaseous form to the entry point by way of cascade header pipework. The 'product' and 'tails' UF_6 gaseous streams flowing from exit points are passed by way of cascade header pipework to either cold traps or to compression stations where the UF_6 gas is liquefied prior to onward transfer into suitable containers for transportation or storage. Because a gaseous diffusion enrichment plant consists of a large number of gaseous diffusion assemblies arranged in cascades, there are many kilometers of cascade header pipework, incorporating thousands of welds with substantial amounts of repetition of layout. The equipment, components and piping systems are fabricated to very high vacuum and cleanliness standards.

5.4.1. Feed systems/product and tails withdrawal systems

Especially designed or prepared process systems, capable of operating at pressures of 300 kPa (45 psi) or less, including:

Feed autoclaves (or systems), used for passing UF_6 to the gaseous diffusion cascades;

Desublimers (or cold traps) used to remove UF_6 from diffusion cascades;

Liquefaction stations where UF_6 gas from the cascade is compressed and cooled to form liquid UF_6;

'Product' or 'tails' stations used for transferring UF_6 into containers.

5.4.2. Header piping systems

Especially designed or prepared piping systems and header systems for handling UF_6 within the gaseous diffusion cascades. This piping network is normally of the "double" header system with each cell connected to each of the headers.

5.4.3. Vacuum systems

(a) Especially designed or prepared large vacuum manifolds, vacuum headers and vacuum pumps having a suction capacity of 5 m^3/min (175 ft^3/min) or more.

(b) Vacuum pumps especially designed for service in UF_6-bearing atmospheres made of, or lined with, aluminium, nickel, or alloys bearing more than 60% nickel. These pumps may be either rotary or positive, may have displacement and fluorocarbon seals, and may have special working fluids present.

5.4.4. Special shut-off and control valves

Especially designed or prepared manual or automated shut-off and control bellows valves made of UF_6-resistant materials with a diameter of 40 to 1500 mm (1.5 to 59 in) for installation in main and auxiliary systems of gaseous diffusion enrichment plants.

5.4.5. UF_6 mass spectrometers/ion sources

Especially designed or prepared magnetic or quadrupole mass spectrometers capable of taking "on-line" samples of feed, product or tails, from UF_6 gas streams and having all of the following characteristics:

1. Unit resolution for atomic mass unit greater than 320;

2. Ion sources constructed of or lined with nichrome or monel or nickel plated;

3. Electron bombardment ionization sources;

4. Collector system suitable for isotopic analysis.

EXPLANATORY NOTE

The items listed above either come into direct contact with the UF_6 process gas or directly control the flow within the cascade. All surfaces which come into contact with the process gas are wholly made of, or lined with, UF_6-resistant materials. For the purposes of the sections relating to gaseous diffusion items the materials resistant to corrosion by UF_6 include stainless steel, aluminium, aluminium alloys, aluminium oxide, nickel or alloys containing 60% or more nickel and UF_6-resistant fully fluorinated hydrocarbon polymers.

5.5. Especially designed or prepared systems, equipment and components for use in aerodynamic enrichment plants

INTRODUCTORY NOTE

In aerodynamic enrichment processes, a mixture of gaseous UF_6 and light gas (hydrogen or helium) is compressed and then passed through separating elements wherein isotopic separation is accomplished by the generation of high centrifugal forces over a curved-wall geometry. Two processes of this type have been successfully developed: the separation nozzle process and the vortex tube process. For both processes the main components of a separation stage include cylindrical vessels housing the special separation elements (nozzles or vortex tubes), gas compressors and heat exchangers to remove the heat of compression. An aerodynamic plant requires a number of these stages, so that quantities can provide an important indication of end use. Since aerodynamic processes use UF_6, all equipment, pipeline and instrumentation surfaces (that come in contact with the gas) must be made of materials that remain stable in contact with UF_6.

EXPLANATORY NOTE

The items listed in this section either come into direct contact with the UF_6 process gas or directly control the flow within the cascade. All surfaces which come into contact with the process gas are wholly made of or protected by UF_6-resistant materials. For the purposes of the section relating to aerodynamic enrichment items, the materials resistant to corrosion by UF_6 include copper, stainless steel, aluminium, aluminium alloys, nickel or alloys containing 60% or more nickel and UF_6-resistant fully fluorinated hydrocarbon polymers.

5.5.1. Separation nozzles

Especially designed or prepared separation nozzles and assemblies thereof. The separation nozzles consist of slit-shaped, curved channels having a radius of curvature less than 1 mm (typically 0.1 to 0.05 mm), resistant to corrosion by UF_6 and having a knife-edge within the nozzle that separates the gas flowing through the nozzle into two fractions.

5.5.2. Vortex tubes

Especially designed or prepared vortex tubes and assemblies thereof. The vortex tubes are cylindrical or tapered, made of or protected by materials resistant to corrosion by UF_6, having a diameter of between 0.5 cm and 4 cm, a length to diameter ratio of 20:1 or less and with one or more tangential inlets. The tubes may be equipped with nozzle-type appendages at either or both ends.

EXPLANATORY NOTE

The feed gas enters the vortex tube tangentially at one end or through swirl vanes or at numerous tangential positions along the periphery of the tube.

5.5.3. Compressors and gas blowers

Especially designed or prepared axial, centrifugal or positive displacement compressors or gas blowers made of or protected by materials resistant to corrosion by UF_6 and with a suction volume capacity of 2 m^3/min or more of UF_6/carrier gas (hydrogen or helium) mixture.

EXPLANATORY NOTE

These compressors and gas blowers typically have a pressure ratio between 1.2:1 and 6:1.

5.5.4. Rotary shaft seals

Especially designed or prepared rotary shaft seals, with seal feed and seal exhaust connections, for sealing the shaft connecting the compressor rotor or the gas blower rotor with the driver motor so as to ensure a reliable seal against out-leakage of process gas or in-leakage of air or seal gas into the inner chamber of the compressor or gas blower which is filled with a UF_6/carrier gas mixture.

5.5.5. Heat exchangers for gas cooling

Especially designed or prepared heat exchangers made of or protected by materials resistant to corrosion by UF_6.

5.5.6. Separation element housings

Especially designed or prepared separation element housings, made of or protected by materials resistant to corrosion by UF_6, for containing vortex tubes or separation nozzles.

EXPLANATORY NOTE

These housings may be cylindrical vessels greater than 300 mm in diameter and greater than 900 mm in length, or may be rectangular vessels of comparable dimensions, and may be designed for horizontal or vertical installation.

5.5.7. Feed systems/product and tails withdrawal systems

Especially designed or prepared process systems or equipment for enrichment plants made of or protected by materials resistant to corrosion by UF_6, including:

(a) Feed autoclaves, ovens, or systems used for passing UF_6 to the enrichment process;

(b) Desublimers (or cold traps) used to remove UF_6 from the enrichment process for subsequent transfer upon heating;

(c) Solidification or liquefaction stations used to remove UF_6 from the enrichment process by compressing and converting UF_6 to a liquid or solid form;

(d) 'Product' or 'tails' stations used for transferring UF_6 into containers.

5.5.8. Header piping systems

Especially designed or prepared header piping systems, made of or protected by materials resistant to corrosion by UF_6, for handling UF_6 within the aerodynamic cascades. This piping network is normally of the 'double' header design with each stage or group of stages connected to each of the headers.

5.5.9. Vacuum systems and pumps

(a) Especially designed or prepared vacuum systems having a suction capacity of 5 m^3/min or more, consisting of vacuum manifolds, vacuum headers and vacuum pumps, and designed for service in UF_6-bearing atmospheres,

(b) Vacuum pumps especially designed or prepared for service in UF_6-bearing atmospheres and made of or protected by materials resistant to corrosion by UF_6. These pumps may use fluorocarbon seals and special working fluids.

5.5.10. Special shut-off and control valves

Especially designed or prepared manual or automated shut-off and control bellows valves made of or protected by materials resistant to corrosion by UF_6 with a diameter of 40 to 1500 mm for installation in main and auxiliary systems of aerodynamic enrichment plants.

5.5.11. UF_6 mass spectrometers/ion sources

Especially designed or prepared magnetic or quadrupole mass spectrometers capable of taking 'on-line' samples of feed, 'product' or 'tails', from UF_6 gas streams and having all of the following characteristics:

1. Unit resolution for mass greater than 320;

2. Ion sources constructed of or lined with nichrome or monel or nickel plated;

3. Electron bombardment ionization sources;

4. Collector system suitable for isotopic analysis.

5.5.12. UF_6/carrier gas separation systems

Especially designed or prepared process systems for separating UF_6 from carrier gas (hydrogen or helium).

EXPLANATORY NOTE

These systems are designed to reduce the UF_6 content in the carrier gas to 1 ppm or less and may incorporate equipment such as:

(a) Cryogenic heat exchangers and cryoseparators capable of temperatures of -120 °C or less, or

(b) Cryogenic refrigeration units capable of temperatures of -120 °C or less, or

(c) Separation nozzle or vortex tube units for the separation of UF_6 from carrier gas, or

(d) UF_6 cold traps capable of temperatures of -20 °C or less.

5.6. Especially designed or prepared systems, equipment and components for use in chemical exchange or ion exchange enrichment plants

INTRODUCTORY NOTE

The slight difference in mass between the isotopes of uranium causes small changes in chemical reaction equilibria that can be used as a basis for separation of the isotopes. Two processes have been successfully developed: liquid-liquid chemical exchange and solid-liquid ion exchange.

In the liquid-liquid chemical exchange process, immiscible liquid phases (aqueous and organic) are countercurrently contacted to give the cascading effect of thousands of separation stages. The aqueous phase consists of uranium chloride in hydrochloric acid solution; the organic phase consists of an extractant containing uranium chloride in an organic solvent. The contactors employed in the separation cascade can be liquid-liquid exchange columns (such as pulsed columns with sieve plates) or liquid centrifugal contactors. Chemical conversions (oxidation and reduction) are required at both ends of the separation cascade in order to provide for the reflux requirements at each end. A major design concern is to avoid contamination of the process streams with certain metal ions. Plastic, plastic-lined (including use of fluorocarbon polymers) and/or glass-lined columns and piping are therefore used.

In the solid-liquid ion-exchange process, enrichment is accomplished by uranium adsorption/desorption on a special, very fast-acting, ion-exchange resin or adsorbent. A solution of uranium in hydrochloric acid and other chemical agents is passed through cylindrical enrichment columns containing packed beds of the adsorbent. For a continuous process, a reflux system is necessary to release the uranium from the adsorbent back into the liquid flow so that 'product' and 'tails' can be collected. This is accomplished with the use of suitable reduction/oxidation chemical agents that are fully regenerated in separate external circuits and that may be partially regenerated within the isotopic separation columns themselves. The presence of hot concentrated hydrochloric acid solutions in the process requires that the equipment be made of or protected by special corrosion-resistant materials.

5.6.1. Liquid-liquid exchange columns (Chemical exchange)

Countercurrent liquid-liquid exchange columns having mechanical power input (i.e., pulsed columns with sieve plates, reciprocating plate columns, and columns with internal turbine mixers), especially designed or prepared for uranium enrichment using the chemical exchange process. For corrosion resistance to concentrated hydrochloric acid solutions, these columns and their internals are made of or protected by suitable plastic materials (such as fluorocarbon polymers) or glass. The stage residence time of the columns is designed to be short (30 seconds or less).

5.6.2. Liquid-liquid centrifugal contactors (Chemical exchange)

Liquid-liquid centrifugal contactors especially designed or prepared for uranium enrichment using the chemical exchange process. Such contactors use rotation to achieve dispersion of the organic and aqueous streams and then centrifugal force to separate the phases. For corrosion resistance to concentrated hydrochloric acid solutions, the contactors are made of or are lined with suitable plastic materials (such as fluorocarbon polymers) or are lined with glass. The stage residence time of the centrifugal contactors is designed to be short (30 seconds or less).

5.6.3. Uranium reduction systems and equipment (Chemical exchange)

(a) Especially designed or prepared electrochemical reduction cells to reduce uranium from one valence state to another for uranium enrichment using the chemical exchange process. The cell materials in contact with process solutions must be corrosion resistant to concentrated hydrochloric acid solutions.

EXPLANATORY NOTE

The cell cathodic compartment must be designed to prevent re-oxidation of uranium to its higher valence state. To keep the uranium in the cathodic compartment, the cell may have an impervious diaphragm membrane constructed of special cation exchange material. The cathode consists of a suitable solid conductor such as graphite.

(b) Especially designed or prepared systems at the product end of the cascade for taking the U^{4+} out of the organic stream, adjusting the acid concentration and feeding to the electrochemical reduction cells.

EXPLANATORY NOTE

These systems consist of solvent extraction equipment for stripping the U^{4+} from the organic stream into an aqueous solution, evaporation and/or other equipment to accomplish solution pH adjustment and control, and pumps or other transfer devices for feeding to the electrochemical reduction cells. A major design concern is to avoid contamination of the aqueous stream with certain metal ions. Consequently, for those parts in contact with the process stream, the system is constructed of equipment made of or protected by suitable materials (such as glass, fluorocarbon polymers, polyphenyl sulfate, polyether sulfone, and resin-impregnated graphite).

5.6.4. Feed preparation systems (Chemical exchange)

Especially designed or prepared systems for producing high-purity uranium chloride feed solutions for chemical exchange uranium isotope separation plants.

EXPLANATORY NOTE

These systems consist of dissolution, solvent extraction and/or ion exchange equipment for purification and electrolytic cells for reducing the uranium U^{6+} or U^{4+} to U^{3+}. These systems produce uranium chloride solutions having only a few parts per million of metallic impurities such as chromium, iron, vanadium, molybdenum and other bivalent or higher multi-valent cations. Materials of construction for portions of the system processing high-purity U^{3+} include glass, fluorocarbon polymers, polyphenyl sulfate or polyether sulfone plastic-lined and resin-impregnated graphite.

5.6.5. Uranium oxidation systems (Chemical exchange)

Especially designed or prepared systems for oxidation of U^{3+} to U^{4+} for return to the uranium isotope separation cascade in the chemical exchange enrichment process.

EXPLANATORY NOTE

These systems may incorporate equipment such as:

(a) Equipment for contacting chlorine and oxygen with the aqueous effluent from the isotope separation equipment and extracting the resultant U^{4+} into the stripped organic stream returning from the product end of the cascade,

(b) Equipment that separates water from hydrochloric acid so that the water and the concentrated hydrochloric acid may be reintroduced to the process at the proper locations.

5.6.6. Fast-reacting ion exchange resins/adsorbents (ion exchange)

Fast-reacting ion-exchange resins or adsorbents especially designed or prepared for uranium enrichment using the ion exchange process, including porous macroreticular resins, and/or pellicular structures in which the active chemical exchange groups are limited to a coating on the surface of an inactive porous support structure, and other composite structures in any suitable form including particles or fibers. These ion exchange resins/adsorbents have diameters of 0.2 mm or less and must be chemically resistant to concentrated hydrochloric acid solutions as well as physically strong enough so as not to degrade in the exchange columns. The resins/adsorbents are especially designed to achieve very fast uranium isotope exchange kinetics (exchange rate half-time of less than 10 seconds) and are capable of operating at a temperature in the range of 100 °C to 200 °C.

5.6.7. Ion exchange columns (Ion exchange)

Cylindrical columns greater than 1000 mm in diameter for containing and supporting packed beds of ion exchange resin/adsorbent, especially designed or prepared for uranium enrichment using the ion exchange process. These columns are made of or protected by materials (such as titanium or fluorocarbon plastics) resistant to corrosion by concentrated hydrochloric acid solutions and are capable of operating at a temperature in the range of 100 °C to 200 °C and pressures above 0.7 MPa (102 psia).

5.6.8. Ion exchange reflux systems (Ion exchange)

(a) Especially designed or prepared chemical or electrochemical reduction systems for regeneration of the chemical reducing agent(s) used in ion exchange uranium enrichment cascades.

(b) Especially designed or prepared chemical or electrochemical oxidation systems for regeneration of the chemical oxidizing agent(s) used in ion exchange uranium enrichment cascades.

EXPLANATORY NOTE

The ion exchange enrichment process may use, for example, trivalent titanium (Ti^{3+}) as a reducing cation in which case the reduction system would regenerate Ti^{3+} by reducing Ti^{4+}.

The process may use, for example, trivalent iron (Fe^{3+}) as an oxidant in which case the oxidation system would regenerate Fe^{3+} by oxidizing Fe^{2+}.

5.7. Especially designed or prepared systems, equipment and components for use in laser-based enrichment plants

INTRODUCTORY NOTE

Present systems for enrichment processes using lasers fall into two categories: those in which the process medium is atomic uranium vapor and those in which the process medium is the vapor of a uranium compound. Common nomenclature for such processes include: first category - atomic vapor laser isotope separation (AVLIS or SILVA); second category - molecular laser isotope separation (MLIS or MOLIS) and chemical reaction by isotope selective laser activation (CRISLA). The systems, equipment and components for laser enrichment plants embrace: (a) devices to feed uranium-metal vapor (for selective photo-ionization) or devices to feed the vapor of a uranium compound (for photo-dissociation or chemical activation); (b) devices to collect enriched and depleted uranium metal as 'product' and 'tails' in the first category, and devices to collect dissociated or reacted compounds as 'product' and unaffected material as 'tails' in the second category; (c) process laser systems to selectively excite the uranium-235 species; and (d) feed preparation and product conversion equipment. The complexity of the spectroscopy of uranium atoms and compounds may require incorporation of any of a number of available laser technologies.

EXPLANATORY NOTE

Many of the items listed in this section come into direct contact with uranium metal vapor or liquid or with process gas consisting of UF_6 or a mixture of UF_6 and other gases. All surfaces that come into contact with the uranium or UF_6 are wholly made of or protected by corrosion-resistant materials. For the purposes of the section relating to laser-based enrichment items, the materials resistant to corrosion by the vapor or liquid of uranium metal or uranium alloys include yttria-coated graphite and tantalum; and the materials resistant to corrosion by UF_6 include copper, stainless steel, aluminium, aluminium alloys, nickel or alloys containing 60 % or more nickel and UF_6-resistant fully fluorinated hydrocarbon polymers.

5.7.1. Uranium vaporization systems (AVLIS)

Especially designed or prepared uranium vaporization systems which contain high-power strip or scanning electron beam guns with a delivered power on the target of more than 2.5 kW/cm.

5.7.2. Liquid uranium metal handling systems (AVLIS)

Especially designed or prepared liquid metal handling systems for molten uranium or uranium alloys, consisting of crucibles and cooling equipment for the crucibles.

EXPLANATORY NOTE

The crucibles and other parts of this system that come into contact with molten uranium or uranium alloys are made of or protected by materials of suitable corrosion and heat resistance. Suitable materials include tantalum, yttria-coated graphite, graphite coated with other rare earth oxides or mixtures thereof.

5.7.3. Uranium metal 'product' and 'tails' collector assemblies (AVLIS)

Especially designed or prepared 'product' and 'tails' collector assemblies for uranium metal in liquid or solid form.

EXPLANATORY NOTE

Components for these assemblies are made of or protected by materials resistant to the heat and corrosion of uranium metal vapor or liquid (such as yttria-coated graphite or tantalum) and may include pipes, valves, fittings, 'gutters', feed-throughs, heat exchangers and collector plates for magnetic, electrostatic or other separation methods.

5.7.4. Separator module housings (AVLIS)

Especially designed or prepared cylindrical or rectangular vessels for containing the uranium metal vapor source, the electron beam gun, and the 'product' and 'tails' collectors.

EXPLANATORY NOTE

These housings have multiplicity of ports for electrical and water feed-throughs, laser beam windows, vacuum pump connections and instrumentation diagnostics and monitoring. They have provisions for opening and closure to allow refurbishment of internal components.

5.7.5. Supersonic expansion nozzles (MLIS)

Especially designed or prepared supersonic expansion nozzles for cooling mixtures of UF_6 and carrier gas to 150 K or less and which are corrosion resistant to UF_6.

5.7.6. Uranium pentafluoride product collectors (MLIS)

Especially designed or prepared uranium pentafluoride (UF_5) solid product collectors consisting of filter, impact, or cyclone-type collectors, or combinations thereof, and which are corrosion resistant to the UF_5/UF_6 environment.

5.7.7. UF_6/carrier gas compressors (MLIS)

Especially designed or prepared compressors for UF_6/carrier gas mixtures, designed for long term operation in a UF_6 environment. The components of these compressors that come into contact with process gas are made of or protected by materials resistant to corrosion by UF_6.

5.7.8. Rotary shaft seals (MLIS)

Especially designed or prepared rotary shaft seals, with seal feed and seal exhaust connections, for sealing the shaft connecting the compressor rotor with the driver motor so as to ensure a reliable seal against out-leakage of process gas or in-leakage of air or seal gas into the inner chamber of the compressor which is filled with a UF_6/carrier gas mixture.

5.7.9. Fluorination systems (MLIS)

Especially designed or prepared systems for fluorinating UF_5 (solid) to UF_6 (gas).

EXPLANATORY NOTE

These systems are designed to fluorinate the collected UF_5 powder to UF_6 for subsequent collection in product containers or for transfer as feed to MLIS units for additional enrichment. In one approach, the fluorination reaction may be accomplished within the isotope separation system to react and recover directly off the 'product' collectors. In another approach, the UF_5 powder may be removed/transferred from the 'product' collectors into a suitable reaction vessel (e.g., fluidized-bed reactor, screw reactor or flame tower) for fluorination. In both approaches, equipment for storage and transfer of fluorine (or other suitable fluorinating agents) and for collection and transfer of UF_6 are used.

5.7.10. UF_6 mass spectrometers/ion sources (MLIS)

Especially designed or prepared magnetic or quadrupole mass spectrometers capable of taking 'on-line' samples of feed, 'product' or 'tails', from UF_6 gas streams and having all of the following characteristics:

1. Unit resolution for mass greater than 320;

2. Ion sources constructed of or lined with nichrome or monel or nickel plated;

3. Electron bombardment ionization sources;

4. Collector system suitable for isotopic analysis.

5.7.11. Feed systems/product and tails withdrawal systems (MLIS)

Especially designed or prepared process systems or equipment for enrichment plants made of or protected by materials resistant to corrosion by UF_6, including:

(a) Feed autoclaves, ovens, or systems used for passing UF_6 to the enrichment process

(b) Desublimers (or cold traps) used to remove UF_6 from the enrichment process for subsequent transfer upon heating;

(c) Solidification or liquefaction stations used to remove UF_6 from the enrichment process by compressing and converting UF_6 to a liquid or solid form;

(d) 'Product' or 'tails' stations used for transferring UF_6 into containers.

5.7.12. UF_6/carrier gas separation systems (MLIS)

Especially designed or prepared process systems for separating UF_6 from carrier gas. The carrier gas may be nitrogen, argon, or other gas.

EXPLANATORY NOTE

These systems may incorporate equipment such as:

(a) Cryogenic heat exchangers or cryoseparators capable of temperatures of - 120 °C or less, or

(b) Cryogenic refrigeration units capable of temperatures of -120 °C or less, or

(c) UF_6 cold traps capable of temperatures of -20 °C or less.

5.7.13. Laser systems (AVLIS, MLIS and CRISLA)

Lasers or laser systems especially designed or prepared for the separation of uranium isotopes.

EXPLANATORY NOTE

The laser system for the AVLIS process usually consists of two lasers: a copper vapor laser and a dye laser. The laser system for MLIS usually consists of a CO_2 or excimer laser and a multi-pass optical cell with revolving mirrors at both ends. Lasers or laser systems for both processes require a spectrum frequency stabilizer for operation over extended periods of time.

5.8. Especially designed or prepared systems, equipment and components for use in plasma separation enrichment plants

INTRODUCTORY NOTE

In the plasma separation process, a plasma of uranium ions passes through an electric field tuned to the U-235 ion resonance frequency so that they preferentially absorb energy and increase the diameter of their corkscrew-like orbits. Ions with a large-diameter path are trapped to produce a product enriched in U-235. The plasma, which is made by ionizing uranium vapor, is contained in a vacuum chamber with a high-strength magnetic field produced by a superconducting magnet. The main technological systems of the process include the uranium plasma generation system, the separator module with superconducting magnet and metal removal systems for the collection of 'product' and 'tails'.

5.8.1. Microwave power sources and antennae

Especially designed or prepared microwave power sources and antennae for producing or accelerating ions and having the following characteristics: greater than 30 GHz frequency and greater than 50 kW mean power output for ion production.

5.8.2. Ion excitation coils

Especially designed or prepared radio frequency ion excitation coils for frequencies of more than 100 kHz and capable of handling more than 40 kW mean power.

5.8.3. Uranium plasma generation systems

Especially designed or prepared systems for the generation of uranium plasma, which may contain high-power strip or scanning electron beam guns with a delivered power on the target of more than 2.5 kW/cm.

5.8.4. Liquid uranium metal handling systems

Especially designed or prepared liquid metal handling systems for molten uranium or uranium alloys, consisting of crucibles and cooling equipment for the crucibles.

EXPLANATORY NOTE

The crucibles and other parts of this system that come into contact with molten uranium or uranium alloys are made of or protected by materials of suitable corrosion and heat resistance. Suitable materials include tantalum, yttria-coated graphite, graphite coated with other rare earth oxides or mixtures thereof.

5.8.5. Uranium metal 'product' and 'tails' collector assemblies

Especially designed or prepared 'product' and 'tails' collector assemblies for uranium metal in solid form. These collector assemblies are made of or protected by materials resistant to the heat and corrosion of uranium metal vapor, such as yttria-coated graphite or tantalum.

5.8.6. Separator module housings

Cylindrical vessels especially designed or prepared for use in plasma separation enrichment plants for containing the uranium plasma source, radio-frequency drive coil and the 'product' and 'tails' collectors.

EXPLANATORY NOTE

These housings have a multiplicity of ports for electrical feed-throughs, diffusion pump connections and instrumentation diagnostics and monitoring. They have provisions for opening and closure to allow for refurbishment of internal components and are constructed of a suitable non-magnetic material such as stainless steel.

5.9. Especially designed or prepared systems, equipment and components for use in electromagnetic enrichment plants

INTRODUCTORY NOTE

In the electromagnetic process, uranium metal ions produced by ionization of a salt feed material (typically UCl_4) are accelerated and passed through a magnetic field that has the effect of causing the ions of different isotopes to follow different paths. The major components of an electromagnetic isotope separator include: a magnetic field for ion-beam diversion/separation of the isotopes, an ion source with its acceleration system, and a collection system for the separated ions. Auxiliary systems for the process include the magnet power supply system, the ion source high-voltage power supply system, the vacuum system, and extensive chemical handling systems for recovery of product and cleaning/recycling of components.

5.9.1. Electromagnetic isotope separators

Electromagnetic isotope separators especially designed or prepared for the separation of uranium isotopes, and equipment and components therefor, including:

(a) Ion sources

Especially designed or prepared single or multiple uranium ion sources consisting of a vapor source, ionizer, and beam accelerator, constructed of suitable materials such as graphite, stainless steel, or copper, and capable of providing a total ion beam current of 50 mA or greater.

(b) Ion collectors

Collector plates consisting of two or more slits and pockets especially designed or prepared for collection of enriched and depleted uranium ion beams and constructed of suitable materials such as graphite or stainless steel.

(c) Vacuum housings

Especially designed or prepared vacuum housings for uranium electromagnetic separators, constructed of suitable non-magnetic materials such as stainless steel and designed for operation at pressures of 0.1 Pa or lower.

EXPLANATORY NOTE

The housings are specially designed to contain the ion sources, collector plates and water-cooled liners and have provision for diffusion pump connections and opening and closure for removal and reinstallation of these components.

(d) Magnet pole pieces

Especially designed or prepared magnet pole pieces having a diameter greater than 2 m used to maintain a constant magnetic field within an electromagnetic isotope separator and to transfer the magnetic field between adjoining separators.

5.9.2. High voltage power supplies

Especially designed or prepared high-voltage power supplies for ion sources, having all of the following characteristics: capable of continuous operation, output voltage of 20,000 V or greater, output current of 1 A or greater, and voltage regulation of better than 0.01% over a time period of 8 hours.

5.9.3. Magnet power supplies

Especially designed or prepared high-power, direct current magnet power supplies having all of the following characteristics: capable of continuously producing a current output of 500 A or greater at a voltage of 100 V or greater and with a current

or voltage regulation better than 0.01% over a period of 8 hours.

6. Plants for the production of heavy water, deuterium and deuterium compounds and equipment especially designed or prepared therefor

INTRODUCTORY NOTE

Heavy water can be produced by a variety of processes. However, the two processes that have proven to be commercially viable are the water-hydrogen sulphide exchange process (GS process) and the ammonia-hydrogen exchange process.

The GS process is based upon the exchange of hydrogen and deuterium between water and hydrogen sulphide within a series of towers which are operated with the top section cold and the bottom section hot. Water flows down the towers while the hydrogen sulphide gas circulates from the bottom to the top of the towers. A series of perforated trays are used to promote mixing between the gas and the water. Deuterium migrates to the water at low temperatures and to the hydrogen sulphide at high temperatures. Gas or water, enriched in deuterium, is removed from the first stage towers at the junction of the hot and cold sections and the process is repeated in subsequent stage towers. The product of the last stage, water enriched up to 30% in deuterium, is sent to a distillation unit to produce reactor grade heavy water, i.e., 99.75% deuterium oxide.

The ammonia-hydrogen exchange process can extract deuterium from synthesis gas through contact with liquid ammonia in the presence of a catalyst. The synthesis gas is fed into exchange towers and to an ammonia converter. Inside the towers the gas flows from the bottom to the top while the liquid ammonia flows from the top to the bottom. The deuterium is stripped from the hydrogen in the synthesis gas and concentrated in the ammonia. The ammonia then flows into an ammonia cracker at the bottom of the tower while the gas flows into an ammonia converter at the top. Further enrichment takes place in subsequent stages and reactor grade heavy water is produced through final distillation. The synthesis gas feed can be provided by an ammonia plant that, in turn, can be constructed in association with a heavy water ammonia-hydrogen exchange plant. The ammonia-hydrogen exchange process can also use ordinary water as a feed source of deuterium.

Many of the key equipment items for heavy water production plants using GS or the ammonia-hydrogen exchange processes are common to several segments of the chemical and petroleum industries. This is particularly so for small plants using the GS process. However, few of the items are available "off-the-shelf". The GS and ammonia-hydrogen processes require the handling of large quantities of flammable, corrosive and toxic fluids at elevated pressures. Accordingly, in establishing the design and operating standards for plants and equipment using these processes, careful attention to the materials selection and specifications is required to ensure long service life with high safety and reliability factors. The choice of scale is primarily a function of economics and need. Thus, most of the equipment items would be prepared according to the requirements of the customer.

Finally, it should be noted that, in both the GS and the ammonia-hydrogen exchange processes, items of equipment which individually are not especially designed or prepared for heavy water production can be assembled into systems which are especially designed or prepared for producing heavy water. The catalyst production system used in the ammonia-hydrogen exchange process and water distillation systems used for the final concentration of heavy water to reactor-grade in either process are examples of such systems.

The items of equipment which are especially designed or prepared for the production of heavy water utilizing either the water-hydrogen sulphide exchange process or the ammonia-hydrogen exchange process include the following:

6.1. Water - Hydrogen Sulphide Exchange Towers

Exchange towers fabricated from fine carbon steel (such as ASTM A516) with diameters of 6 m (20 ft) to 9 m (30 ft), capable of operating at pressures greater than or equal to 2 MPa (300 psi) and with a corrosion allowance of 6 mm or greater, especially designed or prepared for heavy water production utilizing the water-hydrogen sulphide exchange process.

6.2. Blowers and Compressors

Single stage, low head (i.e., 0.2 MPa or 30 psi) centrifugal blowers or compressors for hydrogen-sulphide gas circulation (i.e., gas containing more than 70% H_2S) especially designed or prepared for heavy water production utilizing the water-hydrogen sulphide exchange process. These blowers or compressors have a throughput capacity greater than or equal to 56 m^3/second (120,000 SCFM) while operating at pressures greater than or equal to 1.8 MPa (260 psi) suction and have seals designed for wet H_2S service.

6.3. Ammonia-Hydrogen Exchange Towers

Ammonia-hydrogen exchange towers greater than or equal to 35 m (114.3 ft) in height with diameters of 1.5 m (4.9 ft) to 2.5 m (8.2 ft) capable of operating at pressures greater than 15 MPa (2225 psi) especially designed or prepared for heavy water production utilizing the ammonia-hydrogen exchange process. These towers also have at least one flanged axial opening of the same diameter as the cylindrical part through which the tower internals can be inserted or withdrawn.

6.4. Tower Internals and Stage Pumps

Tower internals and stage pumps especially designed or prepared for towers for heavy water production utilizing the ammonia-hydrogen exchange process. Tower internals include especially designed stage contactors which promote intimate gas/liquid contact. Stage pumps include especially designed submersible pumps for circulation of liquid ammonia within a contacting stage internal to the stage towers.

6.5. Ammonia Crackers

Ammonia crackers with operating pressures greater than or equal to 3 MPa (450 psi) especially designed or prepared for heavy water production utilizing the ammonia-hydrogen exchange process.

6.6. Infrared Absorption Analyzers

Infrared absorption analyzers capable of "on-line" hydrogen/deuterium ratio analysis where deuterium concentrations are equal to or greater than 90%.

6.7. Catalytic Burners

Catalytic burners for the conversion of enriched deuterium gas into heavy water especially designed or prepared for heavy water production utilizing the ammonia-hydrogen exchange process.

7. Plants for the conversion of uranium and equipment especially designed or prepared therefor

INTRODUCTORY NOTE

Uranium conversion plants and systems may perform one or more transformations from one uranium chemical species to another, including: conversion of uranium ore concentrates to UO_3, conversion of UO_3 to UO_2, conversion of uranium oxides to UF_4 or UF_6, conversion of UF_4 to UF_6, conversion of UF_6 to UF_4, conversion of UF_4 to uranium metal, and conversion of uranium fluorides to UO_2. Many of the key equipment items for uranium conversion plants are common to several segments of the chemical process industry. For example, the types of equipment employed in these processes may include: furnaces, rotary kilns, fluidized bed reactors, flame tower reactors, liquid centrifuges, distillation columns and liquid-liquid extraction columns. However, few of the items are available "off-the-shelf"; most would be prepared according to the requirements and specifications of the customer. In some instances, special design and construction considerations are required to address the corrosive properties of some of the chemicals handled (HF, F_2, ClF_3, and uranium fluorides). Finally, it should be noted that, in all of the uranium conversion processes, items of equipment which individually are not especially designed or prepared for uranium conversion can be assembled into systems which are especially designed or prepared for use in uranium conversion.

7.1. Especially designed or prepared systems for the conversion of uranium ore concentrates to UO_3

EXPLANATORY NOTE

Conversion of uranium ore concentrates to UO_3 can be performed by first dissolving the ore in nitric acid and extracting purified uranyl nitrate using a solvent such as tributyl phosphate. Next, the uranyl nitrate is converted to UO_3 either by

concentration and denitration or by neutralization with gaseous ammonia to produce ammonium diuranate with subsequent filtering, drying, and calcining.

7.2. Especially designed or prepared systems for the conversion of UO_3 to UF_6

EXPLANATORY NOTE

Conversion of UO_3 to UF_6 can be performed directly by fluorination. The process requires a source of fluorine gas or chlorine trifluoride.

7.3. Especially designed or prepared systems for the conversion of UO_3 to UO_2

EXPLANATORY NOTE

Conversion of UO_3 to UO_2 can be performed through reduction of UO_3 with cracked ammonia gas or hydrogen.

7.4. Especially designed or prepared systems for the conversion of UO_2 to UF_4

EXPLANATORY NOTE

Conversion of UO_2 to UF_4 can be performed by reacting UO_2 with hydrogen fluoride gas (HF) at 300-500 °C.

7.5. Especially designed or prepared systems for the conversion of UF_4 to UF_6

EXPLANATORY NOTE

Conversion of UF_4 to UF_6 is performed by exothermic reaction with fluorine in a tower reactor. UF_6 is condensed from the hot effluent gases by passing the effluent stream through a cold trap cooled to -10 °C. The process requires a source of fluorine gas.

7.6. Especially designed or prepared systems for the conversion of UF_4 to U metal

EXPLANATORY NOTE

Conversion of UF_4 to U metal is performed by reduction with magnesium (large batches) or calcium (small batches). The reaction is carried out at temperatures above the melting point of uranium (1130 °C).

7.7. Especially designed or prepared systems for the conversion of UF_6 to UO_2

EXPLANATORY NOTE

Conversion of UF_6 to UO_2 can be performed by one of three processes. In the first, UF_6 is reduced and hydrolyzed to UO_2 using hydrogen and steam. In the second, UF_6 is hydrolyzed by solution in water, ammonia is added to precipitate ammonium diuranate, and the diuranate is reduced to UO_2 with hydrogen at 820 °C. In the third

process, gaseous UF_6, CO_2, and NH_3 are combined in water, precipitating ammonium uranyl carbonate. The ammonium uranyl carbonate is combined with steam and hydrogen at 500-600 °C to yield UO_2.

UF_6 to UO_2 conversion is often performed as the first stage of a fuel fabrication plant.

7.8. Especially designed or prepared systems for the conversion of UF_6 to UF_4

EXPLANATORY NOTE

Conversion of UF_6 to UF_4 is performed by reduction with hydrogen.

No. 24000. Switzerland and Italy

AGREEMENT BETWEEN SWITZERLAND AND ITALY CONCERNING THE ESTABLISHMENT OF JOINT CHECKPOINTS FOR GOODS TRANSPORTED BY ROAD AT GAGGIOLO-STABIO FOR THE PURPOSE OF REGULATING THE PASSAGE OF VEHICLES FROM ONE CUSTOMS INSPECTION STATION TO THE OTHER. ROME, 31 JULY 1985, AND BERN, 7 AUGUST 1985 [*United Nations, Treaty Series, vol. 1422, I-24000.*]

Termination in accordance with:

53798. Agreement between Switzerland and Italy on the establishment of a Joint National Control Office at the border crossing of Stabio / Gaggiolo. Bern, 24 November 2015 [*United Nations, Treaty Series, vol. 3138, I-53798.*]

Entry into force: 1 March 2016
Registration with the Secretariat of the United Nations: Switzerland, 15 July 2016

Information provided by the Secretariat of the United Nations: 15 July 2016

Nº 24000. Suisse et Italie

ACCORD ENTRE LA SUISSE ET L'ITALIE RELATIF À LA JUXTAPOSITION DES CONTRÔLES AU PASSAGE ROUTIER-MARCHANDISES DE GAGGIOLO-STABIO, VISANT À RÉGLER LE PASSAGE DES VÉHICULES D'UN EMPLACEMENT DOUANIER À L'AUTRE. ROME, 31 JUILLET 1985, ET BERNE, 7 AOÛT 1985 [*Nations Unies, Recueil des Traités, vol. 1422, I-24000.*]

Abrogation conformément à :

53798. Accord entre la Suisse et l'Italie relatif à la création d'un bureau à contrôles nationaux juxtaposés au poste frontière de Stabio / Gaggiolo. Berne, 24 novembre 2015 [*Nations Unies, Recueil des Traités, vol. 3138, I-53798.*]

Entrée en vigueur : 1er mars 2016
Enregistrement auprès du Secrétariat de l'Organisation des Nations Unies : Suisse, 15 juillet 2016

Information fournie par le Secrétariat de l'Organisation des Nations Unies : 15 juillet 2016

No. 24813. Multilateral

CONVENTION CONCERNING INTERNATIONAL CO-OPERATION IN ADMINISTRATIVE ASSISTANCE TO REFUGEES. BASEL, 3 SEPTEMBER 1985 [*United Nations, Treaty Series, vol. 1462, I-24813.*]

RATIFICATION

Greece

Deposit of instrument with the Government of Switzerland: 3 June 2014

Date of effect: 1 September 2014

Registration with the Secretariat of the United Nations: Switzerland, 19 July 2016

TERRITORIAL APPLICATION IN RESPECT OF THE CARIBBEAN PART OF THE NETHERLANDS

Netherlands

Notification deposited with the Government of Switzerland: 12 February 2014

Date of effect: 1 May 2014

Registration with the Secretariat of the United Nations: Switzerland, 19 July 2016

Nº 24813. Multilatéral

CONVENTION RELATIVE À LA COOPÉRATION INTERNATIONALE EN MATIÈRE D'AIDE ADMINISTRATIVE AUX RÉFUGIÉS. BÂLE, 3 SEPTEMBRE 1985 [*Nations Unies, Recueil des Traités, vol. 1462, I-24813.*]

RATIFICATION

Grèce

Dépôt de l'instrument auprès du Gouvernement suisse : 3 juin 2014

Date de prise d'effet : 1er septembre 2014

Enregistrement auprès du Secrétariat de l'Organisation des Nations Unies : Suisse, 19 juillet 2016

APPLICATION TERRITORIALE À L'ÉGARD DE LA PARTIE CARIBÉENNE DES PAYS-BAS

Pays-Bas

Dépôt de la notification auprès du Gouvernement suisse : 12 février 2014

Date de prise d'effet : 1er mai 2014

Enregistrement auprès du Secrétariat de l'Organisation des Nations Unies : Suisse, 19 juillet 2016

No. 25638. Multilateral

PROTOCOL TO THE 1979 CONVENTION ON LONG-RANGE TRANSBOUNDARY AIR POLLUTION ON LONG-TERM FINANCING OF THE CO-OPERATIVE PROGRAMME FOR MONITORING AND EVALUATION OF THE LONG-RANGE TRANSMISSION OF AIR POLLUTANTS IN EUROPE (EMEP). GENEVA, 28 SEPTEMBER 1984 [*United Nations, Treaty Series, vol. 1491, I-25638.*]

ACCESSION

Republic of Moldova

Date: 26 July 2016

Date of effect: 24 October 2016

Registration with the Secretariat of the United Nations: ex officio, 26 July 2016

Nº 25638. Multilatéral

PROTOCOLE À LA CONVENTION DE 1979 SUR LA POLLUTION ATMOSPHÉRIQUE TRANSFRONTIÈRE À LONGUE DISTANCE, RELATIF AU FINANCEMENT À LONG TERME DU PROGRAMME CONCERTÉ DE SURVEILLANCE CONTINUE ET D'ÉVALUATION DU TRANSPORT À LONGUE DISTANCE DES POLLUANTS ATMOSPHÉRIQUES EN EUROPE (EMEP). GENÈVE, 28 SEPTEMBRE 1984 [*Nations Unies, Recueil des Traités, vol. 1491, I-25638.*]

ADHÉSION

République de Moldova

Date : 26 juillet 2016

Date de prise d'effet : 24 octobre 2016

Enregistrement auprès du Secrétariat de l'Organisation des Nations Unies : d'office, 26 juillet 2016

No. 27308. International Atomic Energy Agency and Viet Nam

AGREEMENT BETWEEN THE SOCIALIST REPUBLIC OF VIET NAM AND THE INTERNATIONAL ATOMIC ENERGY AGENCY FOR THE APPLICATION OF SAFEGUARDS IN CONNECTION WITH THE TREATY ON THE NON-PROLIFERATION OF NUCLEAR WEAPONS. VIENNA, 2 OCTOBER 1989 [*United Nations, Treaty Series, vol. 1566, I-27308.*]

PROTOCOL ADDITIONAL TO THE AGREEMENT BETWEEN THE SOCIALIST REPUBLIC OF VIET NAM AND THE INTERNATIONAL ATOMIC ENERGY AGENCY FOR THE APPLICATION OF SAFEGUARDS IN CONNECTION WITH THE TREATY ON THE NON-PROLIFERATION OF NUCLEAR WEAPONS (WITH ANNEXES). VIENNA, 10 AUGUST 2007

Entry into force: 17 September 2012 by notification, in accordance with article 17

Authentic text: English

Registration with the Secretariat of the United Nations: International Atomic Energy Agency, 8 July 2016

N° 27308. Agence internationale de l'énergie atomique et Viet Nam

ACCORD ENTRE LA RÉPUBLIQUE SOCIALISTE DU VIET NAM ET L'AGENCE INTERNATIONALE DE L'ÉNERGIE ATOMIQUE RELATIF À L'APPLICATION DE GARANTIES DANS LE CADRE DU TRAITÉ SUR LA NON-PROLIFÉRATION DES ARMES NUCLÉAIRES. VIENNE, 2 OCTOBRE 1989 [*Nations Unies, Recueil des Traités, vol. 1566, I-27308.*]

PROTOCOLE ADDITIONNEL À L'ACCORD ENTRE LA RÉPUBLIQUE SOCIALISTE DU VIETNAM ET L'AGENCE INTERNATIONALE DE L'ÉNERGIE ATOMIQUE RELATIF À L'APPLICATION DE GARANTIES DANS LE CADRE DU TRAITÉ SUR LA NON-PROLIFÉRATION DES ARMES NUCLÉAIRES (AVEC ANNEXES). VIENNE, 10 AOÛT 2007

Entrée en vigueur : 17 septembre 2012 par notification, conformément à l'article 17

Texte authentique : anglais

Enregistrement auprès du Secrétariat de l'Organisation des Nations Unies : Agence internationale de l'énergie atomique, 8 juillet 2016

[TEXT IN ENGLISH – TEXTE EN ANGLAIS]

Protocol Additional to the Agreement between the Socialist Republic of Viet Nam and the International Atomic Energy Agency for the Application of Safeguards in Connection with the Treaty on the Non-Proliferation of Nuclear Weapons

WHEREAS the Socialist Republic of Viet Nam (hereinafter referred to as "Viet Nam") and the International Atomic Energy Agency (hereinafter referred to as the "Agency") are parties to an Agreement for the Application of Safeguards in Connection with the Treaty on the Non-Proliferation of Nuclear Weapons (hereinafter referred to as the "Safeguards Agreement"), which entered into force on 23 February 1990;

AWARE OF the desire of the international community to further enhance nuclear non-proliferation by strengthening the effectiveness and improving the efficiency of the Agency's safeguards system;

RECALLING that the Agency must take into account in the implementation of safeguards the need to: avoid hampering the economic and technological development of Viet Nam or international co-operation in the field of peaceful nuclear activities; respect health, safety, physical protection and other security provisions in force and the rights of individuals; and take every precaution to protect commercial, technological and industrial secrets as well as other confidential information coming to its knowledge;

WHEREAS the frequency and intensity of activities described in this Protocol shall be kept to the minimum consistent with the objective of strengthening the effectiveness and improving the efficiency of Agency safeguards;

NOW THEREFORE Viet Nam and the Agency have agreed as follows:

RELATIONSHIP BETWEEN THE PROTOCOL AND THE SAFEGUARDS AGREEMENT

Article 1

The provisions of the Safeguards Agreement shall apply to this Protocol to the extent that they are relevant to and compatible with the provisions of this Protocol. In case of conflict between the provisions of the Safeguards Agreement and those of this Protocol, the provisions of this Protocol shall apply.

PROVISION OF INFORMATION

Article 2

a. Viet Nam shall provide the Agency with a declaration containing:

(i) A general description of and information specifying the location of nuclear fuel cycle-related research and development activities not involving nuclear material carried out anywhere that are funded, specifically authorized or controlled by, or carried out on behalf of, Viet Nam.

(ii) Information identified by the Agency on the basis of expected gains in effectiveness or efficiency, and agreed to by Viet Nam, on operational activities of safeguards relevance at facilities and at locations outside facilities where nuclear material is customarily used.

(iii) A general description of each building on each site, including its use and, if not apparent from that description, its contents. The description shall include a map of the site.

(iv) A description of the scale of operations for each location engaged in the activities specified in Annex I to this Protocol.

(v) Information specifying the location, operational status and the estimated annual production capacity of uranium mines and concentration plants and thorium concentration plants, and the current annual production of such mines and concentration plants for Viet Nam as a whole. Viet Nam shall provide, upon request by the Agency, the current annual production of an individual mine or concentration plant. The provision of this information does not require detailed nuclear material accountancy.

(vi) Information regarding source material which has not reached the composition and purity suitable for fuel fabrication or for being isotopically enriched, as follows:

(a) The quantities, the chemical composition, the use or intended use of such material, whether in nuclear or non-nuclear use, for each location in Viet Nam at which the material is present in quantities exceeding ten metric tons of uranium and/or twenty metric tons of thorium, and for other locations with quantities of more than one metric ton, the aggregate for Viet Nam as a whole if the aggregate exceeds ten metric tons of uranium or twenty metric tons of thorium. The provision of this information does not require detailed nuclear material accountancy;

(b) The quantities, the chemical composition and the destination of each export out of Viet Nam, of such material for specifically non-nuclear purposes in quantities exceeding:

(1) Ten metric tons of uranium, or for successive exports of uranium from Viet Nam to the same State, each of less than ten metric tons, but exceeding a total of ten metric tons for the year;

(2) Twenty metric tons of thorium, or for successive exports of thorium from Viet Nam to the same State, each of less than twenty metric tons, but exceeding a total of twenty metric tons for the year;

(c) The quantities, chemical composition, current location and use or intended use of each import into Viet Nam of such material for specifically non-nuclear purposes in quantities exceeding:

(1) Ten metric tons of uranium, or for successive imports of uranium into Viet Nam each of less than ten metric tons, but exceeding a total of ten metric tons for the year;

(2) Twenty metric tons of thorium, or for successive imports of thorium into Viet Nam each of less than twenty metric tons, but exceeding a total of twenty metric tons for the year;

it being understood that there is no requirement to provide information on such material intended for a non-nuclear use once it is in its non-nuclear end-use form.

(vii) (a) Information regarding the quantities, uses and locations of nuclear material exempted from safeguards pursuant to Article 37 of the Safeguards Agreement;

(b) Information regarding the quantities (which may be in the form of estimates) and uses at each location, of nuclear material exempted from safeguards pursuant to Article 36(b) of the Safeguards Agreement but not yet in a non-nuclear end-use form, in quantities exceeding those set out in Article 37 of the Safeguards Agreement. The provision of this information does not require detailed nuclear material accountancy.

(viii) Information regarding the location or further processing of intermediate or high-level waste containing plutonium, high enriched uranium or uranium-233 on which safeguards have been terminated pursuant to Article 11 of the Safeguards Agreement. For the purpose of this paragraph, "further processing" does not include repackaging of the waste or its further conditioning not involving the separation of elements, for storage or disposal.

(ix) The following information regarding specified equipment and non-nuclear material listed in Annex II:

(a) For each export out of Viet Nam of such equipment and material: the identity, quantity, location of intended use in the receiving State and date or, as appropriate, expected date, of export;

(b) Upon specific request by the Agency, confirmation by Viet Nam, as importing State, of information provided to the Agency by another State concerning the export of such equipment and material to Viet Nam.

(x) General plans for the succeeding ten-year period relevant to the development of the nuclear fuel cycle (including planned nuclear fuel cycle-related research and development activities) when approved by the appropriate authorities in Viet Nam.

b. Viet Nam shall make every reasonable effort to provide the Agency with the following information:

(i) A general description of and information specifying the location of nuclear fuel cycle-related research and development activities not involving nuclear material which are specifically related to enrichment, reprocessing of nuclear fuel or the processing of intermediate or high-level waste containing plutonium, high enriched uranium or uranium-233 that are carried out anywhere in Viet Nam but which are not funded, specifically authorized or controlled by, or carried out on behalf of, Viet Nam. For the purpose of this paragraph, "processing" of intermediate or high-level waste does not include repackaging of the waste or its conditioning not involving the separation of elements, for storage or disposal.

(ii) A general description of activities and the identity of the person or entity carrying out such activities, at locations identified by the Agency outside a site which the Agency considers might be functionally related to the activities of that site. The provision of this information is subject to a specific request by the Agency. It shall be provided in consultation with the Agency and in a timely fashion.

c. Upon request by the Agency, Viet Nam shall provide amplifications or clarifications of any information it has provided under this Article, in so far as relevant for the purpose of safeguards.

Article 3

a. Viet Nam shall provide to the Agency the information identified in Article 2.a.(i), (iii), (iv), (v), (vi)(a), (vii) and (x) and Article 2.b.(i) within 180 days of the entry into force of this Protocol.

b. Viet Nam shall provide to the Agency, by 15 May of each year, updates of the information referred to in paragraph a. above for the period covering the previous calendar year. If there has been no change to the information previously provided, Viet Nam shall so indicate.

c. Viet Nam shall provide to the Agency, by 15 May of each year, the information identified in Article 2.a.(vi)(b) and (c) for the period covering the previous calendar year.

d. Viet Nam shall provide to the Agency on a quarterly basis the information identified in Article 2.a.(ix)(a). This information shall be provided within sixty days of the end of each quarter.

e. Viet Nam shall provide to the Agency the information identified in Article 2.a.(viii) 180 days before further processing is carried out and, by 15 May of each year, information on changes in location for the period covering the previous calendar year.

f. Viet Nam and the Agency shall agree on the timing and frequency of the provision of the information identified in Article 2.a.(ii).

g. Viet Nam shall provide to the Agency the information in Article 2.a.(ix)(b) within sixty days of the Agency's request.

COMPLEMENTARY ACCESS

Article 4

The following shall apply in connection with the implementation of complementary access under Article 5 of this Protocol:

a. The Agency shall not mechanistically or systematically seek to verify the information referred to in Article 2; however, the Agency shall have access to:

(i) Any location referred to in Article 5.a.(i) or (ii) on a selective basis in order to assure the absence of undeclared nuclear material and activities;

(ii) Any location referred to in Article 5.b. or c. to resolve a question relating to the correctness and completeness of the information provided pursuant to Article 2 or to resolve an inconsistency relating to that information;

(iii) Any location referred to in Article 5.a.(iii) to the extent necessary for the Agency to confirm, for safeguards purposes, Viet Nam's declaration of the decommissioned status of a facility or of a location outside facilities where nuclear material was customarily used.

b. (i) Except as provided in paragraph (ii) below, the Agency shall give Viet Nam advance notice of access of at least 24 hours;

(ii) For access to any place on a site that is sought in conjunction with design information verification visits or ad hoc or routine inspections on that site, the period of advance notice shall, if the Agency so requests, be at least two hours but, in exceptional circumstances, it may be less than two hours.

c. Advance notice shall be in writing and shall specify the reasons for access and the activities to be carried out during such access.

d. In the case of a question or inconsistency, the Agency shall provide Viet Nam with an opportunity to clarify and facilitate the resolution of the question or inconsistency. Such an opportunity will be provided before a request for access, unless the Agency considers that delay in access would prejudice the purpose for which the access is sought. In any event, the Agency shall not draw any conclusions about the question or inconsistency until Viet Nam has been provided with such an opportunity.

e. Unless otherwise agreed to by Viet Nam, access shall only take place during regular working hours.

f. Viet Nam shall have the right to have Agency inspectors accompanied during their access by representatives of Viet Nam, provided that the inspectors shall not thereby be delayed or otherwise impeded in the exercise of their functions.

Article 5

Viet Nam shall provide the Agency with access to:

a. (i) Any place on a site;

(ii) Any location identified by Viet Nam under Article 2.a.(v)-(viii);

(iii) Any decommissioned facility or decommissioned location outside facilities where nuclear material was customarily used.

b. Any location identified by Viet Nam under Article 2.a.(i), Article 2.a.(iv), Article 2.a.(ix)(b) or Article 2.b., other than those referred to in paragraph a.(i) above, provided that if Viet Nam is unable to provide such access, Viet Nam shall make every reasonable effort to satisfy Agency requirements, without delay, through other means.

c. Any location specified by the Agency, other than locations referred to in paragraphs a. and b. above, to carry out location-specific environmental sampling, provided that if Viet Nam is unable to provide such access, Viet Nam shall make every reasonable effort to satisfy Agency requirements, without delay, at adjacent locations or through other means.

Article 6

When implementing Article 5, the Agency may carry out the following activities:

a. For access in accordance with Article 5.a.(i) or (iii): visual observation; collection of environmental samples; utilization of radiation detection and measurement devices; application of seals and other identifying and tamper indicating devices specified in Subsidiary Arrangements; and other objective measures which have been demonstrated to be technically feasible and the use of which has been agreed by the Board of Governors (hereinafter referred to as the "Board") and following consultations between the Agency and Viet Nam.

b. For access in accordance with Article 5.a.(ii): visual observation; item counting of nuclear material; non-destructive measurements and sampling; utilization of radiation detection and measurement devices; examination of records relevant to the quantities, origin and disposition of the material; collection of environmental samples; and other objective measures which have been demonstrated to be technically feasible and the use of which has been agreed by the Board and following consultations between the Agency and Viet Nam.

c. For access in accordance with Article 5.b.: visual observation; collection of environmental samples; utilization of radiation detection and measurement devices; examination of safeguards relevant production and shipping records; and other objective measures which have been demonstrated to be technically feasible and the use of which has been agreed by the Board and following consultations between the Agency and Viet Nam.

d. For access in accordance with Article 5.c.: collection of environmental samples and, in the event the results do not resolve the question or inconsistency at the location specified by the Agency pursuant to Article 5.c., utilization at that location of visual observation, radiation detection and measurement devices, and, as agreed by Viet Nam and the Agency, other objective measures.

Article 7

a. Upon request by Viet Nam, the Agency and Viet Nam shall make arrangements for managed access under this Protocol in order to prevent the dissemination of proliferation sensitive information, to meet safety or physical protection requirements, or to protect proprietary or commercially sensitive information. Such arrangements shall not preclude the Agency from conducting activities necessary to provide credible assurance of the absence of undeclared nuclear material and activities at the location in question, including the resolution of a question relating to the correctness and completeness of the information referred to in Article 2 or of an inconsistency relating to that information.

b. Viet Nam may, when providing the information referred to in Article 2, inform the Agency of the places at a site or location at which managed access may be applicable.

c. Pending the entry into force of any necessary Subsidiary Arrangements, Viet Nam may have recourse to managed access consistent with the provisions of paragraph a. above.

Article 8

Nothing in this Protocol shall preclude Viet Nam from offering the Agency access to locations in addition to those referred to in Articles 5 and 9 or from requesting the Agency to conduct verification activities at a particular location. The Agency shall, without delay, make every reasonable effort to act upon such a request.

Article 9

Viet Nam shall provide the Agency with access to locations specified by the Agency to carry out wide-area environmental sampling, provided that if Viet Nam is unable to provide such access it shall make every reasonable effort to satisfy Agency requirements at alternative locations. The Agency shall not seek such access until the use of wide-area environmental sampling and the procedural arrangements therefor have been approved by the Board and following consultations between the Agency and Viet Nam.

Article 10

The Agency shall inform Viet Nam of:

a. The activities carried out under this Protocol, including those in respect of any questions or inconsistencies the Agency had brought to the attention of Viet Nam, within sixty days of the activities being carried out by the Agency.

b. The results of activities in respect of any questions or inconsistencies the Agency had brought to the attention of Viet Nam, as soon as possible but in any case within thirty days of the results being established by the Agency.

c. The conclusions it has drawn from its activities under this Protocol. The conclusions shall be provided annually.

DESIGNATION OF AGENCY INSPECTORS

Article 11

a. (i) The Director General shall notify Viet Nam of the Board's approval of any Agency official as a safeguards inspector. Unless Viet Nam advises the Director General of its rejection of such an official as an inspector for Viet Nam within three months of receipt of notification of the Board's approval, the inspector so notified to Viet Nam shall be considered designated to Viet Nam.

(ii) The Director General, acting in response to a request by Viet Nam or on his own initiative, shall immediately inform Viet Nam of the withdrawal of the designation of any official as an inspector for Viet Nam.

b. A notification referred to in paragraph a. above shall be deemed to be received by Viet Nam seven days after the date of the transmission by registered mail of the notification by the Agency to Viet Nam.

VISAS

Article 12

Viet Nam shall, within one month of the receipt of a request therefor, provide the designated inspector specified in the request with appropriate multiple entry/exit and/or transit visas, where required, to enable the inspector to enter and remain on the territory of Viet Nam for the purpose of carrying out his/her functions. Any visas required shall be valid for at least one year and shall be renewed, as required, to cover the duration of the inspector's designation to Viet Nam.

SUBSIDIARY ARRANGEMENTS

Article 13

a. Where Viet Nam or the Agency indicates that it is necessary to specify in Subsidiary Arrangements how measures laid down in this Protocol are to be applied, Viet Nam and the Agency shall agree on such Subsidiary Arrangements within ninety days of the entry into force of this Protocol or, where the indication of the need for such Subsidiary Arrangements is made after the entry into force of this Protocol, within ninety days of the date of such indication.

b. Pending the entry into force of any necessary Subsidiary Arrangements, the Agency shall be entitled to apply the measures laid down in this Protocol.

COMMUNICATIONS SYSTEMS

Article 14

a. Viet Nam shall permit and protect free communications by the Agency for official purposes between Agency inspectors in Viet Nam and Agency Headquarters and/or Regional Offices, including attended and unattended transmission of information generated by Agency containment and/or surveillance or measurement devices. The Agency shall have, in consultation with Viet Nam, the right to make use of internationally established systems of direct communications, including satellite systems and other forms of telecommunication, not in use in Viet Nam. At the request of Viet Nam or the Agency, details of the implementation of this paragraph with respect to the attended or unattended transmission of information generated by Agency containment and/or surveillance or measurement devices shall be specified in the Subsidiary Arrangements.

b. Communication and transmission of information as provided for in paragraph a. above shall take due account of the need to protect proprietary or commercially sensitive information or design information which Viet Nam regards as being of particular sensitivity.

PROTECTION OF CONFIDENTIAL INFORMATION

Article 15

a. The Agency shall maintain a stringent regime to ensure effective protection against disclosure of commercial, technological and industrial secrets and other confidential information coming to its knowledge, including such information coming to the Agency's knowledge in the implementation of this Protocol.

b. The regime referred to in paragraph a. above shall include, among others, provisions relating to:
   (i) General principles and associated measures for the handling of confidential information;

   (ii) Conditions of staff employment relating to the protection of confidential information;

   (iii) Procedures in cases of breaches or alleged breaches of confidentiality.

c. The regime referred to in paragraph a. above shall be approved and periodically reviewed by the Board.

ANNEXES

Article 16

a. The Annexes to this Protocol shall be an integral part thereof. Except for the purposes of amendment of the Annexes, the term "Protocol" as used in this instrument means the Protocol and the Annexes together.

b. The list of activities specified in Annex I, and the list of equipment and material specified in Annex II, may be amended by the Board upon the advice of an open-ended working group of experts established by the Board. Any such amendment shall take effect four months after its adoption by the Board.

ENTRY INTO FORCE

Article 17

a. This Protocol shall enter into force on the date on which the Agency receives from Viet Nam written notification that Viet Nam's statutory and/or constitutional requirements for entry into force have been met.

b. Viet Nam may, at any date before this Protocol enters into force, declare that it will apply this Protocol provisionally.

c. The Director General shall promptly inform all Member States of the Agency of any declaration of provisional application of, and of the entry into force of, this Protocol.

DEFINITIONS

Article 18

For the purpose of this Protocol:

a. Nuclear fuel cycle-related research and development activities means those activities which are specifically related to any process or system development aspect of any of the following:

- conversion of nuclear material,
- enrichment of nuclear material,
- nuclear fuel fabrication,
- reactors,
- critical facilities,
- reprocessing of nuclear fuel,
- processing (not including repackaging or conditioning not involving the separation of elements, for storage or disposal) of intermediate or high-level waste containing plutonium, high enriched uranium or uranium-233,

but do not include activities related to theoretical or basic scientific research or to research and development on industrial radioisotope applications, medical, hydrological and agricultural applications, health and environmental effects and improved maintenance.

b. Site means that area delimited by Viet Nam in the relevant design information for a facility, including a closed-down facility, and in the relevant information on a location outside facilities where nuclear material is customarily used, including a closed-down location outside facilities where nuclear material was customarily used (this is limited to locations with hot cells or where activities related to conversion, enrichment, fuel fabrication or reprocessing were carried out). It shall also include all installations, co-located with the facility or location, for the provision or use of essential services, including: hot cells for processing irradiated materials not containing nuclear material; installations for the treatment, storage and disposal of waste; and buildings associated with specified activities identified by Viet Nam under Article 2.a.(iv) above.

c. Decommissioned facility or decommissioned location outside facilities means an installation or location at which residual structures and equipment essential for its use have been removed or rendered inoperable so that it is not used to store and can no longer be used to handle, process or utilize nuclear material.

d. Closed-down facility or closed-down location outside facilities means an installation or location where operations have been stopped and the nuclear material removed but which has not been decommissioned.

e. High enriched uranium means uranium containing 20 percent or more of the isotope uranium-235.

f. Location-specific environmental sampling means the collection of environmental samples (e.g., air, water, vegetation, soil, smears) at, and in the immediate vicinity of, a location specified by the Agency for the purpose of assisting the Agency to draw conclusions about the absence of undeclared nuclear material or nuclear activities at the specified location.

g. Wide-area environmental sampling means the collection of environmental samples (e.g., air, water, vegetation, soil, smears) at a set of locations specified by the Agency for the purpose of assisting the Agency to draw conclusions about the absence of undeclared nuclear material or nuclear activities over a wide area.

h. Nuclear material means any source or any special fissionable material as defined in Article XX of the Statute. The term source material shall not be interpreted as applying to ore or ore residue. Any determination by the Board under Article XX of the Statute of the Agency after the entry into force of this Protocol which adds to the materials considered to be source material or special fissionable material shall have effect under this Protocol only upon acceptance by Viet Nam.

i. Facility means:

(i) A reactor, a critical facility, a conversion plant, a fabrication plant, a reprocessing plant, an isotope separation plant or a separate storage installation; or

(ii) Any location where nuclear material in amounts greater than one effective kilogram is customarily used.

j. Location outside facilities means any installation or location, which is not a facility, where nuclear material is customarily used in amounts of one effective kilogram or less.

DONE in Vienna on the 10th day of August 2007, in duplicate, in the English language.

For the SOCIALIST REPUBLIC OF VIET NAM:	For the INTERNATIONAL ATOMIC ENERGY AGENCY:
(Signed)	(Signed)
Nguyen Truong Giang Ambassador	Werner Burkart Acting Director General

ANNEX I

LIST OF ACTIVITIES REFERRED TO IN ARTICLE 2.a.(iv) OF THE PROTOCOL

(i) The manufacture of centrifuge rotor tubes or the assembly of gas centrifuges.

Centrifuge rotor tubes means thin-walled cylinders as described in entry 5.1.1(b) of Annex II.

Gas centrifuges means centrifuges as described in the Introductory Note to entry 5.1 of Annex II.

(ii) The manufacture of diffusion barriers.

Diffusion barriers means thin, porous filters as described in entry 5.3.1(a) of Annex II.

(iii) The manufacture or assembly of laser-based systems.

Laser-based systems means systems incorporating those items as described in entry 5.7 of Annex II.

(iv) The manufacture or assembly of electromagnetic isotope separators.

Electromagnetic isotope separators means those items referred to in entry 5.9.1 of Annex II containing ion sources as described in 5.9.1(a) of Annex II.

(v) The manufacture or assembly of columns or extraction equipment.

Columns or extraction equipment means those items as described in entries 5.6.1, 5.6.2, 5.6.3, 5.6.5, 5.6.6, 5.6.7 and 5.6.8 of Annex II.

(vi) The manufacture of aerodynamic separation nozzles or vortex tubes.

Aerodynamic separation nozzles or vortex tubes means separation nozzles and vortex tubes as described respectively in entries 5.5.1 and 5.5.2 of Annex II.

(vii) The manufacture or assembly of uranium plasma generation systems.

Uranium plasma generation systems means systems for the generation of uranium plasma as described in entry 5.8.3 of Annex II.

(viii) The manufacture of zirconium tubes.

Zirconium tubes means tubes as described in entry 1.6 of Annex II.

(ix) The manufacture or upgrading of heavy water or deuterium.

Heavy water or deuterium means deuterium, heavy water (deuterium oxide) and any other deuterium compound in which the ratio of deuterium to hydrogen atoms exceeds 1:5000.

(x) The manufacture of nuclear grade graphite.

Nuclear grade graphite means graphite having a purity level better than 5 parts per million boron equivalent and with a density greater than 1.50 g/cm^3 .

(xi) The manufacture of flasks for irradiated fuel.

A flask for irradiated fuel means a vessel for the transportation and/or storage of irradiated fuel which provides chemical, thermal and radiological protection, and dissipates decay heat during handling, transportation and storage.

(xii) The manufacture of reactor control rods.

Reactor control rods means rods as described in entry 1.4 of Annex II.

(xiii) The manufacture of criticality safe tanks and vessels.

Criticality safe tanks and vessels means those items as described in entries 3.2 and 3.4 of Annex II.

(xiv) The manufacture of irradiated fuel element chopping machines.

Irradiated fuel element chopping machines means equipment as described in entry 3.1 of Annex II.

(xv) The construction of hot cells.

Hot cells means a cell or interconnected cells totalling at least 6 m^3 in volume with shielding equal to or greater than the equivalent of 0.5 m of concrete, with a density of 3.2 g/cm^3 or greater, outfitted with equipment for remote operations.

ANNEX II

LIST OF SPECIFIED EQUIPMENT AND NON-NUCLEAR MATERIAL FOR THE REPORTING OF EXPORTS AND IMPORTS ACCORDING TO ARTICLE 2.a.(ix)

1. Reactors and equipment therefor

1.1. Complete nuclear reactors

Nuclear reactors capable of operation so as to maintain a controlled self-sustaining fission chain reaction, excluding zero energy reactors, the latter being defined as reactors with a designed maximum rate of production of plutonium not exceeding 100 grams per year.

EXPLANATORY NOTE

A "nuclear reactor" basically includes the items within or attached directly to the reactor vessel, the equipment which controls the level of power in the core, and the components which normally contain or come in direct contact with or control the primary coolant of the reactor core.

It is not intended to exclude reactors which could reasonably be capable of modification to produce significantly more than 100 grams of plutonium per year. Reactors designed for sustained operation at significant power levels, regardless of their capacity for plutonium production, are not considered as "zero energy reactors".

1.2. Reactor pressure vessels

Metal vessels, as complete units or as major shop-fabricated parts therefor, which are especially designed or prepared to contain the core of a nuclear reactor as defined in paragraph 1.1. above and are capable of withstanding the operating pressure of the primary coolant.

EXPLANATORY NOTE

A top plate for a reactor pressure vessel is covered by item 1.2. as a major shop-fabricated part of a pressure vessel.

Reactor internals (e.g. support columns and plates for the core and other vessel internals, control rod guide tubes, thermal shields, baffles, core grid plates, diffuser plates, etc.) are normally supplied by the reactor supplier. In some cases, certain internal support components are included in the fabrication of the pressure vessel. These items are sufficiently critical to the safety and reliability of the operation of the reactor (and, therefore, to the guarantees and liability of the reactor supplier), so that their supply, outside the basic supply arrangement for the reactor itself, would not be common practice. Therefore, although the separate supply of these unique, especially designed and prepared, critical, large and expensive items would not necessarily be considered as falling outside the area of concern, such a mode of supply is considered unlikely.

1.3. Reactor fuel charging and discharging machines

Manipulative equipment especially designed or prepared for inserting or removing fuel in a nuclear reactor as defined in paragraph 1.1. above capable of on-load operation or employing technically sophisticated positioning or alignment features to allow complex off-load fuelling operations such as those in which direct viewing of or access to the fuel is not normally available.

1.4. Reactor control rods

Rods especially designed or prepared for the control of the reaction rate in a nuclear reactor as defined in paragraph 1.1. above.

EXPLANATORY NOTE

This item includes, in addition to the neutron absorbing part, the support or suspension structures therefor if supplied separately.

1.5. Reactor pressure tubes

Tubes which are especially designed or prepared to contain fuel elements and the primary coolant in a reactor as defined in paragraph 1.1. above at an operating pressure in excess of 5.1 MPa (740 psi).

1.6. Zirconium tubes

Zirconium metal and alloys in the form of tubes or assemblies of tubes, and in quantities exceeding 500 kg in any period of 12 months, especially designed or prepared for use in a reactor as defined in paragraph 1.1. above, and in which the relation of hafnium to zirconium is less than 1:500 parts by weight.

1.7. Primary coolant pumps

Pumps especially designed or prepared for circulating the primary coolant for nuclear reactors as defined in paragraph 1.1. above.

EXPLANATORY NOTE

Especially designed or prepared pumps may include elaborate sealed or multi-sealed systems to prevent leakage of primary coolant, canned-driven pumps, and pumps with inertial mass systems. This definition encompasses pumps certified to NC-1 or equivalent standards.

2. Non-nuclear materials for reactors

2.1. Deuterium and heavy water

Deuterium, heavy water (deuterium oxide) and any other deuterium compound in which the ratio of deuterium to hydrogen atoms exceeds 1:5000 for use in a nuclear reactor as defined in paragraph 1.1. above in quantities exceeding 200 kg of deuterium atoms for any one recipient country in any period of 12 months.

2.2. Nuclear grade graphite

Graphite having a purity level better than 5 parts per million boron equivalent and with a density greater than 1.50 g/cm^3 for use in a nuclear reactor as defined in paragraph 1.1. above in quantities exceeding 3 x 10^4 kg (30 metric tons) for any one recipient country in any period of 12 months.

NOTE

For the purpose of reporting, the Government will determine whether or not the exports of graphite meeting the above specifications are for nuclear reactor use.

3. Plants for the reprocessing of irradiated fuel elements, and equipment especially designed or prepared therefor

INTRODUCTORY NOTE

Reprocessing irradiated nuclear fuel separates plutonium and uranium from intensely radioactive fission products and other transuranic elements. Different technical processes can accomplish this separation. However, over the years Purex has become the most commonly used and accepted process. Purex involves the dissolution of irradiated nuclear fuel in nitric acid, followed by separation of the uranium, plutonium, and fission products by solvent extraction using a mixture of tributyl phosphate in an organic diluent.

Purex facilities have process functions similar to each other, including: irradiated fuel element chopping, fuel dissolution, solvent extraction, and process liquor storage. There may also be equipment for thermal denitration of uranium nitrate, conversion of plutonium nitrate to oxide or metal, and treatment of fission product waste liquor to a form suitable for long term storage or disposal. However, the specific type and configuration of the equipment performing these functions may differ between Purex facilities for several reasons, including the type and quantity of irradiated nuclear fuel to be reprocessed and the intended disposition of the recovered materials, and the safety and maintenance philosophy incorporated into the design of the facility.

A "plant for the reprocessing of irradiated fuel elements" includes the equipment and components which normally come in direct contact with and directly control the irradiated fuel and the major nuclear material and fission product processing streams.

These processes, including the complete systems for plutonium conversion and plutonium metal production, may be identified by the measures taken to avoid criticality (e.g. by geometry), radiation exposure (e.g. by shielding), and toxicity hazards (e.g. by containment).

Items of equipment that are considered to fall within the meaning of the phrase "and equipment especially designed or prepared" for the reprocessing of irradiated fuel elements include:

3.1. Irradiated fuel element chopping machines

INTRODUCTORY NOTE

This equipment breaches the cladding of the fuel to expose the irradiated nuclear material to dissolution. Especially designed metal cutting shears are the most commonly employed, although advanced equipment, such as lasers, may be used.

Remotely operated equipment especially designed or prepared for use in a reprocessing plant as identified above and intended to cut, chop or shear irradiated nuclear fuel assemblies, bundles or rods.

3.2. Dissolvers

INTRODUCTORY NOTE

Dissolvers normally receive the chopped-up spent fuel. In these critically safe vessels, the irradiated nuclear material is dissolved in nitric acid and the remaining hulls removed from the process stream.

Critically safe tanks (e.g. small diameter, annular or slab tanks) especially designed or prepared for use in a reprocessing plant as identified above, intended for dissolution of irradiated nuclear fuel and which are capable of withstanding hot, highly corrosive liquid, and which can be remotely loaded and maintained.

3.3. Solvent extractors and solvent extraction equipment

INTRODUCTORY NOTE

Solvent extractors both receive the solution of irradiated fuel from the dissolvers and the organic solution which separates the uranium, plutonium, and fission products. Solvent extraction equipment is normally designed to meet strict operating parameters, such as long operating lifetimes with no maintenance requirements or adaptability to easy replacement, simplicity of operation and control, and flexibility for variations in process conditions.

Especially designed or prepared solvent extractors such as packed or pulse columns, mixer settlers or centrifugal contactors for use in a plant for the reprocessing of irradiated fuel. Solvent extractors must be resistant to the corrosive effect of nitric acid. Solvent extractors are normally fabricated to extremely high standards (including special welding and inspection and quality assurance and quality control techniques) out of low carbon stainless steels, titanium, zirconium, or other high quality materials.

3.4. Chemical holding or storage vessels

INTRODUCTORY NOTE

Three main process liquor streams result from the solvent extraction step. Holding or storage vessels are used in the further processing of all three streams, as follows:

(a) The pure uranium nitrate solution is concentrated by evaporation and passed to a denitration process where it is converted to uranium oxide. This oxide is re-used in the nuclear fuel cycle.

(b) The intensely radioactive fission products solution is normally concentrated by evaporation and stored as a liquor concentrate. This concentrate may be subsequently evaporated and converted to a form suitable for storage or disposal.

(c) The pure plutonium nitrate solution is concentrated and stored pending its transfer to further process steps. In particular, holding or storage vessels for plutonium solutions are designed to avoid criticality problems resulting from changes in concentration and form of this stream.

Especially designed or prepared holding or storage vessels for use in a plant for the reprocessing of irradiated fuel. The holding or storage vessels must be resistant to the corrosive effect of nitric acid. The holding or storage vessels are normally fabricated of materials such as low carbon stainless steels, titanium or zirconium, or other high quality materials. Holding or storage vessels may be designed for remote operation and maintenance and may have the following features for control of nuclear criticality:

(1) walls or internal structures with a boron equivalent of at least two per cent, or

(2) a maximum diameter of 175 mm (7 in) for cylindrical vessels, or

(3) a maximum width of 75 mm (3 in) for either a slab or annular vessel.

3.5. Plutonium nitrate to oxide conversion system

INTRODUCTORY NOTE

In most reprocessing facilities, this final process involves the conversion of the plutonium nitrate solution to plutonium dioxide. The main functions involved in this process are: process feed storage and adjustment, precipitation and solid/liquor separation, calcination, product handling, ventilation, waste management, and process control.

Complete systems especially designed or prepared for the conversion of plutonium nitrate to plutonium oxide, in particular adapted so as to avoid criticality and radiation effects and to minimize toxicity hazards.

3.6. Plutonium oxide to metal production system

INTRODUCTORY NOTE

This process, which could be related to a reprocessing facility, involves the fluorination of plutonium dioxide, normally with highly corrosive hydrogen fluoride, to produce plutonium fluoride which is subsequently reduced using high purity calcium metal to produce metallic plutonium and a calcium fluoride slag. The main functions involved in this process are: fluorination (e.g. involving equipment fabricated or lined with a precious metal), metal reduction (e.g. employing ceramic crucibles), slag recovery, product handling, ventilation, waste management and process control.

Complete systems especially designed or prepared for the production of plutonium metal, in particular adapted so as to avoid criticality and radiation effects and to minimize toxicity hazards.

4. Plants for the fabrication of fuel elements

A "plant for the fabrication of fuel elements" includes the equipment:

(a) Which normally comes in direct contact with, or directly processes, or controls, the production flow of nuclear material, or

(b) Which seals the nuclear material within the cladding.

5. Plants for the separation of isotopes of uranium and equipment, other than analytical instruments, especially designed or prepared therefor

Items of equipment that are considered to fall within the meaning of the phrase "equipment, other than analytical instruments, especially designed or prepared" for the separation of isotopes of uranium include:

5.1. Gas centrifuges and assemblies and components especially designed or prepared for use in gas centrifuges

INTRODUCTORY NOTE

The gas centrifuge normally consists of a thin-walled cylinder(s) of between 75 mm (3 in) and 400 mm (16 in) diameter contained in a vacuum environment and spun at high peripheral speed of the order of 300 m/s or more with its central axis vertical. In order to achieve high speed the materials of construction for the rotating components have to be of a high strength to density ratio and the rotor assembly, and hence its individual components, have to be manufactured to very close tolerances in order to minimize the unbalance. In contrast to other centrifuges, the gas centrifuge for uranium enrichment is characterized by having within the rotor chamber a rotating disc-shaped baffle(s) and a stationary tube arrangement for feeding and extracting the UF_6 gas and featuring at least 3 separate channels, of which 2 are connected to scoops extending from the rotor axis towards the periphery of the rotor chamber. Also contained within the vacuum environment are a number of critical items which do not rotate and which although they are especially designed are not difficult to fabricate nor are they fabricated out of unique materials. A centrifuge facility however requires a large number of these components, so that quantities can provide an important indication of end use.

5.1.1. Rotating components

(a) Complete rotor assemblies:

Thin-walled cylinders, or a number of interconnected thin-walled cylinders, manufactured from one or more of the high strength to density ratio materials described in the EXPLANATORY NOTE to this Section. If interconnected, the cylinders are joined together by flexible bellows or rings as described in section 5.1.1.(c) following. The rotor is fitted with an internal baffle(s) and end caps, as described in section 5.1.1.(d) and (e) following, if in final form. However the complete assembly may be delivered only partly assembled.

(b) Rotor tubes:

Especially designed or prepared thin-walled cylinders with thickness of 12 mm (0.5 in) or less, a diameter of between 75 mm (3 in) and 400 mm (16 in), and manufactured from one or more of the high strength to density ratio materials described in the EXPLANATORY NOTE to this Section.

(c) Rings or Bellows:

Components especially designed or prepared to give localized support to the rotor tube or to join together a number of rotor tubes. The bellows is a short cylinder of wall thickness 3 mm (0.12 in) or less, a diameter of between 75 mm (3 in) and 400 mm (16 in), having a convolute, and manufactured from one of the high strength to density ratio materials described in the EXPLANATORY NOTE to this Section.

(d) Baffles:

Disc-shaped components of between 75 mm (3 in) and 400 mm (16 in) diameter especially designed or prepared to be mounted inside the centrifuge rotor tube, in order to isolate the take-off chamber from the main separation chamber and, in some cases, to assist the UF_6 gas circulation within the main separation chamber of the rotor tube, and manufactured from one of the high strength to density ratio materials described in the EXPLANATORY NOTE to this Section.

(e) Top caps/Bottom caps:

Disc-shaped components of between 75 mm (3 in) and 400 mm (16 in) diameter especially designed or prepared to fit to the ends of the rotor tube, and so contain the UF_6 within the rotor tube, and in some cases to support, retain or contain as an integrated part an element of the upper bearing (top cap) or to carry the rotating elements of the motor and lower bearing (bottom cap), and manufactured from one of the high strength to density ratio materials described in the EXPLANATORY NOTE to this Section.

EXPLANATORY NOTE

The materials used for centrifuge rotating components are:

(a) Maraging steel capable of an ultimate tensile strength of 2.05 x 10^9 N/m^2 (300,000 psi) or more;

(b) Aluminium alloys capable of an ultimate tensile strength of 0.46 x 10^9 N/m^2 (67,000 psi) or more;

(c) Filamentary materials suitable for use in composite structures and having a specific modulus of 12.3 x 10^6 m or greater and a specific ultimate tensile strength of 0.3 x 10^6 m or greater ('Specific Modulus' is the Young's Modulus in N/m^2 divided by the specific weight in N/m^3; 'Specific Ultimate Tensile Strength' is the ultimate tensile strength in N/m^2 divided by the specific weight in N/m^3).

5.1.2. Static components

(a) Magnetic suspension bearings:

Especially designed or prepared bearing assemblies consisting of an annular magnet suspended within a housing containing a damping medium. The housing will be manufactured from a UF_6-resistant material (see EXPLANATORY NOTE to Section 5.2.). The magnet couples with a pole piece or a second magnet fitted to the top cap described in Section 5.1.1.(e). The magnet may be ring-shaped with a relation between outer and inner diameter smaller or equal to 1.6:1. The magnet may be in a form having an initial permeability of 0.15 H/m (120,000 in CGS units) or more, or a remanence of 98.5% or more, or an energy product of greater than 80 kJ/m^3 (10^7 gauss-oersteds). In addition to the usual material properties, it is a prerequisite that the deviation of the magnetic axes from the geometrical axes is limited to very small tolerances (lower than 0.1 mm or 0.004 in) or that homogeneity of the material of the magnet is specially called for.

(b) Bearings/Dampers:

Especially designed or prepared bearings comprising a pivot/cup assembly mounted on a damper. The pivot is normally a hardened steel shaft with a hemisphere at one end with a means of attachment to the bottom cap described in section 5.1.1.(e) at the other. The shaft may however have a hydrodynamic bearing attached. The cup is pellet-shaped with a hemispherical indentation in one surface. These components are often supplied separately to the damper.

(c) Molecular pumps:

Especially designed or prepared cylinders having internally machined or extruded helical grooves and internally machined bores. Typical dimensions are as follows: 75 mm (3 in) to 400 mm (16 in) internal diameter, 10 mm (0.4 in) or more wall thickness, with the length equal to or greater than the diameter. The grooves are typically rectangular in cross-section and 2 mm (0.08 in) or more in depth.

(d) Motor stators:

Especially designed or prepared ring-shaped stators for high speed multiphase AC hysteresis (or reluctance) motors for synchronous operation within a vacuum in the frequency range of 600 - 2000 Hz and a power range of 50 - 1000 VA. The stators consist of multi-phase windings on a laminated low loss iron core comprised of thin layers typically 2.0 mm (0.08 in) thick or less.

(e) Centrifuge housing/recipients:

Components especially designed or prepared to contain the rotor tube assembly of a gas centrifuge. The housing consists of a rigid cylinder of wall thickness up to 30 mm (1.2 in) with precision machined ends to locate the bearings and with one or more flanges for mounting. The machined ends are parallel to each other and perpendicular to the cylinder's longitudinal axis to within 0.05 degrees or less. The housing may also be a honeycomb type structure to accommodate several rotor tubes. The housings are made of or protected by materials resistant to corrosion by UF_6.

(f) Scoops:

Especially designed or prepared tubes of up to 12 mm (0.5 in) internal diameter for the extraction of UF_6 gas from within the rotor tube by a Pitot tube action (that is, with an aperture facing into the circumferential gas flow within the rotor tube, for example by bending the end of a radially disposed tube) and capable of being fixed to the central gas extraction system. The tubes are made of or protected by materials resistant to corrosion by UF_6.

5.2. Especially designed or prepared auxiliary systems, equipment and components for gas centrifuge enrichment plants

INTRODUCTORY NOTE

The auxiliary systems, equipment and components for a gas centrifuge enrichment plant are the systems of plant needed to feed UF_6 to the centrifuges, to link the individual centrifuges to each other to form cascades (or stages) to allow for progressively higher enrichments and to extract the 'product' and 'tails' UF_6 from the centrifuges, together with the equipment required to drive the centrifuges or to control the plant.

Normally UF_6 is evaporated from the solid using heated autoclaves and is distributed in gaseous form to the centrifuges by way of cascade header pipework. The 'product' and 'tails' UF_6 gaseous streams flowing from the centrifuges are also passed by way of cascade header pipework to cold traps (operating at about 203 K (-70 °C)) where they are condensed prior to onward transfer into suitable containers for transportation or storage. Because an enrichment plant consists of many thousands of centrifuges arranged in cascades there are many kilometers of cascade header pipework, incorporating thousands of welds with a substantial amount of repetition of layout. The equipment, components and piping systems are fabricated to very high vacuum and cleanliness standards.

5.2.1. Feed systems/product and tails withdrawal systems

Especially designed or prepared process systems including:

Feed autoclaves (or stations), used for passing UF_6 to the centrifuge cascades at up to 100 kPa (15 psi) and at a rate of 1 kg/h or more;

Desublimers (or cold traps) used to remove UF_6 from the cascades at up to 3 kPa (0.5 psi) pressure. The desublimers are capable of being chilled to 203 K (-70 °C) and heated to 343 K (70 °C);

'Product' and 'Tails' stations used for trapping UF_6 into containers.

This plant, equipment and pipework is wholly made of or lined with UF_6-resistant materials (see EXPLANATORY NOTE to this section) and is fabricated to very high vacuum and cleanliness standards.

5.2.2. Machine header piping systems

Especially designed or prepared piping systems and header systems for handling UF_6 within the centrifuge cascades. The piping network is normally of the 'triple' header system with each centrifuge connected to each of the headers. There is thus a substantial amount of repetition in its form. It is wholly made of UF_6-resistant materials (see EXPLANATORY NOTE to this section) and is fabricated to very high vacuum and cleanliness standards.

5.2.3. UF_6 mass spectrometers/ion sources

Especially designed or prepared magnetic or quadrupole mass spectrometers capable of taking 'on-line' samples of feed, product or tails, from UF_6 gas streams and having all of the following characteristics:

1. Unit resolution for atomic mass unit greater than 320;

2. Ion sources constructed of or lined with nichrome or monel or nickel plated;

3. Electron bombardment ionization sources;

4. Having a collector system suitable for isotopic analysis.

5.2.4. Frequency changers

Frequency changers (also known as converters or invertors) especially designed or prepared to supply motor stators as defined under 5.1.2.(d), or parts, components and sub-assemblies of such frequency changers having all of the following characteristics:

1. A multiphase output of 600 to 2000 Hz;

2. High stability (with frequency control better than 0.1%);

3. Low harmonic distortion (less than 2%); and

4. An efficiency of greater than 80%.

EXPLANATORY NOTE

The items listed above either come into direct contact with the UF_6 process gas or directly control the centrifuges and the passage of the gas from centrifuge to centrifuge and cascade to cascade.

Materials resistant to corrosion by UF_6 include stainless steel, aluminium, aluminium alloys, nickel or alloys containing 60% or more nickel.

5.3. Especially designed or prepared assemblies and components for use in gaseous diffusion enrichment

INTRODUCTORY NOTE

In the gaseous diffusion method of uranium isotope separation, the main technological assembly is a special porous gaseous diffusion barrier, heat exchanger for cooling the gas (which is heated by the process of compression), seal valves and control valves, and pipelines. Inasmuch as gaseous diffusion technology uses uranium hexafluoride (UF_6), all equipment, pipeline and instrumentation surfaces (that come in contact with the gas) must be made of materials that remain stable in contact with UF_6. A gaseous diffusion facility requires a number of these assemblies, so that quantities can provide an important indication of end use.

5.3.1. Gaseous diffusion barriers

(a) Especially designed or prepared thin, porous filters, with a pore size of 100 - 1,000 Å (angstroms), a thickness of 5 mm (0.2 in) or less, and for tubular forms, a diameter of 25 mm (1 in) or less, made of metallic, polymer or ceramic materials resistant to corrosion by UF_6, and

(b) especially prepared compounds or powders for the manufacture of such filters. Such compounds and powders include nickel or alloys containing 60 per cent or more nickel, aluminium oxide, or UF_6-resistant fully fluorinated hydrocarbon polymers having a purity of 99.9 per cent or more, a particle size less than 10 microns, and a high degree of particle size uniformity, which are especially prepared for the manufacture of gaseous diffusion barriers.

5.3.2. Diffuser housings

Especially designed or prepared hermetically sealed cylindrical vessels greater than 300 mm (12 in) in diameter and greater than 900 mm (35 in) in length, or rectangular vessels of comparable dimensions, which have an inlet connection and two outlet connections all of which are greater than 50 mm (2 in) in diameter, for containing the gaseous diffusion barrier, made of or lined with UF_6-resistant materials and designed for horizontal or vertical installation.

5.3.3. Compressors and gas blowers

Especially designed or prepared axial, centrifugal, or positive displacement compressors, or gas blowers with a suction volume capacity of 1 m^3/min or more of UF_6, and with a discharge pressure of up to several hundred kPa (100 psi), designed for long-term operation in the UF_6 environment with or without an electrical motor of appropriate power, as well as separate assemblies of such compressors and gas blowers. These compressors and gas blowers have a pressure ratio between 2:1 and 6:1 and are made of, or lined with, materials resistant to UF_6.

5.3.4. Rotary shaft seals

Especially designed or prepared vacuum seals, with seal feed and seal exhaust connections, for sealing the shaft connecting the compressor or the gas blower rotor with the driver motor so as to ensure a reliable seal against in-leaking of air into the inner chamber of the compressor or gas blower which is filled with UF_6. Such seals are normally designed for a buffer gas in-leakage rate of less than 1000 cm^3/min (60 in^3/min).

5.3.5. Heat exchangers for cooling UF_6

Especially designed or prepared heat exchangers made of or lined with UF_6-resistant materials (except stainless steel) or with copper or any combination of those metals, and intended for a leakage pressure change rate of less than 10 Pa (0.0015 psi) per hour under a pressure difference of 100 kPa (15 psi).

5.4. Especially designed or prepared auxiliary systems, equipment and components for use in gaseous diffusion enrichment

INTRODUCTORY NOTE

The auxiliary systems, equipment and components for gaseous diffusion enrichment plants are the systems of plant needed to feed UF_6 to the gaseous diffusion assembly, to link the individual assemblies to each other to form cascades (or stages) to allow for progressively higher enrichments and to extract the 'product' and 'tails' UF_6 from the diffusion cascades. Because of the high inertial properties of diffusion cascades, any interruption in their operation, and especially their shut-down, leads to serious consequences. Therefore, a strict and constant maintenance of vacuum in all technological systems, automatic protection from accidents, and precise automated regulation of the gas flow is of importance in a gaseous diffusion plant. All this leads to a need to equip the plant with a large number of special measuring, regulating and controlling systems.

Normally UF_6 is evaporated from cylinders placed within autoclaves and is distributed in gaseous form to the entry point by way of cascade header pipework. The 'product' and 'tails' UF_6 gaseous streams flowing from exit points are passed by way of cascade header pipework to either cold traps or to compression stations where the UF_6 gas is liquefied prior to onward transfer into suitable containers for transportation or storage. Because a gaseous diffusion enrichment plant consists of a large number of gaseous diffusion assemblies arranged in cascades, there are many kilometers of cascade header pipework, incorporating thousands of welds with substantial amounts of repetition of layout. The equipment, components and piping systems are fabricated to very high vacuum and cleanliness standards.

5.4.1. Feed systems/product and tails withdrawal systems

Especially designed or prepared process systems, capable of operating at pressures of 300 kPa (45 psi) or less, including:

Feed autoclaves (or systems), used for passing UF_6 to the gaseous diffusion cascades;

Desublimers (or cold traps) used to remove UF_6 from diffusion cascades;

Liquefaction stations where UF_6 gas from the cascade is compressed and cooled to form liquid UF_6;

'Product' or 'tails' stations used for transferring UF_6 into containers.

5.4.2. Header piping systems

Especially designed or prepared piping systems and header systems for handling UF_6 within the gaseous diffusion cascades. This piping network is normally of the "double" header system with each cell connected to each of the headers.

5.4.3. Vacuum systems

(a) Especially designed or prepared large vacuum manifolds, vacuum headers and vacuum pumps having a suction capacity of 5 m^3/min (175 ft^3/min) or more.

(b) Vacuum pumps especially designed for service in UF_6-bearing atmospheres made of, or lined with, aluminium, nickel, or alloys bearing more than 60% nickel. These pumps may be either rotary or positive, may have displacement and fluorocarbon seals, and may have special working fluids present.

5.4.4. Special shut-off and control valves

Especially designed or prepared manual or automated shut-off and control bellows valves made of UF_6-resistant materials with a diameter of 40 to 1500 mm (1.5 to 59 in) for installation in main and auxiliary systems of gaseous diffusion enrichment plants.

5.4.5. UF_6 mass spectrometers/ion sources

Especially designed or prepared magnetic or quadrupole mass spectrometers capable of taking "on-line" samples of feed, product or tails, from UF_6 gas streams and having all of the following characteristics:

1. Unit resolution for atomic mass unit greater than 320;

2. Ion sources constructed of or lined with nichrome or monel or nickel plated;

3. Electron bombardment ionization sources;

4. Collector system suitable for isotopic analysis.

EXPLANATORY NOTE

The items listed above either come into direct contact with the UF_6 process gas or directly control the flow within the cascade. All surfaces which come into contact with the process gas are wholly made of, or lined with, UF_6-resistant materials. For the purposes of the sections relating to gaseous diffusion items the materials resistant to corrosion by UF_6 include stainless steel, aluminium, aluminium alloys, aluminium oxide, nickel or alloys containing 60% or more nickel and UF_6-resistant fully fluorinated hydrocarbon polymers.

5.5. Especially designed or prepared systems, equipment and components for use in aerodynamic enrichment plants

INTRODUCTORY NOTE

In aerodynamic enrichment processes, a mixture of gaseous UF_6 and light gas (hydrogen or helium) is compressed and then passed through separating elements wherein isotopic separation is accomplished by the generation of high centrifugal forces over a curved-wall geometry. Two processes of this type have been successfully developed: the separation nozzle process and the vortex tube process. For both processes the main components of a separation stage include cylindrical vessels housing the special separation elements (nozzles or vortex tubes), gas compressors and heat exchangers to remove the heat of compression. An aerodynamic plant requires a number of these stages, so that quantities can provide an important indication of end use. Since aerodynamic processes use UF_6, all equipment, pipeline and instrumentation surfaces (that come in contact with the gas) must be made of materials that remain stable in contact with UF_6.

EXPLANATORY NOTE

The items listed in this section either come into direct contact with the UF_6 process gas or directly control the flow within the cascade. All surfaces which come into contact with the process gas are wholly made of or protected by UF_6-resistant materials. For the purposes of the section relating to aerodynamic enrichment items, the materials resistant to corrosion by UF_6 include copper, stainless steel, aluminium, aluminium alloys, nickel or alloys containing 60% or more nickel and UF_6-resistant fully fluorinated hydrocarbon polymers.

5.5.1. Separation nozzles

Especially designed or prepared separation nozzles and assemblies thereof. The separation nozzles consist of slit-shaped, curved channels having a radius of curvature less than 1 mm (typically 0.1 to 0.05 mm), resistant to corrosion by UF_6 and having a knife-edge within the nozzle that separates the gas flowing through the nozzle into two fractions.

5.5.2. Vortex tubes

Especially designed or prepared vortex tubes and assemblies thereof. The vortex tubes are cylindrical or tapered, made of or protected by materials resistant to corrosion by UF_6, having a diameter of between 0.5 cm and 4 cm, a length to diameter ratio of 20:1 or less and with one or more tangential inlets. The tubes may be equipped with nozzle-type appendages at either or both ends.

EXPLANATORY NOTE

The feed gas enters the vortex tube tangentially at one end or through swirl vanes or at numerous tangential positions along the periphery of the tube.

5.5.3. Compressors and gas blowers

Especially designed or prepared axial, centrifugal or positive displacement compressors or gas blowers made of or protected by materials resistant to corrosion by UF_6 and with a suction volume capacity of 2 m^3/min or more of UF_6/carrier gas (hydrogen or helium) mixture.

EXPLANATORY NOTE

These compressors and gas blowers typically have a pressure ratio between 1.2:1 and 6:1.

5.5.4. Rotary shaft seals

Especially designed or prepared rotary shaft seals, with seal feed and seal exhaust connections, for sealing the shaft connecting the compressor rotor or the gas blower rotor with the driver motor so as to ensure a reliable seal against out-leakage of process gas or in-leakage of air or seal gas into the inner chamber of the compressor or gas blower which is filled with a UF_6/carrier gas mixture.

5.5.5. Heat exchangers for gas cooling

Especially designed or prepared heat exchangers made of or protected by materials resistant to corrosion by UF_6.

5.5.6. Separation element housings

Especially designed or prepared separation element housings, made of or protected by materials resistant to corrosion by UF_6, for containing vortex tubes or separation nozzles.

EXPLANATORY NOTE

These housings may be cylindrical vessels greater than 300 mm in diameter and greater than 900 mm in length, or may be rectangular vessels of comparable dimensions, and may be designed for horizontal or vertical installation.

5.5.7. Feed systems/product and tails withdrawal systems

Especially designed or prepared process systems or equipment for enrichment plants made of or protected by materials resistant to corrosion by UF_6, including:

(a) Feed autoclaves, ovens, or systems used for passing UF_6 to the enrichment process;

(b) Desublimers (or cold traps) used to remove UF_6 from the enrichment process for subsequent transfer upon heating;

(c) Solidification or liquefaction stations used to remove UF_6 from the enrichment process by compressing and converting UF_6 to a liquid or solid form;

(d) 'Product' or 'tails' stations used for transferring UF_6 into containers.

5.5.8. Header piping systems

Especially designed or prepared header piping systems, made of or protected by materials resistant to corrosion by UF_6, for handling UF_6 within the aerodynamic cascades. This piping network is normally of the 'double' header design with each stage or group of stages connected to each of the headers.

5.5.9. Vacuum systems and pumps

(a) Especially designed or prepared vacuum systems having a suction capacity of 5 m^3/min or more, consisting of vacuum manifolds, vacuum headers and vacuum pumps, and designed for service in UF_6-bearing atmospheres,

(b) Vacuum pumps especially designed or prepared for service in UF_6-bearing atmospheres and made of or protected by materials resistant to corrosion by UF_6. These pumps may use fluorocarbon seals and special working fluids.

5.5.10. Special shut-off and control valves

Especially designed or prepared manual or automated shut-off and control bellows valves made of or protected by materials resistant to corrosion by UF_6 with a diameter of 40 to 1500 mm for installation in main and auxiliary systems of aerodynamic enrichment plants.

5.5.11. UF_6 mass spectrometers/ion sources

Especially designed or prepared magnetic or quadrupole mass spectrometers capable of taking 'on-line' samples of feed, 'product' or 'tails', from UF_6 gas streams and having all of the following characteristics:

1. Unit resolution for mass greater than 320;
2. Ion sources constructed of or lined with nichrome or monel or nickel plated;
3. Electron bombardment ionization sources;
4. Collector system suitable for isotopic analysis.

5.5.12. UF_6/carrier gas separation systems

Especially designed or prepared process systems for separating UF_6 from carrier gas (hydrogen or helium).

EXPLANATORY NOTE

These systems are designed to reduce the UF_6 content in the carrier gas to 1 ppm or less and may incorporate equipment such as:

(a) Cryogenic heat exchangers and cryoseparators capable of temperatures of -120 °C or less, or

(b) Cryogenic refrigeration units capable of temperatures of -120 °C or less, or

(c) Separation nozzle or vortex tube units for the separation of UF_6 from carrier gas, or

(d) UF_6 cold traps capable of temperatures of -20 °C or less.

5.6. Especially designed or prepared systems, equipment and components for use in chemical exchange or ion exchange enrichment plants

INTRODUCTORY NOTE

The slight difference in mass between the isotopes of uranium causes small changes in chemical reaction equilibria that can be used as a basis for separation of the isotopes. Two processes have been successfully developed: liquid-liquid chemical exchange and solid-liquid ion exchange.

In the liquid-liquid chemical exchange process, immiscible liquid phases (aqueous and organic) are countercurrently contacted to give the cascading effect of thousands of separation stages. The aqueous phase consists of uranium chloride in hydrochloric acid solution; the organic phase consists of an extractant containing uranium chloride in an organic solvent. The contactors employed in the separation cascade can be liquid-liquid exchange columns (such as pulsed columns with sieve plates) or liquid centrifugal contactors. Chemical conversions (oxidation and reduction) are required at both ends of the separation cascade in order to provide for the reflux requirements at each end. A major design concern is to avoid contamination of the process streams with certain metal ions. Plastic, plastic-lined (including use of fluorocarbon polymers) and/or glass-lined columns and piping are therefore used.

In the solid-liquid ion-exchange process, enrichment is accomplished by uranium adsorption/desorption on a special, very fast-acting, ion-exchange resin or adsorbent. A solution of uranium in hydrochloric acid and other chemical agents is passed through cylindrical enrichment columns containing packed beds of the adsorbent. For a continuous process, a reflux system is necessary to release the uranium from the adsorbent back into the liquid flow so that 'product' and 'tails' can be collected. This is accomplished with the use of suitable reduction/oxidation chemical agents that are fully regenerated in separate external circuits and that may be partially regenerated within the isotopic separation columns themselves. The presence of hot concentrated hydrochloric acid solutions in the process requires that the equipment be made of or protected by special corrosion-resistant materials.

5.6.1. Liquid-liquid exchange columns (Chemical exchange)

Countercurrent liquid-liquid exchange columns having mechanical power input (i.e., pulsed columns with sieve plates, reciprocating plate columns, and columns with internal turbine mixers), especially designed or prepared for uranium enrichment using the chemical exchange process. For corrosion resistance to concentrated hydrochloric acid solutions, these columns and their internals are made of or protected by suitable plastic materials (such as fluorocarbon polymers) or glass. The stage residence time of the columns is designed to be short (30 seconds or less).

5.6.2. Liquid-liquid centrifugal contactors (Chemical exchange)

Liquid-liquid centrifugal contactors especially designed or prepared for uranium enrichment using the chemical exchange process. Such contactors use rotation to achieve dispersion of the organic and aqueous streams and then centrifugal force to separate the phases. For corrosion resistance to concentrated hydrochloric acid solutions, the contactors are made of or are lined with suitable plastic materials (such as fluorocarbon polymers) or are lined with glass. The stage residence time of the centrifugal contactors is designed to be short (30 seconds or less).

5.6.3. Uranium reduction systems and equipment (Chemical exchange)

(a) Especially designed or prepared electrochemical reduction cells to reduce uranium from one valence state to another for uranium enrichment using the chemical exchange process. The cell materials in contact with process solutions must be corrosion resistant to concentrated hydrochloric acid solutions.

EXPLANATORY NOTE

The cell cathodic compartment must be designed to prevent re-oxidation of uranium to its higher valence state. To keep the uranium in the cathodic compartment, the cell may have an impervious diaphragm membrane constructed of special cation exchange material. The cathode consists of a suitable solid conductor such as graphite.

(b) Especially designed or prepared systems at the product end of the cascade for taking the U^{4+} out of the organic stream, adjusting the acid concentration and feeding to the electrochemical reduction cells.

EXPLANATORY NOTE

These systems consist of solvent extraction equipment for stripping the U^{4+} from the organic stream into an aqueous solution, evaporation and/or other equipment to accomplish solution pH adjustment and control, and pumps or other transfer devices for feeding to the electrochemical reduction cells. A major design concern is to avoid contamination of the aqueous stream with certain metal ions. Consequently, for those parts in contact with the process stream, the system is constructed of equipment made of or protected by suitable materials (such as glass, fluorocarbon polymers, polyphenyl sulfate, polyether sulfone, and resin-impregnated graphite).

5.6.4. Feed preparation systems (Chemical exchange)

Especially designed or prepared systems for producing high-purity uranium chloride feed solutions for chemical exchange uranium isotope separation plants.

EXPLANATORY NOTE

These systems consist of dissolution, solvent extraction and/or ion exchange equipment for purification and electrolytic cells for reducing the uranium U^{6+} or U^{4+} to U^{3+}. These systems produce uranium chloride solutions having only a few parts per million of metallic impurities such as chromium, iron, vanadium, molybdenum and other bivalent or higher multi-valent cations. Materials of construction for portions of the system processing high-purity U^{3+} include glass, fluorocarbon polymers, polyphenyl sulfate or polyether sulfone plastic-lined and resin-impregnated graphite.

5.6.5. Uranium oxidation systems (Chemical exchange)

Especially designed or prepared systems for oxidation of U^{3+} to U^{4+} for return to the uranium isotope separation cascade in the chemical exchange enrichment process.

EXPLANATORY NOTE

These systems may incorporate equipment such as:

(a) Equipment for contacting chlorine and oxygen with the aqueous effluent from the isotope separation equipment and extracting the resultant U^{4+} into the stripped organic stream returning from the product end of the cascade,

(b) Equipment that separates water from hydrochloric acid so that the water and the concentrated hydrochloric acid may be reintroduced to the process at the proper locations.

5.6.6. Fast-reacting ion exchange resins/adsorbents (ion exchange)

Fast-reacting ion-exchange resins or adsorbents especially designed or prepared for uranium enrichment using the ion exchange process, including porous macroreticular resins, and/or pellicular structures in which the active chemical exchange groups are limited to a coating on the surface of an inactive porous support structure, and other composite structures in any suitable form including particles or fibers. These ion exchange resins/adsorbents have diameters of 0.2 mm or less and must be chemically resistant to concentrated hydrochloric acid solutions as well as physically strong enough so as not to degrade in the exchange columns. The resins/adsorbents are especially designed to achieve very fast uranium isotope exchange kinetics (exchange rate half-time of less than 10 seconds) and are capable of operating at a temperature in the range of 100 °C to 200 °C.

5.6.7. Ion exchange columns (Ion exchange)

Cylindrical columns greater than 1000 mm in diameter for containing and supporting packed beds of ion exchange resin/adsorbent, especially designed or prepared for uranium enrichment using the ion exchange process. These columns are made of or protected by materials (such as titanium or fluorocarbon plastics) resistant to corrosion by concentrated hydrochloric acid solutions and are capable of operating at a temperature in the range of 100 °C to 200 °C and pressures above 0.7 MPa (102 psia).

5.6.8. Ion exchange reflux systems (Ion exchange)

(a) Especially designed or prepared chemical or electrochemical reduction systems for regeneration of the chemical reducing agent(s) used in ion exchange uranium enrichment cascades.

(b) Especially designed or prepared chemical or electrochemical oxidation systems for regeneration of the chemical oxidizing agent(s) used in ion exchange uranium enrichment cascades.

EXPLANATORY NOTE

The ion exchange enrichment process may use, for example, trivalent titanium (Ti^{3+}) as a reducing cation in which case the reduction system would regenerate Ti^{3+} by reducing Ti^{4+}.

The process may use, for example, trivalent iron (Fe^{3+}) as an oxidant in which case the oxidation system would regenerate Fe^{3+} by oxidizing Fe^{2+}.

5.7. Especially designed or prepared systems, equipment and components for use in laser-based enrichment plants

INTRODUCTORY NOTE

Present systems for enrichment processes using lasers fall into two categories: those in which the process medium is atomic uranium vapor and those in which the process medium is the vapor of a uranium compound. Common nomenclature for such processes include: first category - atomic vapor laser isotope separation (AVLIS or SILVA); second category - molecular laser isotope separation (MLIS or MOLIS) and chemical reaction by isotope selective laser activation (CRISLA). The systems, equipment and components for laser enrichment plants embrace: (a) devices to feed uranium-metal vapor (for selective photo-ionization) or devices to feed the vapor of a uranium compound (for photo-dissociation or chemical activation); (b) devices to collect enriched and depleted uranium metal as 'product' and 'tails' in the first category, and devices to collect dissociated or reacted compounds as 'product' and unaffected material as 'tails' in the second category; (c) process laser systems to selectively excite the uranium-235 species; and (d) feed preparation and product conversion equipment. The complexity of the spectroscopy of uranium atoms and compounds may require incorporation of any of a number of available laser technologies.

EXPLANATORY NOTE

Many of the items listed in this section come into direct contact with uranium metal vapor or liquid or with process gas consisting of UF_6 or a mixture of UF_6 and other gases. All surfaces that come into contact with the uranium or UF_6 are wholly made of or protected by corrosion-resistant materials. For the purposes of the section relating to laser-based enrichment items, the materials resistant to corrosion by the vapor or liquid of uranium metal or uranium alloys include yttria-coated graphite and tantalum; and the materials resistant to corrosion by UF_6 include copper, stainless steel, aluminium, aluminium alloys, nickel or alloys containing 60 % or more nickel and UF_6-resistant fully fluorinated hydrocarbon polymers.

5.7.1. Uranium vaporization systems (AVLIS)

Especially designed or prepared uranium vaporization systems which contain high-power strip or scanning electron beam guns with a delivered power on the target of more than 2.5 kW/cm.

5.7.2. Liquid uranium metal handling systems (AVLIS)

Especially designed or prepared liquid metal handling systems for molten uranium or uranium alloys, consisting of crucibles and cooling equipment for the crucibles.

EXPLANATORY NOTE

The crucibles and other parts of this system that come into contact with molten uranium or uranium alloys are made of or protected by materials of suitable corrosion and heat resistance. Suitable materials include tantalum, yttria-coated graphite, graphite coated with other rare earth oxides or mixtures thereof.

5.7.3. Uranium metal 'product' and 'tails' collector assemblies (AVLIS)

Especially designed or prepared 'product' and 'tails' collector assemblies for uranium metal in liquid or solid form.

EXPLANATORY NOTE

Components for these assemblies are made of or protected by materials resistant to the heat and corrosion of uranium metal vapor or liquid (such as yttria-coated graphite or tantalum) and may include pipes, valves, fittings, 'gutters', feed-throughs, heat exchangers and collector plates for magnetic, electrostatic or other separation methods.

5.7.4. Separator module housings (AVLIS)

Especially designed or prepared cylindrical or rectangular vessels for containing the uranium metal vapor source, the electron beam gun, and the 'product' and 'tails' collectors.

EXPLANATORY NOTE

These housings have multiplicity of ports for electrical and water feed-throughs, laser beam windows, vacuum pump connections and instrumentation diagnostics and monitoring. They have provisions for opening and closure to allow refurbishment of internal components.

5.7.5. Supersonic expansion nozzles (MLIS)

Especially designed or prepared supersonic expansion nozzles for cooling mixtures of UF_6 and carrier gas to 150 K or less and which are corrosion resistant to UF_6.

5.7.6. Uranium pentafluoride product collectors (MLIS)

Especially designed or prepared uranium pentafluoride (UF_5) solid product collectors consisting of filter, impact, or cyclone-type collectors, or combinations thereof, and which are corrosion resistant to the UF_5/UF_6 environment.

5.7.7. UF_6/carrier gas compressors (MLIS)

Especially designed or prepared compressors for UF_6/carrier gas mixtures, designed for long term operation in a UF_6 environment. The components of these compressors that come into contact with process gas are made of or protected by materials resistant to corrosion by UF_6.

5.7.8. Rotary shaft seals (MLIS)

Especially designed or prepared rotary shaft seals, with seal feed and seal exhaust connections, for sealing the shaft connecting the compressor rotor with the driver motor so as to ensure a reliable seal against out-leakage of process gas or in-leakage of air or seal gas into the inner chamber of the compressor which is filled with a UF_6/carrier gas mixture.

5.7.9. Fluorination systems (MLIS)

Especially designed or prepared systems for fluorinating UF_5 (solid) to UF_6 (gas).

EXPLANATORY NOTE

These systems are designed to fluorinate the collected UF_5 powder to UF_6 for subsequent collection in product containers or for transfer as feed to MLIS units for additional enrichment. In one approach, the fluorination reaction may be accomplished within the isotope separation system to react and recover directly off the 'product' collectors. In another approach, the UF_5 powder may be removed/transferred from the 'product' collectors into a suitable reaction vessel (e.g., fluidized-bed reactor, screw reactor or flame tower) for fluorination. In both approaches, equipment for storage and transfer of fluorine (or other suitable fluorinating agents) and for collection and transfer of UF_6 are used.

5.7.10. UF_6 mass spectrometers/ion sources (MLIS)

Especially designed or prepared magnetic or quadrupole mass spectrometers capable of taking 'on-line' samples of feed, 'product' or 'tails', from UF_6 gas streams and having all of the following characteristics:

1. Unit resolution for mass greater than 320;

2. Ion sources constructed of or lined with nichrome or monel or nickel plated;

3. Electron bombardment ionization sources;

4. Collector system suitable for isotopic analysis.

5.7.11. Feed systems/product and tails withdrawal systems (MLIS)

Especially designed or prepared process systems or equipment for enrichment plants made of or protected by materials resistant to corrosion by UF_6, including:

(a) Feed autoclaves, ovens, or systems used for passing UF_6 to the enrichment process

(b) Desublimers (or cold traps) used to remove UF_6 from the enrichment process for subsequent transfer upon heating;

(c) Solidification or liquefaction stations used to remove UF_6 from the enrichment process by compressing and converting UF_6 to a liquid or solid form;

(d) 'Product' or 'tails' stations used for transferring UF_6 into containers.

5.7.12. UF_6/carrier gas separation systems (MLIS)

Especially designed or prepared process systems for separating UF_6 from carrier gas. The carrier gas may be nitrogen, argon, or other gas.

EXPLANATORY NOTE

These systems may incorporate equipment such as:

(a) Cryogenic heat exchangers or cryoseparators capable of temperatures of -120 °C or less, or

(b) Cryogenic refrigeration units capable of temperatures of -120 °C or less, or

(c) UF_6 cold traps capable of temperatures of -20 °C or less.

5.7.13. Laser systems (AVLIS, MLIS and CRISLA)

Lasers or laser systems especially designed or prepared for the separation of uranium isotopes.

EXPLANATORY NOTE

The laser system for the AVLIS process usually consists of two lasers: a copper vapor laser and a dye laser. The laser system for MLIS usually consists of a CO_2 or excimer laser and a multi-pass optical cell with revolving mirrors at both ends. Lasers or laser systems for both processes require a spectrum frequency stabilizer for operation over extended periods of time.

5.8. Especially designed or prepared systems, equipment and components for use in plasma separation enrichment plants

INTRODUCTORY NOTE

In the plasma separation process, a plasma of uranium ions passes through an electric field tuned to the U-235 ion resonance frequency so that they preferentially absorb energy and increase the diameter of their corkscrew-like orbits. Ions with a large-diameter path are trapped to produce a product enriched in U-235. The plasma, which is made by ionizing uranium vapor, is contained in a vacuum chamber with a high-strength magnetic field produced by a superconducting magnet. The main technological systems of the process include the uranium plasma generation system, the separator module with superconducting magnet and metal removal systems for the collection of 'product' and 'tails'.

5.8.1. Microwave power sources and antennae

Especially designed or prepared microwave power sources and antennae for producing or accelerating ions and having the following characteristics: greater than 30 GHz frequency and greater than 50 kW mean power output for ion production.

5.8.2. Ion excitation coils

Especially designed or prepared radio frequency ion excitation coils for frequencies of more than 100 kHz and capable of handling more than 40 kW mean power.

5.8.3. Uranium plasma generation systems

Especially designed or prepared systems for the generation of uranium plasma, which may contain high-power strip or scanning electron beam guns with a delivered power on the target of more than 2.5 kW/cm.

5.8.4. Liquid uranium metal handling systems

Especially designed or prepared liquid metal handling systems for molten uranium or uranium alloys, consisting of crucibles and cooling equipment for the crucibles.

EXPLANATORY NOTE

The crucibles and other parts of this system that come into contact with molten uranium or uranium alloys are made of or protected by materials of suitable corrosion and heat resistance. Suitable materials include tantalum, yttria-coated graphite, graphite coated with other rare earth oxides or mixtures thereof.

5.8.5. Uranium metal 'product' and 'tails' collector assemblies

Especially designed or prepared 'product' and 'tails' collector assemblies for uranium metal in solid form. These collector assemblies are made of or protected by materials resistant to the heat and corrosion of uranium metal vapor, such as yttria-coated graphite or tantalum.

5.8.6. Separator module housings

Cylindrical vessels especially designed or prepared for use in plasma separation enrichment plants for containing the uranium plasma source, radio-frequency drive coil and the 'product' and 'tails' collectors.

EXPLANATORY NOTE

These housings have a multiplicity of ports for electrical feed-throughs, diffusion pump connections and instrumentation diagnostics and monitoring. They have provisions for opening and closure to allow for refurbishment of internal components and are constructed of a suitable non-magnetic material such as stainless steel.

5.9. Especially designed or prepared systems, equipment and components for use in electromagnetic enrichment plants

INTRODUCTORY NOTE

In the electromagnetic process, uranium metal ions produced by ionization of a salt feed material (typically UCl_4) are accelerated and passed through a magnetic field that has the effect of causing the ions of different isotopes to follow different paths. The major components of an electromagnetic isotope separator include: a magnetic field for ion-beam diversion/separation of the isotopes, an ion source with its acceleration system, and a collection system for the separated ions. Auxiliary systems for the process include the magnet power supply system, the ion source high-voltage power supply system, the vacuum system, and extensive chemical handling systems for recovery of product and cleaning/recycling of components.

5.9.1. Electromagnetic isotope separators

Electromagnetic isotope separators especially designed or prepared for the separation of uranium isotopes, and equipment and components therefor, including:

(a) Ion sources

Especially designed or prepared single or multiple uranium ion sources consisting of a vapor source, ionizer, and beam accelerator, constructed of suitable materials such as graphite, stainless steel, or copper, and capable of providing a total ion beam current of 50 mA or greater.

(b) Ion collectors

Collector plates consisting of two or more slits and pockets especially designed or prepared for collection of enriched and depleted uranium ion beams and constructed of suitable materials such as graphite or stainless steel.

(c) Vacuum housings

Especially designed or prepared vacuum housings for uranium electromagnetic separators, constructed of suitable non-magnetic materials such as stainless steel and designed for operation at pressures of 0.1 Pa or lower.

EXPLANATORY NOTE

The housings are specially designed to contain the ion sources, collector plates and water-cooled liners and have provision for diffusion pump connections and opening and closure for removal and reinstallation of these components.

(d) Magnet pole pieces

Especially designed or prepared magnet pole pieces having a diameter greater than 2 m used to maintain a constant magnetic field within an electromagnetic isotope separator and to transfer the magnetic field between adjoining separators.

5.9.2. High voltage power supplies

Especially designed or prepared high-voltage power supplies for ion sources, having all of the following characteristics: capable of continuous operation, output voltage of 20,000 V or greater, output current of 1 A or greater, and voltage regulation of better than 0.01% over a time period of 8 hours.

5.9.3. Magnet power supplies

Especially designed or prepared high-power, direct current magnet power supplies having all of the following characteristics: capable of continuously producing a current output of 500 A or greater at a voltage of 100 V or greater and with a current or voltage regulation better than 0.01% over a period of 8 hours.

6. Plants for the production of heavy water, deuterium and deuterium compounds and equipment especially designed or prepared therefor

INTRODUCTORY NOTE

Heavy water can be produced by a variety of processes. However, the two processes that have proven to be commercially viable are the water-hydrogen sulphide exchange process (GS process) and the ammonia-hydrogen exchange process.

The GS process is based upon the exchange of hydrogen and deuterium between water and hydrogen sulphide within a series of towers which are operated with the top section cold and the bottom section hot. Water flows down the towers while the hydrogen sulphide gas circulates from the bottom to the top of the towers. A series of perforated trays are used to promote mixing between the gas and the water. Deuterium migrates to the water at low temperatures and to the hydrogen sulphide at high temperatures. Gas or water, enriched in deuterium, is removed from the first stage towers at the junction of the hot and cold sections and the process is repeated in subsequent stage towers. The product of the last stage, water enriched up to 30% in deuterium, is sent to a distillation unit to produce reactor grade heavy water, i.e., 99.75% deuterium oxide.

The ammonia-hydrogen exchange process can extract deuterium from synthesis gas through contact with liquid ammonia in the presence of a catalyst. The synthesis gas is fed into exchange towers and to an ammonia converter. Inside the towers the gas flows from the bottom to the top while the liquid ammonia flows from the top to the bottom. The deuterium is stripped from the hydrogen in the synthesis gas and concentrated in the ammonia. The ammonia then flows into an ammonia cracker at the bottom of the tower while the gas flows into an ammonia converter at the top. Further enrichment takes place in subsequent stages and reactor grade heavy water is produced through final distillation. The synthesis gas feed can be provided by an ammonia plant that, in turn, can be constructed in association with a heavy water ammonia-hydrogen exchange plant. The ammonia-hydrogen exchange process can also use ordinary water as a feed source of deuterium.

Many of the key equipment items for heavy water production plants using GS or the ammonia-hydrogen exchange processes are common to several segments of the chemical and petroleum industries. This is particularly so for small plants using the GS process. However, few of the items are available "off-the-shelf". The GS and ammonia-hydrogen processes require the handling of large quantities of flammable, corrosive and toxic fluids at elevated pressures. Accordingly, in establishing the design and operating standards for plants and equipment using these processes, careful attention to the materials selection and specifications is required to ensure long service life with high safety and reliability factors. The choice of scale is primarily a function of economics and need. Thus, most of the equipment items would be prepared according to the requirements of the customer.

Finally, it should be noted that, in both the GS and the ammonia-hydrogen exchange processes, items of equipment which individually are not especially designed or prepared for heavy water production can be assembled into systems which are especially designed or prepared for producing heavy water. The catalyst production system used in the ammonia-hydrogen exchange process and water distillation systems used for the final concentration of heavy water to reactor-grade in either process are examples of such systems.

The items of equipment which are especially designed or prepared for the production of heavy water utilizing either the water-hydrogen sulphide exchange process or the ammonia-hydrogen exchange process include the following:

6.1. Water - Hydrogen Sulphide Exchange Towers

Exchange towers fabricated from fine carbon steel (such as ASTM A516) with diameters of 6 m (20 ft) to 9 m (30 ft), capable of operating at pressures greater than or equal to 2 MPa (300 psi) and with a corrosion allowance of 6 mm or greater, especially designed or prepared for heavy water production utilizing the water-hydrogen sulphide exchange process.

6.2. Blowers and Compressors

Single stage, low head (i.e., 0.2 MPa or 30 psi) centrifugal blowers or compressors for hydrogen-sulphide gas circulation (i.e., gas containing more than 70% H_2S) especially designed or prepared for heavy water production utilizing the water-hydrogen sulphide exchange process. These blowers or compressors have a throughput capacity greater than or equal to 56 m^3/second (120,000 SCFM) while operating at pressures greater than or equal to 1.8 MPa (260 psi) suction and have seals designed for wet H_2S service.

6.3. Ammonia-Hydrogen Exchange Towers

Ammonia-hydrogen exchange towers greater than or equal to 35 m (114.3 ft) in height with diameters of 1.5 m (4.9 ft) to 2.5 m (8.2 ft) capable of operating at pressures greater than 15 MPa (2225 psi) especially designed or prepared for heavy water production utilizing the ammonia-hydrogen exchange process. These towers also have at least one flanged axial opening of the same diameter as the cylindrical part through which the tower internals can be inserted or withdrawn.

6.4. Tower Internals and Stage Pumps

Tower internals and stage pumps especially designed or prepared for towers for heavy water production utilizing the ammonia-hydrogen exchange process. Tower internals include especially designed stage contactors which promote intimate gas/liquid contact. Stage pumps include especially designed submersible pumps for circulation of liquid ammonia within a contacting stage internal to the stage towers.

6.5. Ammonia Crackers

Ammonia crackers with operating pressures greater than or equal to 3 MPa (450 psi) especially designed or prepared for heavy water production utilizing the ammonia-hydrogen exchange process.

6.6. Infrared Absorption Analyzers

Infrared absorption analyzers capable of "on-line" hydrogen/deuterium ratio analysis where deuterium concentrations are equal to or greater than 90%.

6.7. Catalytic Burners

Catalytic burners for the conversion of enriched deuterium gas into heavy water especially designed or prepared for heavy water production utilizing the ammonia-hydrogen exchange process.

7. Plants for the conversion of uranium and equipment especially designed or prepared therefor

INTRODUCTORY NOTE

Uranium conversion plants and systems may perform one or more transformations from one uranium chemical species to another, including: conversion of uranium ore concentrates to UO_3, conversion of UO_3 to UO_2, conversion of uranium oxides to UF_4 or UF_6, conversion of UF_4 to UF_6, conversion of UF_6 to UF_4, conversion of UF_4 to uranium metal, and conversion of uranium fluorides to UO_2. Many of the key equipment items for uranium conversion plants are common to several segments of the chemical process industry. For example, the types of equipment employed in these processes may include: furnaces, rotary kilns, fluidized bed reactors, flame tower reactors, liquid centrifuges, distillation columns and liquid-liquid extraction columns. However, few of the items are available "off-the-shelf"; most would be prepared according to the requirements and specifications of the customer. In some instances, special design and construction considerations are required to address the corrosive properties of some of the chemicals handled (HF, F_2, ClF_3, and uranium fluorides). Finally, it should be noted that, in all of the uranium conversion processes, items of equipment which individually are not especially designed or prepared for uranium conversion can be assembled into systems which are especially designed or prepared for use in uranium conversion.

7.1. Especially designed or prepared systems for the conversion of uranium ore concentrates to UO_3

EXPLANATORY NOTE

Conversion of uranium ore concentrates to UO_3 can be performed by first dissolving the ore in nitric acid and extracting purified uranyl nitrate using a solvent such as tributyl phosphate. Next, the uranyl nitrate is converted to UO_3 either by concentration and denitration or by neutralization with gaseous ammonia to produce ammonium diuranate with subsequent filtering, drying, and calcining.

7.2. Especially designed or prepared systems for the conversion of UO_3 to UF_6

EXPLANATORY NOTE

Conversion of UO_3 to UF_6 can be performed directly by fluorination. The process requires a source of fluorine gas or chlorine trifluoride.

7.3. Especially designed or prepared systems for the conversion of UO_3 to UO_2

EXPLANATORY NOTE

Conversion of UO_3 to UO_2 can be performed through reduction of UO_3 with cracked ammonia gas or hydrogen.

7.4. Especially designed or prepared systems for the conversion of UO_2 to UF_4

EXPLANATORY NOTE

Conversion of UO_2 to UF_4 can be performed by reacting UO_2 with hydrogen fluoride gas (HF) at 300-500 °C.

7.5. Especially designed or prepared systems for the conversion of UF_4 to UF_6

EXPLANATORY NOTE

Conversion of UF_4 to UF_6 is performed by exothermic reaction with fluorine in a tower reactor. UF_6 is condensed from the hot effluent gases by passing the effluent stream through a cold trap cooled to -10 °C. The process requires a source of fluorine gas.

7.6. Especially designed or prepared systems for the conversion of UF_4 to U metal

EXPLANATORY NOTE

Conversion of UF_4 to U metal is performed by reduction with magnesium (large batches) or calcium (small batches). The reaction is carried out at temperatures above the melting point of uranium (1130 °C).

7.7. Especially designed or prepared systems for the conversion of UF_6 to UO_2

EXPLANATORY NOTE

Conversion of UF_6 to UO_2 can be performed by one of three processes. In the first, UF_6 is reduced and hydrolyzed to UO_2 using hydrogen and steam. In the second, UF_6 is hydrolyzed by solution in water, ammonia is added to precipitate ammonium diuranate, and the diuranate is reduced to UO_2 with hydrogen at 820 °C. In the third process, gaseous UF_6, CO_2, and NH_3 are combined in water, precipitating ammonium uranyl carbonate. The ammonium uranyl carbonate is combined with steam and hydrogen at 500-600 °C to yield UO_2.

UF_6 to UO_2 conversion is often performed as the first stage of a fuel fabrication plant.

7.8. Especially designed or prepared systems for the conversion of UF_6 to UF_4

EXPLANATORY NOTE

Conversion of UF_6 to UF_4 is performed by reduction with hydrogen.

[TRANSLATION – TRADUCTION][1]

Protocole Additionnel à l'Accord entre la République socialiste du Vietnam et l'Agence internationale de l'énergie atomique relatif à l'application de garanties dans le cadre du Traité sur la non-prolifération des armes nucléaires

CONSIDÉRANT que la République socialiste du Vietnam (ci-après dénommée « le Vietnam ») et l'Agence internationale de l'énergie atomique (ci-après dénommée « l'Agence ») sont parties à un accord relatif à l'application de garanties dans le cadre du Traité sur la non-prolifération des armes nucléaires (ci-après dénommé « l'Accord de garanties »), qui est entré en vigueur le 23 février 1990 ;

CONSCIENTES du désir de la communauté internationale de continuer à promouvoir la non-prolifération nucléaire en renforçant l'efficacité et en améliorant l'efficience du système de garanties de l'Agence ;

RAPPELANT que l'Agence doit tenir compte, dans l'application des garanties, de la nécessité : d'éviter d'entraver le développement économique et technologique du Vietnam ou la coopération internationale dans le domaine des activités nucléaires pacifiques; de respecter les dispositions en vigueur en matière de santé, de sûreté, de protection physique et d'autres questions de sécurité ainsi que les droits des personnes physiques; et de prendre toutes précautions utiles pour protéger les secrets commerciaux, technologiques et industriels ainsi que les autres renseignements confidentiels dont elle aurait connaissance ;

CONSIDÉRANT que la fréquence et l'intensité des activités décrites dans le présent Protocole seront maintenues au minimum compatible avec l'objectif consistant à renforcer l'efficacité et à améliorer l'efficience des garanties de l'Agence ;

Le Vietnam et l'Agence sont convenus de ce qui suit :

LIENS ENTRE LE PROTOCOLE ET L'ACCORD DE GARANTIES

Article premier

Les dispositions de l'Accord de garanties sont applicables au présent Protocole dans la mesure où elles sont en rapport et compatibles avec celles de ce Protocole. En cas de conflit entre les dispositions de l'Accord de garanties et celles du présent Protocole, les dispositions dudit Protocole s'appliquent.

[1] Translation provided by the International Atomic Energy Agency – Traduction fournie par l'Agence internationale de l'énergie atomique.

RENSEIGNEMENTS À FOURNIR

Article 2

a. Le Vietnam présente à l'Agence une déclaration contenant :

i) Une description générale des activités de recherche-développement liées au cycle du combustible nucléaire ne mettant pas en jeu des matières nucléaires et menées en quelque lieu que ce soit, qui sont financées, autorisées expressément ou contrôlées par le Vietnam ou qui sont exécutées pour son compte, ainsi que des renseignements indiquant l'emplacement de ces activités.

ii) Des renseignements déterminés par l'Agence en fonction de gains escomptés d'efficacité ou d'efficience et acceptés par le Vietnam sur les activités d'exploitation importantes du point de vue des garanties dans les installations et dans les emplacements hors installation où des matières nucléaires sont habituellement utilisées.

iii) Une description générale de chaque bâtiment de chaque site, y compris son utilisation et, si cela ne ressort pas de cette description, son contenu. La description doit comprendre une carte du site.

iv) Une description de l'ampleur des opérations pour chaque emplacement menant des activités spécifiées à l'annexe I du présent Protocole.

v) Des renseignements indiquant l'emplacement, la situation opérationnelle et la capacité de production annuelle estimative des mines et des usines de concentration d'uranium ainsi que des usines de concentration de thorium et la production annuelle actuelle de ces mines et usines de concentration pour le Vietnam dans son ensemble. Le Vietnam communique, à la demande de l'Agence, la production annuelle actuelle d'une mine ou d'une usine de concentration déterminée. La communication de ces renseignements n'exige pas une comptabilisation détaillée des matières nucléaires.

vi) Les renseignements ci-après sur les matières brutes qui n'ont pas encore une composition et une pureté propres à la fabrication de combustible ou à l'enrichissement en isotopes :

a) Quantités, composition chimique, utilisation ou utilisation prévue de ces matières, que ce soit à des fins nucléaires ou non, pour chaque emplacement situé au Vietnam où de telles matières se trouvent en quantités excédant dix tonnes d'uranium et/ou vingt tonnes de thorium, et pour les autres emplacements où elles se trouvent en quantités supérieures à 1 tonne, total pour le Vietnam dans son ensemble si ce total excède dix tonnes d'uranium ou vingt tonnes de thorium. La communication de ces renseignements n'exige pas une comptabilisation détaillée des matières nucléaires.

b) Quantités, composition chimique et destination de chaque exportation hors du Vietnam de telles matières à des fins expressément non nucléaires en quantités excédant :

1) Dix tonnes d'uranium, ou pour des exportations successives d'uranium hors du Vietnam destinées au même État, dont chacune est inférieure à dix tonnes mais dont le total dépasse dix tonnes pour l'année ;

2) Vingt tonnes de thorium, ou pour des exportations successives de thorium hors du Vietnam destinées au même État, dont chacune est inférieure à vingt tonnes mais dont le total dépasse vingt tonnes pour l'année ;

c) Quantités, composition chimique, emplacement actuel et utilisation ou utilisation prévue de chaque importation au Vietnam de telles matières à des fins expressément non nucléaires en quantités excédant :

1) Dix tonnes d'uranium, ou pour des importations successives d'uranium au Vietnam, dont chacune est inférieure à dix tonnes mais dont le total dépasse dix tonnes pour l'année ;

2) Vingt tonnes de thorium, ou pour des importations successives de thorium au Vietnam, dont chacune est inférieure à vingt tonnes mais dont le total dépasse vingt tonnes pour l'année ;

étant entendu qu'il n'est pas exigé que des renseignements soient fournis sur de telles matières destinées à une utilisation non nucléaire une fois qu'elles se présentent sous la forme voulue pour leur utilisation finale non nucléaire.

vii) a) Des renseignements sur les quantités, les utilisations et les emplacements des matières nucléaires exemptées des garanties en application de l'article 37 de l'Accord de garanties ;

b) Des renseignements sur les quantités (qui pourront être sous la forme d'estimations) et sur les utilisations dans chaque emplacement des matières nucléaires qui sont exemptées des garanties en application de l'article 36 b) de l'Accord de garanties, mais qui ne se présentent pas encore sous la forme voulue pour leur utilisation finale non nucléaire, en quantités excédant celles qui sont indiquées à l'article 37 de l'Accord de garanties. La communication de ces renseignements n'exige pas une comptabilisation détaillée des matières nucléaires.

viii) Des renseignements sur l'emplacement ou le traitement ultérieur de déchets de moyenne ou de haute activité contenant du plutonium, de l'uranium fortement enrichi ou de l'uranium 233 pour lesquels les garanties ont été levées en application de l'article 11 de l'Accord de garanties. Aux fins du présent paragraphe, le « traitement ultérieur » n'englobe pas le réemballage des déchets ou leur conditionnement ultérieur, sans séparation d'éléments, en vue de leur entreposage ou de leur stockage définitif.

ix) Les renseignements suivants sur les équipements et les matières non nucléaires spécifiés qui sont indiqués dans la liste figurant à l'annexe II :

a) Pour chaque exportation hors du Vietnam d'équipements et de matières de ce type, données d'identification, quantité, emplacement où il est prévu de les utiliser dans l'État destinataire et date ou date prévue, selon le cas, de l'exportation ;

b) À la demande expresse de l'Agence, confirmation par le Vietnam, en tant qu'État importateur, des renseignements communiqués à l'Agence par un autre État au sujet de l'exportation de tels équipements et matières vers le Vietnam.

x) Les plans généraux pour les dix années à venir qui se rapportent au développement du cycle du combustible nucléaire (y compris les activités de recherche-développement liées au cycle du combustible nucléaire qui sont prévues) lorsqu'ils ont été approuvés par les autorités compétentes du Vietnam.

b. Le Vietnam fait tout ce qui est raisonnablement possible pour communiquer à l'Agence les renseignements suivants :

i) Description générale des activités de recherche-développement liées au cycle du combustible nucléaire ne mettant pas en jeu des matières nucléaires qui se rapportent expressément à l'enrichissement, au retraitement de combustible nucléaire ou au traitement de déchets de moyenne ou de haute activité contenant du plutonium, de l'uranium fortement enrichi ou de l'uranium 233, qui sont menées au Vietnam en quelque lieu que ce soit, mais qui ne sont pas financées, expressément autorisées ou contrôlées par le Vietnam ou exécutées pour son compte, ainsi que des renseignements indiquant l'emplacement de ces activités. Aux fins du présent alinéa, le « traitement » de déchets de moyenne ou de haute activité n'englobe pas le réemballage des déchets ou leur conditionnement, sans séparation d'éléments, en vue de leur entreposage ou de leur stockage définitif.

ii) Description générale des activités et identité de la personne ou de l'entité menant de telles activités dans des emplacements déterminés par l'Agence hors d'un site qui, de l'avis de l'Agence, pourraient être fonctionnellement liées aux activités de ce site. La communication de ces renseignements est subordonnée à une demande expresse de l'Agence. Lesdits renseignements sont communiqués en consultation avec l'Agence et en temps voulu.

c. À la demande de l'Agence, le Vietnam fournit des précisions ou des éclaircissements sur tout renseignement qu'il a communiqué en vertu du présent article, dans la mesure où cela est nécessaire aux fins des garanties.

Article 3

a. Le Vietnam communique à l'Agence les renseignements visés aux alinéas a.i), iii), iv), v), vi)a), vii) et x) et à l'alinéa b.i) de l'article 2 dans les 180 jours qui suivent l'entrée en vigueur du présent Protocole.

b. Le Vietnam communique à l'Agence, pour le 15 mai de chaque année, des mises à jour des renseignements visés au paragraphe a. ci-dessus pour la période correspondant à l'année civile précédente. Si les renseignements communiqués précédemment restent inchangés, le Vietnam l'indique.

c. Le Vietnam communique à l'Agence, pour le 15 mai de chaque année, les renseignements visés aux sous-alinéas a.vi)b) et c) de l'article 2 pour la période correspondant à l'année civile précédente.

d. Le Vietnam communique à l'Agence tous les trimestres les renseignements visés au sous-alinéa a.ix)a) de l'article 2. Ces renseignements sont communiqués dans les soixante jours qui suivent la fin de chaque trimestre.

e. Le Vietnam communique à l'Agence les renseignements visés à l'alinéa a.viii) de l'article 2 180 jours avant qu'il ne soit procédé au traitement ultérieur et, pour le 15 mai de chaque année, des renseignements sur les changements d'emplacement pour la période correspondant à l'année civile précédente.

f. Le Vietnam et l'Agence conviennent du moment et de la fréquence de la communication des renseignements visés à l'alinéa a.ii) de l'article 2.

g. Le Vietnam communique à l'Agence les renseignements visés au sous-alinéa a.ix)b) de l'article 2 dans les soixante jours qui suivent la demande de l'Agence.

ACCÈS COMPLÉMENTAIRE

Article 4

Les dispositions ci-après sont applicables à l'occasion de la mise en œuvre de l'accès complémentaire en vertu de l'article 5 du présent Protocole :

a. L'Agence ne cherche pas de façon mécanique ou systématique à vérifier les renseignements visés à l'article 2; toutefois, l'Agence a accès :

i) À tout emplacement visé à l'alinéa a.i) ou ii) de l'article 5, de façon sélective, pour s'assurer de l'absence de matières et d'activités nucléaires non déclarées ;

ii) À tout emplacement visé au paragraphe b. ou c. de l'article 5 pour résoudre une question relative à l'exactitude et à l'exhaustivité des renseignements communiqués en application de l'article 2 ou pour résoudre une contradiction relative à ces renseignements ;

iii) À tout emplacement visé à l'alinéa a.iii) de l'article 5 dans la mesure nécessaire à l'Agence pour confirmer, aux fins des garanties, la déclaration de déclassement d'une installation ou d'un emplacement hors installation où des matières nucléaires étaient habituellement utilisées qui a été faite par le Vietnam.

b. i) Sous réserve des dispositions de l'alinéa ii) ci-après, l'Agence donne au Vietnam un préavis d'accès d'au moins 24 heures ;

ii) Pour l'accès à tout endroit d'un site qui est demandé à l'occasion de visites aux fins de la vérification des renseignements descriptifs ou d'inspections *ad hoc* ou régulières de ce site, le délai de préavis, si l'Agence le demande, est d'au moins deux heures mais peut, dans des circonstances exceptionnelles, être inférieur à deux heures.

c. Le préavis est donné par écrit et indique les raisons de la demande d'accès et les activités qui seront menées à l'occasion d'un tel accès.

d. Dans le cas d'une question ou d'une contradiction, l'Agence donne au Vietnam la possibilité de clarifier la question ou la contradiction et d'en faciliter la solution. Cette possibilité est donnée avant que l'accès soit demandé, à moins que l'Agence ne considère que le fait de retarder l'accès nuirait à l'objet de la demande d'accès. En tout état de cause, l'Agence ne tire pas de conclusions quant à la question ou la contradiction tant que cette possibilité n'a pas été donnée au Vietnam.

e. À moins que le Vietnam n'accepte qu'il en soit autrement, l'accès n'a lieu que pendant les heures de travail normales.

f. Le Vietnam a le droit de faire accompagner les inspecteurs de l'Agence, lorsqu'ils bénéficient d'un droit d'accès, par ses représentants, sous réserve que les inspecteurs ne soient pas de ce fait retardés ou autrement gênés dans l'exercice de leurs fonctions.

Article 5

Le Vietnam accorde à l'Agence accès :

a. i) À tout endroit d'un site ;

ii) À tout emplacement indiqué par le Vietnam en vertu des alinéas a.v) à viii) de l'article 2 ;

iii) À toute installation déclassée ou tout emplacement hors installation déclassé où des matières nucléaires étaient habituellement utilisées.

b. À tout emplacement, autre que ceux visés à l'alinéa a.i) ci-dessus, qui est indiqué par le Vietnam en vertu de l'alinéa a.i), de l'alinéa a.iv), du sous-alinéa a.ix)b) ou du paragraphe b. de l'article 2, étant entendu que si le Vietnam n'est pas en mesure d'accorder un tel accès, il fait tout ce qui est raisonnablement possible pour satisfaire sans retard aux exigences de l'Agence par d'autres moyens.

c. À tout emplacement, autre que ceux visés aux paragraphes a. et b. ci-dessus, qui est spécifié par l'Agence aux fins de l'échantillonnage de l'environnement dans un emplacement précis, étant entendu que, si le Vietnam n'est pas en mesure d'accorder un tel accès, il fait tout ce qui est raisonnablement possible pour satisfaire sans retard aux exigences de l'Agence dans des emplacements adjacents ou par d'autres moyens.

Article 6

Lorsqu'elle applique l'article 5, l'Agence peut mener les activités suivantes :

a. Dans le cas de l'accès accordé conformément à l'alinéa a.i) ou à l'alinéa a.iii) de l'article 5, observation visuelle, prélèvement d'échantillons de l'environnement, utilisation d'appareils de détection et de mesure des rayonnements, mise en place de scellés et d'autres dispositifs d'identification et d'indication de fraude spécifiés dans les arrangements subsidiaires, et autres mesures objectives qui se sont révélées possibles du point de vue technique et dont l'emploi a été accepté par le Conseil des gouverneurs (ci-après dénommé « le Conseil ») et à la suite de consultations entre l'Agence et le Vietnam.

b. Dans le cas de l'accès accordé conformément à l'alinéa a.ii) de l'article 5, observation visuelle, dénombrement des articles de matières nucléaires, mesures non destructives et échantillonnage, utilisation d'appareils de détection et de mesure des rayonnements, examen des relevés concernant les quantités, l'origine et l'utilisation des matières, prélèvement d'échantillons de l'environnement, et autres mesures objectives qui se sont révélées possibles du point de vue technique et dont l'emploi a été accepté par le Conseil et à la suite de consultations entre l'Agence et le Vietnam.

c. Dans le cas de l'accès accordé conformément au paragraphe b. de l'article 5, observation visuelle, prélèvement d'échantillons de l'environnement, utilisation d'appareils de détection et de mesure des rayonnements, examen des relevés concernant la production et les expéditions qui sont importants du point de vue des garanties, et autres mesures objectives qui se sont révélées possibles du point de vue technique et dont l'emploi a été accepté par le Conseil et à la suite de consultations entre l'Agence et le Vietnam.

d. Dans le cas de l'accès accordé conformément au paragraphe c. de l'article 5, prélèvement d'échantillons de l'environnement et, lorsque les résultats ne permettent pas de résoudre la question ou la contradiction à l'emplacement spécifié par l'Agence en vertu du paragraphe c. de l'article 5, recours dans cet emplacement à l'observation visuelle, à des appareils de détection et de mesure des rayonnements et, conformément à ce qui a été convenu par le Vietnam et l'Agence, à d'autres mesures objectives.

Article 7

a. À la demande du Vietnam, l'Agence et le Vietnam prennent des dispositions afin de réglementer l'accès en vertu du présent Protocole pour empêcher la diffusion d'informations sensibles du point de vue de la prolifération, pour respecter les prescriptions de sûreté ou de protection physique ou pour protéger des informations exclusives ou sensibles du point de vue commercial. Ces dispositions n'empêchent pas l'Agence de mener les activités nécessaires pour donner l'assurance crédible qu'il n'y a pas de matières et d'activités nucléaires non déclarées dans l'emplacement en question, y compris pour résoudre toute question concernant l'exactitude et l'exhaustivité des renseignements visés à l'article 2 ou toute contradiction relative à ces renseignements.

b. Le Vietnam peut indiquer à l'Agence, lorsqu'il communique les renseignements visés à l'article 2, les endroits où l'accès peut être réglementé sur un site ou dans un emplacement.

c. En attendant l'entrée en vigueur des arrangements subsidiaires nécessaires le cas échéant, le Vietnam peut avoir recours à l'accès réglementé conformément aux dispositions du paragraphe a. ci-dessus.

Article 8

Aucune disposition du présent Protocole n'empêche le Vietnam d'accorder à l'Agence accès à des emplacements qui s'ajoutent à ceux visés aux articles 5 et 9 ou de demander à l'Agence de mener des activités de vérification dans un emplacement particulier. L'Agence fait sans retard tout ce qui est raisonnablement possible pour donner suite à une telle demande.

Article 9

Le Vietnam accorde à l'Agence accès aux emplacements spécifiés par l'Agence pour l'échantillonnage de l'environnement dans une vaste zone, étant entendu que, si le Vietnam n'est pas en mesure d'accorder un tel accès, il fait tout ce qui est raisonnablement possible pour satisfaire aux exigences de l'Agence dans d'autres emplacements. L'Agence ne demande pas un tel accès tant que le Conseil n'a pas approuvé le recours à l'échantillonnage de l'environnement dans une vaste zone et les modalités d'application de cette mesure et que des consultations n'ont pas eu lieu entre l'Agence et le Vietnam.

Article 10

L'Agence informe le Vietnam :

a. Des activités menées en vertu du présent Protocole, y compris de celles qui concernent toutes questions ou contradictions qu'elle a portées à l'attention du Vietnam, dans les soixante jours qui suivent l'exécution de ces activités.

b. Des résultats des activités menées en ce qui concerne toutes questions ou contradictions qu'elle a portées à l'attention du Vietnam, dès que possible et en tout cas dans les trente jours qui suivent la détermination des résultats par l'Agence.

c. Des conclusions qu'elle a tirées de ses activités en application du présent Protocole. Ces conclusions sont communiquées annuellement.**DÉSIGNATION DES INSPECTEURS DE L'AGENCE**

Article 11

a. i) Le Directeur général notifie au Vietnam l'approbation par le Conseil de l'emploi de tout fonctionnaire de l'Agence en qualité d'inspecteur des garanties. Sauf si le Vietnam fait savoir au Directeur général qu'il n'accepte pas le fonctionnaire comme inspecteur pour le Vietnam dans les trois mois suivant la réception de la notification de l'approbation du Conseil, l'inspecteur faisant l'objet de cette notification au Vietnam est considéré comme désigné pour le Vietnam.

ii) Le Directeur général, en réponse à une demande adressée par le Vietnam ou de sa propre initiative, fait immédiatement savoir au Vietnam que la désignation d'un fonctionnaire comme inspecteur pour le Vietnam est annulée.

b. La notification visée au paragraphe a. ci-dessus est considérée comme ayant été reçue par le Vietnam sept jours après la date de sa transmission en recommandé par l'Agence au Vietnam.

VISAS

Article 12

Le Vietnam délivre, dans un délai d'un mois à compter de la date de réception d'une demande à cet effet, des visas appropriés valables pour des entrées/sorties multiples et/ou des visas de transit, si nécessaire, à l'inspecteur désigné indiqué dans cette demande afin de lui permettre d'entrer et de séjourner sur le territoire du Vietnam pour s'acquitter de ses fonctions. Les visas éventuellement requis sont valables pour un an au moins et sont renouvelés selon que de besoin afin de couvrir la durée de la désignation de l'inspecteur pour le Vietnam.

ARRANGEMENTS SUBSIDIAIRES

Article 13

a. Lorsque le Vietnam ou l'Agence indique qu'il est nécessaire de spécifier dans des Arrangements subsidiaires comment les mesures prévues dans le présent Protocole doivent être appliquées, le Vietnam et l'Agence se mettent d'accord sur ces Arrangements subsidiaires dans les quatre-vingt-dix jours suivant l'entrée en vigueur du présent Protocole ou, lorsque la nécessité de tels Arrangements subsidiaires est indiquée après l'entrée en vigueur du présent Protocole, dans les quatre-vingt-dix jours suivant la date à laquelle elle est indiquée.

b. En attendant l'entrée en vigueur des Arrangements subsidiaires nécessaires, l'Agence est en droit d'appliquer les mesures prévues dans le présent Protocole.

SYSTÈMES DE COMMUNICATION

Article 14

a. Le Vietnam autorise l'établissement de communications libres par l'Agence à des fins officielles entre les inspecteurs de l'Agence au Vietnam et le Siège et/ou les bureaux régionaux de l'Agence, y compris la transmission, automatique ou non, d'informations fournies par les dispositifs de confinement et/ou de surveillance ou de mesure de l'Agence, et protège ces communications. L'Agence, en consultation avec le Vietnam, a le droit de recourir à des systèmes de communications directes mis en place au niveau international, y compris des systèmes satellitaires et d'autres formes de télécommunication, non utilisés au Vietnam. À la demande du Vietnam ou de l'Agence, les modalités d'application du présent paragraphe en ce qui concerne la transmission, automatique ou non, d'informations fournies par les dispositifs de confinement et/ou de surveillance ou de mesure de l'Agence seront précisées dans les Arrangements subsidiaires.

b. Pour la communication et la transmission des renseignements visés au paragraphe a. ci-dessus, il est dûment tenu compte de la nécessité de protéger les informations exclusives ou sensibles du point de vue commercial ou les renseignements descriptifs que le Vietnam considère comme particulièrement sensibles.

PROTECTION DES INFORMATIONS CONFIDENTIELLES

Article 15

a. L'Agence maintient un régime rigoureux pour assurer une protection efficace contre la divulgation des secrets commerciaux, technologiques et industriels ou autres informations confidentielles dont elle aurait connaissance, y compris celles dont elle aurait connaissance en raison de l'application du présent Protocole.

b. Le régime prévu au paragraphe a. ci-dessus comporte notamment des dispositions concernant :

   i) Les principes généraux et les mesures connexes pour le maniement des informations confidentielles ;

   ii) Les conditions d'emploi du personnel ayant trait à la protection des informations confidentielles ;

   iii) Les procédures prévues en cas de violations ou d'allégations de violations de la confidentialité.

c. Le régime visé au paragraphe a. ci-dessus est approuvé et réexaminé périodiquement par le Conseil.

ANNEXES

Article 16

a. Les annexes au présent Protocole font partie intégrante de celui-ci. Sauf aux fins de l'amendement des annexes, le terme « Protocole », tel qu'il est utilisé dans le présent instrument, désigne le Protocole et les annexes considérés ensemble.

b. La liste des activités spécifiées dans l'annexe I et la liste des équipements et des matières spécifiés dans l'annexe II peuvent être amendées par le Conseil sur avis d'un groupe de travail d'experts à composition non limitée établi par lui. Tout amendement de cet ordre prend effet quatre mois après son adoption par le Conseil.

ENTRÉE EN VIGUEUR

Article 17

a. Le présent Protocole entre en vigueur à la date à laquelle l'Agence reçoit du Vietnam notification écrite que les conditions légales et/ou constitutionnelles nécessaires à l'entrée en vigueur sont remplies.

b. Le Vietnam peut, à tout moment avant l'entrée en vigueur du présent Protocole, déclarer qu'il appliquera provisoirement ce Protocole.

c. Le Directeur général informe sans délai tous les États Membres de l'Agence de toute déclaration d'application provisoire et de l'entrée en vigueur du présent Protocole.

DÉFINITIONS

Article 18

Aux fins du présent Protocole :

a. Par <u>activités de recherche-développement liées au cycle du combustible nucléaire</u>, on entend les activités qui se rapportent expressément à tout aspect de la mise au point de procédés ou de systèmes concernant l'une quelconque des opérations ou installations ci-après :

- Transformation de matières nucléaires,
- Enrichissement de matières nucléaires,
- Fabrication de combustible nucléaire,
- Réacteurs,
- Installations critiques,
- Retraitement de combustible nucléaire,
- Traitement (à l'exclusion du réemballage ou du conditionnement ne comportant pas la séparation d'éléments, aux fins d'entreposage ou de stockage définitif) de déchets de moyenne ou de haute activité contenant du plutonium, de l'uranium fortement enrichi ou de l'uranium 233,

à l'exclusion des activités liées à la recherche scientifique théorique ou fondamentale ou aux travaux de recherche-développement concernant les applications industrielles des radio-isotopes, les applications médicales, hydrologiques et agricoles, les effets sur la santé et l'environnement, et l'amélioration de la maintenance.

b. Par site, on entend la zone délimitée par le Vietnam dans les renseignements descriptifs concernant une installation, y compris une installation mise à l'arrêt, et les renseignements concernant un emplacement hors installation où des matières nucléaires sont habituellement utilisées, y compris un emplacement hors installation mis à l'arrêt où des matières nucléaires étaient habituellement utilisées (ceci ne concerne que les emplacements contenant des cellules chaudes ou dans lesquels des activités liées à la transformation, à l'enrichissement, à la fabrication ou au retraitement de combustible étaient menées). Le site englobe également tous les établissements, implantés au même endroit que l'installation ou l'emplacement, pour la fourniture ou l'utilisation de services essentiels, notamment les cellules chaudes pour le traitement des matériaux irradiés ne contenant pas de matières nucléaires, les installations de traitement, d'entreposage et de stockage définitif de déchets, et les bâtiments associés à des activités spécifiées indiquées par le Vietnam en vertu de l'alinéa a.iv) de l'article 2.

c. Par installation déclassée ou emplacement hors installation déclassé, on entend un établissement ou un emplacement où les structures et équipements résiduels essentiels pour son utilisation ont été retirés ou rendus inutilisables, de sorte qu'il n'est pas utilisé pour entreposer des matières nucléaires et ne peut plus servir à manipuler, traiter ou utiliser de telles matières.

d. Par installation mise à l'arrêt ou emplacement hors installation mis à l'arrêt, on entend un établissement ou un emplacement où les opérations ont été arrêtées et où les matières nucléaires ont été retirées, mais qui n'a pas été déclassé.

e. Par uranium fortement enrichi, on entend l'uranium contenant 20 % ou plus d'isotope 235.

f. Par échantillonnage de l'environnement dans un emplacement précis, on entend le prélèvement d'échantillons de l'environnement (air, eau, végétation, sol, frottis, par exemple) dans un emplacement spécifié par l'Agence et au voisinage immédiat de celui-ci afin d'aider l'Agence à tirer des conclusions quant à l'absence de matières ou d'activités nucléaires non déclarées dans cet emplacement spécifié.

g. Par échantillonnage de l'environnement dans une vaste zone, on entend le prélèvement d'échantillons de l'environnement (air, eau, végétation, sol, frottis, par exemple) dans un ensemble d'emplacements spécifiés par l'Agence afin d'aider l'Agence à tirer des conclusions quant à l'absence de matières ou d'activités nucléaires non déclarées dans une vaste zone.

h. Par matière nucléaire, on entend toute matière brute ou tout produit fissile spécial tels qu'ils sont définis à l'article XX du Statut. Le terme matière brute n'est pas interprété comme s'appliquant aux minerais ou aux résidus de minerais. Si, après l'entrée en vigueur du présent Protocole, le Conseil, agissant en vertu de l'article XX du Statut, désigne d'autres matières et les ajoute à la liste de celles qui sont considérées comme des matières brutes ou des produits fissiles spéciaux, cette désignation ne prend effet en vertu du présent Protocole qu'après avoir été acceptée par le Vietnam.

i. Par installation, on entend :

i) Un réacteur, une installation critique, une usine de transformation, une usine de fabrication, une usine de retraitement, une usine de séparation des isotopes ou une installation d'entreposage séparée ;

ii) Tout emplacement où des matières nucléaires en quantités supérieures à un kilogramme effectif sont habituellement utilisées.

j. Par emplacement hors installation, on entend tout établissement ou emplacement ne constituant pas une installation, où des matières nucléaires sont habituellement utilisées en quantités égales ou inférieures à un kilogramme effectif.

FAIT à Vienne, le 10 août 2007, en double exemplaire, en langue anglaise.

Pour la RÉPUBLIQUE SOCIALISTE DU VIETNAM :

Nguyen Truong Giang
Ambassadeur

[signé]

Pour l'AGENCE INTERNATIONALE DE L'ÉNERGIE ATOMIQUE :

Werner Burkart
Directeur général par intérim

[signé]

ANNEXE I

LISTE DES ACTIVITÉS VISÉES À L'ALINÉA a.iv) DE L'ARTICLE 2 DU PROTOCOLE

i) **Fabrication de bols pour centrifugeuses ou assemblage de centrifugeuses gazeuses.**

Par bols pour centrifugeuses, on entend les cylindres à paroi mince décrits sous 5.1.1.b) dans l'annexe II.

Par centrifugeuses gazeuses, on entend les centrifugeuses décrites dans la Note d'introduction sous 5.1 dans l'annexe II.

ii) **Fabrication de barrières de diffusion.**

Par barrières de diffusion, on entend les filtres minces et poreux décrits sous 5.3.1.a) dans l'annexe II.

iii) **Fabrication ou assemblage de systèmes à laser.**

Par systèmes à laser, on entend des systèmes comprenant les articles décrits sous 5.7 dans l'annexe II.

iv) **Fabrication ou assemblage de séparateurs électromagnétiques.**

Par séparateurs électromagnétiques, on entend les articles visés sous 5.9.1 dans l'annexe II qui contiennent les sources d'ions décrites sous 5.9.1.a).

v) **Fabrication ou assemblage de colonnes ou d'équipements d'extraction.**

Par colonnes ou équipements d'extraction, on entend les articles décrits sous 5.6.1, 5.6.2, 5.6.3, 5.6.5, 5.6.6, 5.6.7 et 5.6.8 dans l'annexe II.

vi) **Fabrication de tuyères ou de tubes vortex pour la séparation aérodynamique.**

Par tuyères ou tubes vortex pour la séparation aérodynamique, on entend les tuyères et tubes vortex de séparation décrits respectivement sous 5.5.1 et 5.5.2 dans l'annexe II.

vii) **Fabrication ou assemblage de systèmes générateurs de plasma d'uranium.**

Par systèmes générateurs de plasma d'uranium, on entend les systèmes décrits sous 5.8.3 dans l'annexe II.

viii) Fabrication de tubes de zirconium.

Par tubes de zirconium, on entend les tubes décrits sous 1.6 dans l'annexe II.

ix) Fabrication d'eau lourde ou de deutérium ou amélioration de leur qualité.

Par eau lourde ou deutérium, on entend le deutérium, l'eau lourde (oxyde de deutérium) et tout composé de deutérium dans lequel le rapport atomique deutérium/hydrogène dépasse 1/5 000.

x) Fabrication de graphite de pureté nucléaire.

Par graphite de pureté nucléaire, on entend du graphite d'une pureté supérieure à cinq parties par million d'équivalent en bore et d'une densité de plus de 1,50 g par cm^3.

xi) Fabrication de châteaux pour combustible irradié.

Par château pour combustible irradié, on entend un récipient destiné au transport et/ou à l'entreposage de combustible irradié qui assure une protection chimique, thermique et radiologique et qui dissipe la chaleur de décroissance pendant la manipulation, le transport et l'entreposage.

xii) Fabrication de barres de commande pour réacteur.

Par barres de commande pour réacteur, on entend les barres décrites sous 1.4 dans l'annexe II.

xiii) Fabrication de réservoirs et récipients dont la sûreté-criticité est assurée.

Par réservoirs et récipients dont la sûreté-criticité est assurée, on entend les articles décrits sous 3.2 et 3.4 dans l'annexe II.

xiv) Fabrication de machines à dégainer les éléments combustibles irradiés.

Par machines à dégainer les éléments combustibles irradiés, on entend les équipements décrits sous 3.1 dans l'annexe II.

xv) Construction de cellules chaudes.

Par cellules chaudes, on entend une cellule ou des cellules interconnectées ayant un volume total d'au moins 6 m^3 et une protection égale ou supérieure à l'équivalent de 0,5 m de béton d'une densité égale ou supérieure à 3,2 g/cm^3, et disposant de matériel de télémanipulation.

ANNEXE II

LISTE DES ÉQUIPEMENTS ET DES MATIÈRES NON NUCLÉAIRES SPÉCIFIÉS POUR LA DÉCLARATION DES EXPORTATIONS ET DES IMPORTATIONS CONFORMÉMENT À L'ALINÉA a.ix) DE L'ARTICLE 2

1. RÉACTEURS ET ÉQUIPEMENTS POUR RÉACTEURS

1.1. Réacteurs nucléaires complets

Réacteurs nucléaires pouvant fonctionner de manière à maintenir une réaction de fission en chaîne auto-entretrenue contrôlée, exception faite des réacteurs de puissance nulle dont la production maximale prévue de plutonium ne dépasse pas 100 grammes par an.

Note explicative

Un « réacteur nucléaire » comporte essentiellement les articles se trouvant à l'intérieur de la cuve de réacteur ou fixés directement sur cette cuve, le matériel pour le réglage de la puissance dans le cœur, et les composants qui renferment normalement le fluide de refroidissement primaire du cœur du réacteur, entrent en contact direct avec ce fluide ou permettent son réglage.

Il n'est pas envisagé d'exclure les réacteurs qu'il serait raisonnablement possible de modifier de façon à produire une quantité de plutonium sensiblement supérieure à 100 grammes par an. Les réacteurs conçus pour un fonctionnement prolongé à des niveaux de puissance significatifs, quelle que soit leur capacité de production de plutonium, ne sont pas considérés comme étant des « réacteurs de puissance nulle ».

1.2. Cuves de pression pour réacteurs

Cuves métalliques, sous forme d'unités complètes ou d'importants éléments préfabriqués, qui sont spécialement conçues ou préparées pour contenir le cœur d'un réacteur nucléaire au sens donné à cette expression sous 1.1 ci-dessus, et qui sont capables de résister à la pression de travail du fluide de refroidissement primaire.

Note explicative

La plaque de couverture d'une cuve de pression de réacteur tombe sous 1.2 en tant qu'élément préfabriqué important d'une telle cuve.

Les internes d'un réacteur (tels que colonnes et plaques de support du cœur et autres internes de la cuve, tubes guides pour barres de commande, écrans thermiques, déflecteurs, plaques à grille du cœur, plaques de diffuseur, etc.) sont normalement livrés par le fournisseur du réacteur. Parfois, certains internes de supportage sont inclus dans la fabrication de la cuve de pression. Ces articles sont d'une importance suffisamment cruciale pour la sûreté et la fiabilité du fonctionnement d'un réacteur (et, partant, du point de vue des garanties données et de la responsabilité assumée par le fournisseur du réacteur) pour que leur fourniture en marge de l'accord fondamental de fourniture du réacteur lui-même ne soit pas de pratique courante. C'est pourquoi, bien que la fourniture séparée de ces articles uniques, spécialement conçus et préparés, d'une importance cruciale, de grandes dimensions et d'un prix élevé ne soit pas nécessairement considérée comme exclue du domaine en question, ce mode de fourniture est jugé peu probable.

1.3. Machines pour le chargement et le déchargement du combustible nucléaire

Matériel de manutention spécialement conçu ou préparé pour introduire ou extraire le combustible d'un réacteur nucléaire au sens donné à cette expression sous 1.1 ci-dessus, et qui peut être utilisé en marche ou est doté de dispositifs techniques perfectionnés de positionnement ou d'alignement pour permettre des opérations complexes de chargement à l'arrêt, telles que celles au cours desquelles il est normalement impossible d'observer le combustible directement ou d'y accéder.

1.4. Barres de commande pour réacteurs

Barres spécialement conçues ou préparées pour le réglage de la vitesse de réaction dans un réacteur nucléaire au sens donné à cette expression sous 1.1 ci-dessus.

Note explicative

Cet article comprend, outre l'absorbeur de neutrons, les structures de support ou de suspension de l'absorbeur, si elles sont fournies séparément.

1.5. Tubes de force pour réacteurs

Tubes spécialement conçus ou préparés pour contenir les éléments combustibles et le fluide de refroidissement primaire d'un réacteur nucléaire au sens donné à cette expression sous 1.1 ci-dessus, à des pressions de travail supérieures à 5,1 MPa (740 psi).

1.6. Tubes de zirconium

Zirconium métallique et alliages à base de zirconium, sous forme de tubes ou d'assemblages de tubes, fournis en quantités supérieures à 500 kg pendant une période de 12 mois, spécialement conçus ou préparés pour être utilisés dans un réacteur nucléaire au sens donné à cette expression sous 1.1 ci-dessus, et dans lesquels le rapport hafnium/zirconium est inférieur à 1/500 parties en poids.

1.7. Pompes du circuit primaire

Pompes spécialement conçues ou préparées pour faire circuler le fluide de refroidissement primaire pour réacteurs nucléaires au sens donné à cette expression sous 1.1 ci-dessus.

Note explicative

Les pompes spécialement conçues ou préparées peuvent comprendre des systèmes complexes à dispositifs d'étanchéité simples ou multiples destinés à éviter les fuites du fluide de refroidissement primaire, des pompes à rotor étanche et des pompes dotées de systèmes à masse d'inertie. Cette définition englobe les pompes conformes à la norme NC-1 ou à des normes équivalentes.

2. MATIÈRES NON NUCLÉAIRES POUR RÉACTEURS

2.1. Deutérium et eau lourde

Deutérium, eau lourde (oxyde de deutérium) et tout composé de deutérium dans lequel le rapport atomique deutérium/hydrogène dépasse 1/5 000, destinés à être utilisés dans un réacteur nucléaire, au sens donné à cette expression sous 1.1 ci-dessus, et fournis en quantités dépassant 200 kg d'atomes de deutérium pendant une période de 12 mois, quel que soit le pays destinataire.

2.2. Graphite de pureté nucléaire

Graphite d'une pureté supérieure à cinq parties par million d'équivalent en bore et d'une densité de plus de 1,50 g/cm^3, qui est destiné à être utilisé dans un réacteur nucléaire tel que défini au paragraphe 1.1 ci-dessus et qui est fourni en quantités dépassant 3×10^4 kg (30 tonnes métriques) pendant une période de 12 mois, quel que soit le pays destinataire.

Note :

Aux fins de la déclaration, le gouvernement déterminera si les exportations de graphite répondant aux spécifications ci-dessus sont destinées ou non à être utilisées dans un réacteur nucléaire.

3. USINES DE RETRAITEMENT D'ÉLÉMENTS COMBUSTIBLES IRRADIÉS ET MATÉRIEL SPÉCIALEMENT CONÇU OU PRÉPARÉ À CETTE FIN

Note d'introduction

Le retraitement du combustible nucléaire irradié sépare le plutonium et l'uranium des produits de fission et d'autres éléments transuraniens de haute activité. Différents procédés techniques peuvent réaliser cette séparation. Mais, avec les années, le procédé Purex est devenu le plus couramment utilisé et accepté. Il comporte la dissolution du combustible nucléaire irradié dans l'acide nitrique, suivie d'une séparation de l'uranium, du plutonium et des produits de fission, que l'on extrait par solvant en utilisant le phosphate tributylique mélangé à un diluant organique.

D'une usine Purex à l'autre, les opérations du processus sont similaires : dégainage des éléments combustibles irradiés, dissolution du combustible, extraction par solvant et stockage des solutions obtenues. Il peut y avoir aussi des équipements pour la dénitration thermique du nitrate d'uranium, la conversion du nitrate de plutonium en oxyde ou en métal, et le traitement des solutions de produits de fission qu'il s'agit de convertir en une forme se prêtant au stockage de longue durée ou au stockage définitif. Toutefois, la configuration et le type particuliers des équipements qui accomplissent ces opérations peuvent différer selon les installations Purex pour diverses raisons, notamment selon le type et la quantité de combustible nucléaire irradié à retraiter et l'usage prévu des matières récupérées, et selon les principes de sûreté et d'entretien qui ont été retenus dans la conception de l'installation.

L'expression « usine de retraitement d'éléments combustibles irradiés » englobe les matériel et composants qui entrent normalement en contact direct avec le combustible irradié ou servent à contrôler directement ce combustible et les principaux flux de matières nucléaires et de produits de fission pendant le traitement.

Ces procédés, y compris les systèmes complets pour la conversion du plutonium et la production de plutonium métal, peuvent être identifiés par les mesures prises pour éviter la criticité (par exemple par la géométrie), les radioexpositions (par exemple par blindage) et les risques de toxicité (par exemple par confinement).

Articles considérés comme tombant dans la catégorie visée par le membre de phrase « et matériel spécialement conçu ou préparé » pour le retraitement d'éléments combustibles irradiés :

3.1. **Machines à dégainer les éléments combustibles irradiés**

Note d'introduction

Ces machines dégainent le combustible afin d'exposer la matière nucléaire irradiée à la dissolution. Des cisailles à métaux spécialement conçues sont le plus couramment employées, mais du matériel de pointe, tel que lasers, peut être utilisé.

Machines télécommandées spécialement conçues ou préparées pour être utilisées dans une usine de retraitement au sens donné à ce terme ci-dessus, et destinées à désassembler, découper ou cisailler des assemblages, faisceaux ou barres de combustible nucléaire irradiés.

3.2. **Dissolveurs**

Note d'introduction

Les dissolveurs reçoivent normalement les tronçons de combustible irradié. Dans ces récipients dont la sûreté-criticité est assurée, la matière nucléaire irradiée est dissoute dans l'acide nitrique ; restent les coques, qui sont retirées du flux de traitement.

Récipients « géométriquement sûrs » (de petit diamètre, annulaires ou plats) spécialement conçus ou préparés en vue d'être utilisés dans une usine de retraitement, au sens donné à ce terme ci-dessus, pour dissoudre du combustible nucléaire irradié, capables de résister à des liquides fortement corrosifs chauds et dont le chargement et l'entretien peuvent être télécommandés.

3.3. **Extracteurs et matériel d'extraction par solvant**

Note d'introduction

Les extracteurs reçoivent à la fois la solution de combustible irradié provenant des dissolveurs et la solution organique qui sépare l'uranium, le plutonium et les produits de fission. Le matériel d'extraction par solvant est normalement conçu pour satisfaire à des paramètres de fonctionnement rigoureux tels que longue durée de vie utile sans exigences d'entretien ou avec facilité de remplacement, simplicité de commande et de contrôle, et adaptabilité aux variations des conditions du procédé.

Extracteurs, tels que colonnes pulsées ou garnies, mélangeurs-décanteurs et extracteurs centrifuges, spécialement conçus ou préparés pour être utilisés dans une usine de retraitement de combustible irradié. Les extracteurs doivent pouvoir résister à l'action corrosive de l'acide nitrique. Les extracteurs sont normalement fabriqués, selon des exigences très strictes (notamment techniques spéciales de soudage, d'inspection et d'assurance et contrôle de la qualité), en acier inoxydable à bas carbone, titane, zirconium ou autres matériaux à haute résistance.

3.4. Récipients de collecte ou de stockage des solutions

Note d'introduction

Une fois franchie l'étape de l'extraction par solvant, on obtient trois flux principaux. Dans la suite du traitement, des récipients de collecte ou de stockage sont utilisés comme suit :

a) La solution de nitrate d'uranium est concentrée par évaporation et le nitrate est converti en oxyde. Cet oxyde est réutilisé dans le cycle du combustible nucléaire ;

b) La solution de produits de fission de très haute activité est normalement concentrée par évaporation et stockée sous forme de concentrat liquide. Ce concentrat peut ensuite être évaporé et converti en une forme se prêtant au stockage temporaire ou définitif ;

c) La solution de nitrate de plutonium est concentrée et stockée avant de passer aux stades ultérieurs du traitement. En particulier, les récipients de collecte ou de stockage des solutions de plutonium sont conçus pour éviter tout risque de criticité résultant des variations de concentration et de forme du flux en question.

Récipients de collecte ou de stockage spécialement conçus ou préparés pour être utilisés dans une usine de retraitement de combustible irradié. Les récipients de collecte ou de stockage doivent pouvoir résister à l'action corrosive de l'acide nitrique. Les récipients de collecte ou de stockage sont normalement fabriqués à l'aide de matériaux tels qu'acier inoxydable à bas carbone, titane ou zirconium ou autres matériaux à haute résistance. Les récipients de collecte ou de stockage peuvent être conçus pour la conduite et l'entretien télécommandés et peuvent avoir, pour prévenir le risque de criticité, les caractéristiques suivantes :

1) Parois ou structures internes avec un équivalent en bore d'au moins deux pour cent, ou

2) Un diamètre maximum de 175 mm (7 pouces) pour les récipients cylindriques, ou

3) Une largeur maximum de 75 mm (3 pouces) pour les récipients plats ou annulaires.

3.5. Système de conversion du nitrate de plutonium en oxyde

Note d'introduction

Dans la plupart des usines de retraitement, le traitement final consiste en la conversion de la solution de nitrate de plutonium en dioxyde de plutonium. Les principales activités que comporte cette conversion sont : stockage et ajustage de la solution, précipitation et séparation solide/liquide, calcination, manutention du produit, ventilation, gestion des déchets et contrôle du procédé.

Systèmes complets spécialement conçus ou préparés pour la conversion du nitrate de plutonium en oxyde, qui sont en particulier adaptés de manière à éviter tout risque de criticité et d'irradiation et à réduire le plus possible les risques de toxicité.

3.6. Système de conversion de l'oxyde de plutonium en métal

Note d'introduction

Ce traitement, qui pourrait être associé à une installation de retraitement, comporte la fluoration du dioxyde de plutonium, normalement par l'acide fluorhydrique très corrosif, pour obtenir du fluorure de plutonium qui est ensuite réduit au moyen de calcium métal de grande pureté pour produire du plutonium métal et un laitier de fluorure de calcium. Les principales activités que comporte cette conversion sont : fluoration (avec par exemple un matériel fait ou revêtu de métal précieux), réduction (par exemple dans des creusets en céramique), récupération du laitier, manutention du produit, ventilation, gestion des déchets et contrôle du procédé.

Systèmes complets spécialement conçus ou préparés pour la production de plutonium métal, qui sont en particulier adaptés de manière à éviter tout risque de criticité et d'irradiation et à réduire le plus possible les risques de toxicité.

4. USINES DE FABRICATION D'ÉLÉMENTS COMBUSTIBLES

Une « usine de fabrication d'éléments combustibles » est équipée du matériel :

a) Qui entre normalement en contact direct avec le flux de matières nucléaires, le traite directement ou commande le processus de production ;

b) Qui assure le gainage des matières nucléaires.

5. USINES DE SÉPARATION DES ISOTOPES DE L'URANIUM ET MATÉRIEL, AUTRE QUE LES APPAREILS D'ANALYSE, SPÉCIALEMENT CONÇU OU PRÉPARÉ À CETTE FIN

Articles considérés comme tombant dans la catégorie visée par le membre de phrase « et matériel, autre que les appareils d'analyse, spécialement conçu ou préparé » pour la séparation des isotopes de l'uranium :

5.1. Centrifugeuses et assemblages et composants spécialement conçus ou préparés pour utilisation dans les centrifugeuses

Note d'introduction

Ordinairement, la centrifugeuse se compose d'un ou de plusieurs cylindres à paroi mince, d'un diamètre compris entre 75 mm (3 pouces) et 400 mm (16 pouces), placés dans une enceinte à vide et tournant à grande vitesse périphérique de l'ordre de 300 m/s ou plus autour d'un axe vertical. Pour atteindre une grande vitesse, les matériaux constitutifs des composants tournants doivent avoir un rapport résistance-densité élevé et l'assemblage rotor, et donc ses composants, doivent être usinés avec des tolérances très serrées pour minimiser les écarts par rapport à l'axe. À la différence d'autres centrifugeuses, la centrifugeuse utilisée pour l'enrichissement de l'uranium se caractérise par la présence dans le bol d'une ou de plusieurs chicanes tournantes en forme de disque, d'un ensemble de tubes fixe servant à introduire et à prélever l'UF_6 gazeux et d'au moins trois canaux séparés, dont deux sont connectés à des écopes s'étendant de l'axe à la périphérie du bol. On trouve aussi dans l'enceinte à vide plusieurs articles critiques qui ne tournent pas et qui, bien qu'ils soient conçus spécialement, ne sont pas difficiles à fabriquer et ne sont pas non plus composés de matériaux spéciaux. Toutefois, une installation d'ultracentrifugation nécessite un grand nombre de ces composants, de sorte que la quantité peut être une indication importante de l'utilisation finale.

5.1.1. Composants tournants

a) Assemblages rotors complets

Cylindres à paroi mince, ou ensembles de cylindres à paroi mince réunis, fabriqués dans un ou plusieurs des matériaux à rapport résistance-densité élevé décrits dans la note explicative ; lorsqu'ils sont réunis, les cylindres sont joints les uns aux autres par les soufflets ou anneaux flexibles décrits sous 5.1.1 c) ci-après. Le bol est équipé d'une ou de plusieurs chicanes internes et de bouchons d'extrémité, comme indiqué sous 5.1.1 d) et e) ci-après, s'il est prêt à l'emploi. Toutefois, l'assemblage complet peut être livré partiellement monté seulement ;

b) Bols

Cylindres à paroi mince d'une épaisseur de 12 mm (0,5 pouce) ou moins, spécialement conçus ou préparés, ayant un diamètre compris entre 75 mm (3 pouces) et 400 mm (16 pouces) et fabriqués dans un ou plusieurs des matériaux à rapport résistance-densité élevé décrits dans la note explicative ;

c) Anneaux ou soufflets

Composants spécialement conçus ou préparés pour fournir un support local au bol ou pour joindre ensemble plusieurs cylindres constituant le bol. Le soufflet est un cylindre court ayant une paroi de 3 mm (0,12 pouce) ou moins d'épaisseur, un diamètre compris entre 75 mm (3 pouces) et 400 mm (16 pouces) et une spire, et fabriqué dans l'un des matériaux ayant un rapport résistance-densité élevé décrit dans la note explicative ;

d) Chicanes

Composants en forme de disque d'un diamètre compris entre 75 mm (3 pouces) et 400 mm (16 pouces) spécialement conçus ou préparés pour être montés à l'intérieur du bol de la centrifugeuse afin d'isoler la chambre de prélèvement de la chambre de séparation principale et, dans certains cas, de faciliter la circulation de l'UF_6 gazeux à l'intérieur de la chambre de séparation principale du bol, et fabriqués dans l'un des matériaux ayant un rapport résistance-densité élevé décrit dans la note explicative ;

e) Bouchons d'extrémité supérieurs et inférieurs

Composants en forme de disque d'un diamètre compris entre 75 mm (3 pouces) et 400 mm (16 pouces) spécialement conçus ou préparés pour s'adapter aux extrémités du bol et maintenir ainsi l'UF_6 à l'intérieur de celui-ci et, dans certains cas, pour porter, retenir ou contenir en tant que partie intégrante un élément du palier supérieur (bouchon supérieur) ou pour porter les éléments tournants du moteur et du palier inférieur (bouchon inférieur), et fabriqués dans l'un des matériaux ayant un rapport résistance-densité élevé décrit dans la note explicative.

Note explicative

Les matériaux utilisés pour les composants tournants des centrifugeuses sont :

a) Les aciers martensitiques vieillissables ayant une charge limite de rupture égale ou supérieure à $2{,}05 \cdot 10^9$ N/m^2 (300 000 psi) ou plus ;

b) Les alliages d'aluminium ayant une charge limite de rupture égale ou supérieure à $0{,}46 \cdot 10^9$ N/m^2 (67 000 psi) ou plus ;

c) Des matériaux filamenteux pouvant être utilisés dans des structures composites et ayant un module spécifique égal ou supérieur à $12{,}3 \cdot 10^6$ m, et une charge limite de rupture spécifique égale ou supérieure à $0{,}3 \cdot 10^6$ m (le « module spécifique » est le module de Young exprimé en N/m^2 divisé par le poids volumique exprimé en N/m^3; la « charge limite de rupture spécifique » est la charge limite de rupture exprimée en N/m^2 divisée par le poids volumique exprimé en N/m^3).

5.1.2. Composants fixes

a) Paliers de suspension magnétique

Assemblages de support spécialement conçus ou préparés comprenant un aimant annulaire suspendu dans un carter contenant un milieu amortisseur. Le carter est fabriqué dans un matériau résistant à l'UF_6 (voir la <u>note explicative</u> de la section 5.2). L'aimant est couplé à une pièce polaire ou à un deuxième aimant fixé sur le bouchon d'extrémité supérieur décrit sous 5.1.1 e). L'aimant annulaire peut avoir un rapport entre le diamètre extérieur et le diamètre intérieur inférieur ou égal à 1,6:1. L'aimant peut avoir une perméabilité initiale égale ou supérieure à 0,15 H/m (120 000 en unités CGS), ou une rémanence égale ou supérieure à 98,5 % ou une densité d'énergie électromagnétique supérieure à 80 kJ/m^3 (10^7 gauss-oersteds). Outre les propriétés habituelles du matériau, une condition essentielle est que la déviation des axes magnétiques par rapport aux axes géométriques soit limitée par des tolérances très serrées (inférieures à 0,1 mm ou 0,004 pouce) ou que l'homogénéité du matériau de l'aimant soit spécialement imposée ;

b) Paliers de butée/amortisseurs

Paliers spécialement conçus ou préparés comprenant un assemblage pivot/coupelle monté sur un amortisseur. Le pivot se compose habituellement d'un arbre en acier trempé comportant un hémisphère à une extrémité et un dispositif de fixation au bouchon inférieur décrit sous 5.1.1 e) à l'autre extrémité. Toutefois, l'arbre peut être équipé d'un palier hydrodynamique. La coupelle a la forme d'une pastille avec indentation hémisphérique sur une surface. Ces composants sont souvent fournis indépendamment de l'amortisseur ;

c) Pompes moléculaires

Cylindres spécialement conçus ou préparés qui comportent sur leur face interne des rayures hélicoïdales obtenues par usinage ou extrusion et dont les orifices sont alésés. Leurs dimensions habituelles sont les suivantes : diamètre interne compris entre 75 mm (3 pouces) et 400 mm (16 pouces), épaisseur de paroi égale ou supérieure à 10 mm et longueur égale ou supérieure au diamètre. Habituellement, les rayures ont une section rectangulaire et une profondeur égale ou supérieure à 2 mm (0,08 pouce) ;

d) Stators de moteur

Stators annulaires spécialement conçus ou préparés pour des moteurs grande vitesse à hystérésis (ou à réluctance) alimentés en courant alternatif multiphasé pour fonctionnement synchrone dans le vide avec une gamme de fréquence de 600 à 2 000 Hz, et une gamme de puissance de 50 à 1 000 VA. Les stators sont constitués par des enroulements multiphasés sur des noyaux de fer doux feuilletés constitués de couches minces dont l'épaisseur est habituellement inférieure ou égale à 2 mm (0,08 pouce).

e) Enceintes de centrifugeuse

Composants spécialement conçus ou préparés pour contenir l'assemblage rotor d'une centrifugeuse. L'enceinte est constituée d'un cylindre rigide possédant une paroi d'au plus de 30 mm (1,2 pouce) d'épaisseur, ayant subi un usinage de précision aux extrémités en vue de recevoir les paliers et qui est muni d'une ou plusieurs brides pour le montage. Les extrémités usinées sont parallèles entre elles et perpendiculaires à l'axe longitudinal du cylindre avec une déviation au plus égale à 0,05 degré. L'enceinte peut également être formée d'une structure de type alvéolaire permettant de loger plusieurs bols. Les enceintes sont constituées ou revêtues de matériaux résistant à la corrosion par l'UF_6.

f) Écopes

Tubes ayant un diamètre interne d'au plus 12 mm (0,5 pouce), spécialement conçus ou préparés pour extraire l'UF_6 gazeux contenu dans le bol selon le principe du tube de Pitot (c'est-à-dire que leur ouverture débouche dans le flux gazeux périphérique à l'intérieur du bol, configuration obtenue par exemple en courbant l'extrémité d'un tube disposé selon le rayon) et pouvant être raccordés au système central de prélèvement du gaz. Les tubes sont constitués ou revêtus de matériaux résistant à la corrosion par l'UF_6.

5.2. Systèmes, matériel et composants auxiliaires spécialement conçus ou préparés pour utilisation dans les usines d'enrichissement par ultracentrifugation

Note d'introduction

Les systèmes, matériel et composants auxiliaires d'une usine d'enrichissement par ultracentrifugation sont les systèmes nécessaires pour introduire l'UF_6 dans les centrifugeuses, pour relier les centrifugeuses les unes aux autres en cascades pour obtenir des taux d'enrichissement de plus en plus élevés et pour prélever l'UF_6 dans les centrifugeuses en tant que « produit » et « résidus », ainsi que le matériel d'entraînement des centrifugeuses et de commande de l'usine.

Habituellement, l'UF_6 est sublimé au moyen d'autoclaves chauffés et réparti à l'état gazeux dans les diverses centrifugeuses grâce à un collecteur tubulaire de cascade. Les flux de « produit » et de « résidus » sortant des centrifugeuses sont aussi acheminés par un collecteur tubulaire de cascade vers des pièges à froid (fonctionnant à environ 203 °K (-70 °C)) où l'UF_6 est condensé avant d'être transféré dans des conteneurs de transport ou de stockage. Étant donné qu'une usine d'enrichissement contient plusieurs milliers de centrifugeuses montées en cascade, il y a plusieurs kilomètres de tuyauteries comportant des milliers de soudures, ce qui suppose une répétitivité considérable du montage. Les matériel, composants et tuyauteries sont fabriqués suivant des normes très rigoureuses de vide et de propreté.

5.2.1. Systèmes d'alimentation/systèmes de prélèvement du produit et des résidus

Systèmes spécialement conçus ou préparés comprenant :

Des autoclaves (ou stations) d'alimentation, utilisés pour introduire l'UF_6 dans les cascades de centrifugeuses à une pression allant jusqu'à 100 kPa (15 psi) et à un débit égal ou supérieur à 1 kg/h ;

Des pièges à froid utilisés pour prélever l'UF_6 des cascades à une pression allant jusqu'à 3 kPa (0,5 psi). Les pièges à froid peuvent être refroidis jusqu'à 203 °K (-70 °C) et chauffés jusqu'à 343 °K (70 °C) ;

Des stations « Produit » et « Résidus » pour le transfert de l'UF_6 dans des conteneurs.

Ce matériel et ces tuyauteries sont constitués entièrement ou revêtus intérieurement de matériaux résistant à l'UF_6 (voir la note explicative de la présente section) et sont fabriqués suivant des normes très rigoureuses de vide et de propreté.

5.2.2. Collecteurs/tuyauteries

Tuyauteries et collecteurs spécialement conçus ou préparés pour la manipulation de l'UF_6 à l'intérieur des cascades de centrifugeuses. La tuyauterie est habituellement du type collecteur « triple », chaque centrifugeuse étant connectée à chacun des collecteurs. La répétitivité du montage du système est donc grande. Le système est constitué entièrement de matériaux résistant à l'UF_6 (voir la note explicative de la présente section) et est fabriqué suivant des normes très rigoureuses de vide et de propreté.

5.2.3. Spectromètres de masse pour UF_6/sources d'ions

Spectromètres de masse magnétiques ou quadripolaires spécialement conçus ou préparés, capables de prélever en direct sur les flux d'UF_6 gazeux des échantillons du gaz d'entrée, du produit ou des résidus, et ayant toutes les caractéristiques suivantes :

1. **Pouvoir de résolution unitaire pour l'unité de masse atomique supérieur à 320**
2. **Sources d'ions constituées ou revêtues de nichrome ou de monel ou nickelées**
3. **Sources d'ionisation par bombardement électronique**
4. **Présence d'un collecteur adapté à l'analyse isotopique.**

5.2.4. Convertisseurs de fréquence

Convertisseurs de fréquence spécialement conçus ou préparés pour l'alimentation des stators de moteurs décrits sous 5.1.2 d), ou parties, composants et sous-assemblages de convertisseurs de fréquence, ayant toutes les caractéristiques suivantes :

1. **Sortie multiphasée de 600 à 2 000 Hz**
2. **Stabilité élevée (avec un contrôle de la fréquence supérieur à 0,1 %)**
3. **Faible distorsion harmonique (inférieure à 2 %)**
4. **Rendement supérieur à 80 %.**

Note explicative

Les articles énumérés ci-dessus, soit sont en contact direct avec l'UF_6 gazeux, soit contrôlent directement les centrifugeuses et le passage du gaz d'une centrifugeuse à l'autre et d'une cascade à l'autre.

Les matériaux résistant à la corrosion par l'UF_6 comprennent l'acier inoxydable, l'aluminium, les alliages d'aluminium, le nickel et les alliages contenant 60 % ou plus de nickel.

5.3. Assemblages et composants spécialement conçus ou préparés pour utilisation dans l'enrichissement par diffusion gazeuse

Note d'introduction

Dans la méthode de séparation des isotopes de l'uranium par diffusion gazeuse, le principal assemblage du procédé est constitué par une barrière poreuse spéciale de diffusion gazeuse, un échangeur de chaleur pour refroidir le gaz (qui est échauffé par la compression), des vannes d'étanchéité et des vannes de réglage ainsi que des tuyauteries. Étant donné que le procédé de la diffusion gazeuse fait appel à l'hexafluorure d'uranium (UF_6), toutes les surfaces des équipements, tuyauteries et instruments (qui sont en contact avec le gaz) doivent être constituées de matériaux qui restent stables en présence d'UF_6. Une installation de diffusion gazeuse nécessite un grand nombre d'assemblages de ce type, de sorte que la quantité peut être une indication importante de l'utilisation finale.

5.3.1. Barrières de diffusion gazeuse

a) Filtres minces et poreux spécialement conçus ou préparés, qui ont des pores d'un diamètre de 100 à 1 000 Å (angströms), une épaisseur égale ou inférieure à 5 mm (0,2 pouce) et, dans le cas des formes tubulaires, un diamètre égal ou inférieur à 25 mm (1 pouce) et sont constitués de matériaux métalliques, polymères ou céramiques résistant à la corrosion par l'UF_6.

b) Composés ou poudres préparés spécialement pour la fabrication de ces filtres. Ces composés et poudres comprennent le nickel et des alliages contenant 60 % ou plus de nickel, l'oxyde d'aluminium et les polymères d'hydrocarbures totalement fluorés ayant une pureté égale ou supérieure à 99,9 %, une taille des grains inférieure à 10 microns et une grande uniformité de cette taille, qui sont spécialement préparés pour la fabrication de barrières de diffusion gazeuse.

5.3.2. Diffuseurs

Enceintes spécialement conçues ou préparées, hermétiquement scellées, de forme cylindrique et ayant plus de 300 mm (12 pouces) de diamètre et plus de 900 mm (35 pouces) de long, ou de forme rectangulaire avec des dimensions comparables, qui sont dotées d'un raccord d'entrée et de deux raccords de sortie ayant tous plus de 50 mm (2 pouces) de diamètre, prévues pour contenir la barrière de diffusion gazeuse, constituées ou revêtues intérieurement de matériaux résistant à l'UF_6 et conçues pour être installées horizontalement ou verticalement.

5.3.3. Compresseurs et soufflantes à gaz

Compresseurs axiaux, centrifuges ou volumétriques et soufflantes à gaz spécialement conçus ou préparés, ayant une capacité d'aspiration de 1 m^3/min ou plus d'UF_6 et une pression de sortie pouvant aller jusqu'à plusieurs centaines de kPa (100 psi), conçus pour fonctionner longtemps en atmosphère d'UF_6, avec ou sans moteur électrique de puissance appropriée, et assemblages séparés de compresseurs et soufflantes à gaz de ce type. Ces compresseurs et soufflantes à gaz ont un rapport de compression compris entre 2/1 et 6/1 et sont constitués ou revêtus intérieurement de matériaux résistant à l'UF_6.

5.3.4. Garnitures d'étanchéité d'arbres

Garnitures à vide spécialement conçues ou préparées, avec connexions d'alimentation et d'échappement, pour assurer de manière fiable l'étanchéité de l'arbre reliant le rotor du compresseur ou de la soufflante à gaz au moteur d'entraînement en empêchant l'air de pénétrer dans la chambre intérieure du compresseur ou de la soufflante à gaz qui est remplie d'UF_6. Ces garnitures sont normalement conçues pour un taux de pénétration de gaz tampon inférieur à 1 000 cm^3/min (60 pouces cubes/min).

5.3.5. Échangeurs de chaleur pour le refroidissement de l'UF_6

Échangeurs de chaleur spécialement conçus ou préparés, constitués ou revêtus intérieurement de matériaux résistant à l'UF_6 (à l'exception de l'acier inoxydable) ou de cuivre ou d'une combinaison de ces métaux et prévus pour un taux de variation de la pression due à une fuite qui est inférieur à 10 Pa (0,0015 psi) par heure pour une différence de pression de 100 kPa (15 psi).

5.4. Systèmes, matériel et composants auxiliaires spécialement conçus ou préparés pour utilisation dans l'enrichissement par diffusion gazeuse

Note d'introduction

Les systèmes, le matériel et les composants auxiliaires des usines d'enrichissement par diffusion gazeuse sont les systèmes nécessaires pour introduire l'UF_6 dans l'assemblage de diffusion gazeuse, pour relier les assemblages les uns aux autres en cascades (ou étages) afin d'obtenir des taux d'enrichissement de plus en plus élevés, et pour prélever l'UF_6 dans les cascades de diffusion en tant que « produit » et « résidus ». En raison des fortes propriétés d'inertie des cascades de diffusion, toute interruption de leur fonctionnement, et en particulier leur mise à l'arrêt, a de sérieuses conséquences. Le maintien d'un vide rigoureux et constant dans tous les systèmes du procédé, la protection automatique contre les accidents et le réglage automatique précis du flux de gaz revêtent donc une grande importance dans une usine de diffusion gazeuse. Tout cela oblige à équiper l'usine d'un grand nombre de systèmes spéciaux de commande, de régulation et de mesure.

Habituellement, l'UF_6 est sublimé à partir de cylindres placés dans des autoclaves et envoyé à l'état gazeux au point d'entrée grâce à un collecteur tubulaire de cascade. Les flux de « produit » et de « résidus » issus des points de sortie sont acheminés par un collecteur tubulaire de cascade vers les pièges à froid ou les stations de compression où l'UF_6 gazeux est liquéfié avant d'être transféré dans des conteneurs de transport ou de stockage appropriés. Étant donné qu'une usine d'enrichissement par diffusion gazeuse contient un grand nombre d'assemblages de diffusion gazeuse disposés en cascades, il y a plusieurs kilomètres de tuyauteries comportant des milliers de soudures, ce qui suppose une répétitivité considérable du montage. Le matériel, composants et tuyauteries sont fabriqués suivant des normes très rigoureuses de vide et de propreté.

5.4.1. Systèmes d'alimentation/systèmes de prélèvement du produit et des résidus

Systèmes spécialement conçus ou préparés, capables de fonctionner à des pressions égales ou inférieures à 300 kPa (45 psi) et comprenant :

Des autoclaves (ou systèmes) d'alimentation utilisés pour introduire l'UF_6 dans les cascades de diffusion gazeuse ;

Des pièges à froid utilisés pour prélever l'UF_6 des cascades de diffusion ;

Des stations de liquéfaction où l'UF_6 gazeux provenant de la cascade est comprimé et refroidi pour obtenir de l'UF_6 liquide ;

Des stations « Produit » ou « Résidus » pour le transfert de l'UF_6 dans des conteneurs.

5.4.2. Collecteurs/tuyauteries

Tuyauteries et collecteurs spécialement conçus ou préparés pour la manipulation de l'UF_6 à l'intérieur des cascades de diffusion gazeuse. La tuyauterie est normalement du type collecteur « double », chaque cellule étant connectée à chacun des collecteurs.

5.4.3. Systèmes à vide

a) Grands distributeurs à vide, collecteurs à vide et pompes à vide ayant une capacité d'aspiration égale ou supérieure à 5 m^3/min (175 pieds cubes/min), spécialement conçus ou préparés ;

b) Pompes à vide spécialement conçues pour fonctionner en atmosphère d'UF_6, constituées ou revêtues intérieurement d'aluminium, de nickel ou d'alliages comportant plus de 60 % de nickel. Ces pompes peuvent être rotatives ou volumétriques, être à déplacement et dotées de joints en fluorocarbures et être pourvues de fluides de service spéciaux.

5.4.4. Vannes spéciales d'arrêt et de réglage

Soufflets d'arrêt et de réglage, manuels ou automatiques, spécialement conçus ou préparés, constitués de matériaux résistant à l'UF_6 et ayant un diamètre compris entre 40 et 1 500 mm (1,5 à 59 pouces) pour installation dans des systèmes principaux et auxiliaires des usines d'enrichissement par diffusion gazeuse.

5.4.5. Spectromètres de masse pour UF_6/sources d'ions

Spectromètres de masse magnétiques ou quadripolaires spécialement conçus ou préparés, capables de prélever en direct sur les flux d'UF_6 gazeux des échantillons du gaz d'entrée, du produit ou des résidus, et ayant toutes les caractéristiques suivantes :

1. Pouvoir de résolution unitaire pour l'unité de masse atomique supérieur à 320

2. Sources d'ions constituées ou revêtues de nichrome ou de monel ou nickelées

3. Sources d'ionisation par bombardement électronique

4. Collecteur adapté à l'analyse isotopique.

<u>Note explicative</u>

Les articles énumérés ci-dessus, soit sont en contact direct avec l'UF_6 gazeux, soit contrôlent directement le flux de gaz dans la cascade. Toutes les surfaces qui sont en contact avec le gaz de procédé sont constituées entièrement ou revêtues de matériaux résistant à l'UF_6. Aux fins des sections relatives aux articles pour diffusion gazeuse, les matériaux résistant à la corrosion par l'UF_6 comprennent l'acier inoxydable, l'aluminium, les alliages d'aluminium, l'oxyde d'aluminium, le nickel et les alliages contenant 60 % ou plus de nickel et les polymères d'hydrocarbures totalement fluorés résistant à l'UF_6.

5.5. Systèmes, matériel et composants spécialement conçus ou préparés pour utilisation dans les usines d'enrichissement par procédé aérodynamique

Note d'introduction

Dans les procédés d'enrichissement aérodynamiques, un mélange d'UF_6 gazeux et d'un gaz léger (hydrogène ou hélium) est comprimé, puis envoyé au travers d'éléments séparateurs dans lesquels la séparation isotopique se fait grâce à la production de forces centrifuges importantes le long d'une paroi courbe. Deux procédés de ce type ont été mis au point avec de bons résultats : le procédé à tuyères et le procédé vortex. Dans les deux cas, les principaux composants d'un étage de séparation comprennent des enceintes cylindriques qui renferment les éléments de séparation spéciaux (tuyères ou tubes vortex), des compresseurs et des échangeurs de chaleur destinés à évacuer la chaleur de compression. Une usine d'enrichissement par procédé aérodynamique nécessite un grand nombre de ces étages, de sorte que la quantité peut être une indication importante de l'utilisation finale. Étant donné que les procédés aérodynamiques font appel à l'UF_6, toutes les surfaces des équipements, tuyauteries et instruments (qui sont en contact avec le gaz) doivent être constituées de matériaux qui restent stables au contact de l'UF_6.

Note explicative

Les articles énumérés dans la présente section soit sont en contact direct avec l'UF_6 gazeux, soit contrôlent directement le flux de gaz dans la cascade. Toutes les surfaces qui sont en contact avec le gaz de procédé sont constituées entièrement ou revêtues de matériaux résistant à l'UF_6. Aux fins de la section relative aux articles pour enrichissement par procédé aérodynamique, les matériaux résistant à la corrosion par l'UF_6 comprennent le cuivre, l'acier inoxydable, l'aluminium, les alliages d'aluminium, le nickel et les alliages contenant 60 % ou plus de nickel, et les polymères d'hydrocarbures totalement fluorés résistant à l'UF_6.

5.5.1. Tuyères de séparation

Tuyères de séparation et assemblages de tuyères de séparation spécialement conçus ou préparés. Les tuyères de séparation sont constituées de canaux incurvés à section à fente, de rayon de courbure inférieur à 1 mm (habituellement compris entre 0,1 et 0,05 mm), résistant à la corrosion par l'UF_6, à l'intérieur desquels un écorceur sépare en deux fractions le gaz circulant dans la tuyère.

5.5.2. Tubes vortex

Tubes vortex et assemblages de tubes vortex, spécialement conçus ou préparés. Les tubes vortex, de forme cylindrique ou conique, sont constitués ou revêtus de matériaux résistant à la corrosion par l'UF_6, ont un diamètre compris entre 0,5 cm et 4 cm et un rapport longueur/diamètre inférieur ou égal à 20:1, et sont munis d'un ou plusieurs canaux d'admission tangentiels. Les tubes peuvent être équipés de dispositifs de type tuyère à l'une de leurs extrémités ou à leurs deux extrémités.

Note explicative

Le gaz pénètre tangentiellement dans le tube vortex à l'une de ses extrémités, ou par l'intermédiaire de cyclones, ou encore tangentiellement par de nombreux orifices situés le long de la périphérie du tube.

5.5.3. Compresseurs et soufflantes à gaz

Compresseurs axiaux, centrifuges ou volumétriques ou soufflantes à gaz spécialement conçus ou préparés, constitués ou revêtus de matériaux résistant à la corrosion par l'UF_6 et ayant une capacité d'aspiration du mélange d'UF_6 et de gaz porteur (hydrogène ou hélium) de 2 m^3/min ou plus.

Note explicative

Ces compresseurs et ces soufflantes à gaz ont généralement un rapport de compression compris entre 1,2/1 et 6/1.

5.5.4. Garnitures d'étanchéité d'arbres

Garnitures spécialement conçues ou préparées, avec connexions d'alimentation et d'échappement, pour assurer de manière fiable l'étanchéité de l'arbre reliant le rotor du compresseur ou de la soufflante à gaz au moteur d'entraînement en empêchant le gaz de procédé de s'échapper, ou l'air ou le gaz d'étanchéité de pénétrer dans la chambre intérieure du compresseur ou de la soufflante à gaz qui est remplie du mélange d'UF_6 et de gaz porteur.

5.5.5. Échangeurs de chaleur pour le refroidissement du mélange de gaz

Échangeurs de chaleur spécialement conçus ou préparés, constitués ou revêtus de matériaux résistant à la corrosion par l'UF_6.

5.5.6. Enceintes renfermant les éléments de séparation

Enceintes spécialement conçues ou préparées, constituées ou revêtues de matériaux résistant à la corrosion par l'UF_6, destinées à recevoir les tubes vortex ou les tuyères de séparation.

Note explicative

Ces enceintes peuvent être des conteneurs de forme cylindrique ayant plus de 300 mm de diamètre et plus de 900 mm de long, ou de forme rectangulaire avec des dimensions comparables, et elles peuvent être conçues pour être installées horizontalement ou verticalement.

5.5.7. Systèmes d'alimentation/systèmes de prélèvement du produit et des résidus

Systèmes ou équipements spécialement conçus ou préparés pour les usines d'enrichissement, constitués ou revêtus de matériaux résistant à la corrosion par l'UF_6 et comprenant :

a) Des autoclaves, fours et systèmes d'alimentation utilisés pour introduire l'UF_6 dans le processus d'enrichissement ;

b) Des pièges à froid utilisés pour prélever l'UF_6 du processus d'enrichissement en vue de son transfert ultérieur après réchauffement ;

c) Des stations de solidification ou de liquéfaction utilisées pour prélever l'UF_6 du processus d'enrichissement, par compression et passage à l'état liquide ou solide ;

d) Des stations « Produit » ou « Résidus » pour le transfert de l'UF_6 dans des conteneurs.

5.5.8. Collecteurs/tuyauteries

Tuyauteries et collecteurs constitués ou revêtus de matériaux résistant à la corrosion par l'UF_6, spécialement conçus ou préparés pour la manipulation de l'UF_6 à l'intérieur des cascades aérodynamiques. La tuyauterie est normalement du type collecteur « double », chaque étage ou groupe d'étages étant connecté à chacun des collecteurs.

5.5.9. Systèmes et pompes à vide

a) Systèmes à vide spécialement conçus ou préparés, ayant une capacité d'aspiration supérieure ou égale à 5 m^3/min, comprenant des distributeurs à vide, des collecteurs à vide et des pompes à vide et conçus pour fonctionner en atmosphère d'UF_6.

b) Pompes à vide spécialement conçues ou préparées pour fonctionner en atmosphère d'UF_6, et constituées ou revêtues de matériaux résistant à la corrosion par l'UF_6. Ces pompes peuvent être dotées de joints en fluorocarbures et pourvues de fluides de service spéciaux.

5.5.10. Vannes spéciales d'arrêt et de réglage

Soufflets d'arrêt et de réglage, manuels ou automatiques, constitués ou revêtus de matériaux résistant à la corrosion par l'UF_6 et ayant un diamètre compris entre 40 et 1 500 mm, spécialement conçus ou préparés pour installation dans des systèmes principaux ou auxiliaires d'usines d'enrichissement par procédé aérodynamique.

5.5.11. Spectromètres de masse pour UF_6/sources d'ions

Spectromètres de masse magnétiques ou quadripolaires spécialement conçus ou préparés, capables de prélever en direct sur les flux d'UF_6 gazeux des échantillons du gaz d'entrée, du produit ou des résidus, et ayant toutes les caractéristiques suivantes :

1. Pouvoir de résolution unitaire pour l'unité de masse atomique supérieur à 320

2. Sources d'ions constituées ou revêtues de nichrome ou de monel ou nickelées

3. Sources d'ionisation par bombardement électronique

4. Collecteur adapté à l'analyse isotopique.

5.5.12. Systèmes de séparation de l'UF_6 et du gaz porteur

Systèmes spécialement conçus ou préparés pour séparer l'UF_6 du gaz porteur (hydrogène ou hélium).

<u>Note explicative</u>

Ces systèmes sont conçus pour réduire la teneur en UF_6 du gaz porteur à 1 ppm ou moins et peuvent comprendre les équipements suivants :

a) Échangeurs de chaleur cryogéniques et cryoséparateurs capables d'atteindre des températures inférieures ou égales à -120 °C ;

b) Appareils de réfrigération cryogéniques capables d'atteindre des températures inférieures ou égales à -120 °C ;

c) Tuyères de séparation ou tubes vortex pour séparer l'UF_6 du gaz porteur ;

d) Pièges à froid pour l'UF_6 capables d'atteindre des températures inférieures ou égales à – 20 °C.

5.6. Systèmes, matériel et composants spécialement conçus ou préparés pour utilisation dans les usines d'enrichissement par échange chimique ou par échange d'ions

<u>Note d'introduction</u>

Les différences de masse minimes que présentent les isotopes de l'uranium entraînent de légères différences dans l'équilibre des réactions chimiques, phénomène qui peut être utilisé pour séparer les isotopes. Deux procédés ont été mis au point avec de bons résultats : l'échange chimique liquide-liquide et l'échange d'ions solide-liquide.

Dans le procédé d'échange chimique liquide-liquide, deux phases liquides non miscibles (aqueuse et organique) sont mises en contact par circulation à contre-courant de façon à obtenir un effet de cascade correspondant à plusieurs milliers d'étages de séparation. La phase aqueuse est composée de chlorure d'uranium en solution dans de l'acide chlorhydrique ; la phase organique est constituée d'un agent d'extraction contenant du chlorure d'uranium dans un solvant organique. Les contacteurs employés dans la cascade de séparation peuvent être des colonnes d'échange liquide-liquide (telles que des colonnes pulsées à plateaux perforés) ou des contacteurs centrifuges liquide-liquide. Des phénomènes chimiques (oxydation et réduction) sont nécessaires à chacune des deux extrémités de la cascade de séparation afin d'y permettre le reflux. L'un des principaux soucis du concepteur est d'éviter la contamination des flux du procédé par certains ions métalliques. On utilise par conséquent des colonnes et des tuyauteries en plastique, revêtues intérieurement de plastique (y compris des fluorocarbures polymères) et/ou revêtues intérieurement de verre.

Dans le procédé d'échange d'ions solide-liquide, l'enrichissement est réalisé par adsorption/désorption de l'uranium sur une résine échangeuse d'ions ou un adsorbant spécial à action très rapide. La solution d'uranium dans l'acide chlorhydrique et d'autres agents chimiques est acheminée à travers des colonnes d'enrichissement cylindriques contenant un garnissage constitué de l'adsorbant. Pour que le processus se déroule de manière continue, il faut qu'un système de reflux libère l'uranium de l'adsorbant pour le remettre en circulation dans la phase liquide, de façon à ce que le produit et les résidus puissent être collectés. Cette opération est effectuée au moyen d'agents chimiques d'oxydo-réduction appropriés, qui sont totalement régénérés dans des circuits externes indépendants et peuvent être partiellement régénérés dans les colonnes de séparation proprement dites. En raison de la présence de solutions dans de l'acide chlorhydrique concentré chaud, les équipements doivent être constitués ou revêtus de matériaux spéciaux résistant à la corrosion.

5.6.1. Colonnes d'échange liquide-liquide (échange chimique)

Colonnes d'échange liquide-liquide à contre-courant avec apport d'énergie mécanique (à savoir colonnes pulsées à plateaux perforés, colonnes à plateaux animés d'un mouvement alternatif et colonnes munies de turbo-agitateurs internes), spécialement conçues ou préparées pour l'enrichissement de l'uranium par le procédé d'échange chimique. Afin de les rendre résistantes à la corrosion par les solutions dans de l'acide chlorhydrique concentré, les colonnes et leurs internes sont constitués ou revêtus de matériaux plastiques appropriés (fluorocarbures polymères, par exemple) ou de verre. Les colonnes sont conçues de telle manière que le temps de séjour correspondant à un étage soit court (30 secondes au plus).

5.6.2. Contacteurs centrifuges liquide-liquide (échange chimique)

Contacteurs centrifuges liquide-liquide spécialement conçus ou préparés pour l'enrichissement de l'uranium par le procédé d'échange chimique. Dans ces contacteurs, la dispersion des flux organique et aqueux est obtenue par rotation, puis la séparation des phases par application d'une force centrifuge. Afin de les rendre résistants à la corrosion par les solutions dans de l'acide chlorhydrique concentré, les contacteurs sont constitués ou revêtus de matériaux plastiques appropriés (fluorocarbures polymères, par exemple) ou revêtus de verre. Les contacteurs centrifuges sont conçus de telle manière que le temps de séjour correspondant à un étage soit court (30 secondes au plus).

5.6.3. Systèmes et équipements de réduction de l'uranium (échange chimique)

a) Cellules de réduction électrochimique spécialement conçues ou préparées pour ramener l'uranium d'un état de valence à un état inférieur en vue de son enrichissement par le procédé d'échange chimique. Les matériaux de la cellule en contact avec les solutions du procédé doivent être résistants à la corrosion par les solutions dans de l'acide chlorhydrique concentré.

Note explicative

Le compartiment cathodique de la cellule doit être conçu de manière à empêcher que l'uranium ne repasse à la valence supérieure par réoxydation. Afin de maintenir l'uranium dans le compartiment cathodique, la cellule peut être pourvue d'une membrane inattaquable constituée d'un matériau spécial échangeur de cations. La cathode est constituée d'un matériau conducteur solide approprié tel que le graphite.

b) Systèmes situés à l'extrémité de la cascade où est récupéré le produit, spécialement conçus ou préparés pour prélever U^{4+} sur le flux organique, ajuster la concentration en acide et alimenter les cellules de réduction électrochimique.

Note explicative

Ces systèmes comprennent les équipements d'extraction par solvant permettant de prélever U^{4+} sur le flux organique pour l'introduire dans la solution aqueuse, les équipements d'évaporation et/ou autres équipements permettant d'ajuster et de contrôler le pH de la solution, ainsi que les pompes ou autres dispositifs de transfert destinés à alimenter les cellules de réduction électrochimique. L'un des principaux soucis du concepteur est d'éviter la contamination du flux aqueux par certains ions métalliques. Par conséquent, les parties du système qui sont en contact avec le flux du procédé sont composées d'éléments constitués ou revêtus de matériaux appropriés (tels que le verre, les fluorocarbures polymères, le sulfate de polyphényle, le polyéther sulfone et le graphite imprégné de résine).

5.6.4. Systèmes de préparation de l'alimentation (échange chimique)

Systèmes spécialement conçus ou préparés pour produire des solutions de chlorure d'uranium de grande pureté destinées à alimenter les usines de séparation des isotopes de l'uranium par échange chimique.

Note explicative

Ces systèmes comprennent les équipements de purification par dissolution, extraction par solvant et/ou échange d'ions, ainsi que les cellules électrolytiques pour réduire l'uranium U^{6+} ou U^{4+} en U^{3+}. Ils produisent des solutions de chlorure d'uranium ne contenant que quelques parties par million d'impuretés métalliques telles que chrome, fer, vanadium, molybdène et autres cations de valence égale ou supérieure à 2. Les matériaux dont sont constituées ou revêtues les parties du système où est traité de l'uranium U^{3+} de grande pureté comprennent le verre, les fluorocarbures polymères, le sulfate de polyphényle ou le polyéther sulfone et le graphite imprégné de résine.

5.6.5. Systèmes d'oxydation de l'uranium (échange chimique)

Systèmes spécialement conçus ou préparés pour oxyder U^{3+} en U^{4+} en vue du reflux vers la cascade de séparation des isotopes dans le procédé d'enrichissement par échange chimique.

Note explicative

Ces systèmes peuvent comprendre des appareils des types suivants :

a) Appareils destinés à mettre en contact le chlore et l'oxygène avec l'effluent aqueux provenant de la section de séparation des isotopes et à prélever U^{4+} qui en résulte pour l'introduire dans l'effluent organique appauvri provenant de l'extrémité de la cascade où est prélevé le produit ;

b) Appareils qui séparent l'eau de l'acide chlorhydrique de façon à ce que l'eau et l'acide chlorhydrique concentré puissent être réintroduits dans le processus aux emplacements appropriés.

5.6.6. Résines échangeuses d'ions/adsorbants à réaction rapide (échange d'ions)

Résines échangeuses d'ions ou adsorbants à réaction rapide spécialement conçus ou préparés pour l'enrichissement de l'uranium par le procédé d'échange d'ions, en particulier résines poreuses macroréticulées et/ou structures pelliculaires dans lesquelles les groupes actifs d'échange chimique sont limités à un revêtement superficiel sur un support poreux inactif, et autres structures composites sous une forme appropriée, et notamment sous forme de particules ou de fibres. Ces articles ont un diamètre inférieur ou égal à 0,2 mm ; du point de vue chimique, ils doivent être résistant aux solutions dans de l'acide chlorhydrique concentré et, du point de vue physique, être suffisamment solides pour ne pas se dégrader dans les colonnes d'échange. Ils sont spécialement conçus pour obtenir de très grandes vitesses d'échange des isotopes de l'uranium (temps de demi-réaction inférieur à 10 secondes) et sont efficaces à des températures comprises entre 100 °C et 200 °C.

5.6.7. Colonnes d'échange d'ions (échange d'ions)

Colonnes cylindriques de plus de 1 000 mm de diamètre contenant un garnissage de résine échangeuse d'ions/d'absorbant, spécialement conçues ou préparées pour l'enrichissement de l'uranium par le procédé d'échange d'ions. Ces colonnes sont constituées ou revêtues de matériaux (tels que le titane ou les plastiques à base de fluorocarbures) résistant à la corrosion par des solutions dans de l'acide chlorhydrique concentré, et peuvent fonctionner à des températures comprises entre 100 °C et 200 °C et à des pressions supérieures à 0,7 MPa (102 psia).

5.6.8. Systèmes de reflux (échange d'ions)

a) Systèmes de réduction chimique ou électrochimique spécialement conçus ou préparés pour régénérer l'agent (les agents) de réduction chimique utilisé(s) dans les cascades d'enrichissement de l'uranium par le procédé d'échange d'ions.

b) Systèmes d'oxydation chimique ou électrochimique spécialement conçus ou préparés pour régénérer l'agent (les agents) d'oxydation chimique utilisé(s) dans les cascades d'enrichissement de l'uranium par le procédé d'échange d'ions.

<u>Note explicative</u>

Dans le procédé d'enrichissement par échange d'ions, on peut par exemple utiliser comme cation réducteur le titane trivalent (Ti^{3+}) : le système de réduction régénérerait alors Ti^{3+} par réduction de Ti^{4+}.

De même, on peut par exemple utiliser comme oxydant le fer trivalent (Fe^{3+}) : le système d'oxydation régénérerait alors Fe^{3+} par oxydation de Fe^{2+}.

5.7. Systèmes, matériel et composants spécialement conçus et préparés pour utilisation dans les usines d'enrichissement par laser

<u>Note d'introduction</u>

Les systèmes actuellement employés dans les procédés d'enrichissement par laser peuvent être classés en deux catégories, selon le milieu auquel est appliqué le procédé : vapeur atomique d'uranium ou vapeur d'un composé de l'uranium. Ces procédés sont notamment connus sous les dénominations courantes suivantes : première catégorie - séparation des isotopes par laser sur vapeur atomique (SILVA ou AVLIS) ; seconde catégorie - séparation des isotopes par irradiation au laser de molécules (SILMO ou MLIS) et réaction chimique par activation laser isotopiquement sélective (CRISLA). Les systèmes, le matériel et les composants utilisés dans les usines d'enrichissement par laser comprennent : a) des dispositifs d'alimentation en vapeur d'uranium métal (en vue d'une photo-ionisation sélective) ou des dispositifs d'alimentation en vapeur d'un composé de l'uranium (en vue d'une photodissociation ou d'une activation chimique) ; b) des dispositifs pour recueillir l'uranium métal enrichi (produit) et appauvri (résidus) dans les procédés de la première catégorie et des dispositifs pour recueillir les composés dissociés ou activés (produit) et les matières non modifiées (résidus) dans les procédés de la seconde catégorie ; c) des systèmes laser de procédé pour exciter sélectivement la forme uranium 235 ; d) des équipements pour la préparation de l'alimentation et pour la conversion du produit. En raison de la complexité de la spectroscopie des atomes d'uranium et des composés de l'uranium, il peut falloir englober les articles utilisés dans tous ceux des procédés laser qui sont disponibles.

Note explicative

Un grand nombre des articles énumérés dans la présente section sont en contact direct soit avec l'uranium métal vaporisé ou liquide, soit avec un gaz de procédé consistant en UF_6 ou en un mélange d'UF_6 et d'autres gaz. Toutes les surfaces qui sont en contact avec l'uranium ou l'UF_6 sont constituées entièrement ou revêtues de matériaux résistant à la corrosion. Aux fins de la section relative aux articles pour enrichissement par laser, les matériaux résistant à la corrosion par l'uranium métal ou les alliages d'uranium vaporisés ou liquides sont le graphite revêtu d'oxyde d'yttrium et le tantale ; les matériaux résistant à la corrosion par l'UF_6 sont le cuivre, l'acier inoxydable, l'aluminium, les alliages d'aluminium, le nickel, les alliages contenant 60 % ou plus de nickel et les polymères d'hydrocarbures totalement fluorés résistant à l'UF_6.

5.7.1. Systèmes de vaporisation de l'uranium (SILVA)

Systèmes de vaporisation de l'uranium spécialement conçus ou préparés, renfermant des canons à électrons de grande puissance à faisceau en nappe ou à balayage, fournissant une puissance au niveau de la cible supérieure à 2,5 kW/cm.

5.7.2. Systèmes de manipulation de l'uranium métal liquide (SILVA)

Systèmes de manipulation de métaux liquides spécialement conçus ou préparés pour l'uranium ou les alliages d'uranium fondus, comprenant des creusets et des équipements de refroidissement pour les creusets.

Note explicative

Les creusets et autres parties de ces systèmes qui sont en contact avec l'uranium ou les alliages d'uranium fondus sont constitués ou revêtus de matériaux ayant une résistance appropriée à la corrosion et à la chaleur. Les matériaux appropriés comprennent le tantale, le graphite revêtu d'oxyde d'yttrium, le graphite revêtu d'autres oxydes de terres rares ou des mélanges de ces substances.

5.7.3. Assemblages collecteurs du produit et des résidus d'uranium métal (SILVA)

Assemblages collecteurs du produit et des résidus spécialement conçus ou préparés pour l'uranium métal à l'état liquide ou solide.

Note explicative

Les composants de ces assemblages sont constitués ou revêtus de matériaux résistant à la chaleur et à la corrosion par l'uranium métal vaporisé ou liquide (tels que le graphite recouvert d'oxyde d'yttrium ou le tantale) et peuvent comprendre des tuyaux, des vannes, des raccords, des « gouttières », des traversants, des échangeurs de chaleur et des plaques collectrices utilisées dans les méthodes de séparation magnétique, électrostatique ou autres.

5.7.4. Enceintes de module séparateur (SILVA)

Conteneurs de forme cylindrique ou rectangulaire spécialement conçus ou préparés pour loger la source de vapeur d'uranium métal, le canon à électrons et les collecteurs du produit et de résidus.

Note explicative

Ces enceintes sont pourvues d'un grand nombre d'orifices pour les barreaux électriques et les traversants destinés à l'alimentation en eau, les fenêtres des faisceaux laser, les raccordements de pompes à vide et les appareils de diagnostic et de surveillance. Elles sont dotées de moyens d'ouverture et de fermeture qui permettent la remise en état des internes.

5.7.5. Tuyères de détente supersonique (SILMO)

Tuyères de détente supersonique, résistant à la corrosion par l'UF_6, spécialement conçues ou préparées pour refroidir les mélanges d'UF_6 et de gaz porteur jusqu'à 150 °K ou moins.

5.7.6. Collecteurs du produit (pentafluorure d'uranium) (SILMO)

Collecteurs de pentafluorure d'uranium (UF_5) solide spécialement conçus ou préparés, constitués de collecteurs ou de combinaisons de collecteurs à filtre, à impact ou à cyclone et résistant à la corrosion en milieu UF_5/UF_6.

5.7.7. Compresseurs d'UF_6/gaz porteur (SILMO)

Compresseurs spécialement conçus ou préparés pour les mélanges d'UF_6 et de gaz porteur, prévus pour un fonctionnement de longue durée en atmosphère d'UF_6. Les composants de ces compresseurs qui sont en contact avec le gaz de procédé sont constitués ou revêtus de matériaux résistant à la corrosion par l'UF_6.

5.7.8. Garnitures d'étanchéité d'arbres (SILMO)

Garnitures spécialement conçues ou préparées, avec connexions d'alimentation et d'échappement, pour assurer de manière fiable l'étanchéité de l'arbre reliant le rotor du compresseur au moteur d'entraînement en empêchant le gaz de procédé de s'échapper, ou l'air ou le gaz d'étanchéité de pénétrer dans la chambre intérieure du compresseur qui est rempli du mélange UF_6/gaz porteur.

5.7.9. Systèmes de fluoration (SILMO)

Systèmes spécialement conçus ou préparés pour fluorer l'UF_5 (solide) en UF_6 (gazeux).

Note explicative

Ces systèmes sont conçus pour fluorer la poudre d'UF_5, puis recueillir l'UF_6, dans les conteneurs destinés au produit, ou le réintroduire dans les unités SILMO en vue d'un enrichissement plus poussé. Dans l'une des méthodes possibles, la fluoration peut être réalisée à l'intérieur du système de séparation des isotopes, la réaction et la récupération se faisant directement au niveau des collecteurs du produit. Dans une autre méthode, la poudre d'UF_5 peut être retirée des collecteurs du produit et transférée dans une enceinte appropriée (par exemple réacteur à lit fluidisé, réacteur hélicoïdal ou tour à flamme) pour y subir la fluoration. Dans les deux méthodes, on emploie un certain matériel pour le stockage et le transfert du fluor (ou d'autres agents de fluoration appropriés) et pour la collecte et le transfert de l'UF_6.

5.7.10. Spectromètres de masse pour UF_6/sources d'ions (SILMO)

Spectromètres de masse magnétiques ou quadripolaires spécialement conçus ou préparés, capables de prélever en direct sur les flux d'UF_6 gazeux des échantillons du gaz d'entrée, du produit ou des résidus, et ayant toutes les caractéristiques suivantes :

1. Pouvoir de résolution unitaire pour l'unité de masse atomique supérieur à 320
2. Sources d'ions constituées ou revêtues de nichrome ou de monel ou nickelées
3. Sources d'ionisation par bombardement électronique
4. Collecteur adapté à l'analyse isotopique.

5.7.11. Systèmes d'alimentation/systèmes de prélèvement du produit et des résidus (SILMO)

Systèmes ou équipements spécialement conçus ou préparés pour les usines d'enrichissement, constitués ou revêtus de matériaux résistant à la corrosion par l'UF_6 et comprenant :

a) Des autoclaves, fours et systèmes d'alimentation utilisés pour introduire l'UF_6 dans le processus d'enrichissement ;

b) Des pièges à froid utilisés pour retirer l'UF_6 du processus d'enrichissement en vue de son transfert ultérieur après réchauffement ;

c) Des stations de solidification ou de liquéfaction utilisées pour retirer l'UF_6 du processus d'enrichissement par compression et passage à l'état liquide ou solide ;

d) Des stations « Produit » ou « Résidus » pour le transfert de l'UF_6 dans des conteneurs.

5.7.12. Systèmes de séparation de l'UF_6 et du gaz porteur (SILMO)

Systèmes spécialement conçus ou préparés pour séparer l'UF_6 du gaz porteur. Ce dernier peut être l'azote, l'argon ou un autre gaz.

Note explicative

Ces systèmes peuvent comprendre les équipements suivants :

a) Échangeurs de chaleur cryogéniques et cryoséparateurs capables d'atteindre des températures inférieures ou égales à -120 °C ;

b) Appareils de réfrigération cryogéniques capables d'atteindre des températures inférieures ou égales à -120 °C ;

c) Pièges à froid pour l'UF_6 capables d'atteindre des températures inférieures ou égales à - 20 °C.

5.7.13. Systèmes laser (SILVA, SILMO et CRISLA)

Lasers ou systèmes laser spécialement conçus ou préparés pour la séparation des isotopes de l'uranium.

Note explicative

Le système laser utilisé dans le procédé SILVA comprend généralement deux lasers : un laser à vapeur de cuivre et un laser à colorant. Le système laser employé dans le procédé SILMO comprend généralement un laser à CO_2 ou un laser à excimère et une cellule optique à multipassages munie de miroirs tournants aux deux extrémités. Dans les deux procédés, les lasers ou les systèmes laser doivent être munis d'un stabilisateur de fréquence pour pouvoir fonctionner pendant de longues périodes.

5.8. Systèmes, matériel et composants spécialement conçus ou préparés pour utilisation dans les usines d'enrichissement par séparation des isotopes dans un plasma

Note d'introduction

Dans le procédé de séparation dans un plasma, un plasma d'ions d'uranium traverse un champ électrique accordé à la fréquence de résonance des ions ^{235}U, de sorte que ces derniers absorbent de l'énergie de manière préférentielle et que le diamètre de leurs orbites hélicoïdales s'accroît. Les ions qui suivent un parcours de grand diamètre sont piégés et on obtient un produit enrichi en ^{235}U. Le plasma, qui est créé en ionisant de la vapeur d'uranium, est contenu dans une enceinte à vide soumise à un champ magnétique de haute intensité produit par un aimant supraconducteur. Les principaux systèmes du procédé comprennent le système générateur du plasma d'uranium, le module séparateur et son aimant supraconducteur et les systèmes de prélèvement de l'uranium métal destinés à collecter le produit et les résidus.

5.8.1. Sources d'énergie hyperfréquence et antennes

Sources d'énergie hyperfréquence et antennes spécialement conçues ou préparées pour produire ou accélérer des ions et ayant les caractéristiques suivantes : fréquence supérieure à 30 GHz et puissance de sortie moyenne supérieure à 50 kW pour la production d'ions.

5.8.2. Bobines excitatrices d'ions

Bobines excitatrices d'ions à haute fréquence spécialement conçues ou préparées pour des fréquences supérieures à 100 kHz et capables de supporter une puissance moyenne supérieure à 40 kW.

5.8.3. Systèmes générateurs de plasma d'uranium

Systèmes de production de plasma d'uranium spécialement conçus ou préparés, pouvant renfermer des canons à électrons de grande puissance à faisceau en nappe ou à balayage, fournissant une puissance au niveau de la cible supérieure à 2,5 kW/cm.

5.8.4. Systèmes de manipulation de l'uranium métal liquide

Systèmes de manipulation de métaux liquides spécialement conçus ou préparés pour l'uranium ou les alliages d'uranium fondus, comprenant des creusets et des équipements de refroidissement pour les creusets.

Note explicative

Les creusets et autres parties de ces systèmes qui sont en contact avec l'uranium ou les alliages d'uranium fondus sont constitués ou revêtus de matériaux ayant une résistance appropriée à la corrosion et à la chaleur. Les matériaux appropriés comprennent le tantale, le graphite revêtu d'oxyde d'yttrium, le graphite revêtu d'autres oxydes de terres rares ou des mélanges de ces substances.

5.8.5. Assemblages collecteurs du produit et des résidus d'uranium métal

Assemblages collecteurs du produit et des résidus spécialement conçus ou préparés pour l'uranium métal à l'état solide. Ces assemblages collecteurs sont constitués ou revêtus de matériaux résistant à la chaleur et à la corrosion par la vapeur d'uranium métal, tels que le graphite revêtu d'oxyde d'yttrium ou le tantale.

5.8.6. Enceintes de module séparateur

Conteneurs cylindriques spécialement conçus ou préparés pour les usines d'enrichissement par séparation des isotopes dans un plasma et destinés à loger la source de plasma d'uranium, la bobine excitatrice à haute fréquence et les collecteurs du produit et des résidus.

Note explicative

Ces enceintes sont pourvues d'un grand nombre d'orifices pour les barreaux électriques, les raccordements de pompes à diffusion et les appareils de diagnostic et de surveillance. Elles sont dotées de moyens d'ouverture et de fermeture qui permettent la remise en état des internes et sont constituées d'un matériau non magnétique approprié tel que l'acier inoxydable.

5.9. Systèmes, matériel et composants spécialement conçus et préparés pour utilisation dans les usines d'enrichissement par le procédé électromagnétique

Note d'introduction

Dans le procédé électromagnétique, les ions d'uranium métal produits par ionisation d'un sel (en général UCl_4) sont accélérés et envoyés à travers un champ magnétique sous l'effet duquel les ions des différents isotopes empruntent des parcours différents. Les principaux composants d'un séparateur d'isotopes électromagnétique sont les suivants : champ magnétique provoquant la déviation du faisceau d'ions et la séparation des isotopes, source d'ions et son système accélérateur et collecteurs pour recueillir les ions après séparation. Les systèmes auxiliaires utilisés dans le procédé comprennent l'alimentation de l'aimant, l'alimentation haute tension de la source d'ions, l'installation de vide et d'importants systèmes de manipulation chimique pour la récupération du produit et l'épuration ou le recyclage des composants.

5.9.1. Séparateurs électromagnétiques

Séparateurs électromagnétiques spécialement conçus ou préparés pour la séparation des isotopes de l'uranium, et matériel et composants pour cette séparation, à savoir en particulier :

a) Sources d'ions

Sources d'ions uranium uniques ou multiples, spécialement conçues ou préparées, comprenant la source de vapeur, l'ionisateur et l'accélérateur de faisceau, constituées de matériaux appropriés comme le graphite, l'acier inoxydable ou le cuivre, et capables de fournir un courant d'ionisation total égal ou supérieur à 50 mA.

b) Collecteurs d'ions

Plaques collectrices comportant des fentes et des poches (deux ou plus), spécialement conçues ou préparées pour collecter les faisceaux d'ions uranium enrichis et appauvris, et constituées de matériaux appropriés comme le graphite ou l'acier inoxydable.

c) Encenites à vide

Enceintes à vide spécialement conçues ou préparées pour les séparateurs électromagnétiques, constituées de matériaux non magnétiques appropriés comme l'acier inoxydable et conçues pour fonctionner à des pressions inférieures ou égales à 0,1 Pa.

Note explicative

Les enceintes sont spécialement conçues pour renfermer les sources d'ions, les plaques collectrices et les chemises d'eau et sont dotées des moyens de raccorder les pompes à diffusion et de dispositifs d'ouverture et de fermeture qui permettent de déposer et de reposer ces composants.

d) Pièces polaires

Pièces polaires spécialement conçues ou préparées, de diamètre supérieur à 2 m, utilisées pour maintenir un champ magnétique constant à l'intérieur du séparateur électromagnétique et pour transférer le champ magnétique entre séparateurs contigus.

5.9.2. Alimentations haute tension

Alimentations haute tension spécialement conçues ou préparées pour les sources d'ions et ayant toutes les caractéristiques suivantes : capables de fournir en permanence, pendant une période de 8 heures, une tension de sortie égale ou supérieure à 20 000 V avec une intensité de sortie égale ou supérieure à 1 A et une variation de tension inférieure à 0,01 %.

5.9.3. Alimentations des aimants

Alimentations des aimants en courant continu de haute intensité spécialement conçues ou préparées et ayant toutes les caractéristiques suivantes : capables de produire en permanence, pendant une période de 8 heures, un courant d'intensité supérieure ou égale à 500 A à une tension supérieure ou égale à 100 V, avec des variations d'intensité et de tension inférieures à 0,01 %.

6. USINES DE PRODUCTION D'EAU LOURDE, DE DEUTÉRIUM ET DE COMPOSÉS DE DEUTÉRIUM ; ÉQUIPEMENTS SPÉCIALEMENT CONÇUS OU PRÉPARÉS À CETTE FIN

Note d'introduction

Divers procédés permettent de produire de l'eau lourde. Toutefois, les deux procédés dont il a été prouvé qu'ils sont commercialement viables sont le procédé d'échange eau-sulfure d'hydrogène (procédé GS) et le procédé d'échange ammoniac-hydrogène.

Le procédé GS repose sur l'échange d'hydrogène et de deutérium entre l'eau et le sulfure d'hydrogène dans une série de tours dont la section haute est froide et la section basse chaude. Dans les tours, l'eau s'écoule de haut en bas et le sulfure d'hydrogène gazeux circule de bas en haut. Une série de plaques perforées sert à favoriser le mélange entre le gaz et l'eau. Le deutérium est transféré à l'eau aux basses températures et au sulfure d'hydrogène aux hautes températures. Le gaz ou l'eau, enrichi en deutérium, est retiré des tours du premier étage à la jonction entre les sections chaudes et froides, et le processus est répété dans les tours des étages suivants. Le produit obtenu au dernier étage, à savoir de l'eau enrichie jusqu'à 30 % en deutérium, est envoyé dans une unité de distillation pour produire de l'eau lourde de qualité réacteur, c'est-à-dire de l'oxyde de deutérium à 99,75 %.

Le procédé d'échange ammoniac-hydrogène permet d'extraire le deutérium d'un gaz de synthèse par contact avec de l'ammoniac liquide en présence d'un catalyseur. Le gaz de synthèse est introduit dans les tours d'échange, puis dans un convertisseur d'ammoniac. Dans les tours, le gaz circule de bas en haut et l'ammoniac liquide s'écoule de haut en bas. Le deutérium est enlevé à l'hydrogène dans le gaz de synthèse et concentré dans l'ammoniac. L'ammoniac passe ensuite dans un craqueur d'ammoniac au bas de la tour, et le gaz est acheminé vers un convertisseur d'ammoniac en haut de la tour. L'enrichissement se poursuit dans les étages ultérieurs, et de l'eau lourde de qualité réacteur est produite par distillation finale. Le gaz de synthèse d'alimentation peut provenir d'une usine d'ammoniac qui, elle-même, peut être construite en association avec une usine de production d'eau lourde par échange ammoniac-hydrogène. Dans le procédé d'échange ammoniac-hydrogène, on peut aussi utiliser de l'eau ordinaire comme source de deutérium.

Un grand nombre d'articles de l'équipement essentiel des usines de production d'eau lourde par le procédé GS ou le procédé d'échange ammoniac-hydrogène sont communs à plusieurs secteurs des industries chimique et pétrolière. Ceci est particulièrement vrai pour les petites usines utilisant le procédé GS. Toutefois, seuls quelques articles sont disponibles « dans le commerce ». Le procédé GS et le procédé d'échange ammoniac-hydrogène exigent la manipulation de grandes quantités de fluides inflammables, corrosifs et toxiques sous haute pression. En conséquence, pour fixer les normes de conception et d'exploitation des usines et des équipements utilisant ces procédés, il faut accorder une attention particulière au choix et aux spécifications des matériaux pour garantir une longue durée de service avec des facteurs de sûreté et de fiabilité élevés. Le choix de l'échelle est fonction principalement de considérations économiques et des besoins. Ainsi, la plupart des équipements seront préparés d'après les prescriptions du client.

Enfin, il convient de noter que, tant pour le procédé GS que pour le procédé d'échange ammoniac-hydrogène, des articles d'équipement qui, pris individuellement, ne sont pas spécialement conçus ou préparés pour la production d'eau lourde peuvent être assemblés en des systèmes qui sont spécialement conçus ou préparés pour la production d'eau lourde. On peut en donner comme exemples le système de production du catalyseur utilisé dans le procédé d'échange ammoniac-hydrogène et les systèmes de distillation de l'eau utilisés dans les deux procédés pour la concentration finale de l'eau lourde afin d'obtenir une eau de qualité réacteur.

Articles spécialement conçus ou préparés pour la production d'eau lourde, soit par le procédé d'échange eau-sulfure d'hydrogène, soit par le procédé d'échange ammoniac-hydrogène :

6.1. Tours d'échange eau-sulfure d'hydrogène

Tours d'échange fabriquées en acier au carbone fin (par exemple ASTM A516), ayant un diamètre compris entre 6 m (20 pieds) et 9 m (30 pieds), capables de fonctionner à des pressions supérieures ou égales à 2 MPa (300 psi) et ayant une surépaisseur de corrosion de 6 mm ou plus, spécialement conçues ou préparées pour la production d'eau lourde par le procédé d'échange eau-sulfure d'hydrogène.

6.2. Soufflantes et compresseurs

Soufflantes ou compresseurs centrifuges à étage unique sous basse pression (c'est-à-dire 0,2 MPa ou 30 psi) pour la circulation de sulfure d'hydrogène (c'est-à-dire un gaz contenant plus de 70 % de H_2S) spécialement conçus ou préparés pour la production d'eau lourde par le procédé d'échange eau-sulfure d'hydrogène. Ces soufflantes ou compresseurs ont une capacité de débit supérieure ou égale à 56 m^3/s (120 000 SCFM) lorsqu'ils fonctionnent à des pressions d'aspiration supérieures ou égales à 1,8 MPa (260 psi), et sont équipés de joints conçus pour être utilisés en milieu humide en présence de H_2S.

6.3. Tours d'échange ammoniac-hydrogène

Tours d'échange ammoniac-hydrogène d'une hauteur supérieure ou égale à 35 m (114,3 pieds) ayant un diamètre compris entre 1,5 m (4,9 pieds) et 2,5 m (8,2 pieds) et pouvant fonctionner à des pressions supérieures à 15 MPa (2 225 psi), spécialement conçues ou préparées pour la production d'eau lourde par le procédé d'échange ammoniac-hydrogène. Ces tours ont aussi au moins une ouverture axiale à rebord du même diamètre que la partie cylindrique, par laquelle les internes de la tour peuvent être insérés ou retirés.

6.4. Internes de tour et pompes d'étage

Internes de tour et pompes d'étage spécialement conçus ou préparés pour des tours servant à la production d'eau lourde par le procédé d'échange ammoniac-hydrogène. Les internes de tour comprennent des contacteurs d'étage spécialement conçus qui favorisent un contact intime entre le gaz et le liquide. Les pompes d'étage comprennent des pompes submersibles spécialement conçues pour la circulation d'ammoniac liquide dans un étage de contact à l'intérieur des tours.

6.5. Craqueurs d'ammoniac

Craqueurs d'ammoniac ayant une pression de fonctionnement supérieure ou égale à 3 MPa (450 psi) spécialement conçus ou préparés pour la production d'eau lourde par le procédé d'échange ammoniac-hydrogène.

6.6. Analyseurs d'absorption infrarouge

Analyseurs d'absorption infrarouge permettant une analyse en ligne du rapport hydrogène/deutérium lorsque les concentrations en deutérium sont égales ou supérieures à 90 %.

6.7. Brûleurs catalytiques

Brûleurs catalytiques pour la conversion en eau lourde du deutérium enrichi spécialement conçus ou préparés pour la production d'eau lourde par le procédé d'échange ammoniac-hydrogène.

7. USINES DE CONVERSION DE L'URANIUM ET MATÉRIEL SPÉCIALEMENT CONÇU OU PRÉPARÉ À CETTE FIN

Note d'introduction

Les usines et systèmes de conversion de l'uranium permettent de réaliser une ou plusieurs transformations de l'une des formes chimiques de l'uranium en une autre forme, notamment : conversion des concentrés de minerai d'uranium en UO_3, conversion d'UO_3 en UO_2, conversion des oxydes d'uranium en UF_4 ou UF_6, conversion de l'UF_4 en UF_6, conversion de l'UF_6 en UF_4, conversion de l'UF_4 en uranium métal et conversion des fluorures d'uranium en UO_2. Un grand nombre des articles de l'équipement essentiel des usines de conversion de l'uranium sont communs à plusieurs secteurs de l'industrie chimique. Par exemple, ces procédés peuvent faire appel à des équipements des types suivants : fours, fourneaux rotatifs, réacteurs à lit fluidisé, tours à flamme, centrifugeuses en phase liquide, colonnes de distillation et colonnes d'extraction liquide-liquide. Toutefois, seuls quelques articles sont disponibles « dans le commerce » ; la plupart seront préparés d'après les besoins du client et les spécifications définies par lui. Parfois, lors de la conception et de la construction, il faut prendre spécialement en considération les propriétés corrosives de certains des produits chimiques en jeu (HF, F_2, ClF_3 et fluorures d'uranium). Enfin, il convient de noter que, dans tous les procédés de conversion de l'uranium, des articles d'équipement qui, pris individuellement, ne sont pas spécialement conçus ou préparés pour la conversion de l'uranium peuvent être assemblés en des systèmes qui sont spécialement conçus ou préparés à cette fin.

7.1. Systèmes spécialement conçus ou préparés pour la conversion des concentrés de minerai d'uranium en UO_3

Note explicative

La conversion des concentrés de minerai d'uranium en UO_3 peut être réalisée par dissolution du minerai dans l'acide nitrique et extraction de nitrate d'uranyle purifié au moyen d'un solvant tel que le phosphate tributylique. Le nitrate d'uranyle est ensuite converti en UO_3 soit par concentration et dénitration, soit par neutralisation au moyen de gaz ammoniac afin d'obtenir du diuranate d'ammonium qui est ensuite filtré, séché et calciné.

7.2. Systèmes spécialement conçus ou préparés pour la conversion d'UO_3 en UF_6

Note explicative

La conversion d'UO_3 en UF_6 peut être réalisée directement par fluoration. Ce procédé nécessite une source de fluor gazeux ou de trifluorure de chlore.

7.3. Systèmes spécialement conçus ou préparés pour la conversion d'UO_3 en UO_2

Note explicative

La conversion d'UO_3 en UO_2 peut être réalisée par réduction de l'UO_3 au moyen d'ammoniac craqué ou d'hydrogène.

7.4. Systèmes spécialement conçus ou préparés pour la conversion d'UO_2 en UF_4

Note explicative

La conversion d'UO_2 en UF_4 peut être réalisée en faisant réagir l'UO_2 avec de l'acide fluorhydrique gazeux (HF) à une température de 300 à 500 °C.

7.5. Systèmes spécialement conçus ou préparés pour la conversion d'UF_4 en UF_6

Note explicative

La conversion d'UF_4 en UF_6 est réalisée par réaction exothermique avec du fluor dans un réacteur à tour. Pour condenser l'UF_6 à partir des effluents gazeux chauds, on fait passer les effluents dans un piège à froid refroidi à -10 °C. Ce procédé nécessite une source de fluor gazeux.

7.6. Systèmes spécialement conçus ou préparés pour la conversion d'UF_4 en U métal

Note explicative

La conversion d'UF_4 en uranium métal est réalisée par réduction au moyen de magnésium (grandes quantités) ou de calcium (petites quantités). La réaction a lieu à des températures supérieures au point de fusion de l'uranium (1 130 °C).

7.7. Systèmes spécialement conçus ou préparés pour la conversion d'UF_6 en UO_2

Note explicative

La conversion d'UF_6 en UO_2 peut être réalisée par trois procédés différents. Dans le premier procédé, l'UF_6 est réduit et hydrolysé en UO_2 au moyen d'hydrogène et de vapeur. Dans le deuxième procédé, l'UF_6 est hydrolysé par dissolution dans l'eau ; l'addition d'ammoniaque à cette solution entraîne la précipitation de diuranate d'ammonium, lequel est réduit en UO_2 par de l'hydrogène à une température de 820 °C. Dans le troisième procédé, l'UF_6, le CO_2 et le NH_3 gazeux sont mis en solution dans l'eau, ce qui entraîne la précipitation de carbonate double d'uranyle et d'ammonium ; le carbonate est combiné avec de la vapeur et de l'hydrogène à 500-600 °C pour produire de l'UO_2.

La conversion d'UF_6 en UO_2 constitue souvent la première phase des opérations dans les usines de fabrication de combustible.

7.8. Systèmes spécialement conçus ou préparés pour la conversion d'UF_6 en UF_4

Note explicative

La conversion d'UF_6 en UF_4 est réalisée par réduction au moyen d'hydrogène.

No. 27310. Multilateral

AFRICAN REGIONAL COOPERATIVE AGREEMENT FOR RESEARCH, DEVELOPMENT AND TRAINING RELATED TO NUCLEAR SCIENCE AND TECHNOLOGY. 21 FEBRUARY 1990 [*United Nations, Treaty Series, vol. 1566, I-27310.*]

ACCEPTANCE OF THE FIFTH EXTENSION OF THE AGREEMENT

Nigeria

Deposit of instrument with the Director-General of the International Atomic Energy Agency: 27 June 2016

Date of effect: 27 June 2016

Registration with the Secretariat of the United Nations: International Atomic Energy Agency, 8 July 2016

ACCEPTANCE OF THE FIFTH EXTENSION OF THE AGREEMENT

Seychelles

Deposit of instrument with the Director-General of the International Atomic Energy Agency: 23 June 2016

Date of effect: 23 June 2016

Registration with the Secretariat of the United Nations: International Atomic Energy Agency, 8 July 2016

Nº 27310. Multilatéral

ACCORD RÉGIONAL DE COOPÉRATION POUR L'AFRIQUE SUR LA RECHERCHE, LE DÉVELOPPEMENT ET LA FORMATION DANS LE DOMAINE DE LA SCIENCE ET DE LA TECHNOLOGIE NUCLÉAIRES. 21 FÉVRIER 1990 [*Nations Unies, Recueil des Traités, vol. 1566, I-27310.*]

ACCEPTATION DE LA CINQUIÈME PROROGATION DE L'ACCORD

Nigéria

Dépôt de l'instrument auprès du Directeur général de l'Agence internationale de l'énergie atomique : 27 juin 2016

Date de prise d'effet : 27 juin 2016

Enregistrement auprès du Secrétariat de l'Organisation des Nations Unies : Agence internationale de l'énergie atomique, 8 juillet 2016

ACCEPTATION DE LA CINQUIÈME PROROGATION DE L'ACCORD

Seychelles

Dépôt de l'instrument auprès du Directeur général de l'Agence internationale de l'énergie atomique : 23 juin 2016

Date de prise d'effet : 23 juin 2016

Enregistrement auprès du Secrétariat de l'Organisation des Nations Unies : Agence internationale de l'énergie atomique, 8 juillet 2016

No. 27531. Multilateral

CONVENTION ON THE RIGHTS OF THE CHILD. NEW YORK, 20 NOVEMBER 1989 [*United Nations, Treaty Series, vol. 1577, I-27531.*]

OBJECTION TO THE RESERVATIONS MADE BY SOMALIA UPON RATIFICATION

Switzerland

Notification deposited with the Secretary-General of the United Nations: 6 July 2016

Registration with the Secretariat of the United Nations: ex officio, 6 July 2016

Nº 27531. Multilatéral

CONVENTION RELATIVE AUX DROITS DE L'ENFANT. NEW YORK, 20 NOVEMBRE 1989 [*Nations Unies, Recueil des Traités, vol. 1577, I-27531.*]

OBJECTION AUX RÉSERVES FORMULÉES PAR LA SOMALIE LORS DE LA RATIFICATION

Suisse

Dépôt de la notification auprès du Secrétaire général de l'Organisation des Nations Unies : 6 juillet 2016

Enregistrement auprès du Secrétariat de l'Organisation des Nations Unies : d'office, 6 juillet 2016

[TEXT IN FRENCH – TEXTE EN FRANÇAIS]

« Le Conseil fédéral suisse a examiné la réserve formulée par le Gouvernement de la République fédérale de Somalie lors de la ratification de la Convention relative aux droits de l'enfant.

La réserve qui subordonne toute disposition de la Convention aux principes généraux de la sharia islamique ne permet pas d'évaluer dans quelle mesure la République fédérale de Somalie accepte les obligations découlant de la Convention. Par conséquent, le Conseil fédéral la considère comme étant incompatible avec l'objet et le but de la Convention.

De même est considérée incompatible avec l'objet et le but de la Convention la réserve aux articles 14 et 20 avec laquelle la République fédérale de Somalie se dispense, d'une manière générale, des obligations importantes qui y sont contenues.

Le Conseil fédéral rappelle que, selon l'article 51, chiffre 2 de la Convention ainsi que selon l'article 19, lettre c de la Convention de Vienne sur le droit des traités, aucune réserve incompatible avec l'objet et le but de la Convention n'est autorisée.

Des lors, le Conseil fédéral suisse fait objection à la réserve de la République fédérale de Somalie. Cette objection ne fait pas obstacle à l'entrée en vigueur de la Convention, dans son intégralité, entre la République fédérale de Somalie et la Suisse. »

[TRANSLATION – TRADUCTION][1]

The Swiss Federal Council has examined the reservation made by the Government of the Federal Republic of Somalia in ratifying the Convention on the Rights of the Child.

The reservation subordinating all provisions of the Convention to the general principles of Islamic sharia makes it impossible to determine the extent to which the Federal Republic of Somalia accepts the obligations deriving from the Convention. The Federal Council therefore considers the reservation to be incompatible with the object and purpose of the Convention.

It also considers the reservation to articles 14 and 20, whereby the Federal Republic of Somalia generally seeks to avoid being bound by the important obligations contained therein, to be incompatible with the object and purpose of the Convention.

The Federal Council recalls that, pursuant to article 51, paragraph 2, of the Convention, as well as article 19, paragraph (c), of the Vienna Convention on the law of treaties, a reservation incompatible with the object and purpose of the Convention shall not be permitted.

Accordingly, the Swiss Federal Council objects to the reservation made by the Federal Republic of Somalia. This objection does not preclude the entry into force of the Convention, in its entirety, between the Federal Republic of Somalia and Switzerland.

[1] Translation provided by the Government of the Swiss Confederation – Traduction fournie par le Gouvernement de la Confédération suisse.

No. 29505. Federal Republic of Germany and Portugal

AGREEMENT BETWEEN THE GOVERNMENT OF THE FEDERAL REPUBLIC OF GERMANY AND THE GOVERNMENT OF THE PORTUGUESE REPUBLIC CONCERNING RELATIONS IN THE FIELD OF CINEMATOGRAPHY. LISBON, 29 APRIL 1988 [*United Nations, Treaty Series, vol. 1706, I-29505.*]

EXCHANGE OF NOTES CONSTITUTING AN ARRANGEMENT AMENDING THE AGREEMENT BETWEEN THE GOVERNMENT OF THE FEDERAL REPUBLIC OF GERMANY AND THE GOVERNMENT OF THE PORTUGUESE REPUBLIC CONCERNING RELATIONS IN THE FIELD OF CINEMATOGRAPHY. LISBON, 27 MAY 2015

Entry into force: 31 March 2016 by notification, in accordance with the provisions of the said notes

Authentic texts: German and Portuguese

Registration with the Secretariat of the United Nations: Germany, 22 July 2016

Nº 29505. République fédérale d'Allemagne et Portugal

ACCORD ENTRE LE GOUVERNEMENT DE LA RÉPUBLIQUE FÉDÉRALE D'ALLEMAGNE ET LE GOUVERNEMENT DE LA RÉPUBLLIQUE PORTUGAISE RELATIF AUX RELATIONS DANS LE DOMAINE CINÉMATOGRAPHIQUE. LISBONNE, 29 AVRIL 1988 [*Nations Unies, Recueil des Traités, vol. 1706, I-29505.*]

ÉCHANGE DE NOTES CONSTITUANT UN ARRANGEMENT AMENDANT L'ACCORD ENTRE LE GOUVERNEMENT DE LA RÉPUBLIQUE FÉDÉRALE D'ALLEMAGNE ET LE GOUVERNEMENT DE LA RÉPUBLIQUE PORTUGAISE RELATIF AUX RELATIONS DANS LE DOMAINE CINÉMATOGRAPHIQUE. LISBONNE, 27 MAI 2015

Entrée en vigueur : 31 mars 2016 par notification, conformément aux dispositions desdites notes

Textes authentiques : allemand et portugais

Enregistrement auprès du Secrétariat de l'Organisation des Nations Unies : Allemagne, 22 juillet 2016

[TEXT IN GERMAN – TEXTE EN ALLEMAND]

I

DER BOTSCHAFTER
DER BUNDESREPUBLIK DEUTSCHLAND

Gz.: Ku 631.00

Lissabon, den 27. Mai 2015

Herr Minister,

ich beehre mich, Ihnen im Namen meiner Regierung unter Bezugnahme auf die Vereinbarung vom 29. April 1988 zwischen der Regierung der Bundesrepublik Deutschland und der Regierung der Portugiesischen Republik über die Beziehungen auf dem Gebiet des Films die folgende Änderung der oben genannten Vereinbarung über die Beziehungen auf dem Gebiet des Films vorzuschlagen:

1. Artikel 4 Absatz 2 wird wie folgt neu gefasst:
   „Die Mindestbeteiligung des Minderheitsproduzenten an den Herstellungskosten des Films beträgt in der Regel nicht weniger als 20%."

2. Artikel 4 Absatz 3 wird wie folgt neu gefasst:
   „Im Ausnahmefall und im gegenseitigen Einvernehmen der jeweils zuständigen Behörden kann eine finanzielle Mindestbeteiligung von 10% zugelassen werden, wenn der Film von besonderer Bedeutung für die beiden Länder ist."

3. Artikel 14 wird gestrichen.

4. Diese Vereinbarung wird in deutscher und portugiesischer Sprache geschlossen, wobei jeder Wortlaut gleichermaßen verbindlich ist.

Seiner Exzellenz
dem Minister für Auswärtige Angelegenheiten
der Portugiesischen Republik
Herrn Rui Machete
Lissabon

Falls sich Ihre Regierung mit den unter den Nummern 1 bis 4 gemachten Vorschlägen einverstanden erklärt, werden diese Note und die das Einverständnis Ihrer Regierung zum Ausdruck bringende Antwortnote Eurer Exzellenz eine Vereinbarung zwischen unseren beiden Regierungen bilden, die in Kraft tritt, sobald die Regierung der Portugiesischen Republik der Regierung der Bundesrepublik Deutschland mitgeteilt hat, dass die erforderlichen innerstaatlichen Voraussetzungen für das Inkrafttreten erfüllt sind. Maßgebend ist dabei der Tag des Eingangs der Mitteilung.

Genehmigen Sie, Herr Minister, die Versicherung meiner ausgezeichnetsten Hochachtung.

gez.
Brandenburg

II

Ministério dos Negócios Estrangeiros

Gabinete do Ministro de Estado e dos Negócios Estrangeiros

Lissabon, den 27 Mai 2015

Exzellenz,

ich beehre mich, den Empfang Ihrer Note Nr KU631.00 vom 27 Mai 2015 zu bestätigen, mit der Sie im Namen Ihrer Regierung den Abschluss einer Vereinbarung zwischen der Regierung der Portugiesischen Republik und der Regierung der Bundesrepublik Deutschland über die Änderung der Vereinbarung über die Beziehungen auf dem Gebiet des Films vorschlagen.

Ihre Note lautete in vereinbarter deutscher Fassung wie folgt:

[See note I - Voir note I]

Ich beehre mich, Ihnen mitzuteilen, dass meine Regierung mit den in Ihrer Note enthaltenen Vorschlägen einverstanden ist. Ihre Note und diese Antwortnote bilden somit eine Vereinbarung zwischen unseren beiden Regierungen, die in Kraft tritt, sobald die Regierung der Portugiesischen Republik der Regierung der Bundesrepublik Deutschland mitgeteilt hat, dass die erforderlichen innerstaatlichen Voraussetzungen für das Inkrafttreten erfüllt sind. Maßgebend ist dabei der Tag des Eingangs der Mitteilung.

Genehmigen Sie, Exzellenz, die Versicherung meiner ausgezeichnetsten Hochachtung.

[TEXT IN PORTUGUESE – TEXTE EN PORTUGAIS]

I

O EMBAIXADOR

DA REPÚBLICA FEDERAL DA ALEMANHA

N.º Ku 631.00

Lisboa, 27 de maio de 2015

Senhor Ministro,

Com referência ao Acordo de 29 de abril de 1988 entre o Governo da República Federal da Alemanha e o Governo da República Portuguesa sobre as relações no setor cinematográfico, tenho a honra de propor a Vossa Excelência, em nome do Governo da República Federal da Alemanha, as seguintes alterações ao Acordo sobre as relações no setor cinematográfico, acima referido:

1. O número 2 do artigo 4.º passa a ter a seguinte redação:
   "A participação mínima do produtor minoritário nos custos de produção do filme será geralmente não inferior a 20%."

2. O número 3 do artigo 4.º passa a ter a seguinte redação:
   "Em casos excecionais e por mútuo consentimento das respetivas entidades competentes, poderá ser permitida uma participação financeira mínima de 10% se o filme se revestir de particular importância para os dois países."

3. É suprimido o artigo 14.º.

4. Este Acordo é celebrado em língua portuguesa e em língua alemã, fazendo ambos os textos igualmente fé.

A Sua Excelência
o Ministro dos Negócios Estrangeiros
da República Portuguesa
Dr. Rui Machete
Lisboa

Caso o Governo de Vossa Excelência concorde com as propostas constantes nos pontos 1 a 4, esta Nota e a de resposta de Vossa Excelência, em que se expresse a concordância do Vosso Governo, constituirão um Acordo entre os nossos dois Governos, que entrará em vigor quando o Governo da República Portuguesa notificar o Governo da República Federal da Alemanha de que se encontram preenchidos os requisitos nacionais necessários para a entrada em vigor. Para o efeito, será determinante a data da receção da notificação.

Permita-me, Senhor Ministro, apresentar a Vossa Excelência os protestos da minha mais elevada consideração.

Ass. Brandenburg

II

Ministério dos Negócios Estrangeiros

Gabinete do Ministro de Estado e dos Negócios Estrangeiros

Lisboa, 27 de maio de 2015

Excelência,

Tenho a honra de acusar a receção da Nota de V. Exa., Nº KU631.00 de 27maio de 2015, na qual, em nome do Governo de V. Exa., propõe a conclusão de um Acordo entre o Governo da República Portuguesa e o Governo da República Federal da Alemanha relativo à alteração do Acordo sobre as relações no setor cinematográfico.

O teor da Nota alemã acordada, na versão em língua portuguesa, é o seguinte:

[See note I - Voir note I]

Tenho a honra de comunicar a V. Exa. que o meu Governo está de acordo com as propostas apresentadas na Nota de V. Exa. Assim, a Nota de V. Exa. e esta Nota de Resposta constituem um Acordo entre os nossos dois Governos, que entrará em vigor logo que o Governo da República Portuguesa tenha informado o Governo da República Federal da Alemanha que os requisitos nacionais necessários para a entrada em vigor se encontram preenchidos. Para tal, será relevante o dia de entrada desta comunicação.

Permita-me apresentar a Vossa Excelência os protestos da minha mais alta consideração.

[TRANSLATION – TRADUCTION]

I

AMBASSADOR
OF THE FEDERAL REPUBLIC OF GERMANY

Lisbon, 27 May 2015

Reference: Ku 631.00

Sir,

I have the honour to refer to the Agreement of 29 April 1988 between the Government of the Federal Republic of Germany and the Government of the Portuguese Republic concerning relations in the field of cinematography and to propose on behalf of my Government that the aforementioned Agreement concerning relations in the field of cinematography be amended as follows:

1. Article 4 (2) is amended as follows:

   "The minimum share of minority producers in the film production costs shall, as a rule, be no less than 20%."

2. Article 4 (3) is amended as follows:

   "In exceptional cases and by mutual agreement between the respective competent authorities, a financial minimum share of 10% may be permitted, provided the film is deemed of particular importance to both countries."

3. Article 14 is deleted.

4. This Agreement is concluded in German and Portuguese, both texts being equally authentic.

If your Government agrees with the proposals contained in paragraphs 1 to 4 above, this Note and your Note in reply thereto, expressing your Government's agreement, shall constitute an Arrangement between our two Governments, which shall enter into force as soon as the Government of the Portuguese Republic notifies the Government of the Federal Republic of Germany that the necessary domestic requirements for such entry into force have been fulfilled. The relevant date shall be the day on which the communication is received.

I avail myself of this opportunity to extend to you, Sir, the renewed assurances of my highest consideration.

BRANDENBURG
[SIGNED]

His Excellency
Mr. Rui Machete
Minister for Foreign Affairs
Lisbon

II

MINISTRY OF FOREIGN AFFAIRS
OFFICE OF THE MINISTER OF STATE FOR FOREIGN AFFAIRS

Lisbon, 27 May 2015

Excellency

I have the honour to acknowledge receipt of your Note No. KU631.00 dated 27 May 2015, by which you proposed, on behalf of your Government, the conclusion of an Arrangement between the Government of the Portuguese Republic and the Government of the Federal Republic of Germany regarding the amendment of the Agreement concerning relations in the field of cinematography.

Its Note, in the agreed upon German version, reads as follows:

[See note I]

I have the honour to inform you that my Government agrees with the proposals contained in your Note. Your Note and this reply therefore constitute an Arrangement between our two Governments, which will enter into force as soon as the Government of the Portuguese Republic has notified the Government of the Federal Republic of Germany that the necessary domestic requirements for entry into force have been met. The day of receipt of the notification shall be decisive.

I avail myself of this opportunity to extend to you, Excellency, the renewed assurances of my highest consideration.

[SIGNED]

[TRANSLATION – TRADUCTION]

I

AMBASSADEUR DE LA RÉPUBLIQUE FÉDÉRALE D'ALLEMAGNE

Lisbonne, le 27 mai 2015

Référence : Ku 631.00

Monsieur le Ministre,

J'ai l'honneur de me référer à l'Accord du 29 avril 1988 entre le Gouvernement de la République fédérale d'Allemagne et le Gouvernement de la République portugaise relatif aux relations dans le domaine cinématographique et de proposer au nom de mon Gouvernement que l'Accord précité relatif aux relations dans le domaine cinématographique soit amendé comme suit :

1. Le paragraphe 2 de l'article 4 est désormais libellé comme suit :

   « La participation minimum des producteurs minoritaires aux frais de production du film ne sera en règle générale pas inférieur à 20 %. »

2. Le paragraphe 3 de l'article 4 est désormais libellé comme suit :

   « Dans des cas exceptionnels et d'un commun accord entre les autorités compétentes respectives, une participation financière minimum de 10 % pourra être admise, si le film revêt une importance particulière pour les deux pays. »

3. L'article 14 est supprimé.

4. Le présent Arrangement est conclu en langues allemande et portugaise, les deux textes faisant également foi.

Si les propositions énoncées aux paragraphes 1 à 4 ci-dessus rencontrent l'agrément de votre Gouvernement, la présente note et votre note en réponse à celle-ci exprimant l'accord de votre Gouvernement constituent un arrangement entre nos deux Gouvernements, qui entre en vigueur dès que le Gouvernement de la République portugaise informe le Gouvernement de la République fédérale d'Allemagne de l'accomplissement des procédures internes requises à cet effet. La date d'effet est celle de la réception de la notification.

Je vous prie d'agréer, Monsieur le Ministre, les assurances de ma très haute considération.

BRANDENBURG
[SIGNÉ]

Son Excellence
Monsieur Rui Machete
Ministre des affaires étrangères
Lisbonne

II

MINISTÈRE DES AFFAIRES ÉTRANGÈRES
CABINET DU MINISTRE D'ÉTAT AUX AFFAIRES ÉTRANGÈRES

Lisbonne, le 27 mai 2015

Monsieur l'Ambassadeur,

J'ai l'honneur d'accuser réception de votre note n° KU631.00 du 27 mai 2015, dans laquelle vous proposez, au nom de votre Gouvernement, de conclure un arrangement entre le Gouvernement de la République portugaise et le Gouvernement de la République fédérale d'Allemagne relatif à la modification de l'Accord relatif aux relations dans le domaine cinématographique.

La teneur de la version allemande convenue, se lit comme suit en langue portugaise :

[Voir note I]

J'ai l'honneur de vous informer que mon Gouvernement est d'accord avec les propositions contenues dans votre note. Votre note et la présente réponse constituent donc un arrangement entre nos deux Gouvernements, qui entrera en vigueur dès que le Gouvernement de la République portugaise aura notifié au Gouvernement de la République fédérale d'Allemagne que les procédures internes requises à l'entrée en vigueur sont remplies. La date d'effet est la date de la réception de la notification.

Je vous prie d'agréer, Monsieur l'Ambassadeur, les assurances de ma très haute considération.

[SIGNÉ]

No. 34028. Multilateral

CONVENTION ON ENVIRONMENTAL IMPACT ASSESSMENT IN A TRANSBOUNDARY CONTEXT. ESPOO, FINLAND, 25 FEBRUARY 1991 [*United Nations, Treaty Series, vol. 1989, I-34028.*]

PROTOCOL ON STRATEGIC ENVIRONMENTAL ASSESSMENT TO THE CONVENTION ON ENVIRONMENTAL IMPACT ASSESSMENT IN A TRANSBOUNDARY CONTEXT. KIEV, 21 MAY 2003 [*United Nations, Treaty Series, vol. 2685, A-34028.*]

RATIFICATION

Italy

Deposit of instrument with the Secretary-General of the United Nations: 18 July 2016

Date of effect: 16 October 2016

Registration with the Secretariat of the United Nations: ex officio, 18 July 2016

Nº 34028. Multilatéral

CONVENTION SUR L'ÉVALUATION DE L'IMPACT SUR L'ENVIRONNEMENT DANS UN CONTEXTE TRANSFRONTIÈRE. ESPOO (FINLANDE), 25 FÉVRIER 1991 [*Nations Unies, Recueil des Traités, vol. 1989, I-34028.*]

PROTOCOLE À LA CONVENTION SUR L'ÉVALUATION DE L'IMPACT SUR L'ENVIRONNEMENT DANS UN CONTEXTE TRANSFRONTIÈRE, RELATIF À L'ÉVALUATION STRATÉGIQUE ENVIRONNEMENTALE. KIEV, 21 MAI 2003 [*Nations Unies, Recueil des Traités, vol. 2685, A-34028.*]

RATIFICATION

Italie

Dépôt de l'instrument auprès du Secrétaire général de l'Organisation des Nations Unies : 18 juillet 2016

Date de prise d'effet : 16 octobre 2016

Enregistrement auprès du Secrétariat de l'Organisation des Nations Unies : d'office, 18 juillet 2016

AMENDMENT TO THE CONVENTION ON ENVIRONMENTAL IMPACT ASSESSMENT IN A TRANSBOUNDARY CONTEXT. SOFIA, 27 FEBRUARY 2001 [*United Nations, Treaty Series, vol. 2999, A-34028.*]

RATIFICATION

Italy

Deposit of instrument with the Secretary-General of the United Nations: 18 July 2016

Date of effect: 16 October 2016

Registration with the Secretariat of the United Nations: ex officio, 18 July 2016

AMENDEMENT À LA CONVENTION SUR L'ÉVALUATION DE L'IMPACT SUR L'ENVIRONNEMENT DANS UN CONTEXTE TRANSFRONTIÈRE. SOFIA, 27 FÉVRIER 2001 [*Nations Unies, Recueil des Traités, vol. 2999, A-34028.*]

RATIFICATION

Italie

Dépôt de l'instrument auprès du Secrétaire général de l'Organisation des Nations Unies : 18 juillet 2016

Date de prise d'effet : 16 octobre 2016

Enregistrement auprès du Secrétariat de l'Organisation des Nations Unies : d'office, 18 juillet 2016

No. 34236. Netherlands and Hong Kong (under an entrustment of authority from the United Kingdom Government)

AGREEMENT BETWEEN THE GOVERNMENT OF THE KINGDOM OF THE NETHERLANDS AND THE GOVERNMENT OF HONG KONG FOR THE SURRENDER OF FUGITIVE OFFENDERS. HONG KONG, 2 NOVEMBER 1992 [*United Nations, Treaty Series, vol. 1998, I-34236.*]

PROTOCOL BETWEEN THE GOVERNMENT OF THE KINGDOM OF THE NETHERLANDS AND THE GOVERNMENT OF THE HONG KONG SPECIAL ADMINISTRATIVE REGION OF THE PEOPLE'S REPUBLIC OF CHINA AMENDING THE AGREEMENT FOR THE SURRENDER OF FUGITIVE OFFENDERS, DONE AT HONG KONG ON 2 NOVEMBER 1992. HONG KONG, 17 FEBRUARY 2015

Entry into force: 21 May 2016, in accordance with article 3

Authentic texts: Chinese, Dutch and English

Registration with the Secretariat of the United Nations: Netherlands, 29 July 2016

Nº 34236. Pays-Bas et Hong Kong (en vertu d'une délégation de pouvoirs de la part du Gouvernement du Royaume-Uni)

ACCORD ENTRE LE GOUVERNEMENT DU ROYAUME DES PAYS-BAS ET LE GOUVERNEMENT DE HONG KONG CONCERNANT LA REMISE DES DÉLINQUANTS FUGITIFS. HONG KONG, 2 NOVEMBRE 1992 [*Nations Unies, Recueil des Traités, vol. 1998, I-34236.*]

PROTOCOLE ENTRE LE GOUVERNEMENT DU ROYAUME DES PAYS-BAS ET LE GOUVERNEMENT DE LA RÉGION ADMINISTRATIVE SPÉCIALE DE HONG KONG DE LA RÉPUBLIQUE POPULAIRE DE CHINE AMENDANT L'ACCORD CONCERNANT LA REMISE DES DÉLINQUANTS FUGITIFS, FAIT À HONG KONG LE 2 NOVEMBRE 1992. HONG KONG, 17 FÉVRIER 2015

Entrée en vigueur : 21 mai 2016, conformément à l'article 3

Textes authentiques : chinois, néerlandais et anglais

Enregistrement auprès du Secrétariat de l'Organisation des Nations Unies : Pays-Bas, 29 juillet 2016

[TEXT IN CHINESE – TEXTE EN CHINOIS]

荷蘭王國政府和中華人民共和國香港特別行政區政府為修訂於 1992 年 11 月 2 日在香港簽訂的《移交逃犯協定》而訂立的議定書

荷蘭王國政府，

與

中華人民共和國香港特別行政區("香港特別行政區")政府經中華人民共和國中央人民政府授權與荷蘭王國政府訂立本議定書(以下簡稱為"締約雙方")，

謹記於 1992 年 11 月 2 日在香港簽訂的香港政府和荷蘭王國政府關於移交逃犯的協定(以下簡稱"《協定》")，

確認中華人民共和國於 1997 年 7 月 1 日恢復對香港行使主權，並根據中華人民共和國憲法，於該日設立中華人民共和國香港特別行政區，

表明中華人民共和國政府已確定《協定》繼續適用於香港特別行政區，並已確定承認《協定》為香港特別行政區政府經中華人民共和國政府授權而與荷蘭王國政府訂立的協定，

為修訂《協定》，

協議如下：

第一條

本議定書修訂《協定》，而《協定》及本議定書須作為單一份文書一併閱讀和解釋。

第二條

《協定》第十七條的文本須予刪除而代以下列條文：

"就荷蘭王國而言，本協定適用於荷蘭的歐洲部分及荷蘭的加勒比海部分(博奈爾島、聖尤斯特歇斯島及薩巴島)。"

第三條

(1) 本議定書將於香港特別行政區政府以書面通知荷蘭王國政府已履行為使本議定書生效的規定的日期起計三十天後生效。

(2) 本議定書在《協定》維持有效期間維持有效。

下列簽署人，經其各自政府正式授權，已在本議定書上簽字為證。

本議定書以荷蘭文、中文及英文寫成，一式兩份，並於二零一五年 二 月 十七 日在香港簽訂，各文本均為具有同等效力的真確本。

荷蘭王國 政府代表	中華人民共和國 香港特別行政區政府代表

[TEXT IN DUTCH – TEXTE EN NÉERLANDAIS]

Protocol tussen de Regering van het Koninkrijk der Nederlanden en de Regering van de Speciale Administratieve Regio Hongkong van de Volksrepubliek China tot wijziging van de Overeenkomst inzake de overlevering van voortvluchtige delinkwenten, gedaan te Hongkong op 2 november 1992

De Regering van het Koninkrijk der Nederlanden,

en

de Regering van de Speciale Administratieve Regio Hongkong van de Volksrepubliek China („Speciale Administratieve Regio Hongkong"), door de Centrale Volksregering van de Volksrepubliek China gemachtigd dit Protocol te sluiten met de Regering van het Koninkrijk der Nederlanden (hierna te noemen „de partijen"),

In herinnering roepend de Overeenkomst tussen de Regering van Hongkong en de Regering van het Koninkrijk der Nederlanden inzake de overlevering van voortvluchtige delinkwenten, gedaan te Hongkong op 2 november 1992 (hierna te noemen „de Overeenkomst"),

Erkennend dat de Volksrepubliek China met ingang van 1 juli 1997 weer soevereiniteit over Hongkong is gaan uitoefenen en dat zij in overeenstemming met haar grondwet op die datum de Speciale Administratieve Regio Hongkong van de Volksrepubliek China heeft opgericht,

Vaststellend dat de Regering van de Volksrepubliek China de voortgezette toepassing van de Overeenkomst op de Speciale Administratieve Regio Hongkong heeft bevestigd en deze erkend heeft als een overeenkomst tussen de Regering van de Speciale Administratieve Regio Hongkong, daartoe gemachtigd door de Regering van de Volksrepubliek China, en de Regering van het Koninkrijk der Nederlanden,

De wens uitsprekend de Overeenkomst te wijzigen,

Zijn het volgende overeengekomen:

Artikel 1

Dit Protocol wijzigt de Overeenkomst en de Overeenkomst en dit Protocol dienen tezamen te worden gelezen en geïnterpreteerd als een enkel instrument.

Artikel 2

De tekst van artikel 17 van de Overeenkomst wordt vervangen door de volgende:

„Ten aanzien van het Koninkrijk der Nederlanden is deze Overeenkomst van toepassing op het Europese deel van Nederland en op het Caribische deel van Nederland (de eilanden Bonaire, Sint Eustatius en Saba)."

Artikel 3

1. Dit Protocol treedt in werking dertig dagen na de datum waarop de Regering van de Speciale Administratieve Regio Hongkong de Regering van het Koninkrijk der Nederlanden er schriftelijk van in kennis heeft gesteld dat aan de vereisten voor de inwerkingtreding van het Protocol is voldaan.

2. Dit Protocol blijft gedurende dezelfde termijn van kracht als de Overeenkomst.

TEN BLIJKE WAARVAN de ondergetekenden, daartoe naar behoren gemachtigd door hun respectieve Regeringen, dit Protocol hebben ondertekend.

GEDAAN in tweevoud te Hongkong, op 17 februari 2015 in de Nederlandse, de Chinese en de Engelse taal, waarbij alle teksten gelijkelijk authentiek zijn.

Voor de Regering van het Koninkrijk der Nederlanden,

W.T. MOHR

Voor de Regering van de Speciale Administratieve Regio Hongkong van de Volksrepubliek China,

T.K. LAI

[TEXT IN ENGLISH – TEXTE EN ANGLAIS]

Protocol between the Government of the Kingdom of the Netherlands and the Government of the Hong Kong Special Administrative Region of the People's Republic of China amending the Agreement for the surrender of fugitive offenders, done at Hong Kong on 2 November 1992

The Government of the Kingdom of the Netherlands,

and

the Government of the Hong Kong Special Administrative Region of the People's Republic of China ("Hong Kong Special Administrative Region") having been authorised by the Central People's Government of the People's Republic of China to conclude this Protocol with the Government of the Kingdom of the Netherlands (hereinafter referred to as "the Parties"),

Recalling the Agreement between the Government of Hong Kong and the Government of the Kingdom of the Netherlands for the surrender of fugitive offenders, done at Hong Kong on 2 November 1992 (hereinafter referred to as "the Agreement"),

Recognizing that the People's Republic of China resumed the exercise of sovereignty over Hong Kong with effect from 1 July 1997 and in accordance with its constitution has on that date established the Hong Kong Special Administrative Region of the People's Republic of China,

Noting that the Government of the People's Republic of China has confirmed the continued application of the Agreement to the Hong Kong Special Administrative Region and its recognition as an agreement entered into between the Government of the Hong Kong Special Administrative Region under the authorisation of the Government of the People's Republic of China and the Government of the Kingdom of the Netherlands,

Desiring to amend the Agreement,

Have agreed as follows:

Article 1

This Protocol amends the Agreement and the Agreement and this Protocol shall be read and interpreted together as one single instrument.

Article 2

The text of Article 17 of the Agreement shall be replaced by the following:

"With respect to the Kingdom of the Netherlands this Agreement shall apply to the European part of the Netherlands and to the Caribbean part of the Netherlands (the islands of Bonaire, Sint Eustatius and Saba)."

Article 3

1. This Protocol shall enter into force thirty days after the date on which the Government of the Hong Kong Special Administrative Region has notified the Government of the Kingdom of the Netherlands in writing that the requirements for the entry into force of the Protocol have been complied with.

2. This Protocol shall remain in force so long as the Agreement remains in force.

IN WITNESS WHEREOF the undersigned, being duly authorised by their respective Governments have signed this Protocol.

DONE in duplicate at Hong Kong this 17th day of February, two thousand and fifteen in the Dutch, Chinese and English languages, each text being equally authentic.

For the Government of the Kingdom of the Netherlands,

W.T. MOHR

For the Government of the Hong Kong Special Administrative Region of the People's Republic of China,

T.K. LAI

[TRANSLATION – TRADUCTION]

PROTOCOLE ENTRE LE GOUVERNEMENT DU ROYAUME DES PAYS-BAS ET LE GOUVERNEMENT DE LA RÉGION ADMINISTRATIVE SPÉCIALE DE HONG KONG DE LA RÉPUBLIQUE POPULAIRE DE CHINE AMENDANT L'ACCORD CONCERNANT LA REMISE DES DÉLINQUANTS FUGITIFS, FAIT À HONG KONG LE 2 NOVEMBRE 1992

Le Gouvernement du Royaume des Pays-Bas et le Gouvernement de la Région administrative spéciale de Hong Kong de la République populaire de Chine (« Région administrative spéciale de Hong Kong ») ayant été dûment autorisé par le Gouvernement populaire central de la République populaire de Chine à conclure le présent Protocole avec le Gouvernement du Royaume des Pays-Bas (ci-après dénommés « Parties »),

Rappelant l'Accord entre le Gouvernement de Hong Kong et le Gouvernement du Royaume des Pays-Bas concernant la remise des délinquants fugitifs, fait à Hong Kong le 2 novembre 1992 (ci-après dénommé « Accord »),

Reconnaissant que la République populaire de Chine a repris l'exercice de la souveraineté sur Hong Kong à compter du 1er juillet 1997 et que, conformément à sa Constitution, elle a créé à cette date la Région administrative spéciale de Hong Kong de la République populaire de Chine,

Notant que le Gouvernement de la République populaire de Chine a confirmé le maintien de l'application de l'Accord à la Région administrative spéciale de Hong Kong et sa reconnaissance en tant qu'accord conclu entre le Gouvernement de la Région administrative spéciale de Hong Kong sous l'autorisation du Gouvernement de la République populaire de Chine et le Gouvernement du Royaume des Pays-Bas,

Désireux d'amender l'Accord,

Sont convenus de ce qui suit :

Article premier

Le présent Protocole amende l'Accord et l'Accord et le présent Protocole sont considérés et interprétés comme un seul et même instrument.

Article 2

Le texte de l'article 17 de l'Accord est remplacé par ce qui suit :

« En ce qui concerne le Royaume des Pays-Bas, le présent Accord s'applique à la partie européenne des Pays-Bas et à la partie caribéenne des Pays-Bas (les îles de Bonaire, Saint-Eustache et Saba). »

Article 3

1. Le présent Protocole entre en vigueur 30 jours après la date à laquelle le Gouvernement de la Région administrative spéciale de Hong Kong informe par écrit le Gouvernement du Royaume des Pays-Bas de l'accomplissement des exigences requises à cet effet.

2. Le présent Protocole reste en vigueur aussi longtemps que l'Accord.

EN FOI DE QUOI, les soussignés, à ce dûment autorisés par leurs Gouvernements respectifs, ont signé le présent Protocole.

FAIT à Hong Kong, le 17 février 2015, en double exemplaire en langues néerlandaise, chinoise et anglaise, chaque texte faisant également foi.

Pour le Gouvernement du Royaume des Pays-Bas :

W.T. MOHR

Pour le Gouvernement de la Région administrative spéciale de Hong Kong de la République populaire de Chine :

T.K. LAI

No. 34246. Netherlands and Panama

AGREEMENT BETWEEN THE KINGDOM OF THE NETHERLANDS AND THE REPUBLIC OF PANAMA FOR AIR SERVICES BETWEEN AND BEYOND THEIR RESPECTIVE TERRITORIES. THE HAGUE, 5 JULY 1996 [*United Nations, Treaty Series, vol. 1999, I-34246.*]

Termination in accordance with:

53843. Air Services Agreement between the Kingdom of the Netherlands and the Republic of Panama (with annex). Panama City, 11 April 2015 [*United Nations, Treaty Series, vol. 3139, I-53843.*]

Entry into force: 1 June 2016

Registration with the Secretariat of the United Nations: Netherlands, 29 July 2016

Information provided by the Secretariat of the United Nations: 29 July 2016

N° 34246. Pays-Bas et Panama

ACCORD ENTRE LE ROYAUME DES PAYS-BAS ET LA RÉPUBLIQUE DU PANAMA RELATIF AUX SERVICES AÉRIENS ENTRE LEURS TERRITOIRES RESPECTIFS ET AU-DELÀ. LA HAYE, 5 JUILLET 1996 [*Nations Unies, Recueil des Traités, vol. 1999, I-34246.*]

Abrogation conformément à :

53843. Accord relatif aux services aériens entre le Royaume des Pays-Bas et la République du Panama (avec annexe). Panama, 11 avril 2015 [*Nations Unies, Recueil des Traités, vol. 3139, I-53843.*]

Entrée en vigueur : 1er juin 2016

Enregistrement auprès du Secrétariat de l'Organisation des Nations Unies : Pays-Bas, 29 juillet 2016

Information fournie par le Secrétariat de l'Organisation des Nations Unies : 29 juillet 2016

No. 39357. Multilateral

PROTOCOL ON THE PRIVILEGES AND IMMUNITIES OF THE INTERNATIONAL SEABED AUTHORITY. KINGSTON, 27 MARCH 1998 [*United Nations, Treaty Series, vol. 2214, I-39357.*]

RATIFICATION

Senegal

Deposit of instrument with the Secretary-General of the United Nations: 11 July 2016

Date of effect: 10 August 2016

Registration with the Secretariat of the United Nations: ex officio, 11 July 2016

Nº 39357. Multilatéral

PROTOCOLE SUR LES PRIVILÈGES ET IMMUNITÉS DE L'AUTORITÉ INTERNATIONALE DES FONDS MARINS. KINGSTON, 27 MARS 1998 [*Nations Unies, Recueil des Traités, vol. 2214, I-39357.*]

RATIFICATION

Sénégal

Dépôt de l'instrument auprès du Secrétaire général de l'Organisation des Nations Unies : 11 juillet 2016

Date de prise d'effet : 10 août 2016

Enregistrement auprès du Secrétariat de l'Organisation des Nations Unies : d'office, 11 juillet 2016

No. 40536. Multilateral

CONVENTION ON THE ISSUANCE OF A LIFE CERTIFICATE. PARIS, 10 SEPTEMBER 1998 [*United Nations, Treaty Series, vol. 2276, I-40536.*]

ACCESSION

Netherlands (for the European part of the Netherlands)

Deposit of instrument with the Government of Switzerland: 3 August 2011

Date of effect: 1 December 2011

Registration with the Secretariat of the United Nations: Switzerland, 19 July 2016

MODIFICATION OF ANNEXES 1 AND 2 OF THE CONVENTION ON THE ISSUANCE OF A LIFE CERTIFICATE. STRASBOURG, 16 SEPTEMBER 2015

Entry into force: 1 April 2016

Authentic text: French

Registration with the Secretariat of the United Nations: Switzerland, 19 July 2016

Nº 40536. Multilatéral

CONVENTION RELATIVE À LA DÉLIVRANCE D'UN CERTIFICAT DE VIE. PARIS, 10 SEPTEMBRE 1998 [*Nations Unies, Recueil des Traités, vol. 2276, I-40536.*]

ADHÉSION

Pays-Bas (à l'égard de la partie européenne des Pays-Bas)

Dépôt de l'instrument auprès du Gouvernement suisse : 3 août 2011

Date de prise d'effet : 1er décembre 2011

Enregistrement auprès du Secrétariat de l'Organisation des Nations Unies : Suisse, 19 juillet 2016

MODIFICATION DES ANNEXES 1 ET 2 DE LA CONVENTION RELATIVE À LA DÉLIVRANCE D'UN CERTIFICAT DE VIE. STRASBOURG, 16 SEPTEMBRE 2015

Entrée en vigueur : 1er avril 2016

Texte authentique : français

Enregistrement auprès du Secrétariat de l'Organisation des Nations Unies : Suisse, 19 juillet 2016

[TEXT IN FRENCH – TEXTE EN FRANÇAIS]

Résolution 3/2015

modifiant les annexes de la Convention (n° 27) relative à la délivrance d'un certificat de vie, signée à Paris le 10 septembre 1998,

adoptée par l'Assemblée Générale le 16 septembre 2015 à Strasbourg

L'Assemblée Générale de la Commission Internationale de l'État civil ("la CIEC"),

réunie à Strasbourg le 16 septembre 2015,

sous la Présidence de Madame Marie-Jeanne Kappweiler, Avocat Général à la Cour Supérieure de Justice et Présidente de la Section luxembourgeoise, et composée des représentants des États membres suivants: Belgique, Espagne, France, Luxembourg, Mexique, Pologne, Suisse et Turquie.

Assistaient également à cette réunion, sans voix délibérative :

Mesdames Frédérique Granet, Secrétaire Générale, et Chantal Nast, Secrétaire Générale adjointe ;

Considérant que la Convention relative à la délivrance d'un certificat de vie, signée à Paris le 10 septembre 1998, comporte deux annexes, le modèle du certificat de vie (annexe 1) d'une part, et la liste des énonciations et leurs codes (annexe 2) d'autre part ;

Considérant que ladite Convention prévoit la modification des annexes précitées ainsi que la procédure relative à cette modification à l'article 9, paragraphes 1 et 2, à l'article 14, paragraphe 3, et à l'article 18, paragraphe 1, lettre f), comme suit :

« Article 9

1. Le codage des énonciations contenues dans le certificat figurant à l'annexe 1 et la liste des codes prévus à l'annexe 2 pourront être modifiés par une résolution votée à la majorité simple par les représentants des États membres de la Commission Internationale de l'État Civil et des États contractants non membres. Toute modification doit tenir compte des codes utilisés dans les autres Conventions de la Commission Internationale de l'État Civil.
2. La résolution visée au premier alinéa sera déposée auprès du Conseil Fédéral Suisse.

Article 14

3. La résolution visée à l'article 9 prendra effet, dans les rapports entre les États contractants, à compter du premier jour du quatrième mois suivant son dépôt.

Article 18

1. Le Conseil Fédéral Suisse notifiera aux États membres de la Commission Internationale de l'État Civil et à tout autre État ayant adhéré à la présente Convention :

   e) toute résolution prise en application de l'article 9 avec la date à laquelle elle prendra effet. »

Considérant que la modification des annexes précitées est nécessaire en raison de l'évolution du système du codage des énonciations intervenue depuis l'adoption de la Convention du 10 septembre 1998 ;

Constatant que la majorité simple des États membres, requise à l'article 9, paragraphe 1, est satisfaite et qu'aucun État tiers n'est une partie contractante,

ADOPTE la présente Résolution modifiant les annexes 1 et 2 de la Convention du 10 septembre 1998 comme suit :

Convention du 10 septembre 1998

Annexe 1/Recto

ÉTAT 2-1 :

CERTIFICAT DE VIE 1-6-1-3

Autorité de délivrance 1-1-5-6 :	**Nom du signataire** 7-7-1-2 : ....
Lieu de délivrance 2-6-4 :	**Qualité du signataire** 9-4-5-2 : ....

Certifie à la date d'aujourd'hui la vie de 1-6-1-4 :

Nom 7 :	**Prénoms** 7-9 : ....
☐ **Sexe masculin** 1-8-2-1	☐ **Sexe féminin** 1-8-2-2
Date de naissance 8-2 : *Jo* 8-1-1 |__|__| *Mo* 8-1-2 |__|__| *An* 8-1-3 |__|__|__|__|	**Lieu de naissance** 2-2 : ....
Résidence 2-7-5-4 :	

Contrôle effectué 9-5

	Numéro 9-3 :
☐ **Carte nationale d'identité** 9-5-1-1 :	....
☐ **Passeport** 9-5-1-2 :	....
☐ **Permis de conduire** 9-5-1-3 :	....
☐ **Carte de séjour** 9-5-1-4 :	....
☐ **Registres communaux** 1-2-5-6 :	....
☐ **Registres consulaires** 1-2-5-5 :	....
☐ **Autre(s) justification(s)** 9-5-6 :	....

Date de délivrance 8-6-3 : *Jo* 8-1-1 |__|__| *Mo* 8-1-2 |__|__| *An* 8-1-3 |__|__|__|__|	**Signature** 9-4-1 : **Sceau** 9-4-6 :

Convention du 10 septembre 1998

Annexe 2 : Liste des énonciations et leurs codes

1-1-5-6	Autorité de délivrance
1-2-5-5	Registres consulaires
1-2-5-6	Registres communaux
1-6-1-3	Certificat de vie
1-6-1-4	Certifie à la date d'aujourd'hui la vie de
1-8-2-1	Sexe masculin
1-8-2-2	Sexe féminin
2-1	État
2-2	Lieu de naissance
2-6-4	Lieu de délivrance
2-7-5-4	Résidence
7-	Nom
7-7-1-2	Nom du signataire
7-9	Prénoms
8-1-1	Jour
8-1-2	Mois
8-1-3	Année
8-2	Date de naissance
8-6-3	Date de délivrance
9-3	Numéro
9-4-1	Signature
9-4-5-2	Qualité du signataire
9-4-6	Sceau
9-5	Contrôle effectué
9-5-1-1	Carte nationale d'identité
9-5-1-2	Passeport
9-5-1-3	Permis de conduire
9-5-1-4	Carte de séjour
9-5-6	Autre(s) justification(s)

La présente Résolution est transmise au Département fédéral suisse des Affaires étrangères en sa qualité de dépositaire des Conventions de la Commission Internationale de l'État Civil, aux fins de remplacement de l'annexe 1 (recto du modèle du certificat de vie) et de l'annexe 2 (liste des énonciations et leurs codes), jointes à la Convention signée à Paris le 10 septembre 1998, par les annexes 1 et 2, ci-dessus, modifiées par la Résolution 3/2015 adoptée par l'Assemblée Générale de la Commission Internationale de l'État Civil réunie à Strasbourg le 16 septembre 2015.

Fait à Strasbourg, le 2 décembre 2015

Chantal NAST
Secrétaire Générale adjointe

[TRANSLATION – TRADUCTION]

RESOLUTION 3/2015 MODIFYING THE ANNEXES TO CONVENTION (NO. 27) ON THE ISSUANCE OF A LIFE CERTIFICATE, SIGNED AT PARIS ON 10 SEPTEMBER 1998

ADOPTED BY THE GENERAL ASSEMBLY ON 16 SEPTEMBER 2015 IN STRASBOURG

The General Assembly of the International Commission on Civil Status ("the ICCS"),

At a meeting at Strasbourg on 16 September 2015,

Chaired by Marie-Jeanne Kappweiler, Advocate-General in the Higher Court of Justice and President of the Luxembourg Section, and composed of representatives of the following member States: Belgium, France, Luxembourg, Mexico, Poland, Spain, Switzerland and Turkey,

Also attending the meeting, without voting rights:

Frédérique Granet, Secretary-General, and Chantal Nast, Deputy Secretary-General,

Considering that the Convention on the issuance of a life certificate, signed at Paris on 10 September 1998, includes two Annexes, the model life certificate (Annex 1) on the one hand, and the list of entries and their code numbers (Annex 2) on the other hand,

Considering that this Convention provides for the modification of the aforementioned Annexes, as well as the procedure to this modification in article 9, paragraphs 1 and 2, article 14, paragraph 3, and article 18, paragraph 1 (f), as follows:

"Article 9

1. The coding of the entries contained in the certificate in Annex 1 and the list of code numbers in Annex 2 may be modified by a resolution adopted by a simple majority of the representatives of the member States of the International Commission on Civil Status and the non-member Contracting States. Any modification must take account of the code numbers used in the other Conventions of the International Commission on Civil Status.
2. Any such resolution shall be deposited with the Swiss Federal Council.

Article 14

3. Any resolution adopted in pursuance of Article 9 shall take effect, in relations between the Contracting States, from the first day of the fourth month following its deposit.

Article 18

1. The Swiss Federal Council shall notify the member States of the International Commission on Civil Status and any other State which has acceded to this Convention of:

   (e) Any resolution adopted in pursuance of Article 9, together with the date on which it will take effect."

Considering that the modification of the aforementioned Annexes is necessitated by changes in the entry coding system that have occurred since the adoption of the Convention of 10 September 1998,

Noting that the requirement of a simple majority of member States, specified in article 9, paragraph 1, is met and that no third State is a Contracting Party,

Adopts this Resolution modifying Annexes 1 and 2 of the Convention of 10 September 1998 as follows:

CONVENTION OF 10 SEPTEMBER 1998

ANNEX 1 / FRONT

State 2-1:

LIFE CERTIFICATE 1-6-1-3	
Issuing authority 1-1-5-6:	Name of signing official 7-7-1-2:
Place of issuance 2-6-4:	Title of the signing official 9-4-5-2:
CERTIFY ON TODAY'S DATE THE LIFE OF 1-6-1-4:	
Last name 7:	First name(s) 7-9:
□ Male 1-8-2-1	□ Female 1-8-2-2
Date of birth 8-2: Day Mo. Yr. 8-1-1 8-1-2 8-1-3	Place of birth 2-2:
Residence 2-7-5-4:	
CHECKED ON 9-5	
□ National ID card 9-5-1-1: □ Passport: 9-5-1-2: □ Driving license 9-5-1-3: □ Residence permit 9-5-1-4: □ Community register 1-2-5-6: □ Consular register 1-2-5-5: □ Other document(s) 9-5-6:	Number 9-3:
Date issued 8-6-3: Day Mo. Yr. 8-1-1 8-1-2 8-1-3	Signature 9-4-1: Seal 9-4-6:

CONVENTION OF 10 SEPTEMBER 1998

ANNEX 2: LIST OF ENTRIES AND THEIR CODES

1-1-5-6	Issuing authority
1-2-5-5	Consular registers
1-2-5-6	Community registers
1-6-1-3	Life certificate
1-6-1-4	Certify on today's date the life of
1-8-2-1	Male
1-8-2-2	Female
2-1	State
2-2	Place of birth
2-6-4	Place of issuance
2-7-5-4	Residence
7	Last name
7-7-1-2	Name of signing official
7-9	First names
8-1-1	Day
8-1-2	Month
8-1-3	Year
8-2	Date of birth
8-6-3	Date issued
9-3	Number
9-4-1	Signature
9-4-5-2	Title of the signing official
9-4-6	Seal
9-5	Checked on
9-5-1-1	National ID card
9-5-1-2	Passport
9-5-1-3	Driving licence
9-5-1-4	Residence permit
9-5-6	Other document(s)

This Resolution shall be transmitted to the Swiss Federal Department of Foreign Affairs, as depositary of the Conventions of the International Commission on Civil Status, with a view to replacing Annex 1 (front page of the model life certificate) and Annex 2 (list of entries and their codes) to the Convention signed in Paris on 10 September 1998 by Annexes 1 and 2 above, modified by Resolution 3/2015 adopted by the General Assembly of the International Commission on Civil Status meeting in Strasbourg on 16 September 2015.

DONE at Strasbourg on 2 December 2015

CHANTAL NAST
Deputy Secretary-General

No. 40830. Multilateral

CONVENTION CONCERNING THE CODING OF STATEMENTS APPEARING IN CIVIL STATUS DOCUMENTS. BRUSSELS, 6 SEPTEMBER 1995 [*United Nations, Treaty Series, vol. 2290, I-40830.*]

MODIFICATION OF ANNEXES 1 AND 2 OF THE CONVENTION CONCERNING THE CODING OF STATEMENTS APPEARING IN CIVIL STATUS DOCUMENTS. STRASBOURG, 16 SEPTEMBER 2015

Entry into force: 1 July 2016

Authentic text: French

Registration with the Secretariat of the United Nations: Switzerland, 19 July 2016

Nº 40830. Multilatéral

CONVENTION RELATIVE AU CODAGE DES ÉNONCIATIONS FIGURANT DANS LES DOCUMENTS D'ÉTAT CIVIL. BRUXELLES, 6 SEPTEMBRE 1995 [*Nations Unies, Recueil des Traités, vol. 2290, I-40830.*]

MODIFICATION DES ANNEXES 1 ET 2 DE LA CONVENTION RELATIVE AU CODAGE DES ÉNONCIATIONS FIGURANT DANS LES DOCUMENTS D'ÉTAT CIVIL. STRASBOURG, 16 SEPTEMBRE 2015

Entrée en vigueur : 1er juillet 2016

Texte authentique : français

Enregistrement auprès du Secrétariat de l'Organisation des Nations Unies : Suisse, 19 juillet 2016

[TEXT IN FRENCH – TEXTE EN FRANÇAIS]

Résolution 1/2015

modifiant les annexes de la Convention (n° 25) relative au codage des énonciations figurant dans les documents d'état civil, signée à Bruxelles le 6 septembre 1995,

adoptée par l'Assemblée Générale le 16 septembre 2015 à Strasbourg

L'Assemblée Générale de la Commission Internationale de l'État civil ("la CIEC"),

réunie à Strasbourg le 16 septembre 2015,

sous la Présidence de Madame Marie-Jeanne Kappweiler, Avocat Général à la Cour Supérieure de Justice et Présidente de la Section luxembourgeoise, et composée des représentants des États membres suivants: Belgique, Espagne, France, Luxembourg, Mexique, Pologne, Suisse et Turquie.

Assistaient également à cette réunion, sans voix délibérative :

Mesdames Frédérique Granet, Secrétaire Générale, et Chantal Nast, Secrétaire Générale adjointe ;

Considérant que la Convention relative au codage des énonciations figurant dans les documents d'état civil, signée à Bruxelles le 6 septembre 1995, comporte deux annexes, dont la première dresse la liste des instruments visés à l'article 1er de la Convention et la deuxième reprend une liste d'énonciations qui figurent ou sont de nature à figurer dans les documents d'état civil nationaux ou internationaux et affecte à chacune de ces énonciations un code CIEC spécifique ;

Considérant que ladite Convention prévoit la modification des annexes ainsi que la procédure relative à cette modification à l'article 7, paragraphes 1 à 3, et à l'article 11, paragraphe 1, lettre g), comme suit :

« Article 7

1. Les annexes de la présente Convention pourront être modifiées par une résolution votée à l'unanimité par les représentants des États membres de la Commission Internationale de l'État Civil et des États non membres parties à la présente Convention.
2. Des énonciations codées pourront être ajoutées à l'annexe 2 par une résolution votée à la majorité simple par les représentants des États membres de la Commission Internationale de l'État Civil et des États non membres parties à la présente Convention.
3. Les résolutions visées au premier et au deuxième alinéas seront déposées auprès du Conseil Fédéral Suisse et prendront effet dans les rapports entre les États contractants à compter du premier jour du septième mois suivant ce dépôt.

Article 11

1. Le Conseil Fédéral Suisse notifiera aux États membres de la Commission Internationale de l'État Civil et à tout autre État ayant adhéré à la présente Convention :

   g) toute résolution prise en vertu de l'article 7, premier alinéa. »

Considérant que la modification des annexes 1 et 2 précitées est nécessaire en raison de l'évolution du système du codage des énonciations intervenue depuis l'adoption de la Convention du 6 septembre 1995 ;

Constatant que l'unanimité des États membres requise à l'article 7 est satisfaite et qu'aucun État tiers n'est une partie contractante ;

ADOPTE la présente Résolution modifiant les annexes 1 et 2 de la Convention du 6 septembre 1995 comme suit :

Convention du 6 septembre 1995

Annexe 1 : Liste des Conventions et Recommandations visées à l'article 1er, alinéa 1, de la Convention

Convention (n° 1) relative à la délivrance de certains extraits d'actes de l'état civil destinés à l'étranger (signée à Paris le 27 septembre 1956).

Convention (n° 16) relative à la délivrance d'extraits plurilingues d'actes de l'état civil (signée à Vienne le 8 septembre 1976).

Convention (n° 26) concernant l'échange international d'informations en matière d'état civil (signée à Neuchâtel le 12 septembre 1997).

Convention (n° 27) relative à la délivrance d'un certificat de vie (signée à Paris le 10 septembre 1998).

Convention (n° 28) relative à la délivrance d'un certificat de nationalité (signée à Lisbonne le 14 septembre 1999).

Convention (n° 31) sur la reconnaissance des noms (signée à Antalya le 16 septembre 2005).

Convention (n° 32) sur la reconnaissance des partenariats enregistrés (ouverte à la signature à Munich le 5 septembre 2007).

Convention (n° 34) relative à la délivrance d'extraits et de certificats plurilingues et codés d'actes de l'état civil (signée à Strasbourg le 14 mars 2014).

Recommandation (n° 5) relative à l'harmonisation des actes de l'état civil (adoptée le 10 septembre 1987 à Lisbonne).

Recommandation (n° 7) relative à l'harmonisation des extraits d'actes de l'état civil (adoptée le 7 septembre 1990 à Madrid).

Recommandation (n° 11) relative à la reconnaissance de certaines décisions d'adoption rendues ou reconnues dans un État membre de la Commission Internationale de l'État Civil (adoptée le 17 septembre 2015 à Strasbourg).

Annexe 2 : Code des énonciations – Classification numérique

1-	**État civil**
1-1	Autorité
1-1-1	Service de l'état civil de
1-1-1-1	Service central d'état civil
1-1-1-2	Service consulaire d'état civil
1-1-1-3	Autorité compétente
1-1-1-4	Autorité compétente pour l'enregistrement d'un acte
1-1-1-5	Autorité compétente pour la création d'un acte
1-1-1-6	Autorité compétente pour inscrire
1-1-2	Autorité ayant pris la décision
1-1-2-1	Autorité ayant pris la décision de dissolution du mariage
1-1-2-2	Autorité ayant pris la décision de dissolution du partenariat enregistré
1-1-2-3	Autorité ayant décidé la rectification de l'acte
1-1-2-4	Service municipal d'état civil
1-1-2-5	Autorité du service de l'état civil
1-1-3	Officier de l'état civil
1-1-3-1	Officier de l'état civil de
1-1-3-2	Qualité de l'officier de l'état civil
1-1-3-3	Qualité et signature de l'officier de l'état civil
1-1-3-4	Dénomination et adresse
1-1-3-5	Identification de l'officier de l'état civil compétent et signature

1-1-3-6 Identification et signature de l'officier de l'état civil attestant la conformité de l'extrait avec l'acte
1-1-3-7 Identification de la personne qui a enregistré l'acte
1-1-4 Juridiction
1-1-4-1 Tribunal de
1-1-4-2 Cour d'Appel de
1-1-4-3 Juridiction civile
1-1-4-4 Juridiction pénale
1-1-4-5 Juridiction administrative
1-1-4-6 Juridiction religieuse
1-1-4-7 Juridiction ayant prononcé la décision
1-1-4-8 Juridiction ayant prononcé la décision d'exequatur
1-1-5 Autre autorité
1-1-5-1 Autorité d'enregistrement
1-1-5-2 Autorité ayant enregistré l'acte
1-1-5-3 Autorité notariale
1-1-5-4 Autorité administrative
1-1-5-5 Autorité administrative de tutelle
1-1-5-6 Autorité de délivrance
1-1-5-7 Greffier/Greffier en chef
1-1-5-8 Greffe ... [suivi du nom de la juridiction et du lieu] ...
1-1-6 Autorité requérante / requise
1-1-6-1 Autorité requérante
1-1-6-2 Autorité requise
1-1-6-3 L'autorité requise renverra le document ci-joint et la présente formule à l'autorité requérante, directement ou par la voie diplomatique
1-2 Registre de l'état civil
1-2-1 Registre des naissances
1-2-1-1 Registre des enfants sans vie
1-2-1-2 Registre des enfants abandonnés
1-2-1-3 Registre des enfants trouvés
1-2-1-4 Registre des reconnaissances
1-2-1-5 Registre des adoptions
1-2-1-6 Registre de l'autorité parentale
1-2-2 Registre des mariages
1-2-2-1 Registre des partenariats enregistrés
1-2-2-2 Registre des divorces
1-2-2-3 Registre des dissolutions de partenariats enregistrés
1-2-3 Registre des décès
1-2-4 Registre des administrations de soutien
1-2-4-1 Registre des tutelles
1-2-4-2 Registre des curatelles
1-2-4-3 Répertoire civil
1-2-5 Autres registres
1-2-5-1 Registre de(s) famille(s)
1-2-5-2 Registre central de l'état civil
1-2-5-3 Registre de nationalité
1-2-5-4 Registre des changements de sexe
1-2-5-5 Registres consulaires
1-2-5-6 Registres communaux
1-2-5-7 Registre municipal
1-2-5-8 Registre des personnes de sexe masculin
1-2-5-9 Registre de population
1-2-6 Section(s) du registre de l'état civil
1-2-6-1 Volume
1-2-6-2 Feuillet
1-2-6-3 Page
1-2-6-4 Page, sceau
1-2-6-5 Volume, page, numéro
1-2-7 Livret d'état civil

1-2-7-1	Livret de famille
1-2-7-2	Livret de famille international
1-2-7-3	Délivrance du livret de famille [livret de famille délivré à... le...]
1-2-7-4	Délivrance du livret de famille international [livret de famille international délivré à... le...]
1-2-8	Extrait du registre d'état civil
1-2-8-1	Extrait du registre des naissances
1-2-8-2	Extrait des registres de l'état civil concernant une naissance
1-2-8-3	Extrait du registre des reconnaissances
1-2-8-4	Extrait du registre des mariages
1-2-8-5	Extrait des registres de l'état civil concernant un mariage
1-2-8-6	Extrait du registre des divorces
1-2-8-7	Extrait du registre des partenariats enregistrés
1-2-8-8	Extrait du registre des dissolutions de partenariats enregistrés
1-2-9	/
1-2-9-1	Extrait du registre des décès
1-2-9-2	Extrait des registres de l'état civil concernant un décès
1-2-9-3	Extrait du registre des enfants sans vie
1-2-9-4	Extrait du registre des enfants abandonnés
1-2-9-5	Extrait du registre des enfants trouvés
1-2-9-6	Extrait du registre de l'autorité parentale
1-2-9-7	Extrait du registre des changements de sexe
1-2-9-8	Extrait du registre des rectifications d'actes existants
1-2-9-9	Extrait du registre de(s) familles
1-3	Acte de l'état civil
1-3-1	Acte de naissance
1-3-1-1	Acte de naissance n°...
1-3-1-2	Déclaration de naissance
1-3-1-3	Inscription de la naissance dans les délais
1-3-1-4	Inscription de la naissance hors délai
1-3-1-5	Jugement supplétif d'acte de naissance
1-3-1-6	Extrait d'acte de naissance
1-3-1-7	Extrait d'acte de naissance rectifié
1-3-1-8	Extrait de l'acte de naissance n° ...
1-3-1-9	Extrait délivré conforme à l'acte de naissance n° ...
1-3-2	Acte de mariage
1-3-2-1	Acte de mariage n°...
1-3-2-2	Déclaration de mariage
1-3-2-3	Acte de conversion d'un mariage en partenariat enregistré
1-3-2-4	Extrait d'acte de mariage
1-3-2-5	Extrait d'acte de mariage rectifié
1-3-2-6	Extrait de l'acte de mariage n° ...
1-3-2-7	Cet extrait de l'acte de mariage est transmis pour valoir avis au sens de l'article 1er de la Convention du 4 septembre 1958 concernant l'échange international d'informations en matière d'état civil
1-3-2-8	Extrait délivré conforme à l'acte de mariage n° ...
1-3-3	Acte de décès
1-3-3-1	Acte de décès n°...
1-3-3-2	Déclaration de décès
1-3-3-3	Inscription du décès
1-3-3-4	Acte d'enfant sans vie
1-3-3-5	Extrait d'acte de décès
1-3-3-6	Extrait d'acte de décès rectifié
1-3-3-7	Extrait de l'acte de décès n° .....
1-3-3-8	Cet extrait de l'acte de décès est transmis pour valoir avis au sens de l'article 1er de la Convention du 4 septembre 1958 concernant l'échange international d'informations en matière d'état civil
1-3-3-9	Extrait délivré conforme à l'acte de décès n° ...
1-3-4	Acte de reconnaissance
1-3-4-1	Acte de reconnaissance n° ....
1-3-4-2	Acte de reconnaissance paternelle
1-3-4-3	Acte de reconnaissance paternelle avant la naissance

1-3-4-4	Acte de reconnaissance maternelle
1-3-4-5	Acte de reconnaissance maternelle avant la naissance
1-3-4-6	Acte authentique de reconnaissance
1-3-4-7	Extrait d'acte de reconnaissance
1-3-4-8	Extrait d'acte de reconnaissance rectifié
1-3-4-9	Extrait de l'acte de reconnaissance n° ...
1-3-4-10	Extrait de l'acte de reconnaissance paternelle
1-3-4-11	Extrait de l'acte de reconnaissance maternelle
1-3-4-12	Extrait délivré conforme à l'acte de reconnaissance n° ...
1-3-5	Acte de partenariat enregistré
1-3-5-1	Acte de partenariat enregistré n° ....
1-3-5-2	Déclaration de partenariat
1-3-5-3	Acte rectifié de partenariat enregistré
1-3-5-4	Acte d'un partenariat enregistré à l'étranger
1-3-5-5	Acte de conversion d'un partenariat enregistré en mariage
1-3-5-6	Extrait d'acte de partenariat enregistré
1-3-5-7	*Extrait d'acte rectifié d'enregistrement d'un partenariat*
1-3-5-8	Extrait de l'acte de partenariat enregistré n° ...
1-3-5-9	Extrait délivré conforme à l'acte de partenariat n° ...
1-3-6	Nature de l'acte
1-3-6-1	Nature de l'acte d'état civil (mariage, naissance, décès)
1-3-6-2	Acte d'origine
1-3-6-3	Acte authentique
1-3-6-4	Acte transcrit
1-3-6-5	Acte rectifié
1-3-6-6	Acte annulé
1-3-6-7	Acte radié
1-3-6-8	Acte reconstitué
1-3-7	Autres actes
1-3-7-1	Acte d'enfant abandonné
1-3-7-2	Acte d'enfant trouvé
1-3-7-3	Acte d'adoption
1-3-7-4	Acte de contestation de paternité
1-3-7-5	Acte contenant le choix de nom
1-3-8	/
1-3-8-1	Testament
1-3-8-2	Acte de notoriété
1-3-8-3	Acte de notoriété en date du ... délivré par ...
1-3-8-4	Acte de notoriété constatant la possession d'état en date du ... délivré par ...
1-3-8-5	Acte de mandat tutélaire
1-3-8-6	Acte de transcription de décision judiciaire
1-3-8-7	Acte d'inscription judiciaire
1-3-9	Extrait d'acte de l'état civil
1-3-9-1	Extrait plurilingue
1-3-9-2	Extrait délivré à la suite d'une rectification de l'acte
1-3-9-3	Extrait délivré en application de la Convention de la CIEC signée à ... le ...
1-3-9-4	Délivré conforme aux registres le ...
1-3-9-5	Extrait délivré en application de la Convention CIEC n° 34 du 14/03/2014
1-4	Inscription/Inscriptions
1-4-1	Mention/Mentions
1-4-1-1	Mentions de l'acte
1-4-1-2	Mentions de l'acte d'état civil
1-4-1-3	Nature de la mention
1-4-1-4	Mention facultative
1-4-1-5	Mention relative à l'incapacité de signer
1-4-1-6	Mentions marginales
1-4-1-7	Mention marginale de rectification
1-4-1-8	Mention marginale de radiation
1-4-2	Mentions ultérieures

1-4-2-1	Mentions ultérieures d'état civil
1-4-2-2	Mentions ultérieures de l'acte
1-4-2-3	Mentions ultérieures de l'acte d'état civil
1-4-2-4	Mentions ultérieures à l'extrait de l'acte d'état civil
1-4-3	Annotation/Annotations
1-4-3-1	Annotations ultérieures
1-4-3-2	Annotations ayant simple valeur informative
1-4-3-3	Annotation de l'accueil
1-4-3-4	Annotation de support
1-4-4	Autres énonciations
1-4-4-1	Autres énonciations de l'acte
1-4-4-2	Inscription sur ordre des autorités judiciaires
1-4-4-3	Inscription radiée
1-4-4-4	Note
1-4-4-5	Note de référence ou de liaison entre deux actes/registres
1-4-5	Transcription
1-4-5-1	Transcription de l'acte
1-4-5-2	Transcription de l'acte de naissance
1-4-5-3	Transcription de l'acte de mariage
1-4-5-4	Transcription de l'acte de décès
1-4-5-5	Transcription de l'acte de partenariat enregistré
1-4-5-6	Autorisation de transcription d'un acte étranger de mariage
1-4-5-7	Transcrit à ..., le ...
1-4-5-8	Transcription le ... à ....
1-5	Copie intégrale d'acte de l'état civil
1-5-1	Copie intégrale de l'acte de naissance
1-5-1-1	Copie intégrale de l'acte d'enfant sans vie
1-5-1-2	Copie intégrale de l'acte d'enfant abandonné
1-5-1-3	Copie intégrale de l'acte d'adoption
1-5-2	Copie intégrale de l'acte de mariage
1-5-2-1	Copie intégrale de l'acte de conversion d'un mariage en partenariat enregistré
1-5-2-2	Copie intégrale de l'acte de partenariat enregistré
1-5-2-3	Copie intégrale de l'acte de conversion d'un partenariat enregistré en mariage
1-5-3	Copie intégrale de l'acte de décès
1-5-4	Copie intégrale de l'acte de reconnaissance
1-5-4-1	Copie intégrale de l'acte de reconnaissance paternelle
1-5-4-2	Copie intégrale de l'acte de reconnaissance maternelle
1-5-4-3	Copie intégrale de l'acte de contestation de paternité
1-5-5	Copie
1-5-5-1	Copie certifiée conforme
1-5-5-2	La présente copie intégrale comprend ... mention ultérieure/mentions ultérieures
1-6	Certificat
1-6-1	Certificat d'état civil
1-6-1-1	Certificat individuel d'état civil
1-6-1-2	Certificat de famille
1-6-1-3	Certificat de vie
1-6-1-4	Certifie à la date d'aujourd'hui la vie de
1-6-1-5	Certificat attestant
1-6-1-6	Attestation relative à une décision d'adoption
1-6-1-7	Attestation relative à la reconnaissance d'une décision étrangère d'adoption
1-6-2	Certificat de naissance
1-6-2-1	Certificat de baptême
1-6-2-2	Certificat de baptême de l'officier de l'état civil
1-6-2-3	Certificat attestant la reconnaissance
1-6-3	Certificat de mariage
1-6-3-1	Certificat de capacité matrimoniale
1-6-3-2	Certificat de non empêchement à mariage
1-6-4	Certificat de partenariat enregistré
1-6-4-1	Certificat attestant l'enregistrement d'un partenariat

1-6-4-2	Certificat attestant la dissolution ou l'annulation d'un partenariat
1-6-4-3	Certificat attestant la reconnaissance de la dissolution ou annulation d'un partenariat
1-6-4-4	Certificat délivré en application de la Convention CIEC sur la reconnaissance des partenariats enregistrés
1-6-5	Certificat de décès
1-6-6	Certificat de nationalité
1-6-6-1	Certifie qu'à la date d'aujourd'hui
1-6-6-2	a la nationalité de l'État sus-mentionné
1-6-6-3	Certificat de naturalisation
1-6-6-4	Certificat de perte de la nationalité
1-6-6-5	Certificat de renonciation à la nationalité
1-6-6-6	Certificat de nationalité [...] délivré par ...[autorité de délivrance]...
1-6-6-7	Certificat de nationalité [...] établi le ...
1-6-6-8	Certificat de nationalité [...] délivré sous le n° ...
1-6-6-9	Délivrance d'un certificat de nationalité
1-6-7	Certificat de nom
1-6-7-1	Certificat de diversité de noms de famille
1-6-7-2	Ce certificat ne fait pas échec aux dispositions légales régissant le nom
1-6-8	Autres certificats
1-6-8-1	Certificat délivré en application de la Convention de la CIEC signée à ... le..
1-6-8-2	L'autorité soussignée certifie que ...
1-6-8-3	L'autorité soussignée certifie que la présente copie est conforme aux indications portées au registre
1-6-8-4	L'autorité soussignée certifie que le présent extrait est conforme aux indications portées au registre
1-7	Avis
1-7-1	Avis de naissance
1-7-1-1	Avis de reconnaissance
1-7-1-2	Avis de la reconnaissance volontaire d'un enfant né hors mariage
1-7-1-3	Avis d'établissement de la filiation
1-7-1-4	Avis de modification de la filiation
1-7-1-5	Avis prévu par l'article 7 de la Convention sur la légitimation par mariage signée à Rome le 10. 9. 1970
1-7-2	Avis de mariage
1-7-2-1	Avis de dissolution de mariage
1-7-2-2	Avis d'enregistrement de partenariat
1-7-2-3	Avis de dissolution de partenariat enregistré
1-7-2-4	Déclaration relative à la célébration du mariage/au mariage
1-7-2-5	Déclaration d'intention de conclure un partenariat
1-7-3	Avis de décès
1-7-3-1	Avis de déclaration d'absence
1-7-3-2	Avis de déclaration de décès
1-7-3-3	Avis d'annulation d'une déclaration d'absence/décès
1-7-4	Autres avis
1-7-4-1	Avis d'attribution de nom
1-7-4-2	En application de l'article n° 4 § 2 de la Convention CIEC sur la reconnaissance des noms
1-7-4-3	Avis de mention de changement de nom
1-7-4-4	Avis délivré en application de la Convention CIEC signée à... le...
1-7-4-5	Avis prévu par l'article n°... de la Convention CIEC signée à.... le.....
1-7-4-6	Avis de changement de nom et/ou prénoms
1-7-4-7	Avis de changement de sexe
1-7-5	Déclaration
1-7-5-1	Faite par.....
1-7-5-2	Déclaration reçue le ...
1-7-5-3	Déclaration reçue à ...[suivi d'un lieu]...
1-7-5-4	Déclaration reçue par... [suivi d'une autorité]
1-7-5-5	Déclaration de la personne concernée
1-7-5-6	Déclaration conjointe
1-7-5-7	Suivant déclaration conjointe du ...
1-7-5-8	Déclaration judiciaire
1-7-5-9	Déclaration de nationalité ayant une valeur de présomption simple
1-7-6	Déclaration concernant le nom
1-7-6-1	Possibilité de déclaration concernant le nom

1-7-6-2 Déclaration de choix de nom
1-7-6-3 Déclaration conjointe de choix de nom
1-7-6-4 déclare après la dissolution du mariage vouloir reprendre le nom : ...
1-7-6-5 Déclaration de changement de nom
1-7-6-6 Déclaration conjointe de changement de nom
1-7-6-7 Déclaration d'adjonction de nom
1-7-6-8 Déclaration conjointe d'adjonction de nom
1-7-7 Déclaration concernant le prénom
1-7-7-1 Déclaration de changement de prénoms
1-8 Indications diverses
1-8-1 Situation d'état civil
1-8-1-1 État civil du père
1-8-1-2 État civil de la mère
1-8-1-3 État civil du futur époux
1-8-1-4 État civil de la future épouse
1-8-1-5 État civil du futur partenaire/des futurs partenaires
1-8-1-6 État civil du déclarant/de la déclarante
1-8-1-7 Relation du déclarant/de la déclarante avec l'enfant
1-8-1-8 Relation du déclarant/de la déclarante avec la personne décédée
1-8-2 Sexe
1-8-2-1 Sexe masculin
1-8-2-2 Sexe féminin
1-8-2-3 Sexe indéterminé
1-8-2-4 Sexe de l'enfant
1-8-2-5 Sexe de la personne décédée
1-8-3 Changement de sexe
1-8-3-1 Changement de sexe par décision administrative
1-8-3-2 Changement de sexe par décision judiciaire
1-8-3-3 Rectification du sexe
1-8-3-4 Sexe après le changement
1-8-3-5 Changement de sexe par déclaration
1-8-4 Renseignements
1-8-4-1 Renseignements concernant le père
1-8-4-2 Renseignements concernant la mère
1-8-4-3 Renseignements concernant le père ou la mère
1-8-4-4 Renseignements concernant les parents de l'enfant
1-8-4-5 Renseignements concernant l'enfant
1-8-4-6 Renseignements concernant la légitimation constatée après mariage par décision judiciaire
1-8-4-7 Renseignements concernant le futur époux et la future épouse
1-8-4-8 Renseignements concernant le futur partenaire/les futurs partenaires
1-8-5 Autres renseignements
1-8-5-1 En présence des témoins
1-8-5-2 Vivant
1-8-5-3 Inconnu
1-8-5-4 Fait enregistré
1-8-5-5 En vertu d'une disposition légale
1-8-5-6 Désignation de la loi applicable
1-8-5-7 Disposition légale
1-8-5-8 Renseignements sur le document ci-joint envoyé en application d'une Convention de la Commission Internationale de l'État Civil (CIEC)
1-8-6 Informations
1-8-6-1 Informations demandées
1-8-6-2 Demande d'informations
1-8-6-3 Pas demandé
1-8-6-4 Informations différentes
1-8-6-5 Aucune information
1-8-6-6 Informations fournies par l'autorité requise
1-8-6-7 Informations à la connaissance de l'autorité requérante
1-8-6-8 Informations relatives à l'expéditeur

1-8-6-9	Informations relatives au destinataire
1-8-7	Autres informations
1-8-7-1	Biffer les mentions inutiles
1-8-7-2	Cocher la case utile
1-8-7-3	Cocher la case appropriée
1-8-7-4	Remplir la case appropriée
1-8-7-5	Informations complémentaires à fournir dans la mesure du possible
1-8-7-6	Symboles
1-8-7-7	Application d'un accord bilatéral
1-8-8	Observations
1-8-8-1	Remarques
1-8-8-2	Parfois
1-8-8-3	Éventuellement/Le cas échéant/S'il y a lieu
1-8-9	Motif/Motifs
1-8-9-1	Motif de la dissolution
1-8-9-2	Motif de l'annulation
1-8-9-3	Motif de la rectification
1-8-9-4	Motif de l'acquisition
1-8-9-5	Motif de la perte
1-9	Décision
1-9-1	Décision des services de l'état civil
1-9-1-1	Décision des services de l'état civil de correction d'un vice de forme
1-9-1-2	Décision des services de l'état civil de rectification d'une inscription
1-9-1-3	Décision des services de l'état civil de radiation d'une inscription
1-9-2	Décision judiciaire
1-9-2-1	Décision judiciaire de rectification d'une inscription
1-9-2-2	Décision judiciaire de radiation d'une inscription
1-9-2-3	Décision judiciaire de dissolution du mariage
1-9-2-4	Décision irrévocable
1-9-2-5	Exequatur
1-9-2-6	Ordonnance de non-conciliation
1-9-2-7	Homologation
1-9-3	Décision administrative
1-9-3-1	Décision approuvant le transfert d'un acte au sein d'un même service d'état civil
1-9-3-2	Décision approuvant le transfert d'un acte à un autre service de l'état civil
1-9-3-3	Décision sur un dossier à défaut d'acte de mariage ou de certificat de mariage
1-9-3-4	Recours contre la décision de l'autorité d'état civil
1-9-3-5	Décision confirmant la décision objet du recours
1-9-3-6	Décision infirmant la décision objet du recours
1-9-4	Décision de rectification
1-9-4-1	Décision de rectification d'acte de l'état civil
1-9-4-2	Décision de rectification de l'officier de l'état civil
1-9-4-3	Décision de rectification de la juridiction
1-9-4-4	Décision de rectification du tribunal
1-9-4-5	Décision de rectification de la Cour d'appel
1-9-4-6	Décision de rectification du Ministère public
1-9-4-7	Décision de rectification d'une autre autorité
1-9-5	Annulation
1-9-5-1	Annulation de la décision
1-9-5-2	Décision annulée
1-9-5-3	Révocation
1-9-6	Transcription de la décision
1-9-6-1	Transcription de la décision judiciaire
1-9-6-2	Transcription de la décision administrative
1-9-6-3	Transcription de la décision judiciaire d'adoption plénière
1-9-6-4	Transcription de la décision judiciaire de divorce
1-9-6-5	Décision judiciaire transcrite
1-9-7	Autres décisions
1-9-7-1	Décision de radiation

1-9-7-2	Instructions du procureur de la République
1-9-7-3	Instructions du procureur de la République de … n° … du …
1-9-7-4	Décision définitive depuis le
2-	Lieux
2-1	État
2-1-1	État fédéré
2-1-1-1	Province
2-1-1-2	Région
2-1-1-3	Canton
2-1-1-4	Communauté autonome
2-1-1-5	Département
2-1-1-6	Circonscription territoriale
2-1-1-7	Commune
2-1-1-8	Commune de …
2-1-2	État où la décision a été rendue
2-1-2-1	État où la décision judiciaire a été rendue
2-1-2-2	État où la décision administrative a été rendue
2-1-2-3	État où la décision d'adoption a été rendue
2-1-2-4	État qui a reconnu la décision étrangère
2-1-3	État de résidence
2-1-3-1	Dernière résidence connue dans l'État dont l'intéressé avait la nationalité
2-1-3-2	Période de résidence du futur conjoint/des futurs conjoints
2-1-3-3	Période de résidence du futur époux
2-1-3-4	Période de résidence de la future épouse
2-1-3-5	Période de résidence du futur partenaire/des futurs partenaires
2-2	Lieu de naissance
2-2-1	Lieu de naissance du père
2-2-1-1	Lieu de naissance du père de l'époux
2-2-1-2	Lieu de naissance du père de l'épouse
2-2-1-3	Lieu de naissance du père du partenaire
2-2-1-4	Lieu de naissance du père adoptif
2-2-2	Lieu de naissance de la mère
2-2-2-1	Lieu de naissance de la mère de l'époux
2-2-2-2	Lieu de naissance de la mère de l'épouse
2-2-2-3	Lieu de naissance de la mère du partenaire
2-2-2-4	Lieu de naissance de la mère adoptive
2-2-3	Lieu de naissance de l'enfant
2-2-3-1	Lieu de naissance de l'enfant sans vie
2-2-3-2	Lieu de l'accouchement
2-2-3-3	Hôpital de naissance de l'enfant
2-2-3-4	Clinique de naissance de l'enfant
2-2-3-5	Lieu du baptême
2-2-3-6	Église du baptême
2-2-4	Lieu de naissance de l'époux
2-2-4-1	Lieu de naissance du futur époux
2-2-4-2	Lieu de naissance de l'épouse
2-2-4-3	Lieu de naissance de la future épouse
2-2-4-4	Lieu de naissance du partenaire
2-2-4-5	Lieu de naissance du futur partenaire/des futurs partenaires
2-2-5	Lieu de naissance du défunt
2-2-6	Autre(s) lieu(x) de naissance
2-2-6-1	Pays de naissance
2-2-6-2	Commune de naissance
2-2-6-3	Naissance enregistrée dans la commune de …
2-2-6-4	Lieu de naissance au sens de la loi
2-3	Lieu du mariage
2-3-1	Lieu de la déclaration de mariage
2-3-1-1	Lieu de publication des bans
2-3-1-2	Lieu du futur mariage

2-3-2	Lieu de célébration du mariage
2-3-2-1	Lieu de célébration du mariage religieux
2-3-2-2	Mairie de célébration du mariage
2-3-2-3	Église de célébration du mariage
2-3-2-4	Lieu du mariage des parents
2-3-2-5	Commune d'enregistrement du mariage
2-3-2-6	Lieu d'enregistrement du mariage religieux
2-3-3	Lieu de la dissolution du mariage
2-3-3-1	Lieu de la décision de dissolution du mariage
2-3-3-2	Lieu de l'enregistrement de la dissolution du mariage
2-3-3-3	Lieu de l'annulation du mariage
2-3-3-4	Lieu de la dissolution du mariage précédent
2-3-4	Lieu de la déclaration de partenariat
2-3-4-1	Lieu de la conclusion du partenariat
2-3-4-2	Lieu de l'enregistrement du partenariat
2-3-4-3	Lieu de la dissolution du partenariat
2-3-4-4	Lieu de la dissolution du partenariat par consentement mutuel
2-3-4-5	Lieu de la décision de dissolution du partenariat
2-3-4-6	Lieu de l'enregistrement de la dissolution du partenariat
2-3-4-7	Lieu de l'annulation du partenariat
2-3-4-8	Lieu de la dénonciation du partenariat
2-3-4-9	Lieu de la dénonciation devant l'officier de l'état civil
2-4	Lieu du décès
2-4-1	Lieu du décès du père
2-4-2	Lieu du décès de la mère
2-4-3	Lieu du décès de l'enfant
2-4-4	Lieu du décès de l'époux
2-4-5	Lieu du décès de l'épouse
2-4-6	Lieu du décès du partenaire
2-4-7	Autres lieux de décès
2-4-7-1	Décès enregistré dans la commune de
2-4-7-2	Lieu d'inhumation
2-4-7-3	Inhumé au cimetière de ...
2-4-7-4	Lieu du décès présumé
2-4-7-5	Lieu présumé de la disparition
2-4-7-6	Lieu de découverte du cadavre
2-5	Lieu d'origine
2-5-1	Lieu d'origine du parent/des parents
2-5-1-1	Lieu d'origine du père
2-5-1-2	Lieu d'origine de la mère
2-5-2	Lieu d'origine de l'enfant
2-5-3	Lieu d'origine de l'époux
2-5-3-1	Lieu d'origine du futur époux
2-5-3-2	Lieu d'origine de l'épouse
2-5-3-3	Lieu d'origine de la future épouse
2-5-3-4	Lieu d'origine du partenaire/des partenaires
2-5-3-5	Lieu d'origine du futur partenaire/des futurs partenaires
2-5-4	Lieu d'origine de la personne décédée
2-6	Lieu d'enregistrement
2-6-1	Commune d'enregistrement
2-6-1-1	Lieu d'enregistrement de l'acte
2-6-1-2	Lieu d'enregistrement de l'acte de naissance
2-6-1-3	Lieu d'enregistrement de l'acte de mariage
2-6-1-4	Lieu d'enregistrement de l'acte de partenariat
2-6-1-5	Lieu d'enregistrement de l'acte de décès
2-6-1-6	Lieu d'enregistrement de l'acte de reconnaissance
2-6-1-7	Lieu d'enregistrement de l'acte d'enfant sans vie
2-6-1-8	Enregistré dans la commune de ...
2-6-2	Lieu de dépôt du registre

2-6-2-1	Lieu de dépôt du registre de(s) famille(s)
2-6-2-2	Lieu et numéro du registre de(s) famille(s)
2-6-2-3	Lieu de dépôt de l'acte
2-6-2-4	Lieu et numéro
2-6-2-5	Lieu et numéro du registre
2-6-2-6	Lieu, date, prénoms, nom, fonction
2-6-3	Lieu de l'inscription
2-6-3-1	Lieu d'établissement de l'acte
2-6-3-2	Lieu de l'enregistrement de la décision
2-6-3-3	Lieu de l'enregistrement de la décision judiciaire
2-6-3-4	Lieu de l'enregistrement de la décision administrative
2-6-3-5	Lieu de l'enregistrement de la déclaration
2-6-4	Lieu de délivrance
2-6-4-1	Lieu de délivrance de la copie intégrale
2-6-4-2	Lieu de délivrance de l'extrait d'acte
2-6-5	Lieu de transcription
2-6-5-1	Lieu de transcription de l'acte
2-6-5-2	Lieu de transcription de l'acte de naissance
2-6-5-3	Lieu de transcription de l'acte de reconnaissance
2-6-5-4	Lieu de transcription de l'acte de mariage
2-6-5-5	Lieu de transcription de l'acte de partenariat enregistré
2-6-5-6	Lieu de transcription de l'acte de décès
2-6-5-7	Lieu de transcription de la décision
2-6-5-8	Lieu de transcription de la décision judiciaire
2-6-5-9	Lieu de transcription de la décision administrative
2-6-6	Lieu de la déclaration
2-6-6-1	Lieu de la déclaration de naissance
2-6-6-2	Lieu de la déclaration de décès
2-6-6-3	Lieu de la déclaration de nationalité
2-6-6-4	Lieu de la déclaration judiciaire
2-6-6-5	Lieu de la déclaration concernant le nom
2-6-6-6	Lieu de la déclaration de changement de nom
2-6-6-7	Lieu de la déclaration de changement de prénoms
2-6-6-8	Lieu de la déclaration de choix de nom
2-6-6-9	Lieu de la déclaration reçue pour le 1er enfant commun
2-6-7	Lieu de la conclusion du contrat
2-6-7-1	Lieu de la conclusion du contrat de mariage
2-6-7-2	Lieu de la conclusion du contrat de partenariat enregistré
2-6-7-3	Lieu de la conclusion de la convention fixant les effets patrimoniaux du partenariat
2-6-7-4	Lieu de l'enregistrement du contrat
2-6-7-5	Lieu de la conclusion du mandat tutélaire
2-6-7-6	Lieu de l'inscription du mandat tutélaire
2-7	Adresse actuelle
2-7-1	Circonscription administrative
2-7-1-1	Arrondissement de l'état civil
2-7-1-2	Ville
2-7-1-3	Arrondissement
2-7-1-4	Quartier
2-7-1-5	Code postal
2-7-1-6	Voie (rue, avenue, boulevard, place, etc.)
2-7-1-7	à ...[suivi d'un lieu]...
2-7-1-8	Commune n°..., année, acte n°...
2-7-2	Adresse
2-7-2-1	Adresse commune des époux / Adresse du(des) époux
2-7-2-2	Adresse du (des) partenaire(s)
2-7-2-3	Adresse du père au moment de la naissance de l'enfant
2-7-2-4	Adresse de la mère au moment de la naissance de l'enfant
2-7-2-5	Adresse du (des) témoin(s)
2-7-2-6	Adresse du déclarant/de la déclarante

2-7-2-7	Adresse du (des) signataire(s)
2-7-2-8	Adresse du notaire
2-7-3	Autre(s) adresse(s)
2-7-3-1	Adresse e-mail
2-7-3-2	Adresse et numéro de téléphone
2-7-4	Domicile
2-7-4-1	Domicile du père
2-7-4-2	Domicile de la mère
2-7-4-3	Domicile de l'enfant
2-7-4-4	Domicile de l'époux
2-7-4-5	Domicile de l'épouse
2-7-4-6	Domicile du futur époux / de la future épouse
2-7-4-7	Domicile du partenaire/des partenaires
2-7-4-8	Domicile du futur partenaire/des futurs partenaires
2-7-5	Autres domiciles
2-7-5-1	Domicilié/Domiciliée à ...
2-7-5-2	Dernier domicile de la personne décédée
2-7-5-3	Domicile de l'apatride
2-7-5-4	Résidence
2-7-6	Résidence habituelle
2-7-6-1	Résidence habituelle du père
2-7-6-2	Résidence habituelle de la mère
2-7-6-3	Résidence habituelle de l'enfant
2-7-6-4	Résidence habituelle de l'époux / de l'épouse
2-7-6-5	Résidence habituelle du futur époux
2-7-6-6	Résidence habituelle de la future épouse
2-7-6-7	Résidence habituelle du partenaire/des partenaires
2-7-6-8	Résidence habituelle du futur partenaire/des futurs partenaires
2-7-7	Autre(s) résidence(s)
2-7-7-1	Résidence habituelle de la personne décédée
2-7-7-2	Résidence habituelle de l'apatride
2-8	Le document ci-joint est envoyé parce que vous êtes :
2-8-1	État national
2-8-1-1	État national d'un conjoint ou partenaire
2-8-1-2	État national d'un parent
2-8-1-3	État national de l'enfant
2-8-1-4	État national de la personne concernée
2-8-2	État du lieu
2-8-2-1	État du lieu de naissance d'un conjoint ou partenaire
2-8-2-2	État du lieu de célébration du mariage ou d'enregistrement du partenariat
2-8-2-3	État du lieu de naissance de l'enfant
2-8-2-4	État du lieu de naissance de la personne concernée
2-8-3	État de la résidence
2-8-3-1	État de la résidence habituelle d'un conjoint ou partenaire
2-8-3-2	État de la résidence habituelle d'un parent
2-8-3-3	État de la résidence habituelle de l'enfant
2-8-3-4	État de la résidence habituelle de la personne concernée
2-8-3-5	État de la résidence habituelle au moment de l'adoption
2-9	Autre(s) lieu(x)
2-9-1	Lieu de la reconnaissance
2-9-2	Lieu et autres indications
2-9-2-1	Ambassade de ...[pays]... à ...[ville]...
2-9-2-2	Consulat général de ...[pays]... à ...[ville]...
2-9-2-3	Consulat de ...[pays]... à ...[ville]...
2-9-2-4	Mairie/Mairie de .....
2-9-2-5	Bureau notarial de ...
2-9-2-6	Notaire/Notaire à ...
2-9-2-7	Poste de police
2-9-2-8	Lieu et date

2-9-2-9	Fait à ... le ...
3-	**Naissance et filiation**
3-1	Naissance
3-1-1	Né/née
3-1-1-1	Né/née le ...
3-1-1-2	Né/née à ...[lieu de naissance]...
3-1-1-3	Né/née le ...[date de naissance]... à ...[heure et minute de la naissance]...
3-1-1-4	Né/née le ...[date de naissance]... à ...[lieu de naissance]...
3-1-2	Né/née de ... et de ...
3-1-2-1	Fils/Fille de ... et de ...
3-1-2-2	Fils/Fille de ...
3-1-2-3	et de ....
3-1-3	Naissances multiples
3-1-3-1	Jumeau
3-1-3-2	1er (2e, 3e, ...) jumeau
3-1-3-3	Ordre de naissance
3-1-4	Déclaration judiciaire de naissance
3-2	Enfant
3-2-1	Enfant légitime / né dans le mariage
3-2-2	Enfant naturel / né hors mariage
3-2-3	Enfant légitimé
3-2-4	Enfant adopté
3-2-5	Enfant commun/Enfants communs
3-2-6	Enfant trouvé/abandonné
3-2-7	Enfant non baptisé
3-2-8	Enfant sans vie
3-3	Minorité/Majorité
3-3-1	Enfant mineur/Enfants mineurs
3-3-2	Enfant mineur/Enfants mineurs de la personne décédée
3-3-3	Enfant émancipé/Enfants émancipés
3-3-4	Enfant majeur/Enfants majeurs
3-3-5	Adopté
3-4	Père et /ou mère
3-4-1	Père
3-4-1-1	Futur père
3-4-1-2	Père avant
3-4-1-3	Père après
3-4-2	Mère
3-4-2-1	Future mère
3-4-2-2	Mère avant
3-4-2-3	Mère après
3-4-2-4	Est accouchée d'un enfant sans vie
3-4-2-5	Maternité de substitution
3-4-3	Parent
3-4-3-1	Parent déclarant/Parents déclarants
3-4-3-2	Adoptant/Adoptants
3-4-3-3	Parent(s) de la personne concernée
3-4-4	/
3-4-4-1	Parrain/Marraine
3-4-4-2	Grands-parents paternels
3-4-4-3	Grands-parents maternels
3-5	Filiation
3-5-1	Filiation de l'enfant
3-5-1-1	Filiation paternelle
3-5-1-2	Filiation maternelle
3-5-1-3	Filiation légitime / dans le mariage / matrimoniale
3-5-1-4	Filiation naturelle / hors mariage / non matrimoniale
3-5-1-5	Présomption légale de paternité du mari
3-5-1-6	Filiation adoptive

3-5-1-7	Filiation inconnue
3-5-1-8	Filiation établie à l'égard de ...
3-5-2	Filiation du parent/des parents
3-5-2-1	Filiation du père
3-5-2-2	Filiation de la mère
3-5-3	Filiation de la personne décédée
3-5-4	Filiation des conjoints / partenaires
3-5-4-1	Filiation de l'époux
3-5-4-2	Filiation de l'épouse
3-5-4-3	Filiation du partenaire/des partenaires
3-5-5	Établissement d'un lien de filiation
3-5-5-1	Établissement de la filiation maternelle
3-5-5-2	Établissement de la filiation paternelle
3-5-5-3	Filiation conjointement établie le ...
3-5-5-4	Acte volontaire
3-5-5-5	Établissement judiciaire ou par autorité publique
3-5-5-6	Établissement de la filiation par décision judiciaire
3-5-5-7	Déclaration judiciaire d'établissement de la filiation paternelle
3-5-5-8	Déclaration judiciaire d'établissement de la filiation maternelle
3-5-5-9	Possession d'état
3-5-6	Légitimation
3-5-6-1	Légitimation par mariage
3-5-6-2	Légitimation par décision judiciaire
3-5-6-3	Légitimation par décision administrative
3-5-6-4	Document de légitimation
3-5-7	Annulation d'un lien de filiation/des liens de filiation
3-5-7-1	Annulation de la filiation
3-5-7-2	Annulation de la filiation maternelle
3-5-7-3	Annulation de la filiation paternelle
3-5-7-4	Annulation et établissement de la filiation
3-5-7-5	Annulation de la présomption légale de paternité du mari
3-5-7-6	Annulation de la présomption de paternité matrimoniale par déclaration authentique du mari
3-5-8	Action relative à la contestation de la filiation établie
3-5-8-1	Désaveu de paternité
3-5-8-2	Désaveu de maternité
3-5-8-3	Recours contre l'établissement judiciaire de la filiation
3-5-8-4	Action relative à l'établissement judiciaire de la filiation
3-6	Reconnaissance
3-6-1	Établissement de la filiation hors mariage par reconnaissance
3-6-1-1	Reconnaissance avant la naissance
3-6-1-2	Reconnaissance après la naissance
3-6-1-3	Reconnaissance post mortem
3-6-1-4	Reconnaissance simultanée
3-6-1-5	Reconnaissance simultanée le ...
3-6-1-6	Reconnaissance conjointe
3-6-1-7	Reconnaissance conjointe des parents lors de la déclaration de naissance
3-6-1-8	Reconnaissances successives des parents avant la déclaration de naissance
3-6-2	Auteur(s) de la reconnaissance
3-6-2-1	Reconnu/Reconnue par les père et mère le ..., à ...[suivi d'un lieu]...
3-6-2-2	Reconnu/Reconnue le ... par sa mère et le ... par son père
3-6-3	Reconnaissance paternelle
3-6-3-1	Reconnaissance paternelle prénatale
3-6-3-2	Reconnaissance paternelle lors de la déclaration de naissance
3-6-3-3	Reconnaissance paternelle après la naissance
3-6-3-4	Le comparant déclare être le père de l'enfant précité
3-6-3-5	Le comparant déclare reconnaître l'enfant précité
3-6-3-6	Le comparant déclare reconnaître le ou les enfants dont la future mère précitée est enceinte
3-6-3-7	Reconnu/Reconnue par le père le ... à ...
3-6-4	Reconnaissance maternelle

3-6-4-1	Reconnaissance maternelle prénatale
3-6-4-2	Reconnaissance maternelle lors de la déclaration de naissance
3-6-4-3	Reconnaissance maternelle après la naissance
3-6-4-4	La comparante déclare reconnaître le ou les enfants dont elle est enceinte
3-6-4-5	La comparante déclare reconnaître l'enfant précité
3-6-4-6	Reconnu/Reconnue par la mère le ... à ...
3-6-5	Documents de reconnaissance
3-6-5-1	Notification de la reconnaissance
3-6-5-2	Inscription de la notification de la reconnaissance
3-6-5-3	Approbation judiciaire de la reconnaissance
3-6-5-4	Efficacité de la reconnaissance
3-6-5-5	Demande de suspension de l'efficacité de la reconnaissance
3-6-5-6	Autres documents valables pour la reconnaissance
3-6-6	Annulation de la reconnaissance
3-6-6-1	Révocation de la reconnaissance
3-6-6-2	Annulation judiciaire de la reconnaissance
3-7	Adoption
3-7-1	Adoption simple
3-7-1-1	Adoption simple par une personne seule
3-7-1-2	Adoption simple par deux personnes
3-7-2	Adoption plénière
3-7-2-1	Adoption plénière par une personne seule
3-7-2-2	Adoption plénière par deux personnes
3-7-3	Conversion de l'adoption simple en adoption plénière
3-7-4	Autre adoption
3-7-4-1	Autres types d'adoptions
3-7-4-2	Adoption par la Nation
3-7-4-3	Adoption prononcée à l'étranger
3-7-4-4	Adoption par une personne seule
3-7-4-5	Adoption par deux personnes
3-7-4-6	Adoption de l'enfant du conjoint / partenaire / cohabitant
3-7-4-7	Déplacement international de l'enfant dans le cadre de l'adoption
3-7-5	Révocation de l'adoption
3-7-5-1	Révocation de l'adoption simple
3-7-5-2	Révocation de l'adoption plénière
3-7-5-3	Possibilité de révocation de l'adoption
3-7-5-4	Rupture définitive des liens de filiation avec la famille d'origine
3-7-6	Annulation de l'adoption
3-7-6-1	Annulation de l'adoption plénière
3-7-6-2	Annulation de l'adoption simple
3-7-6-3	Possibilité d'annulation de l'adoption
3-8	Autorité parentale
3-8-1	Titulaire/Titulaires de l'autorité parentale
3-8-1-1	Autorité parentale exercée conjointement par les parents
3-8-1-2	Autorité parentale exercée par un seul parent
3-8-2	Modification de l'autorité parentale
3-8-2-1	Renonciation à l'exercice de l'autorité parentale
3-8-2-2	Délégation de l'autorité parentale
3-8-3	Décision relative à l'autorité parentale
3-8-3-1	Perte de l'autorité parentale
3-8-3-2	Déchéance de l'autorité parentale
3-8-3-3	Déclaration judiciaire d'incapacité pour l'exercice de l'autorité parentale
3-8-3-4	Retrait partiel de l'autorité parentale
3-8-3-5	Retrait total de l'autorité parentale
3-8-3-6	Recouvrement de l'exercice de l'autorité parentale
4-	**Mariage - Partenariat enregistré - Dissolution**
4-1	Conjoint/Conjoints
4-1-1	Époux
4-1-1-1	Époux de la mère

4-1-1-2	Époux du père
4-1-1-3	Épouse
4-1-1-4	Épouse du père
4-1-1-5	Épouse de la mère
4-1-1-6	Futur conjoint/Futurs conjoints
4-1-1-7	Futur époux
4-1-1-8	Future épouse
4-1-2	Autres conjoints
4-1-2-1	Conjoint survivant
4-1-2-2	Dernier conjoint
4-1-2-3	Conjoint précédent/Conjoints précédents
4-1-2-4	Dernier conjoint de la personne décédée
4-1-2-5	Conjoint précédent/Conjoints précédents de la personne décédée
4-1-2-6	Conjoint du déclarant/de la déclarante
4-1-2-7	Conjoint étranger
4-2	Partenaire enregistré/Partenaires enregistrés
4-2-1	Partenaire
4-2-1-1	Partenaire A/B
4-2-1-2	Futur partenaire/Futurs partenaires
4-2-2	Autre partenaire
4-2-2-1	Partenaire survivant
4-2-2-2	Dernier partenaire
4-2-2-3	Partenaire précédent/Partenaires précédents
4-2-2-4	Partenaire déclarant/Partenaires déclarants
4-2-2-5	Partenaire comparant/Partenaires comparants
4-2-2-6	Partenaire étranger
4-2-2-7	Partenaire de nationalité étrangère né à l'étranger
4-3	Situation de famille (marié, divorcé, veuf, lié par un partenariat)
4-3-1	Situation matrimoniale
4-3-1-1	Marié/Mariée
4-3-1-2	Non marié/mariée
4-3-1-3	Divorcé/Divorcée
4-3-1-4	Veuf/Veuve
4-3-1-5	Séparé/Séparée
4-3-1-6	Séparé/Séparée par décision judiciaire
4-3-1-7	Séparé/Séparée de corps
4-3-1-8	Séparé/Séparée de fait
4-3-2	Personne(s) liée(s) par un partenariat
4-3-2-1	Lié(e) par un partenariat enregistré
4-3-3	Célibataire
4-3-4	Mariages ou partenariats antérieurs
4-3-5	Cohabitant
4-3-5-1	Conjoint / partenaire / cohabitant de l'adopté
4-3-5-2	Conjoint / partenaire / cohabitant de l'adoptant
4-4	Mariage
4-4-1	Forme du mariage
4-4-1-1	Mariage civil
4-4-1-2	Mariage religieux
4-4-1-3	Mariage canonique
4-4-1-4	Mariage par procuration
4-4-1-5	Mariage posthume
4-4-1-6	Mariage en cas de péril imminent de mort
4-4-1-7	Mariage avec intervention d'interprète
4-4-2	Formalités préalables
4-4-2-1	Dossier préalable d'autorisation du mariage
4-4-2-2	Autorisation du mariage
4-4-2-3	Peut contracter mariage à l'étranger avec ...
4-4-2-4	Publication des bans
4-4-2-5	Dispense de publication des bans

4-4-2-6	Dispense de délai de publication des bans
4-4-2-7	Dispense accordée le ...
4-4-2-8	Dispense accordée pour l'époux/l'épouse le ...
4-4-2-9	Personne autorisant le mariage
4-4-3	Autorité ayant célébré le mariage
4-4-3-1	Personne ayant célébré le mariage
4-4-3-2	Personne autorisée à célébrer le mariage
4-4-3-3	Identification de l'officier de l'état civil qui a célébré le mariage ou de celui qui l'a enregistré et signatures
4-4-3-4	Célébration du mariage par le maire ou le conseiller municipal délégué
4-4-3-5	Célébration du mariage par le juge
4-4-3-6	Célébration du mariage par le consul compétent
4-4-3-7	Célébration du mariage par une personne légalement autorisée
4-4-3-8	Prêtre
4-4-4	Célébration
4-4-4-1	Déclaration des époux quant à l'absence de conclusion d'un contrat de mariage
4-4-4-2	Déclaration des époux quant à la conclusion d'un contrat de mariage
4-4-4-3	La lecture ...[suivi de la référence des dispositions légales pertinentes]... a été faite aux époux
4-4-4-4	L'officier de l'état civil, après avoir demandé aux futurs époux s'ils veulent se prendre pour mari et femme, déclare qu'ils sont unis par le mariage.
4-4-4-5	Ont contracté mariage
4-4-4-6	Sont unis par les liens du mariage selon le rite .....
4-4-4-7	Rites et cérémonies
4-4-4-8	Mariage célébré à ...[suivi d'un lieu]..., le ...[suivi d'une date]..., à ...[suivi d'une heure]...
4-4-5	Validation du mariage
4-4-5-1	Validation du mariage civil
4-4-5-2	Validation du mariage religieux
4-4-6	Mariage des parents
4-4-6-1	Mariage des père et mère depuis le ...
4-4-6-2	Mariage des père et mère depuis le ... à ...
4-4-7	Mariage précédent/Mariages précédents
4-4-7-1	Mariage précédent avec ...
4-4-7-2	Mariages précédents du conjoint/des conjoints
4-4-7-3	Mariages précédents de l'époux
4-4-7-4	Mariages précédents de l'épouse
4-4-7-5	Ordre de noces
4-4-7-6	...[n^{ième}]... noces
4-5	Partenariat enregistré
4-5-1	Partenariat
4-5-1-1	Partenariat précédent/Partenariats précédents
4-5-1-2	Partenariat précédent avec ...
4-5-1-3	Partenariat précédent dissous
4-5-1-4	Partenariat précédent annulé
4-5-1-5	A précédemment pris part à une certaine forme de partenariat à ... le ...
4-5-1-6	A précédemment formé un partenariat à ... le ...
4-5-1-7	Dénomination du partenariat
4-5-2	Conclusion du partenariat
4-5-2-1	Enregistrement du partenariat
4-5-2-2	Partenariat enregistré au ...[suivi du lieu d'enregistrement]..., le ...
4-5-2-3	Personne ayant procédé à la conclusion du partenariat
4-5-2-4	Personne autorisée à procéder à la conclusion du partenariat
4-5-2-5	Personne ayant autorisé le partenariat
4-5-3	Effets d'état civil
4-5-3-1	Empêchement à mariage avec un tiers
4-5-3-2	Empêchement à partenariat avec un tiers
4-5-3-3	Création de liens de famille
4-6	Séparation
4-6-1	Séparation légale
4-6-2	Séparation de corps
4-6-3	Cessation judiciaire de la séparation

4-6-4	Séparation de fait
4-6-5	Réconciliation des époux
4-6-6	Homologation de la réconciliation des époux
4-6-7	Reprise de la vie commune des époux suivant acte notarié
4-7	Dissolution du lien conjugal
4-7-1	Dissolution du mariage
4-7-1-1	Cause de dissolution
4-7-1-2	Mariage dissous
4-7-1-3	Mariage dissous le ...
4-7-1-4	Mariage dissous le ... à ...
4-7-1-5	Dissous par ... le ... à ...
4-7-2	Divorce
4-7-2-1	Divorce par déclaration des conjoints
4-7-2-2	Dissolution du mariage par divorce
4-7-2-3	Dissolution par décision judiciaire de divorce
4-7-2-4	Dissolution par décision judiciaire étrangère de divorce
4-7-2-5	Dissolution par décision judiciaire n° ... le ... de la juridiction ...
4-7-2-6	Mariage dissous par décision judiciaire définitive n°... le ... de la juridiction ...
4-7-2-7	Reconnaissance de la décision judiciaire étrangère de divorce
4-7-3	Dissolution du mariage par une autorité religieuse
4-7-3-1	Décision ecclésiastique de nullité
4-7-3-2	Homologation de la décision ecclésiastique de nullité
4-7-4	Dissolution du mariage par décès
4-7-4-1	Dissolution du mariage par décès du mari
4-7-4-2	Dissolution du mariage par décès de la femme
4-7-5	Autre mode de dissolution
4-7-5-1	Conversion du mariage en partenariat enregistré
4-7-5-2	Dissolution du mariage suite à décision judiciaire d'absence
4-7-5-3	Dissolution du mariage après séparation de corps
4-7-5-4	Dissolution ou annulation
4-7-6	Annulation du mariage
4-7-6-1	Annulation du mariage religieux
4-7-6-2	Annulation du mariage par .... le .... à ....
4-7-6-3	Annulation par décision judiciaire n° ... le ... de la juridiction ...
4-7-6-4	Mariage annulé
4-7-6-5	Mariage annulé le ...
4-7-6-6	Mariage annulé le ... à ...
4-7-6-7	Mariage annulé par décision judiciaire définitive n°... le ... de la juridiction ...
4-7-7	Inexistence du mariage
4-7-7-1	Mariage inexistant
4-7-7-2	Mariage déclaré inexistant le ...
4-7-7-3	Mariage déclaré inexistant le ... à ...
4-7-7-4	Mariage déclaré inexistant par décision judiciaire définitive n°... le ... de la juridiction
4-7-8	Nullité du mariage
4-7-8-1	Mariage nul
4-7-8-2	Mariage déclaré nul le ...
4-7-8-3	Mariage déclaré nul le ... à ...
4-7-8-4	Mariage déclaré nul par décision judiciaire définitive n°... le ... de la juridiction ...
4-8	Dissolution du partenariat enregistré
4-8-1	Dissolution du partenariat
4-8-1-1	Dissolution du partenariat par déclaration conjointe
4-8-1-2	Dissolution du partenariat par consentement mutuel
4-8-1-3	Dissolution du partenariat par déclaration unilatérale
4-8-1-4	Dissolution du partenariat par décès
4-8-1-5	Dissolution du partenariat par décès du partenaire
4-8-1-6	Dissolution du partenariat par mariage
4-8-1-7	Dissolution du partenariat par conversion en mariage
4-8-1-8	Nature et date de la cause de la dissolution du partenariat
4-8-2	Dissolution du partenariat par décision

4-8-2-1	Dissolution du partenariat par décision judiciaire
4-8-2-2	Dissolution du partenariat par décision judiciaire étrangère
4-8-2-3	Dissolution du partenariat par décision administrative
4-8-3	Modes de dissolution
4-8-3-1	Partenariat dissous judiciairement
4-8-3-2	Partenariat dissous ensuite de déclaration d'absence
4-8-3-3	Partenariat dissous par décès
4-8-3-4	Conversion du partenariat enregistré en mariage
4-8-4	Partenariat enregistré dissous
4-8-4-1	Partenariat dissous le ...
4-8-4-2	Partenariat dissous le../../.... à .....
4-8-4-3	Partenariat dissous par décision judiciaire définitive n°..., le ..., de ...[suivi du nom de la juridiction]...
4-8-4-4	Partenariat dissous par déclaration conjointe du ..., à ...
4-8-4-5	Partenariat dissous par déclaration unilatérale du ..., à ...
4-8-4-6	Dissolution du partenariat le ...
4-8-4-7	Dissolution du partenariat par ...[suivi d'un mode de dissolution]... le ... à ...
4-8-4-8	Dissous par ...[suivi d'un mode de dissolution]..., le ....
4-8-5	Dénonciation du partenariat enregistré
4-8-5-1	Dénonciation conjointe du partenariat
4-8-5-2	Dénonciation unilatérale du partenariat
4-8-5-3	Partenariat dénoncé le ...
4-8-5-4	Partenariat dénoncé le ... à ...
4-8-5-5	Partenariat dénoncé par déclaration conjointe du ... à ...
4-8-5-6	Partenariat dénoncé par déclaration unilatérale du ... à ...
4-8-6	Annulation du partenariat
4-8-6-1	Annulation du partenariat par décision judiciaire
4-8-6-2	Annulation du partenariat par décision judiciaire étrangère
4-8-6-3	Annulation du partenariat par décision administrative
4-8-6-4	Annulation du partenariat le ...
4-8-6-5	Annulation du partenariat par ...[suivi d'un mode de dissolution]... le ... à ...
4-8-6-6	Partenariat annulé
4-8-6-7	Partenariat annulé le ...
4-8-6-8	Partenariat annulé le ../../.... à .....
4-8-6-9	Partenariat annulé par décision judiciaire définitive n°... le ... de la juridiction ...
4-8-7	Nullité du partenariat enregistré
4-8-8	Inexistence du partenariat enregistré
4-9	Régime patrimonial et contrats
4-9-1	Régime matrimonial
4-9-1-1	Régime légal
4-9-1-2	Régime conventionnel
4-9-2	Choix du régime matrimonial
4-9-2-1	Indication du régime matrimonial
4-9-2-2	Déclaration des époux relative au régime matrimonial
4-9-2-3	Contrat de mariage
4-9-2-4	Changement du régime matrimonial
4-9-2-5	Modifications du régime matrimonial
4-9-2-6	Désignation de la loi applicable au régime matrimonial
4-9-3	Régime patrimonial du partenariat enregistré
4-9-3-1	Contrat de partenariat enregistré
4-9-3-2	Convention fixant les effets patrimoniaux du partenariat
4-9-3-3	Déclaration des partenaires relative au régime patrimonial du partenariat enregistré
4-9-3-4	Déclaration relative à la convention fixant les effets patrimoniaux du partenariat enregistré
4-9-4	Changement du régime patrimonial du partenariat enregistré
4-9-4-1	Modifications du régime patrimonial du partenariat enregistré
4-9-4-2	Modification de la convention initiale
4-9-4-3	Mention relative aux modifications de la convention initiale
4-9-4-4	Modification du partenariat le ....
4-9-5	Transfert de pouvoirs
4-9-5-1	Transfert de pouvoirs entre époux

4-9-5-2	Cessation du transfert de pouvoirs entre époux
4-9-5-3	Transfert de pouvoirs entre partenaires
4-9-5-4	Cessation du transfert de pouvoirs entre partenaires
5-	**Incapacités - Absence - Disparition - Décès**
5-1	Incapacités
5-1-1	Tutelle
5-1-1-1	Tutelle du mineur
5-1-1-2	Tutelle du majeur
5-1-1-3	Modification de la tutelle
5-1-1-4	Extinction de la tutelle
5-1-1-5	Tuteur
5-1-1-6	Représentant légal
5-1-1-7	Défendeur judiciaire
5-1-2	Mandat tutélaire
5-1-2-1	Nomination pour le mandat tutélaire
5-1-2-2	Nouvelle nomination pour le mandat tutélaire
5-1-2-3	Admission de l'excuse dispensant de la charge de la tutelle
5-1-2-4	Révocation du titulaire du mandat tutélaire
5-1-2-5	Fin du mandat tutélaire
5-1-3	Curatelle du majeur
5-1-3-1	Curateur
5-1-3-2	Modification de la curatelle
5-1-3-3	Extinction de la curatelle
5-1-4	Incapacités du majeur
5-1-4-1	Déclaration judiciaire d'incapacité totale
5-1-4-2	Déclaration judiciaire d'incapacité partielle
5-1-4-3	Déclaration judiciaire de prodigalité
5-1-4-4	Déclaration judiciaire de recouvrement de la capacité
5-1-4-5	Modification de la déclaration judiciaire d'incapacité
5-1-4-6	Soumission à l'autorité parentale
5-1-4-7	Puissance paternelle exercée sur un majeur
5-1-5	Émancipation
5-1-5-1	Mineur émancipé
5-1-5-2	Émancipé/Émancipée par ...[suivi du mode d'émancipation (ex : décision, acte authentique)]...
5-1-5-3	Procédure d'émancipation partielle du mineur soumis à tutelle
5-1-6	Apport d'une garantie par le titulaire du mandat tutélaire
5-1-6-1	Aval bancaire
5-1-6-2	Aval personnel
5-1-6-3	Consignation judiciaire
5-1-6-4	Constitution d'hypothèque sur biens immeubles
5-1-6-5	Contrat de gage sur biens meubles
5-1-7	Administrateur des biens
5-1-7-1	Administrateur des biens de l'incapable
5-1-7-2	Établissement de l'inventaire des biens
5-1-7-3	Dépôt des comptes
5-1-7-4	Reddition annuelle des comptes
5-1-7-5	Reddition finale des comptes
5-1-7-6	Approbation des comptes
5-2	Absence
5-2-1	Absent / Absente
5-2-1-1	Absence du conjoint
5-2-1-2	Absence du partenaire
5-2-1-3	Représentant légal de l'absent
5-2-1-4	Retour de l'absent
5-2-2	Déclaration d'absence
5-2-2-1	Présomption d'absence
5-2-2-2	Annulation des effets de la déclaration judiciaire d'absence
5-2-2-3	Abrogation de la décision judiciaire d'absence
5-2-2-4	Fin de l'absence

5-2-3	Disparition
5-2-3-1	Personne disparue
5-2-3-2	Jugement déclaratif de disparition
5-2-3-3	Déclaration judiciaire de décès
5-2-3-4	Déclaration judiciaire de présomption de décès
5-2-3-5	Annulation des effets de la déclaration judiciaire de présomption de décès
5-2-3-6	Annulation de la déclaration judiciaire de décès
5-3	Décès
5-3-1	Personne décédée
5-3-1-1	Décédé/Décédée
5-3-1-2	Décédé/Décédée le ...
5-3-1-3	Décédé/Décédée à ...
5-3-1-4	Décédé/Décédée le ... à ...
5-3-1-5	Cadavre inconnu
5-3-1-6	Décès du titulaire du mandat tutélaire
5-4	Décès de l'enfant
5-4-1	Décès de l'enfant le ... à ... enregistré sous l'acte n° ... à ...
5-4-2	Décès de l'enfant le ... à ... enregistré sous l'acte n° ... à ... par ...
5-5	Décès du père
5-6	Décès de la mère
5-7	Décès du conjoint
5-7-1	Décès du conjoint le ... à ... enregistré sous l'acte n° ... à ...
5-7-2	Décès du conjoint le ... à ... enregistré sous l'acte n° ... à ... par ...
5-7-3	Décès de l'époux
5-7-4	Décès de l'époux le ... à ... enregistré sous l'acte n° ... à ...
5-7-5	Décès de l'époux le ... à ... enregistré sous l'acte n° ... à ... par ...
5-7-6	Décès de l'épouse
5-7-7	Décès de l'épouse le ... à ... enregistré sous l'acte n° ... à ...
5-7-8	Décès de l'épouse le ... à ... enregistré sous l'acte n° ... à ... par ...
5-8	Décès du partenaire
5-8-1	Décès du partenaire le ... à ... enregistré sous l'acte n° ... à ...
5-8-2	Décès du partenaire le ... à ... enregistré sous l'acte n° ... à ... par ...
5-9	/
5-9-1	Cause du décès
5-9-1-1	Cause probable du décès
5-9-1-2	Cause du décès et nature de la preuve que l'enfant était sans vie
5-9-1-3	Mort pour ...[suivi du nom d'un pays]...
5-9-1-4	Mort pour la Patrie
5-9-1-5	Mort en déportation
5-9-1-6	Mort au champ d'honneur
6-	Nationalité(s)
6-1	Nationalité de l'intéressé
6-1-1	Nationalité du parent/des parents
6-1-2	Nationalité du père
6-1-3	Nationalité de la mère
6-1-4	Nationalité de l'enfant
6-1-5	Nationalité de l'époux
6-1-6	Nationalité de l'épouse
6-1-7	Nationalité du partenaire/des partenaires
6-2	Nationalité avant le mariage
6-2-1	Nationalité de l'époux avant le mariage
6-2-2	Nationalité de l'épouse avant le mariage
6-2-3	Nationalité du futur partenaire/des futurs partenaires
6-2-4	Nationalité, commune et État de résidence du futur époux
6-2-5	Nationalité, commune et État de résidence de la future épouse
6-2-6	Nationalité, commune et État de résidence du futur partenaire
6-3	Acquisition de la nationalité
6-3-1	Mode d'acquisition de la nationalité
6-3-1-1	Acquisition de la nationalité [...]

6-3-1-2	Acquisition de la nationalité [...] par décret
6-3-1-3	Acquisition de la nationalité [...] par déclaration
6-3-1-4	Acquisition de la nationalité [...] par option
6-3-1-5	Acquisition de la nationalité [...] par la loi
6-3-1-6	Acquisition de la nationalité [...] par décision administrative
6-3-2	Autre mode d'acquisition de la nationalité
6-3-2-1	Acquisition de la nationalité [...] par filiation
6-3-2-2	Acquisition de la nationalité [...] par mariage
6-3-2-3	Acquisition de la nationalité [...] par résidence
6-3-2-4	Acquisition de la nationalité [...] par la naissance et la résidence
6-3-2-5	Acquisition de la nationalité [...] par effet collectif de l'acquisition par le parent/les parents
6-3-2-6	Acquisition de la nationalité [...] par effet collectif de l'acquisition par le conjoint
6-3-2-7	Nationalité acquise
6-3-2-8	Conjoint auquel s'étend l'acquisition
6-3-2-9	Enfants mineurs connus auxquels s'étend l'acquisition
6-3-3	Naturalisation
6-3-3-1	Acquisition de la nationalité [...] par naturalisation
6-3-3-2	Retrait de la naturalisation
6-3-3-3	Annulation de la naturalisation
6-3-4	/
6-3-4-1	Non-acquisition de la nationalité
6-3-4-2	Nationalité d'origine
6-3-4-3	Conservation de la nationalité
6-3-4-4	Autorisation de conserver la nationalité [...]
6-3-4-5	Recouvrement de la nationalité
6-3-4-6	Nationalité(s) avant
6-3-4-7	Nationalité(s) après
6-3-4-8	Nationalité(s) après la décision d'adoption
6-3-4-9	Nationalité(s) après la décision de reconnaissance de l'adoption
6-4	Perte de la nationalité
6-4-1	Perte de la nationalité [...]
6-4-1-1	Perte de la nationalité [...] le .....
6-4-2	Cause de la perte de la nationalité
6-4-2-1	Perte de la nationalité par modification de la filiation
6-4-2-2	Perte de la nationalité par annulation du lien de filiation
6-4-2-3	Perte de la nationalité par mariage avec un ressortissant étranger
6-4-2-4	Perte de la nationalité par acquisition d'une autre nationalité
6-4-2-5	Perte de la nationalité par effet collectif de la perte par les parents
6-4-3	Perte de la nationalité pour d'autres causes
6-4-3-1	Perte de la nationalité par renonciation
6-4-3-2	Perte de la nationalité par déchéance
6-4-3-3	Perte de la nationalité par péremption
6-4-3-4	Perte de la nationalité par retrait
6-4-3-5	Perte de la nationalité par annulation
6-4-3-6	Perte de la nationalité par décret
6-4-3-7	Perte de la nationalité par décision
6-4-3-8	Perte de la nationalité par déclaration
6-5	Apatride
6-5-1	Époux apatride
6-5-2	Épouse apatride
6-5-3	Partenaire apatride
6-5-4	Père apatride
6-5-5	Mère apatride
6-5-6	Enfant apatride
6-5-7	Personne décédée apatride
6-6	Nationalité inconnue
6-6-1	Nationalité de l'époux inconnue
6-6-2	Nationalité de l'épouse inconnue
6-6-3	Nationalité du partenaire inconnue

6-6-4	Nationalité du père inconnue
6-6-5	Nationalité de la mère inconnue
6-6-6	Nationalité de l'enfant inconnue
6-6-7	Nationalité de la personne décédée inconnue
6-7	Demande d'informations concernant la nationalité
6-7-1	Demande d'informations concernant un demandeur d'asile qui déclare avoir résidé à....du...au...
6-7-2	Demande d'informations concernant un réfugié qui déclare avoir résidé à....du.....au...
6-7-3	Mettre REF pour réfugié et APA pour apatride
6-7-4	Réfugié
6-8	Plurinationalité
6-8-1	Plurinational
6-8-1-1	Double nationalité
6-8-1-2	Double national/Binational
7-	Nom
7-1	Nom du parent/des parents
7-1-1	Nom du père
7-1-1-1	Nom du père de l'époux
7-1-1-2	Nom du père de l'épouse
7-1-1-3	Nom du père du partenaire
7-1-1-4	Nom du père de la personne décédée
7-1-1-5	Autres noms du père
7-1-1-6	Le nom du père est inconnu
7-1-2	Nom de la mère
7-1-2-1	Nom de la mère de l'époux
7-1-2-2	Nom de la mère de l'épouse
7-1-2-3	Nom de la mère du partenaire
7-1-2-4	Nom de jeune fille de la mère
7-1-2-5	Nom de la mère de la personne décédée
7-1-2-6	Autres noms de la mère
7-1-2-7	Le nom de la mère est inconnu
7-1-3	/
7-1-3-1	Le nom du parent est inconnu
7-1-3-2	Nom du parent dont la filiation est annulée
7-1-4	Nom de l'adoptant
7-1-4-1	Nom du père adoptif
7-1-4-2	Autres noms du père adoptif
7-1-4-3	Nom de la mère adoptive
7-1-4-4	Autres noms de la mère adoptive
7-1-5	Nom du parrain/de la marraine
7-1-5-1	Nom du parrain
7-1-5-2	Nom de la marraine
7-2	Nom de l'enfant
7-2-1	Nom de naissance
7-2-1-1	Nom de l'enfant attribué à la naissance
7-2-1-2	Nom de l'enfant attribué à la demande des parents
7-2-1-3	Nom de l'enfant : .... suivant déclaration conjointe du ....
7-2-1-4	Nom des futurs enfants
7-2-1-5	Nouveau nom de l'enfant
7-2-2	Autres noms de l'enfant
7-2-2-1	Nom avant l'adoption
7-2-2-2	Nom après l'adoption
7-2-2-3	Nom de famille avant le mariage des parents
7-2-2-4	Nom après la légitimation
7-2-2-5	Nom avant la reconnaissance
7-2-2-6	Nom après la reconnaissance
7-2-2-7	Nom de l'enfant mineur/des enfants mineurs de la personne décédée
7-3	Nom du conjoint/des conjoints
7-3-1	Nom de l'époux
7-3-1-1	Nom de l'époux avant le mariage

7-3-1-2	Nom de mariage précédent de l'époux
7-3-1-3	Nom de l'époux après le mariage
7-3-1-4	Nom de l'époux au moment de la délivrance de l'acte
7-3-1-5	Nom de l'époux de la personne décédée
7-3-1-6	Autres noms de l'époux
7-3-2	Nom de l'épouse
7-3-2-1	Nom de l'épouse avant le mariage
7-3-2-2	Nom de mariage précédent de l'épouse
7-3-2-3	Nom de jeune fille
7-3-2-4	Nom de l'épouse après le mariage
7-3-2-5	Nom de l'épouse au moment de la délivrance de l'acte
7-3-2-6	Nom au moment du mariage si différent du nom de jeune fille
7-3-2-7	Nom de l'épouse de la personne décédée
7-3-2-8	Autres noms de l'épouse
7-3-3	Nom du dernier conjoint
7-3-3-1	Nom du dernier conjoint de la personne décédée
7-3-4	Nom avant le mariage
7-3-4-1	Nom de célibataire
7-3-5	Nom après le mariage
7-3-5-1	Nom matrimonial
7-3-5-2	Nom d'usage
7-3-5-3	Nom avant la dissolution du mariage
7-3-6	Nom après la dissolution du mariage
7-3-6-1	Nom du conjoint/des conjoints après la dissolution du mariage
7-3-6-2	Nom de l'époux après la dissolution du mariage
7-3-6-3	Nom de l'épouse après la dissolution du mariage
7-3-6-4	Nom de l'époux après l'annulation du mariage
7-3-6-5	Nom de l'épouse après l'annulation du mariage
7-4	Nom du (des) partenaire(s)
7-4-1	Nom du (des) partenaire(s) enregistré(s)
7-4-1-1	Nom du partenaire A
7-4-1-2	Nom du partenaire B
7-4-2	Nom avant le partenariat
7-4-2-1	Nom du futur partenaire/des futurs partenaires
7-4-2-2	Nom après l'enregistrement du partenariat
7-4-2-3	Nom du partenaire au moment de la délivrance de l'acte
7-4-2-4	Nom commun de partenariat
7-4-2-5	Nom du dernier partenaire
7-4-2-6	Nom du (des) précédent(s) partenaire(s)
7-4-2-7	Autres noms du partenaire/des partenaires
7-4-3	Nom après la dissolution du partenariat
7-4-3-1	Nom après la dissolution/l'annulation du partenariat
7-4-3-2	Nom après l'annulation du partenariat
7-4-3-3	Nom du partenaire après l'annulation du partenariat
7-4-4	Nom du partenaire de la personne décédée
7-4-4-1	Nom du dernier partenaire de la personne décédée
7-4-4-2	Nom du (des) précédent(s) partenaire(s) de la personne décédée
7-5	Nom de la personne décédée
7-5-1	Autres noms de la personne décédée
7-5-1-1	Nom de jeune fille de la défunte
7-5-2	Nom de la personne disparue
7-5-3	Nom de la personne absente
7-6	Changement de nom
7-6-1	Nouveau nom
7-6-1-1	Nom avant
7-6-1-2	Nom après
7-6-1-3	Nom avant le changement
7-6-1-4	Nom après le changement
7-6-1-5	Nom au moment de la délivrance de l'extrait

7-6-1-6	Nom au moment de la délivrance du certificat
7-6-1-7	Mode de changement
7-6-2	Décision de changement de nom
7-6-2-1	Changement de nom par décision judiciaire
7-6-2-2	Changement de nom par décision administrative
7-6-2-3	Changement de nom par décision de l'autorité d'état civil
7-6-3	Changement de nom par déclaration
7-6-3-1	Changement de nom par déclaration de l'intéressé
7-6-3-2	Dation de nom
7-6-3-3	Inversion de l'ordre des noms
7-6-4	Effet de la loi
7-6-4-1	Changement de nom conformément à la loi personnelle de la personne concernée
7-6-4-2	Changement de nom d'un ascendant
7-6-4-3	Changement de nom de l'enfant suite à un changement de nom d'un ascendant
7-6-5	Inscription du changement de nom
7-6-5-1	Inscription du changement de nom d'un ascendant
7-6-6	Adaptation orthographique du nom
7-6-6-1	Nom suivant translittération
7-6-6-2	Nom suivant transcription
7-6-7	Nom et nationalité
7-6-7-1	Nom avant l'acquisition de la nationalité
7-6-7-2	Nom après l'acquisition de la nationalité
7-6-7-3	Nom avant la perte de la nationalité
7-6-7-4	Nom après la perte de la nationalité
7-7	Autres noms
7-7-1	Nom de famille
7-7-1-1	Autre nom de famille
7-7-1-2	Nom du signataire
7-7-1-3	Nom du témoin/des témoins
7-7-1-4	Nom du déclarant/de la déclarante
7-7-1-5	Nom du prêtre
7-7-1-6	Nom autre
7-7-1-7	Nom intermédiaire
7-7-1-8	Nom patronymique
7-7-2	Nom du médecin
7-7-2-1	Nom du médecin certifiant le décès
7-7-2-2	Nom du médecin/de la sage-femme certifiant la naissance
7-7-3	Nom de l'administrateur
7-7-3-1	Nom du tuteur
7-7-3-2	Nom du curateur
7-7-3-3	Nom du Greffier/Greffier en chef
7-7-3-4	Nom de l'autorité
7-7-4	Titre de noblesse
7-7-4-1	Prince/Princesse
7-7-4-2	Duc/Duchesse
7-7-4-3	Marquis/Marquise
7-7-4-4	Comte/Comtesse
7-7-4-5	Vicomte/Vicomtesse
7-7-4-6	Baron/Baronne
7-7-4-7	Chevalier
7-7-4-8	Écuyer
7-7-5	Diversité de noms
7-7-5-1	Est, selon les pièces produites, désigné(e) en... par le nom de famille de....
7-7-5-2	Nom de famille dans l'État précité
7-7-5-3	État attribuant un autre nom de famille
7-7-5-4	Nom de famille résultant de la décision de reconnaissance de l'adoption
7-7-6	Autre(s) partie(s) du nom
7-8	Nom et prénoms
7-8-1	Nom et prénoms du parent/des parents

7-8-1-1	Nom et prénoms du père
7-8-1-2	Nom et prénoms de la mère
7-8-1-3	Nom et prénoms du parrain
7-8-1-4	Nom et prénoms de la marraine
7-8-2	Nom et prénoms du conjoint/partenaire
7-8-2-1	Nom et prénoms du futur époux
7-8-2-2	Nom et prénoms de la future épouse
7-8-2-3	Nom et prénoms du dernier conjoint
7-8-2-4	Nom et prénoms du (des) précédent(s) conjoint(s)
7-8-2-5	Nom et prénoms du (des) futur(s) partenaire(s)
7-8-2-6	Nom et prénoms du (des) précédent(s) partenaire(s)
7-8-2-7	Nom et prénoms du conjoint / partenaire / cohabitant
7-8-3	Nom et prénoms du représentant légal
7-8-3-1	Nom et prénoms du tuteur
7-8-3-2	Nom et prénoms du curateur
7-8-3-3	Nom et prénoms du notaire
7-8-4	Nom et prénoms de l'autorité compétente
7-8-4-1	Nom et prénoms de l'officier de l'état civil
7-8-4-2	Nom et prénoms de l'officier de l'état civil ayant enregistré l'acte
7-8-4-3	Nom et prénoms de la personne ayant célébré le mariage
7-8-4-4	Nom, prénoms et qualité de la personne ayant autorisé le mariage
7-8-4-5	Nom, prénoms et qualité de la personne autorisée à célébrer le mariage
7-8-4-6	Nom et prénoms de la personne ayant procédé à la conclusion du partenariat
7-8-4-7	Nom, prénoms et qualité de la personne autorisée à procéder à la conclusion du partenariat
7-8-4-8	Nom, prénoms et qualité de la personne ayant autorisé le partenariat
7-8-5	/
7-8-5-1	Nom et prénoms de l'intéressé/des intéressés
7-8-5-2	Nom et prénoms du déclarant/de la déclarante
7-8-6	Autres noms et prénoms
7-8-6-1	Nom et prénoms du signataire/des signataires
7-8-6-2	Nom et prénoms du témoin/des témoins
7-8-6-3	Nom et prénoms du prêtre
7-8-6-4	Nom et prénoms du médecin certifiant le décès
7-8-6-5	Nom et prénoms du médecin/de la sage-femme certifiant la naissance
7-8-7	Prénoms et nom
7-9	Prénoms
7-9-1	Prénoms du père
7-9-1-1	Prénoms du père de l'époux
7-9-1-2	Prénoms du père de l'épouse
7-9-1-3	Prénoms du père du partenaire
7-9-1-4	Prénoms du père du défunt
7-9-1-5	Prénoms du père adoptif
7-9-1-6	Prénoms du parrain
7-9-2	Prénoms de la mère
7-9-2-1	Prénoms de la mère de l'époux
7-9-2-2	Prénoms de la mère de l'épouse
7-9-2-3	Prénoms de la mère du partenaire
7-9-2-4	Prénoms de la mère du défunt
7-9-2-5	Prénoms de la mère adoptive
7-9-2-6	Prénoms de la marraine
7-9-2-7	Prénoms du parrain/de la marraine
7-9-3	Prénoms de l'enfant
7-9-3-1	Prénoms attribués à la naissance
7-9-3-2	Prénoms attribués après l'enregistrement de la naissance
7-9-3-3	Prénoms de l'enfant sans vie
7-9-3-4	Prénoms de l'enfant mineur/des enfants mineurs de la personne décédée
7-9-3-5	Prénoms de l'adopté
7-9-3-6	Prénoms avant l'adoption
7-9-3-7	Prénoms après l'adoption

7-9-4	Prénoms des conjoints/partenaires
7-9-4-1	Prénoms de l'époux et de l'épouse
7-9-4-2	Prénoms du conjoint/des conjoints
7-9-4-3	Prénoms du futur conjoint/des futurs conjoints
7-9-4-4	Prénoms après le mariage
7-9-4-5	Prénoms du dernier conjoint
7-9-4-6	Prénoms du dernier conjoint du défunt
7-9-4-7	Prénoms de l'époux
7-9-4-8	Prénoms de l'épouse
7-9-4-9	Prénoms du (des) partenaire(s) enregistré(s)
7-9-5	Autres prénoms
7-9-5-1	Prénoms du défunt
7-9-5-2	Prénoms de la personne disparue
7-9-5-3	Prénoms de la personne absente
7-9-5-4	Prénoms suivant translittération
7-9-5-5	Prénoms suivant transcription
7-9-5-6	Adaptation orthographique du prénom
7-9-6	Changement de prénoms
7-9-6-1	Prénoms avant
7-9-6-2	Prénoms après
7-9-6-3	Prénoms avant le changement
7-9-6-4	Prénoms après le changement
7-9-6-5	Prénoms avant l'acquisition de la nationalité
7-9-6-6	Prénoms après l'acquisition de la nationalité
7-9-6-7	Prénoms après la perte de la nationalité
7-9-6-8	Prénoms avant la perte de la nationalité
7-9-7	Décision de changement de prénoms
7-9-7-1	Changement de prénoms par décision judiciaire
7-9-7-2	Changement de prénoms par décision administrative
7-9-7-3	Changement de prénoms par décision de l'autorité d'état civil
7-9-7-4	Changement de prénoms par déclaration de l'intéressé
7-9-7-5	Changement de prénoms conformément à la loi personnelle de la personne concernée
7-9-7-6	Changement de prénoms de l'enfant à la date du [JJ/MM/AA] : ....
7-9-7-7	Changement de prénoms du père imposé pour des raisons d'identification
7-9-7-8	Changement de prénoms de la mère imposé pour des raisons d'identification
7-9-8	Suppression de prénoms
7-9-8-1	Suppression des prénoms du père pour des raisons d'identification
7-9-8-2	Suppression des prénoms de la mère pour des raisons d'identification
8-	Date(s)
8-1	Jour, mois, année [JJ/MM/AN]
8-1-1	Jour
8-1-2	Mois
8-1-3	Année
8-1-4	Date, signature et sceau
8-1-5	Date, lieu, signature, sceau
8-1-6	Pour chaque mention : date, lieu, signature, sceau
8-1-7	Date et numéro
8-1-8	Date et numéro de l'acte
8-2	Date de naissance
8-2-1	Date de naissance du père
8-2-1-1	Date de naissance du père de l'époux
8-2-1-2	Date de naissance du père de l'épouse
8-2-1-3	Date de naissance du père du partenaire
8-2-1-4	Date de naissance du père adoptif
8-2-1-5	Âge du père
8-2-1-6	Âge du père adoptif
8-2-2	Date de naissance de la mère
8-2-2-1	Date de naissance de la mère de l'époux
8-2-2-2	Date de naissance de la mère de l'épouse

8-2-2-3	Date de naissance de la mère du partenaire
8-2-2-4	Date de naissance de la mère adoptive
8-2-2-5	Âge de la mère
8-2-2-6	Âge de la mère adoptive
8-2-3	Date de naissance de l'enfant
8-2-3-1	Date de naissance de l'enfant sans vie
8-2-3-2	Date de l'accouchement
8-2-3-3	Date du baptême
8-2-3-4	Âge de l'enfant
8-2-4	Date de naissance de l'époux
8-2-4-1	Date de naissance du futur époux
8-2-4-2	Âge de l'époux
8-2-4-3	Âge du futur époux
8-2-4-4	Date de naissance ou âge de l'époux
8-2-5	Date de naissance de l'épouse
8-2-5-1	Date de naissance de la future épouse
8-2-5-2	Âge de l'épouse
8-2-5-3	Âge de la future épouse
8-2-5-4	Date de naissance ou âge de l'épouse
8-2-6	Date de naissance du partenaire
8-2-6-1	Date de naissance du partenaire A / B
8-2-6-2	*Date de naissance du futur partenaire/des futurs partenaires*
8-2-6-3	Date de naissance du partenaire de la personne décédée
8-2-6-4	Date de naissance du dernier partenaire de la personne décédée
8-2-6-5	Date de naissance du précédent partenaire/des précédents partenaires de la personne décédée
8-2-6-6	Âge du partenaire/des partenaires
8-2-6-7	Âge du futur partenaire/des futurs partenaires
8-2-7	Date de naissance du défunt
8-2-7-1	Date de naissance du conjoint de la personne décédée
8-2-7-2	Date de naissance de la personne disparue
8-2-7-3	Date de naissance de la personne absente
8-2-7-4	Âge de la personne décédée
8-2-7-5	Date de naissance ou âge de la personne décédée
8-2-8	/
8-2-8-1	Date de naissance du déclarant/de la déclarante
8-2-8-2	Date de naissance du témoin/des témoins
8-2-8-3	Date et lieu de naissance
8-3	Date du mariage
8-3-1	Date de la déclaration de mariage
8-3-1-1	Date de publication des bans
8-3-1-2	Date du futur mariage
8-3-2	Date de la célébration du mariage
8-3-2-1	Date de la célébration du mariage religieux
8-3-2-2	Date du contrat de mariage
8-3-2-3	Date du mariage des parents
8-3-2-4	Lorsque cette date n'est pas celle du mariage
8-3-2-5	Date du mariage ayant entraîné la perte de la nationalité [....]
8-3-2-6	Date de l'enregistrement du mariage
8-3-2-7	Date de l'enregistrement du mariage religieux
8-3-2-8	Date et lieu du mariage
8-3-3	Date de la séparation
8-3-3-1	Date de la séparation légale
8-3-3-2	Date de la séparation de corps
8-3-3-3	Date de la cessation judiciaire de la séparation
8-3-3-4	Date de la conversion de la séparation de corps en divorce
8-3-4	Date de la dissolution du mariage
8-3-4-1	Date du divorce
8-3-4-2	Date de la décision de dissolution du mariage
8-3-4-3	Date de l'enregistrement de la dissolution du mariage

8-3-4-4	Date d'effet de la dissolution du mariage
8-3-4-5	Date de la cessation des effets civils du mariage
8-3-4-6	Date de l'annulation du mariage
8-3-4-7	Date et lieu de l'annulation du mariage
8-3-4-8	Date de la conversion du mariage en partenariat enregistré
8-3-4-9	Date et lieu de la dissolution du mariage
8-4	Date de conclusion du partenariat
8-4-1	Date de la déclaration de partenariat
8-4-1-1	Date d'effet de la déclaration de partenariat
8-4-1-2	Date d'effet de la déclaration de partenariat à l'égard des tiers
8-4-1-3	Date du contrat de partenariat enregistré
8-4-1-4	Date de la déclaration des partenaires relative au régime patrimonial du partenariat enregistré
8-4-1-5	Date de la convention fixant les effets patrimoniaux du partenariat
8-4-1-6	Date de la déclaration relative à la convention fixant les effets patrimoniaux du partenariat enregistré
8-4-1-7	Date et lieu de la déclaration relative à la convention fixant les effets patrimoniaux du partenariat enregistré
8-4-2	Date de l'enregistrement du partenariat
8-4-3	Date de modification du régime patrimonial du partenariat
8-4-3-1	Date de la modification de la convention initiale
8-4-3-2	Date de l'enregistrement des modifications du partenariat
8-4-3-3	Date d'effet de la modification du partenariat à l'égard des tiers
8-4-4	Date de la dissolution du partenariat
8-4-4-1	Date de la dissolution du partenariat par consentement mutuel
8-4-4-2	Date de la décision de dissolution du partenariat
8-4-4-3	Date de l'enregistrement de la dissolution du partenariat
8-4-4-4	Date d'effet de la dissolution du partenariat
8-4-4-5	Date d'effet de la dissolution du partenariat entre les partenaires
8-4-4-6	Date d'effet de la dissolution du partenariat à l'égard des tiers
8-4-4-7	Date d'effet de la décision de dissolution du partenariat
8-4-4-8	Date de la conversion du partenariat enregistré en mariage
8-4-4-9	Date et lieu de la dissolution du partenariat
8-4-5	Date de l'annulation du partenariat
8-4-5-1	Date et lieu de l'annulation du partenariat
8-4-5-2	Date de la dénonciation du partenariat
8-4-5-3	Date de la dénonciation devant l'officier de l'état civil
8-5	Date du décès
8-5-1	Date du décès du père
8-5-1-1	Date du décès du père de l'époux
8-5-1-2	Date du décès du père de l'épouse
8-5-1-3	Date du décès du père du partenaire
8-5-2	Date du décès de la mère
8-5-2-1	Date du décès de la mère de l'époux
8-5-2-2	Date du décès de la mère de l'épouse
8-5-2-3	Date du décès de la mère du partenaire
8-5-3	Date du décès de l'enfant
8-5-4	/
8-5-4-1	Date du décès de l'époux
8-5-4-2	Date du décès de l'épouse
8-5-4-3	Date du décès du partenaire
8-5-5	Date et lieu du décès
8-5-5-1	Date du décès ou du mariage
8-5-5-2	Date d'inhumation
8-5-5-3	Date de découverte du cadavre
8-5-5-4	Date du décès présumé
8-5-5-5	Date présumée de la disparition
8-5-5-6	Date d'effet de la décision d'absence
8-6	Date de l'acte
8-6-1	Date de l'acte de l'état civil
8-6-1-1	Date d'enregistrement de l'acte
8-6-1-2	Date d'enregistrement de l'acte de naissance

8-6-1-3	Date d'enregistrement de l'acte de mariage
8-6-1-4	Date d'enregistrement de l'acte de partenariat
8-6-1-5	Date d'enregistrement de l'acte de décès
8-6-1-6	Date d'enregistrement de l'acte de reconnaissance
8-6-1-7	Date d'enregistrement de l'acte d'enfant sans vie
8-6-2	Date de l'inscription
8-6-2-1	Date de la décision de rectification de l'acte
8-6-2-2	Date de la transaction
8-6-2-3	Date d'enregistrement de la mention
8-6-2-4	Date de l'acte notarié
8-6-2-5	Date de l'avis
8-6-3	Date de délivrance
8-6-3-1	Date de délivrance de l'acte
8-6-3-2	Date de délivrance de la copie intégrale
8-6-3-3	Date de délivrance de l'extrait d'acte
8-6-3-4	Date de délivrance du certificat
8-6-3-5	Date de délivrance du livret de famille
8-6-3-6	Date de délivrance d'un duplicata du livret de famille
8-6-3-7	Date de délivrance du livret de famille international
8-6-3-8	Date de délivrance, signature, sceau
8-6-3-9	Copie remise à l'intéressé/aux intéressés le ...
8-6-4	Date de la demande
8-6-4-1	Date d'acceptation de la demande
8-6-4-2	Date de la requête
8-6-5	Date de la décision
8-6-5-1	Date de la décision judiciaire
8-6-5-2	Date de la décision de la juridiction civile
8-6-5-3	Date de la décision administrative
8-6-5-4	Date de la décision de l'autorité administrative
8-6-5-5	Date de la décision de la juridiction religieuse
8-6-5-6	Date de la décision d'exequatur
8-6-5-7	Date de la décision d'homologation
8-6-5-8	Date du décret
8-6-5-9	Date de la loi
8-6-6	Date d'effet
8-6-6-1	Date d'effet de la décision
8-6-6-2	Date d'effet de la déclaration
8-6-6-3	Date d'effet de la dissolution
8-6-6-4	Date d'effet de l'annulation
8-6-6-5	Date d'irrévocabilité de la décision
8-6-6-6	Date d'annulation de la décision
8-6-6-7	Date d'effet de l'adoption
8-6-7	Date de transcription
8-6-7-1	Date de transcription de l'acte
8-6-7-2	Date de transcription de l'acte de naissance
8-6-7-3	Date de transcription de l'acte de mariage
8-6-7-4	Date de transcription de l'acte de décès
8-6-7-5	Date de transcription de l'acte de partenariat enregistré
8-6-7-6	Date de transcription de la décision
8-6-7-7	Date de transcription de la décision judiciaire
8-6-7-8	Date de transcription de la décision administrative
8-6-8	Date de la déclaration
8-6-8-1	Date de la déclaration devant l'officier de l'état civil
8-6-8-2	Date de la déclaration de naissance
8-6-8-3	Date de la déclaration de décès
8-6-8-4	Date de la déclaration judiciaire
8-6-9	Date d'enregistrement
8-6-9-1	Date d'enregistrement de la déclaration
8-6-9-2	Date d'enregistrement par le greffe ou le poste consulaire

8-6-9-3	Date de l'enregistrement de la modification par le greffe ou le poste diplomatique ou consulaire
8-6-9-4	Date d'enregistrement de la décision judiciaire
8-6-9-5	Date d'enregistrement de la décision administrative
8-6-9-6	Date du contrat
8-6-9-7	Date et lieu de l'enregistrement de l'acte
8-6-9-8	Date et lieu de l'enregistrement
8-7	Date et nationalité
8-7-1	Date d'acquisition de la nationalité
8-7-1-1	Date d'acquisition de la nationalité par décret
8-7-1-2	Date d'acquisition de la nationalité par déclaration
8-7-1-3	Date de la déclaration de nationalité
8-7-1-4	Date d'acquisition de la nationalité par option
8-7-1-5	Date d'acquisition de la nationalité par recouvrement/réintégration
8-7-1-6	Date à laquelle l'acquisition prend effet
8-7-1-7	Date de naturalisation
8-7-1-8	Date de la loi accordant la naturalisation
8-7-2	Date d'acquisition de la nationalité [....]
8-7-2-1	Date d'acquisition de la nationalité étrangère
8-7-2-2	Date d'acquisition de la nationalité étrangère par le conjoint
8-7-2-3	Date à laquelle l'acquisition de la nationalité [....] prend effet
8-7-2-4	Date d'acquisition de la nationalité [...] par naturalisation
8-7-3	Date d'autorisation de conservation de la nationalité
8-7-4	Date de la perte de la nationalité
8-7-4-1	Date de la perte de la nationalité par décret
8-7-4-2	Date de la perte de la nationalité par décision judiciaire
8-7-4-3	Date de la perte de la nationalité par déclaration
8-7-4-4	Date de renonciation à la nationalité
8-7-4-5	Date de déchéance de la nationalité
8-7-4-6	Date d'effet de la perte de la nationalité
8-7-4-7	Date du changement de nationalité
8-7-4-8	Date du retrait de la naturalisation
8-7-4-9	Date de l'annulation de la naturalisation
8-7-5	Date de la perte de la nationalité [...]
8-7-5-1	Date de renonciation à la nationalité [...]
8-7-5-2	Date de déchéance de la nationalité [...]
8-7-5-3	Date d'effet de la perte de la nationalité [...]
8-7-5-4	Date d'effet de la renonciation à la nationalité [...]
8-7-5-5	Date d'effet de la déchéance de la nationalité [...]
8-8	Autres dates
8-8-1	Date d'établissement de la filiation
8-8-1-1	Date de la reconnaissance
8-8-1-2	Date et lieu de la reconnaissance
8-8-1-3	Date et lieu de reconnaissance (en l'absence de mariage des parents)
8-8-1-4	Date de l'adoption
8-8-1-5	Date de la légitimation
8-8-1-6	Date de légitimation par mariage
8-8-1-7	Date de légitimation par décision judiciaire
8-8-2	Date de la déclaration concernant le nom
8-8-2-1	Date de changement du nom
8-8-2-2	Date de changement de prénoms
8-8-2-3	Date de choix du nom
8-8-2-4	Date de la déclaration de choix de nom
8-8-2-5	Date de la déclaration reçue pour le 1er enfant commun
8-8-2-6	Date de la déclaration de changement de nom
8-8-2-7	Date de la déclaration de changement de prénoms
8-8-3	Date de la conclusion du mandat tutélaire
8-8-3-1	Date de l'inscription du mandat tutélaire
8-8-3-2	Date du début des fonctions du tuteur
8-8-3-3	Date du début de la gestion des biens

8-8-3-4	Date de l'extinction du mandat tutélaire
8-8-3-5	Date de la fin des fonctions du tuteur
8-8-4	Date et lieu du mariage/partenariat
8-8-4-1	Date et lieu de la dénonciation du partenariat enregistré
8-8-4-2	Date et lieu de la dénonciation du précédent partenariat enregistré
8-8-4-3	Date et lieu du contrat de mariage
8-8-4-4	Date et lieu du contrat de partenariat enregistré
8-8-4-5	Date et lieu de l'inscription conférant date certaine au partenariat
8-8-4-6	Date et lieu de la dénonciation devant l'officier de l'état civil
8-8-5	Date et lieu de transcription
8-8-5-1	Date et lieu de transcription de l'acte de naissance
8-8-5-2	Date et lieu de transcription de l'acte de mariage
8-8-5-3	Date et lieu de transcription de l'acte de partenariat enregistré
8-8-5-4	Date et lieu de transcription de l'acte de décès
8-8-5-5	Date et lieu de transcription de la décision
8-8-5-6	Date et lieu de transcription de la décision judiciaire
8-8-5-7	Date et lieu de transcription de la décision administrative
8-8-6	Date et lieu de la décision
8-8-6-1	Date et lieu de la décision judiciaire
8-8-6-2	Date et lieu de la décision administrative
8-8-6-3	Date et lieu de l'annulation de la décision
8-8-7	Date et lieu
8-8-7-1	Date et lieu d'apposition de la mention
8-8-7-2	Date et lieu d'apposition de la mention par l'officier de l'état civil
8-8-7-3	Date et lieu de la déclaration
8-8-7-4	Date et lieu de l'enregistrement par le greffe
8-8-7-5	Date et lieu de délivrance
8-8-7-6	Date et lieu de délivrance du document
8-9	Dates et autres indications
8-9-1	/
8-9-1-1	Le ...[suivi d'une date]...
8-9-1-2	Le ...[suivi d'une date]..., à ...[suivi d'un lieu]...
8-9-1-3	Heure/Minute [hh/mm]
8-9-1-4	Heure/Heures
8-9-1-5	Minute/Minutes
8-9-1-6	à ... heure/heures ... minute/minutes
8-9-2	Heure de naissance
8-9-2-1	Heure de naissance de l'enfant
8-9-2-2	Heure de l'accouchement
8-9-2-3	Heure du décès
8-9-2-4	Heure de découverte du cadavre
8-9-2-5	Heure de la déclaration
8-9-3	Heure et date
8-9-3-1	Heure et date de la déclaration
8-9-3-2	Heure, date et lieu
8-9-3-3	Heure, date et lieu de l'enregistrement
8-9-3-4	Heure, date et lieu de la déclaration de partenariat
8-9-3-5	Heure, date et lieu de la déclaration de la dénonciation
8-9-3-6	Heure, date et lieu de la déclaration relative à la convention
8-9-4	Date et heure
8-9-4-1	Date et heure de l'acte
8-9-4-2	Date et heure de la déclaration
8-9-4-3	Date, heure et minute de la naissance
8-9-4-4	Date, heure et minute du décès
8-9-4-5	Date, heure et lieu de la naissance
8-9-4-6	Date, heure et lieu du décès
8-9-4-7	Date, heure et lieu du mariage
8-9-4-8	Date, heure et lieu de la déclaration
8-9-5	Âge

8-9-5-1	Âge du témoin/des témoins
8-9-5-2	Âge du déclarant/de la déclarante
9-	**Divers**
9-1	Référence/Références
9-1-1	Référence du(des) registre(s)
9-1-1-1	Référence du registre des naissances
9-1-1-2	Référence du registre des reconnaissances
9-1-1-3	Référence du registre des mariages
9-1-1-4	Référence du registre des partenariats enregistrés
9-1-1-5	Référence du registre des décès
9-1-2	Référence de l'acte de naissance
9-1-2-1	Référence de l'acte de naissance du père
9-1-2-2	Référence de l'acte de naissance de la mère
9-1-2-3	Référence de l'acte de naissance du parent
9-1-2-4	Référence de l'acte de naissance de l'époux
9-1-2-5	Référence de l'acte de naissance de l'épouse
9-1-2-6	Référence de l'acte de naissance du partenaire
9-1-2-7	Référence de l'acte d'enfant sans vie
9-1-2-8	Référence de l'acte de reconnaissance
9-1-3	Référence de l'acte de mariage
9-1-3-1	Référence de l'acte de mariage civil
9-1-3-2	Référence de l'acte de mariage religieux
9-1-3-3	Référence de l'acte du mariage célébré à l'étranger
9-1-3-4	Référence de l'acte de conversion du mariage en partenariat enregistré
9-1-3-5	Référence de l'acte de partenariat enregistré
9-1-3-6	Référence de l'acte étranger de partenariat enregistré
9-1-3-7	Référence de l'acte rectifié de partenariat enregistré
9-1-3-8	Référence de l'acte de conversion du partenariat enregistré en mariage
9-1-4	Référence de l'acte de décès
9-2	/
9-2-1	Référence du changement de nationalité
9-2-1-1	Référence du changement de nationalité du père
9-2-1-2	Référence du changement de nationalité de la mère
9-2-1-3	Référence du changement de nationalité de l'époux
9-2-1-4	Référence du changement de nationalité de l'épouse
9-2-1-5	Référence du changement de nationalité de l'enfant
9-2-1-6	Référence du changement de nationalité du partenaire
9-2-2	Référence du changement de nom
9-2-2-1	Référence du changement de nom d'un ascendant
9-2-2-2	Référence du changement de nom du conjoint/du partenaire
9-2-2-3	Référence du changement de nom de l'époux
9-2-2-4	Référence du changement de nom de l'épouse
9-2-2-5	Référence du changement de nom des ascendants du conjoint/du partenaire
9-2-2-6	Référence du changement de nom des ascendants de l'époux
9-2-2-7	Référence du changement de nom des ascendants de l'épouse
9-2-3	Référence du changement de prénoms
9-2-3-1	Référence du changement de prénoms de l'enfant
9-2-3-2	Référence du changement de prénoms d'un ascendant
9-2-3-3	Référence du changement de prénoms de l'époux
9-2-3-4	Référence du changement de prénoms de l'épouse
9-2-3-5	Référence du changement de prénoms des ascendants de l'époux
9-2-3-6	Référence du changement de prénoms des ascendants de l'épouse
9-2-4	Autres références
9-2-4-1	Référence de l'acte authentique
9-2-4-2	Référence de la disposition légale
9-2-4-3	Référence au changement de filiation d'un ascendant
9-2-4-4	Référence de la décision
9-2-4-5	Référence de la décision judiciaire
9-2-4-6	Référence du registre des tutelles

9-2-4-7	Référence du mandat tutélaire
9-3	Numéro
9-3-1	Numéro du registre
9-3-1-1	Numéro du registre de l'état civil
9-3-1-2	Numéro du registre de(s) famille(s)
9-3-1-3	Numéro de la page du registre
9-3-2	Numéro de l'acte
9-3-2-1	Numéro de l'acte de naissance
9-3-2-2	Numéro de l'acte de mariage
9-3-2-3	Numéro de l'acte de décès
9-3-2-4	Numéro de l'acte de partenariat enregistré
9-3-2-5	Numéro de l'acte de reconnaissance
9-3-2-6	Numéro de l'acte notarié
9-3-2-7	Numéro de l'acte au greffe du Tribunal du lieu de naissance
9-3-2-8	Numéro de la transaction
9-3-3	Numéro de l'extrait
9-3-3-1	Numéro de l'extrait d'acte de naissance
9-3-3-2	Numéro de l'extrait d'acte de mariage
9-3-3-3	Numéro de l'extrait d'acte de décès
9-3-3-4	Numéro de l'extrait d'acte de partenariat enregistré
9-3-3-5	Numéro de l'extrait d'acte de reconnaissance
9-3-3-6	Numéro de l'extrait plurilingue
9-3-4	Numéro d'enregistrement
9-3-4-1	Numéro d'enregistrement du père au registre municipal
9-3-4-2	Numéro d'enregistrement de la mère au registre municipal
9-3-4-3	Numéro d'enregistrement de la personne décédée au registre municipal
9-3-4-4	Numéro d'enregistrement des époux au registre municipal
9-3-4-5	Numéro d'enregistrement au registre des personnes de sexe masculin
9-3-4-6	Numéro d'enregistrement du père au registre des personnes de sexe masculin
9-3-4-7	Numéro d'enregistrement de la personne décédée au registre des personnes de sexe masculin
9-3-4-8	Numéro d'enregistrement de l'inscription
9-3-5	Numéro d'identification
9-3-5-1	Numéro individuel d'identification
9-3-5-2	Numéro d'identification personnel dans l'État destinataire
9-3-5-3	Numéro de la carte d'identité
9-3-5-4	Numéro de la carte d'identité des époux
9-3-6	Numéro du contrat
9-3-6-1	Numéro du contrat de mariage
9-3-6-2	Numéro du contrat de partenariat enregistré
9-3-7	Numéro de la décision
9-3-7-1	Numéro de la décision judiciaire
9-3-7-2	Numéro de la décision administrative
9-3-8	Autres numéros
9-3-8-1	Téléphone
9-3-8-2	Fax
9-3-8-3	Numéro d'inscription à l'ordre des médecins
9-3-8-4	Matricule
9-3-8-5	Dossier n°...
9-3-8-6	Numéro de la loi
9-3-8-7	Numéro de l'article de la loi
9-4	Authentification de l'acte de l'état civil
9-4-1	Signature
9-4-1-1	Signature du secrétaire
9-4-1-2	Signature du fonctionnaire délégué
9-4-1-3	Signature de la personne ayant célébré le mariage
9-4-1-4	Signature de la personne ayant autorisé le mariage
9-4-1-5	Signature du témoin/des témoins
9-4-2	Signature du parent/des parents
9-4-2-1	Signature du père

9-4-2-2	Signature de la mère
9-4-2-3	Signature de l'enfant
9-4-3	Signature de l'époux
9-4-3-1	Signature de l'épouse
9-4-3-2	Signature du partenaire/des partenaires
9-4-3-3	Signature du futur époux
9-4-3-4	Signature de la future épouse
9-4-3-5	Signature du futur partenaire/des futurs partenaires
9-4-4	Signature de l'officier de l'état civil
9-4-4-1	Signatures de l'officier de l'état civil, des époux et des témoins
9-4-4-2	Signatures de l'officier de l'état civil et des partenaires
9-4-4-3	Signatures, après lecture faite :
9-4-4-4	Signatures, après lecture faite, de l'officier de l'état civil et des époux
9-4-4-5	Signatures, après lecture faite, de l'officier de l'état civil et du déclarant/de la déclarante/des déclarants
9-4-4-6	Signatures, après lecture faite, de l'officier de l'état civil, des époux et des témoins
9-4-4-7	Signatures, après lecture faite, de l'officier de l'état civil et des partenaires
9-4-5	Signataire(s)
9-4-5-1	Qualité
9-4-5-2	Qualité du signataire
9-4-5-3	Fonction
9-4-5-4	Fonction du signataire
9-4-5-5	Signé par :
9-4-5-6	Signature du déclarant/des déclarants
9-4-5-7	Signature et qualité du déclarant/de la déclarante
9-4-5-8	Signature, qualité et adresse du déclarant/de la déclarante
9-4-6	Sceau
9-4-6-1	Sceau, nom, fonction, signature
9-4-6-2	Signature et sceau du dépositaire
9-4-6-3	Timbre
9-4-7	Autre(s) signature(s)
9-4-7-1	Signature manuscrite
9-4-7-2	Signature électronique
9-4-7-3	Pour légalisation de la signature ci-dessus
9-5	Contrôle effectué
9-5-1	Document présenté
9-5-1-1	Carte nationale d'identité
9-5-1-2	Passeport
9-5-1-3	Permis de conduire
9-5-1-4	Carte de séjour
9-5-1-5	Visa
9-5-2	Vérification de l'événement enregistré
9-5-2-1	Vérification du document concernant ...
9-5-2-2	Vérification du livret d'état civil concernant ...
9-5-2-3	La vérification doit être faite gratuitement et le plus rapidement possible
9-5-2-4	Exact
9-5-2-5	La date est-elle exacte?
9-5-2-6	La signature est-elle vraie?
9-5-3	Validité
9-5-3-1	Valable pendant ...
9-5-3-2	Valable pendant 6 mois
9-5-3-3	Valable du ... au ...
9-5-3-4	Ce certificat est valable pendant ... mois à partir du ...
9-5-3-5	A présenter dans les 3 mois
9-5-4	Preuve de l'inscription
9-5-4-1	Preuve de l'inscription dans un registre de l'état civil étranger sous un autre nom
9-5-4-2	Preuve de l'inscription dans un registre de l'état civil étranger sous d'autres prénoms
9-5-4-3	Preuve de l'inscription du nom ou des noms utilisés habituellement
9-5-4-4	Preuve de l'inscription des prénoms utilisés habituellement
9-5-5	Autres preuves

9-5-5-1	Preuve du mariage des parents
9-5-5-2	Absence de preuve du mariage des parents
9-5-5-3	Attestation
9-5-5-4	Attestation sur l'honneur
9-5-5-5	Rapport du médecin légiste
9-5-5-6	Nature, numéro et date du document faisant preuve de la nationalité
9-5-5-7	Nature, numéro et date du document faisant preuve de la nationalité précédente
9-5-6	Autre(s) justification(s)
9-5-6-1	Nombre de pièces justificatives annexées
9-5-6-2	S'il y a lieu, pièces annexées
9-5-6-3	Selon les pièces produites
9-5-6-4	Conforme aux données reçues
9-6	Intéressé/Intéressés
9-6-1	Auteur(s) de la déclaration
9-6-1-1	Déclarant(s)
9-6-1-2	Déclarante(s)
9-6-1-3	Qualité du déclarant/de la déclarante
9-6-1-4	Tiers déclarant
9-6-1-5	Personne déclarant la naissance
9-6-1-6	Personne déclarant le décès
9-6-2	Personnes concernées
9-6-2-1	Personne concernée
9-6-2-2	Personne requérante
9-6-2-3	Témoin(s)
9-6-2-4	Témoin(s) attestant avoir une connaissance personnelle de l'identité de la personne
9-6-2-5	Auteur(s) de la demande
9-6-2-6	Comparant(s)
9-6-2-7	Comparante(s)
9-6-3	Religion
9-6-3-1	Religion du père
9-6-3-2	Religion de la mère
9-6-3-3	Religion de l'enfant
9-6-3-4	Religion de la personne décédée
9-7	Profession(s)
9-7-1	Profession du (des) conjoint(s)
9-7-1-1	Profession de l'époux
9-7-1-2	Profession de l'épouse
9-7-1-3	Profession du (des) partenaire(s)
9-7-1-4	Titre ou profession du futur époux
9-7-1-5	Titre ou profession de la future épouse
9-7-1-6	Titre ou profession du futur partenaire
9-7-2	Profession du père
9-7-2-1	Titre ou profession du père du futur époux
9-7-2-2	Titre ou profession du père de la future épouse
9-7-2-3	Titre ou profession du père du futur partenaire
9-7-3	Profession de la mère
9-7-3-1	Titre ou profession de la mère du futur époux
9-7-3-2	Titre ou profession de la mère de la future épouse
9-7-3-3	Titre ou profession de la mère du futur partenaire
9-7-4	Profession de la personne décédée
9-7-5	Profession du déclarant/de la déclarante
9-7-6	Médecin
9-7-6-1	Médecin assistant à l'accouchement
9-7-6-2	Médecin assermenté certifiant le décès
9-7-6-3	Médecin assermenté ou sage-femme certifiant que l'enfant est mort-né
9-7-6-4	Sage-femme ou aide-soignante assistant à l'accouchement
9-7-6-5	Personne ayant assisté à l'accouchement
9-8	Consentement(s)
9-8-1	Consentement(s) requis

9-8-1-1	Consentement au mariage
9-8-1-2	Consentement au partenariat
9-8-1-3	Consentement à la reconnaissance
9-8-1-4	Consentement au changement de nom
9-8-1-5	Consentement au changement de prénoms
9-8-1-6	Consentement du parent/des parents
9-8-1-7	Consentement du conjoint/des conjoints
9-8-2	Consentement(s) donné(s)
9-8-2-1	Consentement du père
9-8-2-2	Consentement de la mère
9-8-2-3	Consentement de l'enfant
9-8-2-4	Consentement de l'époux
9-8-2-5	Consentement de l'épouse
9-8-2-6	Consentement du (des) partenaire(s)
9-8-2-7	Consentement de l'intéressé
9-8-3	Autre personne ou institution
9-8-3-1	Consentement du représentant légal
9-8-3-2	Consentement du curateur
9-8-3-3	Consentement du tuteur
9-8-3-4	Consentement du conseil de famille
9-8-3-5	Agrément requis
9-8-3-6	Agrément obtenu
9-8-4	Accord(s)
9-8-4-1	Accord du parent/des parents
9-8-4-2	Accord du père
9-8-4-3	Accord de la mère
9-8-4-4	Accord de l'enfant
9-8-4-5	Autorisation
9-8-5	Oui
9-8-6	Non

La présente Résolution est transmise au Département fédéral suisse des Affaires étrangères en sa qualité de dépositaire des Conventions de la Commission Internationale de l'État Civil, aux fins de remplacement de l'annexe 1 (Liste des Conventions et Recommandations visées à l'article 1er, alinéa 1, de la Convention) et de l'annexe 2 (Code des énonciations – Classification numérique), jointes à la Convention signée à Bruxelles le 6 septembre 1995, par les annexes 1 et 2, ci-dessus, modifiées par la Résolution 1/2015 adoptée par l'Assemblée Générale de la Commission Internationale de l'État Civil réunie à Strasbourg le 16 septembre 2015.

Fait à Strasbourg, le 22 décembre 2015

Chantal NAST
Secrétaire Générale adjointe

[TRANSLATION – TRADUCTION]

RESOLUTION 1/2015 MODIFYING THE ANNEXES TO THE CONVENTION (NO. 25) ON THE CODING OF ENTRIES APPEARING IN CIVIL STATUS DOCUMENTS, SIGNED AT BRUSSELS ON 6 SEPTEMBER 1995

ADOPTED BY THE GENERAL ASSEMBLY ON 16 SEPTEMBER 2015 AT STRASBOURG

The General Assembly of the International Commission on Civil Status ("the ICCS"),

At a meeting at Strasbourg on 16 September 2015,

Chaired by Marie-Jeanne Kappweiler, Advocate General in the Higher Court of Justice and Chair of the Luxembourg Section, and composed of representatives of the following member States: Belgium, France, Luxembourg, Mexico, Poland, Spain, Switzerland and Turkey,

Also attending the meeting, without voting rights:

Frédérique Granet, Secretary-General, and Chantal Nast, Deputy Secretary-General,

Considering that the Convention on the coding of entries appearing in civil status documents, signed at Brussels on 6 September 1995, includes two Annexes, the first of which contains the list of instruments covered in article 1 of the Convention and the second a list of entries that are, or may be found, in national or international civil status documents and assigning a specific ICCS code to each of these entries,

Considering that this Convention provides for the modification of the Annexes as well as the procedure relating to this modification in article 7, paragraphs 1 to 3, and article 11, paragraph 1 (g), as follows:

"Article 7

1. The Annexes to this Convention may be modified by a resolution adopted unanimously by the representatives of the member States of the International Commission on Civil Status and the non-member States party to this Convention.

2. Coded entries may be added to Annex 2 by a resolution adopted by a simple majority of the representatives of the member States of the International Commission on Civil Status and the non-member States party to this Convention.

3. The resolutions mentioned in paragraphs 1 and 2 of this article shall be deposited with the Swiss Federal Council and shall take effect in relations among the Contracting States from the first day of the seventh month following the month of such deposit.

Article 11

1. The Swiss Federal Council shall notify the member States of the International Commission on Civil Status and any other State which has acceded to this Convention of:

(g) Any resolution adopted under article 7, paragraph 1."

Considering that the modification of the aforementioned Annexes 1 and 2 is necessitated by changes in the entry coding system that have occurred since the adoption of the Convention of 6 September 1995,

Noting that the unanimity of member States required under article 7 has been achieved and that no third State is a Contracting Party,

Adopts this Resolution modifying Annexes 1 and 2 of the Convention of 6 September 1995 as follows:

CONVENTION OF 6 SEPTEMBER 1995

ANNEX 1: LIST OF CONVENTIONS AND RECOMMENDATIONS REFERRED TO IN ARTICLE 1, PARAGRAPH 1, OF THE CONVENTION

Convention (No. 1) on the issue of certain extracts from civil status records for use abroad (signed at Paris on 27 September 1956).

Convention (No. 16) on the issue of multilingual extracts from civil status records (signed at Vienna on 8 September 1976).

Convention (No. 26) on the international exchange of information relating to civil status (signed at Neuchâtel, 12 September 1997).

Convention (No. 27) on the issue of a life certificate (signed at Paris, 10 September 1998).

Convention (No. 28) on the issue of a certificate of nationality (signed at Lisbon on 14 September 1999).

Convention (No. 31) on the recognition of surnames (signed at Antalya on 16 September 2005).

Convention (No. 32) on the recognition of registered partnerships (opened for signature in Munich on 5 September 2007).

Convention (No. 34) on the issue of multilingual and coded extracts from civil-status records and multilingual and coded civil-status certificates (signed at Strasbourg on 14 March 2014).

Recommendation (No. 5) on the harmonization of civil status records (adopted in Lisbon on 10 September 1987).

Recommendation (No. 7) on the harmonization of extracts from civil status records (adopted in Madrid on 7 September 1990).

Recommendation (No. 11) relating to the recognition of certain adoption decisions taken or recognized in a member State of the International Commission on Civil Status (adopted on 17 September 2015 in Strasbourg).

ANNEX 2: CODE NUMBERS OF ENTRIES – NUMERICAL CLASSIFICATION

1-	Civil status
1-1-1	Authority
1-1-1	Civil registration department of
1-1-1-1	Central civil registration department
1-1-1-2	Consular civil registration department
1-1-1-3	Competent authority
1-1-1-4	Competent authority for the registration of a record
1-1-1-5	Competent authority for the creation of a record
1-1-1-6	Competent authority for registering
1-1-2	Decision-making authority
1-1-2-1	Authority deciding to dissolve the marriage
1-1-2-2	Authority deciding to dissolve the registered partnership
1-1-2-3	Authority deciding to rectify the record
1-1-2-4	Municipal civil registration department
1-1-2-5	Authority of the civil registration department
1-1-3	Civil registrar
1-1-3-1	Civil registrar of
1-1-3-2	Capacity of the civil registrar
1-1-3-3	Capacity and signature of the civil registrar
1-1-3-4	Designation and address
1-1-3-5	Identification of the competent civil registrar and signature
1-1-3-6	Identification and signature of the civil registrar attesting the conformity of the extract with the record
1-1-3-7	Identification of the person registering the record
1-1-4	Court
1-1-4-1	Court of
1-1-4-2	Court of Appeal of
1-1-4-3	Civil court
1-1-4-4	Criminal court
1-1-4-5	Administrative court
1-1-4-6	Ecclesiastical court
1-1-4-7	Court giving the decision
1-1-4-8	Court issuing the enforcement order
1-1-5	Other authority
1-1-5-1	Registering authority
1-1-5-2	Authority registering the event
1-1-5-3	Notarial authority
1-1-5-4	Administrative authority

1-1-5-5	Administrative guardianship authority
1-1-5-6	Issuing authority
1-1-5-7	Clerk/Head clerk
1-1-5-8	Registry … [followed by name and location of court] …
1-1-6	Requesting/requested authority
1-1-6-1	Requesting authority
1-1-6-2	Requested authority
1-1-6-3	The requested authority will return the attached document and form to the requesting authority, directly or by diplomatic channels
1-2	Civil status register
1-2-1	Register of births
1-2-1-1	Register of stillbirths
1-2-1-2	Register of abandoned children
1-2-1-3	Register of found children
1-2-1-4	Register of acknowledgments
1-2-1-5	Register of adoptions
1-2-1-6	Register of parental responsibility
1-2-2	Register of marriages
1-2-2-1	Register of registered partnerships
1-2-2-2	Register of divorces
1-2-2-3	Register of dissolutions of registered partnerships
1-2-3	Register of deaths
1-2-4	Register of support administrators
1-2-4-1	Register of guardianships
1-2-4-2	Register of temporary guardianships
1-2-4-3	Register of judgments concerning capacity
1-2-5	Other registers
1-2-5-1	Register of family(ies)
1-2-5-2	Central civil status register
1-2-5-3	Register of nationality
1-2-5-4	Register of changes of sex
1-2-5-5	Consular registers
1-2-5-6	Local authority registers
1-2-5-7	Municipal register
1-2-5-8	Register of males
1-2-5-9	Register of population
1-2-6	Section(s) of civil status register
1-2-6-1	Volume
1-2-6-2	Sheet
1-2-6-3	Page
1-2-6-4	Page, seal

1-2-6-5	Volume, page, number
1-2-7	Civil status booklet
1-2-7-1	Family record booklet
1-2-7-2	International family record booklet
1-2-7-3	Issue of family record booklet [family record booklet issued at …on …]
1-2-7-4	Issue of international family record booklet [international family record booklet issued at …on …]
1-2-8	Extract from civil status register
1-2-8-1	Extract from register of births
1-2-8-2	Extract from civil status registers concerning a birth
1-2-8-3	Extract from register of acknowledgments
1-2-8-4	Extract from register of marriages
1-2-8-5	Extract from civil status registers concerning a marriage
1-2-8-6	Extract from register of divorces
1-2-8-7	Extract from register of registered partnerships
1-2-8-8	Extract from register of dissolution of registered partnerships
1-2-9	/
1-2-9-1	Extract from register of deaths
1-2-9-2	Extract from civil status registers concerning a death
1-2-9-3	Extract from register of stillbirths
1-2-9-4	Extract from register of abandoned children
1-2-9-5	Extract from register of found children
1-2-9-6	Extract from register of parental authority
1-2-9-7	Extract from register of changes of sex
1-2-9-8	Extract from register of rectification of existing records
1-2-9-9	Extract from register of family(ies)
1-3	Civil status record
1-3-1	Record of birth
1-3-1-1	Record of birth No. …
1-3-1-2	Declaration of birth
1-3-1-3	Registration of birth on schedule
1-3-1-4	Late registration of birth
1-3-1-5	Supplementary judgment concerning a birth record
1-3-1-6	Extract from record of birth
1-3-1-7	Extract from rectified record of birth
1-3-1-8	Extract from birth registration No. …
1-3-1-9	Extract issued in accordance with birth record No. …
1-3-2	Record of marriage
1-3-2-1	Record of marriage No. …
1-3-2-2	Declaration of marriage
1-3-2-3	Record of conversion of a marriage to a registered partnership

1-3-2-4	Extract from record of marriage
1-3-2-5	Extract from rectified record of marriage
1-3-2-6	Extract from marriage record No. ...
1-3-2-7	This extract from record of marriage is forwarded for the purpose of notification within the meaning of article 1 of the Convention of 4 September 1958 on the international exchange of information concerning civil status
1-3-2-8	Extract issued in accordance with marriage record No. ...
1-3-3	Record of death
1-3-3-1	Record of death No. ...
1-3-3-2	Declaration of death
1-3-3-3	Registration of death
1-3-3-4	Record of stillbirth
1-3-3-5	Extract from record of death
1-3-3-6	Extract from rectified record of death
1-3-3-7	Extract from record of death No. ...
1-3-3-8	This extract from record of death is forwarded for the purpose of notification within the meaning of article 1 of the Convention of 4 September 1958 on the international exchange of information concerning civil status
1-3-3-9	Extract issued in accordance with record of death No. ...
1-3-4	Record of acknowledgment
1-3-4-1	Record of acknowledgment No. ...
1-3-4-2	Record of acknowledgment by father
1-3-4-3	Record of acknowledgment by father before birth
1-3-4-4	Record of acknowledgment by mother
1-3-4-5	Record of acknowledgment by mother before birth
1-3-4-6	Authentic record of acknowledgment
1-3-4-7	Extract from record of acknowledgment
1-3-4-8	Extract from rectified record of acknowledgment
1-3-4-9	Extract from record of acknowledgment No. ...
1-3-4-10	Extract from record of acknowledgment by father
1-3-4-11	Extract from record of acknowledgment by mother
1-3-4-12	Extract issued in accordance with record of acknowledgment No. ...
1-3-5	Record of registered partnership
1-3-5-1	Record of registered partnership No. ...
1-3-5-2	Declaration of partnership
1-3-5-3	Rectified record of registered partnership
1-3-5-4	Record of partnership registered abroad
1-3-5-5	Record of conversion of a registered partnership to marriage
1-3-5-6	Extract from record of registered partnership
1-3-5-7	Extract from a rectified record of registration of a partnership
1-3-5-8	Extract from record of registered partnership No. ...
1-3-5-9	Extract issued in accordance with record of partnership No. ...

1-3-6	Type of record
1-3-6-1	Type of civil status record (marriage, birth, death)
1-3-6-2	Record of origin
1-3-6-3	Authentic record
1-3-6-4	Transcript of record
1-3-6-5	Rectified record
1-3-6-6	Annulled record
1-3-6-7	Deleted record
1-3-6-8	Reconstituted record
1-3-7	Other records
1-3-7-1	Record of abandoned child
1-3-7-2	Record of found child
1-3-7-3	Record of adoption
1-3-7-4	Record of contested paternity
1-3-7-5	Record containing choice of surname
1-3-8	/
1-3-8-1	Will
1-3-8-2	Affidavit
1-3-8-3	Affidavit dated … issued by …
1-3-8-4	Affidavit of possession by the state dated … issued by …
1-3-8-5	Record of guardianship mandate
1-3-8-6	Record of transcript of judicial decision
1-3-8-7	Record of judicial registration
1-3-9	Extract from civil status record
1-3-9-1	Multilingual extract
1-3-9-2	Extract issued following rectification of record
1-3-9-3	Extract issued in application of ICCS Convention signed at … on …
1-3-9-4	Issued in accordance with the registers on …
1-3-9-5	Extract issued in application of ICCS Convention No. 34 of 14/03/2014
1-4	Registration(s)
1-4-1	Annotation(s)
1-4-1-1	Annotations of record
1-4-1-2	Annotations of civil status record
1-4-1-3	Type of annotation
1-4-1-4	Optional
1-4-1-5	Annotation concerning the incapacity to sign
1-4-1-6	Marginal annotations
1-4-1-7	Marginal annotation of rectification
1-4-1-8	Marginal annotation of deletion
1-4-2	Subsequent annotations
1-4-2-1	Subsequent annotations by Civil Registry Office

1-4-2-2	Subsequent annotations of record
1-4-2-3	Subsequent annotations of civil status record
1-4-2-4	Subsequent annotations to extract from civil status record
1-4-3	Annotation(s)
1-4-3-1	Subsequent annotations
1-4-3-2	Annotations simply for information
1-4-3-3	Annotation of receipt
1-4-3-4	Annotation of support
1-4-4	Other statements
1-4-4-1	Other statements of the record
1-4-4-2	Registration by order of the judicial authorities
1-4-4-3	Registration deleted
1-4-4-4	Remark
1-4-4-5	Reference or liaison annotation between two records / registers
1-4-5	Transcript
1-4-5-1	Transcript of record
1-4-5-2	Transcript of record of birth
1-4-5-3	Transcript of record of marriage
1-4-5-4	Transcript of record of death
1-4-5-5	Transcript of record of registered partnership
1-4-5-6	Authorization for transcript of a foreign record of marriage
1-4-5-7	Transcribed at …, on …
1-4-5-8	Transcript on … at …
1-5	Full copy of civil status record
1-5-1	Full copy of record of birth
1-5-1-1	Full copy of record of stillbirth
1-5-1-2	Full copy of record of abandoned child
1-5-1-3	Full copy of record of adoption
1-5-2	Full copy of record of marriage
1-5-2-1	Full copy of record of conversion of a marriage to a registered partnership
1-5-2-2	Full copy of record of registered partnership
1-5-2-3	Full copy of record of conversion of a registered partnership to a marriage
1-5-3	Full copy of record of death
1-5-4	Full copy of record of acknowledgment
1-5-4-1	Full copy of record of acknowledgment by father
1-5-4-2	Full copy of record of acknowledgment by mother
1-5-4-3	Full copy of record of contested paternity
1-5-5	Copy
1-5-5-1	Certified copy
1-5-5-2	This full copy includes … subsequent annotation(s)
1-6	Certificate

1-6-1	Civil status certificate
1-6-1-1	Individual civil status certificate
1-6-1-2	Family certificate
1-6-1-3	Life certificate
1-6-1-4	Certifies that at today's date the following person … is alive
1-6-1-5	Certificate of attestation
1-6-1-6	Attestation relating to an adoption decision
1-6-1-7	Attestation relating to the acknowledgment of a foreign adoption decision
1-6-2	Birth certificate
1-6-2-1	Baptismal certificate
1-6-2-2	Baptismal certificate from civil registrar
1-6-2-3	Certificate attesting acknowledgment
1-6-3	Certificate of marriage
1-6-3-1	Certificate of capacity to contract marriage
1-6-3-2	Certificate of non-impediment for marriage
1-6-4	Certificate of registered partnership
1-6-4-1	Certificate attesting registration of partnership
1-6-4-2	Certificate attesting dissolution or annulment of partnership
1-6-4-3	Certificate attesting acknowledgement of dissolution or annulment of partnership
1-6-4-4	Certificate issued in application of the ICCS Convention on the recognition of registered partnerships
1-6-5	Certificate of death
1-6-6	Certificate of nationality
1-6-6-1	Certifies that at today's date
1-6-6-2	Holds the nationality of the above-mentioned State
1-6-6-3	Certificate of naturalization
1-6-6-4	Certificate of loss of nationality
1-6-6-5	Certificate of renunciation of nationality
1-6-6-6	Certificate of […] nationality issued by … [issuing authority] …
1-6-6-7	Certificate of […] nationality established on …
1-6-6-8	Certificate of […] nationality issued as No. ...
1-6-6-9	Issue of a certificate of nationality
1-6-7	Certificate of surname
1-6-7-1	Certificate of diversity of family names
1-6-7-2	This certificate does not affect the legal provisions concerning the surname
1-6-8	Other certificates
1-6-8-1	Certificate issued in application of ICCS Convention signed at … on …
1-6-8-2	The undersigned authority certifies that …
1-6-8-3	The undersigned authority certifies that this copy is in accordance with the indications made in the register
1-6-8-4	The undersigned authority certifies that this extract is in accordance with the indications made in the register

1-7	Notice
1-7-1	Notice of birth
1-7-1-1	Notice of recognition
1-7-1-2	Notice of voluntary recognition of a child born out of wedlock
1-7-1-3	Notice of establishment of parentage
1-7-1-4	Notice of modification of parentage
1-7-1-5	Notice provided under article 7 of the Convention on legitimation by marriage signed at Rome on 10 September 1970
1-7-2	Notice of marriage
1-7-2-1	Notice of dissolution of marriage
1-7-2-2	Notice of registration of partnership
1-7-2-3	Notice of dissolution of registered partnership
1-7-2-4	Declaration of officiation of marriage
1-7-2-5	Declaration of intent to conclude a partnership
1-7-3	Notice of death
1-7-3-1	Notice of declaration of absence
1-7-3-2	Notice of declaration of death
1-7-3-3	Notice of annulment of a declaration of absence/death
1-7-4	Other notices
1-7-4-1	Notice of attribution of surname
1-7-4-2	In accordance with article 4 (2) of the ICCS Convention on the recognition of surnames
1-7-4-3	Notice of entry of change of surname
1-7-4-4	Notice issued in application of ICCS Convention signed at … on …
1-7-4-5	Notice provided in article No. … of ICCS Convention signed at … on …
1-7-4-6	Notice of change of surname and/or first names
1-7-4-7	Notice of change of sex
1-7-5	Declaration
1-7-5-1	Made by …
1-7-5-2	Declaration received on …
1-7-5-3	Declaration received at … [followed by a place] …
1-7-5-4	Declaration received by … [followed by an authority] …
1-7-5-5	Declaration of person concerned
1-7-5-6	Joint declaration
1-7-5-7	Following joint declaration of …
1-7-5-8	Judicial declaration
1-7-5-9	Declaration of nationality as prima facie evidence
1-7-6	Declaration concerning surname
1-7-6-1	Possibility of declaration concerning surname
1-7-6-2	Declaration of choice of surname
1-7-6-3	Joint declaration of choice of surname
1-7-6-4	Declares after dissolution of marriage wishing to take back the surname: …

1-7-6-5	Declaration of change of surname
1-7-6-6	Joint declaration of change of surname
1-7-6-7	Declaration of addition of surname
1-7-6-8	Joint declaration of addition of surname
1-7-7	Declaration concerning the first name
1-7-7-1	Declaration of change of first names
1-8	Miscellaneous indications
1-8-1	Civil status situation
1-8-1-1	Civil status of father
1-8-1-2	Civil status of mother
1-8-1-3	Civil status of future husband
1-8-1-4	Civil status of future wife
1-8-1-5	Civil status of future partner(s)
1-8-1-6	Civil status of declarant(s)
1-8-1-7	Relationship of declarant to child
1-8-1-8	Relationship of declarant to deceased
1-8-2	Sex
1-8-2-1	Male
1-8-2-2	Female
1-8-2-3	Indeterminate sex
1-8-2-4	Sex of child
1-8-2-5	Sex of deceased
1-8-3	Change of sex
1-8-3-1	Change of sex by administrative decision
1-8-3-2	Change of sex by judicial decision
1-8-3-3	Rectification of sex
1-8-3-4	Sex after change
1-8-3-5	Change of sex by declaration
1-8-4	Particulars
1-8-4-1	Particulars of father
1-8-4-2	Particulars of mother
1-8-4-3	Particulars of father or mother
1-8-4-4	Particulars of parents of child
1-8-4-5	Particulars of child
1-8-4-6	Particulars of legitimation after marriage by judicial decision
1-8-4-7	Particulars of future husband and future wife
1-8-4-8	Particulars of future partner(s)
1-8-5	Other particulars
1-8-5-1	In the presence of the witnesses
1-8-5-2	Living
1-8-5-3	Unknown

1-8-5-4	Was registered
1-8-5-5	Pursuant to a legal provision
1-8-5-6	Designation of the applicable law
1-8-5-7	Legal provision
1-8-5-8	Particulars on the attached document sent in application of a Convention of the International Commission on Civil Status (ICCS)
1-8-6	Information
1-8-6-1	Requested information
1-8-6-2	Request for information
1-8-6-3	Not requested
1-8-6-4	Additional information
1-8-6-5	No information
1-8-6-6	Information provided by requested authority
1-8-6-7	Information known to requested authority
1-8-6-8	Information concerning sender
1-8-6-9	Information concerning recipient
1-8-7	Other information
1-8-7-1	Strike out as appropriate
1-8-7-2	Tick as appropriate
1-8-7-3	Tick appropriate box
1-8-7-4	Fill in appropriate box
1-8-7-5	Supplementary information to be provided when possible
1-8-7-6	Symbols
1-8-7-7	Application of a bilateral agreement
1-8-8	Observations
1-8-8-1	Comments
1-8-8-2	Sometimes
1-8-8-3	As appropriate / as need be / as required
1-8-9	Ground(s)
1-8-9-1	Ground for dissolution
1-8-9-2	Ground for annulment
1-8-9-3	Ground for rectification
1-8-9-4	Ground for acquisition
1-8-9-5	Ground for loss
1-9	Decision
1-9-1	Decision of civil status departments
1-9-1-1	Decision of civil status departments to correct a procedural irregularity
1-9-1-2	Decision of civil status departments to rectify a registration
1-9-1-3	Decision of civil status departments to delete a registration
1-9-2	Judicial decision
1-9-2-1	Judicial decision to rectify a registration

1-9-2-2	Judicial decision to delete a registration
1-9-2-3	Judicial decision to dissolve a marriage
1-9-2-4	Irrevocable decision
1-9-2-5	Enforcement order
1-9-2-6	Non conciliation order
1-9-2-7	Judicial confirmation
1-9-3	Administrative decision
1-9-3-1	Decision approving transfer of a record within the same civil status department
1-9-3-2	Decision approving transfer of a record to another civil status department
1-9-3-3	Decision on a file in the absence of a record or certificate of marriage
1-9-3-4	Recourse against decision of civil status authority
1-9-3-5	Decision confirming contested decision
1-9-3-6	Decision reversing contested decision
1-9-4	Rectification decision
1-9-4-1	Rectification decision of civil status record
1-9-4-2	Rectification decision by civil registrar
1-9-4-3	Rectification decision by jurisdiction
1-9-4-4	Rectification decision by court
1-9-4-5	Rectification decision by Court of Appeal
1-9-4-6	Rectification decision by public prosecutor's office
1-9-4-7	Rectification decision by another authority
1-9-5	Annulment
1-9-5-1	Annulment of decision
1-9-5-2	Decision annulled
1-9-5-3	Revocation
1-9-6	Transcript of decision
1-9-6-1	Transcript of judicial decision
1-9-6-2	Transcript of administrative decision
1-9-6-3	Transcript of judicial decision adopted in plenary
1-9-6-4	Transcript of judicial decision of divorce
1-9-6-5	Judicial decision transcribed
1-9-7	Other decisions
1-9-7-1	Decision of deletion
1-9-7-2	Instructions of Attorney General
1-9-7-3	Instructions of Attorney General of … No. … of …
1-9-7-4	Decision final from
2-	Places
2-1	State
2-1-1	Federal State
2-1-1-1	Province
2-1-1-2	Region

2-1-1-3	Canton
2-1-1-4	Autonomous community
2-1-1-5	County
2-1-1-6	Territorial district
2-1-1-7	Municipality
2-1-1-8	Municipality of…
2-1-2	State where decision was given
2-1-2-1	State where judicial decision was given
2-1-2-2	State where administrative decision was given
2-1-2-3	State where the adoption decision was given
2-1-2-4	State that recognized the foreign decision
2-1-3	State of residence
2-1-3-1	Last known residence in the State of which the individual was a national
2-1-3-2	Period of residence of future spouse(s)
2-1-3-3	Period of residence of future husband
2-1-3-4	Period of residence of future wife
2-1-3-5	Period of residence of future partner(s)
2-2	Place of birth
2-2-1	Place of birth of father
2-2-1-1	Place of birth of father of husband
2-2-1-2	Place of birth of father of wife
2-2-1-3	Place of birth of father of partner
2-2-1-4	Place of birth of adoptive father
2-2-2	Place of birth of mother
2-2-2-1	Place of birth of mother of husband
2-2-2-2	Place of birth of mother of wife
2-2-2-3	Place of birth of mother of partner
2-2-2-4	Place of birth of adoptive mother
2-2-3	Place of birth of child
2-2-3-1	Place of birth of stillborn child
2-2-3-2	Place of delivery
2-2-3-3	Hospital where child was delivered
2-2-3-4	Clinic where child was delivered
2-2-3-5	Place of baptism
2-2-3-6	Church of baptism
2-2-4	Place of birth of husband
2-2-4-1	Place of birth of future husband
2-2-4-2	Place of birth of wife
2-2-4-3	Place of birth of future wife
2-2-4-4	Place of birth of partner
2-2-4-5	Place of birth of future partner(s)

2-2-5	Place of birth of deceased
2-2-6	Other place(s) of birth
2-2-6-1	Country of birth
2-2-6-2	Municipality of birth
2-2-6-3	Birth registered in the municipality of …
2-2-6-4	Place of birth as defined by the law
2-3	Place of marriage
2-3-1	Place of declaration of marriage
2-3-1-1	Place of publication of banns
2-3-1-2	Place of future marriage
2-3-2	Place of officiation of marriage
2-3-2-1	Place of officiation of religious marriage
2-3-2-2	Town hall where marriage was officiated
2-3-2-3	Church where marriage was officiated
2-3-2-4	Place of marriage of parents
2-3-2-5	Municipality where marriage was officiated
2-3-2-6	Place of registration of religious marriage
2-3-3	Place of dissolution of marriage
2-3-3-1	Place of decision of dissolution of marriage
2-3-3-2	Place of registration of dissolution of marriage
2-3-3-3	Place of annulment of marriage
2-3-3-4	Place of dissolution of previous marriage
2-3-4	Place of declaration of partnership
2-3-4-1	Place of conclusion of partnership
2-3-4-2	Place of registration of partnership
2-3-4-3	Place of dissolution of partnership
2-3-4-4	Place of dissolution of partnership by mutual consent
2-3-4-5	Place of decision of dissolution of partnership
2-3-4-6	Place of registration of dissolution of partnership
2-3-4-7	Place of annulment of partnership
2-3-4-8	Place of termination of partnership
2-3-4-9	Place of termination in the presence of the civil registrar
2-4	Place of death
2-4-1	Place of death of father
2-4-2	Place of death of mother
2-4-3	Place of death of child
2-4-4	Place of death of husband
2-4-5	Place of death of wife
2-4-6	Place of death of partner
2-4-7	Other places of death
2-4-7-1	Death registered in the municipality of …

2-4-7-2	Place of burial
2-4-7-3	Buried in the cemetery of …
2-4-7-4	Presumed place of death
2-4-7-5	Presumed place of disappearance
2-4-7-6	Place of discovery of corpse
2-5	Place of origin
2-5-1	Place of origin of parent(s)
2-5-1-1	Place of origin of father
2-5-1-2	Place of origin of mother
2-5-2	Place of origin of child
2-5-3	Place of origin of husband
2-5-3-1	Place of origin of future husband
2-5-3-2	Place of origin of wife
2-5-3-3	Place of origin of future wife
2-5-3-4	Place of origin of partner(s)
2-5-3-5	Place of origin of future partner(s)
2-5-4	Place of origin of deceased
2-6	Place of registration
2-6-1	Municipality of registration
2-6-1-1	Place of registration of record
2-6-1-2	Place of registration of record of birth
2-6-1-3	Place of registration of record of marriage
2-6-1-4	Place of registration of record of partnership
2-6-1-5	Place of registration of record of death
2-6-1-6	Place of registration of record of acknowledgment
2-6-1-7	Place of registration of record of stillbirth
2-6-1-8	Registered in the municipality of …
2-6-2	Place of deposit of register
2-6-2-1	Place where register of family(ies) is kept
2-6-2-2	Place and number of register of family(ies)
2-6-2-3	Place of deposit of record
2-6-2-4	Place and number
2-6-2-5	Place and number of register
2-6-2-6	Place, date, first name, surname, position
2-6-3	Place of registration
2-6-3-1	Place of establishment of record
2-6-3-2	Place of registration of decision
2-6-3-3	Place of registration of judicial decision
2-6-3-4	Place of registration of administrative decision
2-6-3-5	Place of registration of declaration
2-6-4	Place of issue

2-6-4-1	Place of issue of full copy
2-6-4-2	Place of issue of extract from record
2-6-5	Place of transcription
2-6-5-1	Place of transcription of record
2-6-5-2	Place of transcription of record of birth
2-6-5-3	Place of transcription of record of acknowledgment
2-6-5-4	Place of transcription of record of marriage
2-6-5-5	Place of transcription of record of registered partnership
2-6-5-6	Place of transcription of record of death
2-6-5-7	Place of transcription of decision
2-6-5-8	Place of transcription of judicial decision
2-6-5-9	Place of transcription of administrative decision
2-6-6	Place of declaration
2-6-6-1	Place of declaration of birth
2-6-6-2	Place of declaration of death
2-6-6-3	Place of declaration of nationality
2-6-6-4	Place of judicial declaration
2-6-6-5	Place of declaration concerning surname
2-6-6-6	Place of declaration of change of surname
2-6-6-7	Place of declaration of change of first names
2-6-6-8	Place of declaration of choice of surname
2-6-6-9	Place of declaration received for first child in common
2-6-7	Place of conclusion of contract
2-6-7-1	Place of conclusion of marriage contract
2-6-7-2	Place of conclusion of registered partnership contract
2-6-7-3	Place of conclusion of agreement establishing the property effects of partnership
2-6-7-4	Place of registration of contract
2-6-7-5	Place of conclusion of guardianship mandate
2-6-7-6	Place of registration of guardianship mandate
2-7	Current address
2-7-1	Administrative district
2-7-1-1	Civil status borough
2-7-1-2	Town
2-7-1-3	Borough
2-7-1-4	Neighbourhood
2-7-1-5	Postal code
2-7-1-6	Route (street, avenue, boulevard, place, etc.)
2-7-1-7	at … [followed by a location)…
2-7-1-8	Municipality No. …, year …, record No. …
2-7-2	Address
2-7-2-1	Joint address of spouse(s)

2-7-2-2	Address of partner(s)
2-7-2-3	Address of father at time of birth of child
2-7-2-4	Address of mother at time of birth of child
2-7-2-5	Address of witness(es)
2-7-2-6	Address of individual making declaration
2-7-2-7	Address of signatory(ies)
2-7-2-8	Address of notary
2-7-3	Other address(es)
2-7-3-1	Email address
2-7-3-2	Address and telephone number
2-7-4	Domicile
2-7-4-1	Domicile of father
2-7-4-2	Domicile of mother
2-7-4-3	Domicile of child
2-7-4-4	Domicile of husband
2-7-4-5	Domicile of wife
2-7-4-6	Domicile of future husband / future wife
2-7-4-7	Domicile of partner(s)
2-7-4-8	Domicile of future partner(s)
2-7-5	Other domiciles
2-7-5-1	Is domiciled at …
2-7-5-2	Last domicile of deceased
2-7-5-3	Domicile of stateless person
2-7-5-4	Residence
2-7-6	Habitual residence
2-7-6-1	Habitual residence of father
2-7-6-2	Habitual residence of mother
2-7-6-3	Habitual residence of child
2-7-6-4	Habitual residence of spouses
2-7-6-5	Habitual residence of future husband
2-7-6-6	Habitual residence of future wife
2-7-6-7	Habitual residence of partner(s)
2-7-6-8	Habitual residence of future partner(s)
2-7-7	Other residence(s)
2-7-7-1	Habitual residence of deceased
2-7-7-2	Habitual residence of stateless person
2-8	The attached document was sent because you are:
2-8-1	State of nationality
2-8-1-1	State of nationality of spouse or partner
2-8-1-2	State of nationality of parent
2-8-1-3	State of nationality of child

2-8-1-4	State of nationality of person concerned
2-8-2	State of location
2-8-2-1	State of birth of spouse or partner
2-8-2-2	State where marriage was officiated or partnership was registered
2-8-2-3	State of child's birthplace
2-8-2-4	State of birthplace of person concerned
2-8-3	State of residence
2-8-3-1	State where spouse or partner habitually resides
2-8-3-2	State where parent habitually resides
2-8-3-3	State where child habitually resides
2-8-3-4	State where person concerned habitually resides
2-8-3-5	State of habitual residence at time of adoption
2-9	Other place(s)
2-9-1	Place of acknowledgment
2-9-2	Place and other notations
2-9-2-1	Embassy of … [country] … at [city] …
2-9-2-2	General consulate of … [country] … at … [city] …
2-9-2-3	Consulate of … [country] … at … [city] …
2-9-2-4	City Hall / City Hall of …
2-9-2-5	Notary's office of …
2-9-2-6	Notary / Notary at …
2-9-2-7	Police station
2-9-2-8	Place and date
2-9-2-9	Done at … on …
3-	Birth and filiation
3-1	Birth
3-1-1	Born
3-1-1-1	Born on …
3-1-1-2	Born at … [place of birth] …
3-1-1-3	Born on … [date of birth] … at … [hour and minute of birth] …
3-1-1-4	Born on … [date of birth] … at … [place of birth] …
3-1-2	Born of … and of …
3-1-2-1	Son / daughter of … and of …
3-1-2-2	Son / daughter of …
3-1-2-3	and of …
3-1-3	Multiple births
3-1-3-1	Twins
3-1-3-2	1st (2nd, 3rd, …) twin
3-1-3-3	Birth order
3-1-4	Judicial declaration of birth
3-2	Child

3-2-1	Legitimate child / born within marriage
3-2-2	Natural child / born outside marriage
3-2-3	Legitimized child
3-2-4	Adopted child
3-2-5	Child(ren) in common
3-2-6	Found / abandoned child
3-2-7	Unbaptized child
3-2-8	Stillborn child
3-3	Minor / Adult
3-3-1	Minor child(ren)
3-3-2	Minor child(ren) of deceased
3-3-3	Emancipated child(ren)
3-3-4	Minor child / adult child
3-3-5	Adopted
3-4	Father and / or mother
3-4-1	Father
3-4-1-1	Future father
3-4-1-2	Father before
3-4-1-3	Father after
3-4-2	Mother
3-4-2-1	Future mother
3-4-2-2	Mother before
3-4-2-3	Mother after
3-4-2-4	Delivered a stillborn child
3-4-2-5	Surrogacy
3-4-3	Parent
3-4-3-1	Parent(s) declaring
3-4-3-2	Adoptive parent(s)
3-4-3-3	Parent(s) of person concerned
3-4-4	/
3-4-4-1	Godfather / Godmother
3-4-4-2	Paternal grandparents
3-4-4-3	Maternal grandparents
3-5	Filiation
3-5-1	Filiation of child
3-5-1-1	Paternal filiation
3-5-1-2	Maternal filiation
3-5-1-3	Legitimate filiation / within marriage / marital
3-5-1-4	Natural filiation / outside of marriage / non-marital
3-5-1-5	Legal presumption of paternity of husband
3-5-1-6	Adoptive filiation

3-5-1-7	Unknown filiation
3-5-1-8	Filiation established regarding …
3-5-2	Filiation of parent(s)
3-5-2-1	Filiation of father
3-5-2-2	Filiation of mother
3-5-3	Filiation of deceased
3-5-4	Filiation of spouses / partners
3-5-4-1	Filiation of husband
3-5-4-2	Filiation of wife
3-5-4-3	Filiation of partner(s)
3-5-5	Establishment of a filiation bond
3-5-5-1	Establishment of maternal filiation
3-5-5-2	Establishment of paternal filiation
3-5-5-3	Filiation jointly established on …
3-5-5-4	Voluntary record
3-5-5-5	Establishment by court or by public authority
3-5-5-6	Establishment of filiation by judicial decision
3-5-5-7	Judicial declaration establishing paternal filiation
3-5-5-8	Judicial declaration establishing maternal filiation
3-5-5-9	Possession of status
3-5-6	Legitimization
3-5-6-1	Legitimization by marriage
3-5-6-2	Legitimization by judicial decision
3-5-6-3	Legitimization by administrative decision
3-5-6-4	Legitimization document
3-5-7	Annulment of filiation bond
3-5-7-1	Annulment of filiation
3-5-7-2	Annulment of maternal filiation
3-5-7-3	Annulment of paternal filiation
3-5-7-4	Annulment and establishment of filiation
3-5-7-5	Annulment of the legal presumption of paternity of husband
3-5-7-6	Annulment of the presumption of marital paternity by authentic declaration of husband
3-5-8	Action concerning dispute of established filiation
3-5-8-1	Disavowal of paternity
3-5-8-2	Disavowal of maternity
3-5-8-3	Recourse against judicial establishment of filiation
3-5-8-4	Action concerning judicial establishment of filiation
3-6	Acknowledgment
3-6-1	Establishment of filiation outside marriage by acknowledgment
3-6-1-1	Acknowledgment before birth
3-6-1-2	Acknowledgment after birth

3-6-1-3	Postmortem acknowledgment
3-6-1-4	Simultaneous acknowledgment
3-6-1-5	Simultaneous acknowledgment on …
3-6-1-6	Joint acknowledgment
3-6-1-7	Joint acknowledgment of parents at declaration of birth
3-6-1-8	Successive acknowledgment(s) of parents before declaration of birth
3-6-2	Author(s) of acknowledgment
3-6-2-1	Acknowledged by father and mother on …, at … [followed by a place] …
3-6-2-2	Acknowledged on … by his / her mother and on … by his / her father
3-6-3	Paternal acknowledgment
3-6-3-1	Paternal acknowledgment before birth
3-6-3-2	Paternal acknowledgment upon declaration of birth
3-6-3-3	Paternal acknowledgment after birth
3-6-3-4	The respondent declares himself to be the father of the aforementioned child
3-6-3-5	The respondent declares that he/she acknowledges the aforementioned child
3-6-3-6	The respondent declares that he/she acknowledges the child(ren) with which the aforementioned future mother is pregnant
3-6-3-7	Acknowledged by the father on … at …
3-6-4	Maternal acknowledgment
3-6-4-1	Maternal acknowledgment before birth
3-6-4-2	Maternal acknowledgment upon declaration of birth
3-6-4-3	Maternal acknowledgment after birth
3-6-4-4	The party declares that she acknowledges the child(ren) with which she is pregnant
3-6-4-5	The party declares that she acknowledges the aforementioned child
3-6-4-6	Acknowledged by the mother on … at …
3-6-5	Acknowledgment documents
3-6-5-1	Notification of acknowledgment
3-6-5-2	Registration of notification of acknowledgment
3-6-5-3	Judicial approval of the acknowledgment
3-6-5-4	Effect of the acknowledgment
3-6-5-5	Request for suspension of recognition effectiveness
3-6-5-6	Other valid documents for the acknowledgment
3-6-6	Annulment of acknowledgment
3-6-6-1	Revocation of acknowledgment
3-6-6-2	Judicial annulment of acknowledgment
3-7	Adoption
3-7-1	Simple adoption
3-7-1-1	Simple adoption by one person
3-7-1-2	Simple adoption by two persons
3-7-2	Full adoption
3-7-2-1	Full adoption by one person

3-7-2-2	Full adoption by two persons
3-7-3	Conversion of simple adoption into full adoption
3-7-4	Other adoption
3-7-4-1	Other types of adoption
3-7-4-2	Adoption by the Nation
3-7-4-3	Adoption concluded abroad
3-7-4-4	Adoption by one person
3-7-4-5	Adoption by two persons
3-7-4-6	Adoption of child of spouse / partner / cohabitant
3-7-4-7	International transfer of child within framework of adoption
3-7-5	Revocation of adoption
3-7-5-1	Revocation of simple adoption
3-7-5-2	Revocation of full adoption
3-7-5-3	Adoption may be revoked
3-7-5-4	Definitive termination of filiation bond with family of origin
3-7-6	Annulment of adoption
3-7-6-1	Annulment of full adoption
3-7-6-2	Annulment of simple adoption
3-7-6-3	Adoption may be annulled
3-8	Parental authority
3-8-1	Holder(s) of parental authority
3-8-1-1	Parental authority exercised jointly by both parents
3-8-1-2	Parental authority exercised by one parent
3-8-2	Modification of parental authority
3-8-2-1	Renunciation of exercise of parental authority
3-8-2-2	Delegation of parental authority
3-8-3	Decision regarding parental authority
3-8-3-1	Loss of parental authority
3-8-3-2	Lapse of parental authority
3-8-3-3	Judicial declaration of incapacity to exercise parental authority
3-8-3-4	Partial withdrawal of parental authority
3-8-3-5	Full withdrawal of parental authority
3-8-3-6	Recovery of exercise of parental authority
4-	Marriage – Registered partnership – Dissolution
4-1	Spouse(s)
4-1-1	Husband
4-1-1-1	Husband of mother
4-1-1-2	Husband of father
4-1-1-3	Wife
4-1-1-4	Wife of father
4-1-1-5	Wife of mother

4-1-1-6	Future spouse(s)
4-1-1-7	Future husband
4-1-1-8	Future wife
4-1-2	Other spouses
4-1-2-1	Surviving spouse
4-1-2-2	Last spouse
4-1-2-3	Former spouse(s)
4-1-2-4	Last spouse of deceased
4-1-2-5	Former spouse(s) of deceased\
4-1-2-6	Spouse of declarant
4-1-2-7	Foreign spouse
4-2	Registered partner(s)
4-2-1	Partner
4-2-1-1	Partner (A / B)
4-2-1-2	Future partner(s)
4-2-2	Other partner
4-2-2-1	Surviving partner
4-2-2-2	Last partner
4-2-2-3	Former partner(s)
4-2-2-4	Declarant partner(s)
4-2-2-5	Respondent partner(s)
4-2-2-6	Foreign partner
4-2-2-7	Partner of foreign nationality born abroad
4-3	Family status (married, divorced, widowed, bound by a partnership)
4-3-1	Marital status
4-3-1-1	Married
4-3-1-2	Unmarried
4-3-1-3	Divorced man / divorced woman
4-3-1-4	Widower/ Widow
4-3-1-5	Separated
4-3-1-6	Separated by judicial decision
4-3-1-7	Judicially separated
4-3-1-8	De facto separation
4-3-2	Person(s) bound by partnership
4-3-2-1	Bound by registered partnership
4-3-3	Single
4-3-4	Previous marriages or partnerships
4-3-5	Cohabitant
4-3-5-1	Spouse / partner / cohabitant of adopted person
4-3-5-2	Spouse / partner / cohabitant of adoptive parent
4-4	Marriage

4-4-1	Type of marriage
4-4-1-1	Civil marriage
4-4-1-2	Religious marriage
4-4-1-3	Canonical marriage
4-4-1-4	Marriage by proxy
4-4-1-5	Posthumous marriage
4-4-1-6	Marriage in case of imminent danger of death
4-4-1-7	Marriage with the assistance of an interpreter
4-4-2	Preliminary formalities
4-4-2-1	Required documentation for authorization of marriage
4-4-2-2	Authorization of marriage
4-4-2-3	May contract marriage abroad with ….
4-4-2-4	Publication of banns
4-4-2-5	Waiver of publication of banns
4-4-2-6	Waiver of delay of publication of banns
4-4-2-7	Waiver granted on …
4-4-2-8	Waiver granted for husband / wife on …
4-4-2-9	Person authorizing the marriage
4-4-3	Authority officiating the marriage
4-4-3-1	Person officiating the marriage
4-4-3-2	Person authorized to officiate the marriage
4-4-3-3	Identity of civil registrar who officiated the marriage or who registered it and signatures
4-4-3-4	Officiation of marriage by mayor or delegated municipal councilor
4-4-3-5	Officiation of marriage by judge
4-4-3-6	Officiation of marriage by consul with jurisdiction
4-4-3-7	Officiation of marriage by legally authorized person
4-4-3-8	Priest
4-4-4	Ceremony
4-4-4-1	Declaration of spouses that no marriage contract has been concluded
4-4-4-2	Declaration of spouses upon conclusion of a marriage contract
4-4-4-3	The reading … [followed by reference to relevant legal provisions] … was done for the spouses
4-4-4-4	The civil registrar, after asking the future spouses if they wished to take each other for husband and wife, declares that they are united in marriage
4-4-4-5	Have entered into marriage
4-4-4-6	Are united by the bonds of marriage according to the … rite
4-4-4-7	Rites and ceremonies
4-4-4-8	Marriage officiated at … [followed by a place] …, on … [followed by a date] …, at … [followed by the time] …
4-4-5	Validation of marriage
4-4-5-1	Validation of civil marriage
4-4-5-2	Validation of religious marriage

4-4-6	Marriage of parents
4-4-6-1	Marriage of father and mother from …
4-4-6-2	Marriage of father and mother from … to …
4-4-7	Former marriage(s)
4-4-7-1	Former marriage with …
4-4-7-2	Former marriages of spouse(s)
4-4-7-3	Former marriages of husband
4-4-7-4	Former marriages of wife
4-4-7-5	Order of wedding
4-4-7-6	Wedding No. […$^{rst, nd, rd, th}$]
4-5	Registered partnership
4-5-1	Partnership
4-5-5-1	Former partnership(s)
4-5-1-2	Former partnership with…
4-5-1-3	Former partnership dissolved
4-5-1-4	Former partnership annulled
4-5-1-5	Previously took part in a certain type of partnership at … on…
4-5-1-6	Previously formed a partnership at… on…
4-5-1-7	Denomination of partnership
4-5-2	Conclusion of partnership
4-5-2-1	Registration of partnership
4-5-2-2	Partnership registered at … [followed by place of registration] … on …
4-5-2-3	Person who concluded the partnership
4-5-2-4	Person authorized to conclude the partnership
4-5-2-5	Person authorizing the partnership
4-5-3	Civil status effects
4-5-3-1	Impediment to marriage with a third person
4-5-3-2	Impediment to partnership with a third person
4-5-3-3	Creation of family ties
4-6	Separation
4-6-1	Legal separation
4-6-2	Judicial separation (séparation de corps)
4-6-3	Judicial suspension of separation
4-6-4	De facto separation
4-6-5	Reconciliation of spouses
4-6-6	Judicial confirmation of reconciliation of spouses
4-6-7	Resumption of married life of spouses by notarial deed
4-7	Dissolution of conjugal bond
4-7-1	Dissolution of marriage
4-7-1-1	Cause of dissolution
4-7-1-2	Marriage dissolved

4-7-1-3	Marriage dissolved on …
4-7-1-4	Marriage dissolved on … at …
4-7-1-5	Dissolved by … on … in …
4-7-2	Divorce
4-7-2-1	Divorce by declaration of spouses
4-7-2-2	Dissolution of marriage by divorce
4-7-2-3	Dissolution by judicial decision of divorce
4-7-2-4	Dissolution by foreign judicial decision of divorce
4-7-2-5	Dissolution by judicial decision No… on … of the … jurisdiction
4-7-2-6	Marriage dissolved by final judicial decision No. … on … of the … jurisdiction
4-7-2-7	Recognition of the foreign judicial decision of divorce
4-7-3	Dissolution of marriage by a religious authority
4-7-3-1	Ecclesiastical decision of annulment
4-7-3-2	Judicial confirmation of the ecclesiastical decision of annulment
4-7-4	Dissolution of marriage by death
4-7-4-1	Dissolution of marriage by death of husband
4-7-4-2	Dissolution of marriage by death of wife
4-7-5	Other means of dissolution
4-7-5-1	Conversion of marriage to registered partnership
4-7-5-2	Dissolution of marriage following judicial decision of absence
4-7-5-3	Dissolution of marriage following judicial separation
4-7-5-4	Dissolution or annulment
4-7-6	Annulment of marriage
4-7-6-1	Annulment of religious marriage
4-7-6-2	Annulment of marriage by … on … at …
4-7-6-3	Annulment by judicial decision No. … on … of the … court
4-7-6-4	Marriage annulled
4-7-6-5	Marriage annulled on …
4-7-6-6	Marriage annulled on … at …
4-7-6-7	Marriage annulled by final judicial decision No. …, on … of the … court
4-7-7	Non-existence of marriage
4-7-7-1	Non-existent marriage
4-7-7-2	Marriage declared non-existent on …
4-7-7-3	Marriage declared non-existent on … at …
4-7-7-4	Marriage declared non-existent by final judicial decision No. … on … of the … court
4-7-8	Invalidity of marriage
4-7-8-1	Marriage invalid
4-7-8-2	Marriage declared invalid on …
4-7-8-3	Marriage declared invalid on … at …
4-7-8-4	Marriage declared invalid by final judicial decision No. … on … of the … jurisdiction
4-8	Dissolution of registered partnership

4-8-1	Dissolution of partnership
4-8-1-1	Dissolution of partnership by joint declaration
4-8-1-2	Dissolution of partnership by mutual consent
4-8-1-3	Dissolution of partnership by unilateral declaration
4-8-1-4	Dissolution of partnership by death
4-8-1-5	Dissolution of partnership by death of partner
4-8-1-6	Dissolution of partnership by marriage
4-8-1-7	Dissolution of partnership by conversion to marriage
4-8-1-8	Nature and date of cause of dissolution of partnership
4-8-2	Dissolution of partnership by decision
4-8-2-1	Dissolution of partnership by judicial decision
4-8-2-2	Dissolution of partnership by foreign judicial decision
4-8-2-3	Dissolution of partnership by administrative decision
4-8-3	Methods of dissolution
4-8-3-1	Partnership dissolved by court
4-8-3-2	Partnership dissolved following declaration of absence
4-8-3-3	Partnership dissolved by death
4-8-3-4	Conversion of registered partnership to marriage
4-8-4	Registered partnership dissolved
4-8-4-1	Partnership dissolved on …
4-8-4-2	Partnership dissolved on …/…/…. at …
4-8-4-3	Partnership dissolved by final judicial decision No. …, on …, at … [followed by name of jurisdiction] …
4-8-4-4	Partnership dissolved by joint declaration of …, at …
4-8-4-5	Partnership dissolved by unilateral declaration of …, at …
4-8-4-6	Dissolution of partnership on …
4-8-4-7	Dissolution of partnership by … [followed by method of dissolution] … on … at …
4-8-4-8	Dissolved by … [followed by method of dissolution]…, on …
4-8-5	Termination of registered partnership
4-8-5-1	Joint termination of partnership
4-8-5-2	Unilateral termination of partnership
4-8-5-3	Partnership terminated on …
4-8-5-4	Partnership terminated on … at …
4-8-5-5	Partnership terminated by joint declaration of … at …
4-8-5-6	Partnership terminated by unilateral declaration of … at …
4-8-6	Annulment of partnership
4-8-6-1	Annulment of partnership by judicial decision
4-8-6-2	Annulment of partnership by foreign judicial decision
4-8-6-3	Annulment of partnership by administrative decision
4-8-6-4	Annulment of partnership on …
4-8-6-5	Annulment of partnership by … [followed by a method of dissolution] … on … at …

4-8-6-6	Partnership annulled
4-8-6-7	Partnership annulled on …
4-8-6-8	Partnership annulled on .../.../.... at …
4-8-6-9	Partnership annulled by final judicial decision No. … on ... of the … court
4-8-7	Invalidity of registered partnership
4-8-8	Non-existence of registered partnership
4-9	Property regime and contracts
4-9-1	Matrimonial property regime
4-9-1-1	Statutory regime
4-9-1-2	Contractual regime
4-9-2	Choice of matrimonial property regime
4-9-2-1	Indication of matrimonial property regime
4-9-2-2	Spouses' declaration concerning matrimonial property regime
4-9-2-3	Marriage contract
4-9-2-4	Change of matrimonial property regime
4-9-2-5	Alterations to matrimonial property regime
4-9-2-6	Designation of law applicable to matrimonial property regime
4-9-3	Property regime of registered partnership
4-9-3-1	Registered partnership contract
4-9-3-2	Agreement establishing the patrimonial effects of the partnership
4-9-3-3	Declaration of partners concerning the property regime of the registered partnership
4-9-3-4	Declaration concerning the agreement establishing the patrimonial effects of the registered partnership
4-9-4	Change to property regime of registered partnership
4-9-4-1	Modification of property regime of registered partnership
4-9-4-2	Modification of initial agreement
4-9-4-3	Annotation concerning modifications to initial agreement
4-9-4-4	Modification of partnership on …
4-9-5	Transfer of authority
4-9-5-1	Transfer of authority between spouses
4-9-5-2	Suspension of transfer of authority between spouses
4-9-5-3	Transfer of authority between partners
4-9-5-4	Suspension of transfer of authority between partners
5-	Incapacities – Absence – Disappearance – Death
5-1	Incapacities
5-1-1	Guardianship
5-1-1-1	Guardianship of a minor
5-1-1-2	Guardianship of a person of full age
5-1-1-3	Modification of guardianship
5-1-1-4	Termination of guardianship
5-1-1-5	Guardian

5-1-1-6	Legal representative
5-1-1-7	Legal defender
5-1-2	Guardianship mandate
5-1-2-1	Appointment to guardianship mandate
5-1-2-2	New appointment to guardianship mandate
5-1-2-3	Acceptance of excuse relieving of guardianship duties
5-1-2-4	Revocation of holder of guardianship mandate
5-1-2-5	End of guardianship mandate
5-1-3	Temporary guardianship of a person of full age
5-1-3-1	Trustee
5-1-3-2	Modification of temporary guardianship
5-1-3-3	Termination of temporary guardianship
5-1-4	Incapacities on the part of a person of full age
5-1-4-1	Judicial declaration of full incapacity
5-1-4-2	Judicial declaration of partial incapacity
5-1-4-3	Judicial declaration of profligacy
5-1-4-4	Judicial declaration of recovery of capacity
5-1-4-5	Modification of judicial declaration of incapacity
5-1-4-6	Submission to parental authority
5-1-4-7	Parental authority exercised over a person of full age 514
5-1-5	Emancipation 52
5-1-5-1	Emancipated minor
5-1-5-2	Emancipated by … [followed by method of emancipation (i.e. decision, authentic act)] …
5-1-5-3	Proceeding of partial emancipation of a minor under guardianship
5-1-6	Provision of guarantee by holder of guardianship mandate
5-1-6-1	Bank guarantee
5-1-6-2	Personal guarantee
5-1-6-3	Judicial consignment
5-1-6-4	Mortgage of real estate
5-1-6-5	Pledge contract against movable assets
5-1-7	Property administrator
5-1-7-1	Property administrator for person lacking capacity
5-1-7-2	Establishment of an inventory of property
5-1-7-3	Presentation of accounts
5-1-7-4	Annual reporting of accounts
5-1-7-5	Final reporting of accounts
5-1-7-6	Approval of accounts
5-2	Absence
5-2-1	Absent
5-2-1-1	Absence of spouse
5-2-1-2	Absence of partner

5-2-1-3	Legal representative of absentee
5-2-1-4	Return of absentee
5-2-2	Declaration of absence
5-2-2-1	Presumption of absence
5-2-2-2	Annulment of the effects of the judicial declaration of absence
5-2-2-3	Abrogation of the judicial decision of absence
5-2-2-4	End of absence
5-2-3	Disappearance
5-2-3-1	Missing person
5-2-3-2	Judicial declaration of disappearance
5-2-3-3	Judicial declaration of death
5-2-3-4	Judicial declaration of presumption of death
5-2-3-5	Annulment of the effects of the judicial declaration of presumption of death
5-2-3-6	Annulment of the judicial declaration of death
5-3	Death
5-3-1	The deceased
5-3-1-1	Died
5-3-1-2	Died on …
5-3-1-3	Died at …
5-3-1-4	Died on … at …
5-3-1-5	Unidentified body
5-3-1-6	Death of holder of guardianship mandate
5-4	Death of child
5-4-1	Death of child on … at … registered as record No. … at …
5-4-2	Death of child on … at … registered as record No. … at … by …
5-5	Death of father
5-6	Death of mother
5-7	Death of spouse
5-7-1	Death of spouse on … at … registered as record No. … at …
5-7-2	Death of spouse on … at … registered as record No. … at … by …
5-7-3	Death of husband
5-7-4	Death of husband on … at … registered as record No. … at …
5-7-5	Death of husband on … at … registered as record No. … at … by …
5-7-6	Death of wife
5-7-7	Death of wife on … at … registered as record No. … at …
5-7-8	Death of wife on … at … registered as record No. … at … by …
5-8	Death of partner
5-8-1	Death of partner on … at … registered as record No. … at …
5-8-2	Death of partner on … at … registered as record No. … at … by …
5-9	/
5-9-1	Cause of death

5-9-1-1	Probable cause of death
5-9-1-2	Cause of death and nature of proof confirming stillbirth of child
5-9-1-3	Died for … [name of country] …
5-9-1-4	Died for his/her country
5-9-1-5	Died in deportation
5-9-1-6	Died in the line of duty
6-	Nationality(ies)
6-1-	Nationality of person concerned
6-1-1	Nationality of parent(s)
6-1-2	Nationality of father
6-1-3	Nationality of mother
6-1-4	Nationality of child
6-1-5	Nationality of husband
6-1-6	Nationality of wife
6-1-7	Nationality of partner(s)
6-2	Nationality before marriage
6-2-1	Nationality of husband before marriage
6-2-2	Nationality of wife before marriage
6-2-3	Nationality of future partner(s)
6-2-4	Nationality, municipality and State of residence of future husband
6-2-5	Nationality, municipality and State of residence of future wife
6-2-6	Nationality, municipality and State of residence of future partner
6-3	Acquisition of nationality
6-3-1	Method of acquisition of nationality
6-3-1-1	Acquisition of [...] nationality
6-3-1-2	Acquisition of […] nationality by decree
6-3-1-3	Acquisition of […] nationality by declaration
6-3-1-4	Acquisition of […] nationality by choice
6-3-1-5	Acquisition of […] nationality by law
6-3-1-6	Acquisition of […] nationality by administrative decision
6-3-2	Other method of acquisition of nationality
6-3-2-1	Acquisition of […] nationality by filiation
6-3-2-2	Acquisition of […] nationality by marriage
6-3-2-3	Acquisition of […] nationality by residence
6-3-2-4	Acquisition of […] nationality by birth and residence
6-3-2-5	Acquisition of […] nationality by collective effect of acquisition by parent(s)
6-3-2-6	Acquisition of […] nationality by collective effect of acquisition by spouse
6-3-2-7	Acquired nationality
6-3-2-8	Spouse to whom acquisition is extended
6-3-2-9	Known minor children to whom acquisition is extended
6-3-3	Naturalization

6-3-3-1	Acquisition of […] nationality by naturalization
6-3-3-2	Withdrawal of naturalization
6-3-3-3	Annulment of naturalization
6-3-4	/
6-3-4-1	Non-acquisition of nationality
6-3-4-2	Nationality of origin
6-3-4-3	Retention of nationality
6-3-4-4	Authorization to retain […] nationality
6-3-4-5	Recovery of nationality
6-3-4-6	Nationality(ies) before
6-3-4-7	Nationality(ies) after
6-3-4-8	Nationality(ies) after decision to adopt
6-3-4-9	Nationality(ies) after decision recognizing the adoption
6-4	Loss of nationality
6-4-1	Loss of […] nationality
6-4-1-1	Loss of […] nationality on …
6-4-2	Reason for loss of nationality
6-4-2-1	Loss of nationality by modification of filiation
6-4-2-2	Loss of nationality by annulment of filiation
6-4-2-3	Loss of nationality by marriage to a foreign national
6-4-2-4	Loss of nationality by acquisition of another nationality
6-4-2-5	Loss of nationality by collective effect of loss by parents
6-4-3	Loss of nationality for other reasons
6-4-3-1	Loss of nationality by renunciation
6-4-3-2	Deprivation of nationality
6-4-3-3	Loss of nationality by expiry
6-4-3-4	Loss of nationality by withdrawal
6-4-3-5	Loss of nationality by annulment
6-4-3-6	Loss of nationality by decree
6-4-3-7	Loss of nationality by decision
6-4-3-8	Loss of nationality by declaration
6-5	Stateless person
6-5-1	Stateless husband
6-5-2	Stateless wife
6-5-3	Stateless partner
6-5-4	Stateless father
6-5-5	Stateless mother
6-5-6	Stateless child
6-5-7	Stateless deceased
6-6	Unknown nationality
6-6-1	Nationality of husband unknown

6-6-2	Nationality of wife unknown
6-6-3	Nationality of partner unknown
6-6-4	Nationality of father unknown
6-6-5	Nationality of mother unknown
6-6-6	Nationality of child unknown
6-6-7	Nationality of deceased unknown
6-7	Request for information concerning nationality
6-7-1	Request for information concerning an asylum-seeker who declares having resided at … from … to …
6-7-2	Request for information concerning a refugee who declares having resided at … from … to …
6-7-3	Enter REF for refugee and APA for stateless person
6-7-4	Refugee
6-8	Multiple nationality
6-8-1	Multinational
6-8-1-1	Double nationality
6-8-1-2	Double national / binational
7-	Surname
7-1	Surname of parent(s)
7-1-1	Surname of father
7-1-1-1	Surname of husband's father
7-1-1-2	Surname of wife's father
7-1-1-3	Surname of partner's father
7-1-1-4	Surname of deceased's father
7-1-1-5	Other surnames of father
7-1-1-6	Surname of father unknown
7-1-2	Surname of mother
7-1-2-1	Surname of husband's mother
7-1-2-2	Surname of wife's mother
7-1-2-3	Surname of partner's mother
7-1-2-4	Maiden name of the mother
7-1-2-5	Surname of deceased's mother
7-1-2-6	Other surnames of mother
7-1-2-7	Surname of mother unknown
7-1-3	/
7-1-3-1	Surname of parent unknown
7-1-3-2	Surname of parent whose filiation is annulled
7-1-4	Surname of adoptive parent
7-1-4-1	Surname of adoptive father
7-1-4-2	Other surnames of adoptive father
7-1-4-3	Surname of adoptive mother

7-1-4-4	Other surnames of adoptive mother
7-1-5	Surname of godfather / godmother
7-1-5-1	Surname of godfather
7-1-5-2	Surname of godmother
7-2	Surname of child
7-2-1	Surname at birth
7-2-1-1	Surname given to child at birth
7-2-1-2	Surname of child given at parents' request
7-2-1-3	Surname of child: … upon joint declaration of …
7-2-1-4	Surname of future children
7-2-1-5	New surname of child
7-2-2	Other surnames of child
7-2-2-1	Surname before the adoption
7-2-2-2	Surname after the adoption
7-2-2-3	Family name before marriage of parents
7-2-2-4	Surname after legitimization
7-2-2-5	Surname before the acknowledgment
7-2-2-6	Surname after the acknowledgment
7-2-2-7	Surname of minor child(ren) of deceased
7-3	Surname of spouse
7-3-1	Surname of husband
7-3-1-1	Surname of husband before marriage
7-3-1-2	Surname of previous marriage of husband
7-3-1-3	Surname of husband after marriage
7-3-1-4	Surname of husband at time of issue of record
7-3-1-5	Surname of husband of deceased
7-3-1-6	Other surnames of husband
7-3-2	Surname of wife
7-3-2-1	Surname of wife before marriage
7-3-2-2	Surname of previous marriage of wife
7-3-2-3	Maiden name
7-3-2-4	Surname of wife after marriage
7-3-2-5	Surname of wife at time of issuance of record
7-3-2-6	Surname at time of marriage if different from maiden name
7-3-2-7	Surname of wife of deceased
7-3-2-8	Other surnames of wife
7-3-3	Surname of last spouse
7-3-3-1	Surname of last spouse of deceased
7-3-4	Surname before marriage
7-3-4-1	Unmarried surname
7-3-5	Surname after marriage

7-3-5-1	Marital surname
7-3-5-2	Commonly used surname
7-3-5-3	Surname before dissolution of marriage
7-3-6	Surname after dissolution of marriage
7-3-6-1	Surname of spouse(s) after dissolution of marriage
7-3-6-2	Surname of husband after dissolution of marriage
7-3-6-3	Surname of wife after dissolution of marriage
7-3-6-4	Surname of husband after annulment of marriage
7-3-6-5	Surname of wife after annulment of marriage
7-4	Surname of partner(s)
7-4-1	Surname of registered partner(s)
7-4-1-1	Surname of partner A
7-4-1-2	Surname of partner B
7-4-2	Surname before partnership
7-4-2-1	Surname of future partner(s)
7-4-2-2	Surname after registration of partnership
7-4-2-3	Surname of partner at the time the record was issued
7-4-2-4	Common surname of partnership
7-4-2-5	Surname of last partner
7-4-2-6	Surname of previous partner(s)
7-4-2-7	Other surname(s) of partner(s)
7-4-3	Surname after dissolution of partnership
7-4-3-1	Surname after dissolution / annulment of partnership
7-4-3-2	Surname after annulment of partnership
7-4-3-3	Surname of partner after annulment of partnership
7-4-4	Surname of partner of the deceased
7-4-4-1	Surname of last partner of the deceased
7-4-4-2	Surname(s) of previous partner(s) of the deceased
7-5	Surname of the deceased
7-5-1	Other surnames of the deceased
7-5-1-1	Maiden name of the deceased
7-5-2	Surname of the missing person
7-5-3	Surname of the absentee
7-6	Change of surname
7-6-1	New surname
7-6-1-1	Surname before
7-6-1-2	Surname after
7-6-1-3	Surname before change
7-6-1-4	Surname after change
7-6-1-5	Surname at time of issuance of extract
7-6-1-6	Surname at time of issuance of certificate

7-6-1-7	Method of change
7-6-2	Decision of change of surname
7-6-2-1	Change of surname by judicial decision
7-6-2-2	Change of surname by administrative decision
7-6-2-3	Change of surname by decision of civil status authority
7-6-3	Change of surname by declaration
7-6-3-1	Change of surname by declaration of person concerned
7-6-3-2	Giving of surname
7-6-3-3	Reversal of order of surnames
7-6-4	Operation of law
7-6-4-1	Change of surname under personal law of person concerned
7-6-4-2	Change of surname of an ascendant
7-6-4-3	Change of surname of child following change of surname of ascendant
7-6-5	Registration of change of surname
7-6-5-1	Registration of change of surname of ascendant
7-6-6	Change in spelling of surname
7-6-6-1	Transliteration of surname
7-6-6-2	Transcription of surname
7-6-7	Surname and nationality
7-6-7-1	Surname before acquisition of nationality
7-6-7-2	Surname after acquisition of nationality
7-6-7-3	Surname before loss of nationality
7-6-7-4	Surname after loss of nationality
7-7	Other surnames
7-7-1	Family surname
7-7-1-1	Other family surname
7-7-1-2	Signatory's surname
7-7-1-3	Surname of witness(es)
7-7-1-4	Surname of declarant
7-7-1-5	Surname of priest
7-7-1-6	Other name
7-7-1-7	Middle name
7-7-1-8	Patronymic name
7-7-2	Surname of physician
7-7-2-1	Surname of physician certifying death
7-7-2-2	Surname of physician / midwife certifying birth
7-7-3	Surname of administrator
7-7-3-1	Surname of guardian
7-7-3-2	Surname of trustee
7-7-3-3	Surname of clerk / Head clerk
7-7-3-4	Surname of authority

7-7-4	Title of nobility
7-7-4-1	Prince / Princess
7-7-4-2	Duke / Duchess
7-7-4-3	Marquis / Marchioness
7-7-4-4	Count / Countess
7-7-4-5	Viscount / Viscountess
7-7-4-6	Baron / Baroness
7-7-4-7	Knight
7-7-4-8	Equerry
7-7-5	Diversity of surnames
7-7-5-1	Is, according to the documents produced, designated in … by family surname of …
7-7-5-2	Family surname in aforementioned State
7-7-5-3	State attributing another family surname
7-7-5-4	Family surname following the decision to recognize the adoption
7-7-6	Other part(s) of the surname
7-8	Surname and forenames
7-8-1	Surname and forenames of parent(s)
7-8-1-1	Surname and forenames of father
7-8-1-2	Surname and forenames of mother
7-8-1-3	Surname and forenames of godfather
7-8-1-4	Surname and forenames of godmother
7-8-2	Surname and forenames of spouse / partner
7-8-2-1	Surname and forenames of future husband
7-8-2-2	Surname and forenames of future wife
7-8-2-3	Surname and forenames of last spouse
7-8-2-4	Surname and forenames of previous spouse(s)
7-8-2-5	Surname and forenames of future partner(s)
7-8-2-6	Surname and forenames of previous partner(s)
7-8-2-7	Surname and forenames of the spouse / partner / cohabitant
7-8-3	Surname and forenames of legal representative
7-8-3-1	Surname and forenames of guardian
7-8-3-2	Surname and forenames of trustee
7-8-3-3	Surname and forenames of notary
7-8-4	Surname and forenames of competent authority
7-8-4-1	Surname and forenames of civil registrar
7-8-4-2	Surname and forenames of civil registrar registering the record
7-8-4-3	Surname and forenames of celebrant of marriage
7-8-4-4	Surname, forenames and capacity of person authorizing the marriage
7-8-4-5	Surname, forenames and capacity of person authorized to officiate the marriage
7-8-4-6	Surname and forenames of person concluding the partnership
7-8-4-7	Surname, forenames and capacity of person authorized to conclude the partnership

7-8-4-8	Surname, forenames and capacity of person authorizing the partnership
7-8-5	/
7-8-5-1	Surname and forenames of the person(s) concerned
7-8-5-2	Surname and forenames of declarant(s)
7-8-6	Other surnames and forenames
7-8-6-1	Surname and forenames of signatory(ies)
7-8-6-2	Surname and forenames of witness(es)
7-8-6-3	Surname and forenames of priest
7-8-6-4	Surname and forenames of physician certifying the death
7-8-6-5	Surname and forenames of the physician / midwife certifying the birth
7-8-7	Forenames and surnames
7-9	Forenames
7-9-1	Forenames of father
7-9-1-1	Forenames of husband's father
7-9-1-2	Forenames of wife's father
7-9-1-3	Forenames of partner's father
7-9-1-4	Forenames of deceased's father
7-9-1-5	Forenames of adoptive father
7-9-1-6	Forenames of godfather
7-9-2	Forenames of mother
7-9-2-1	Forenames of husband's mother
7-9-2-2	Forenames of wife's mother
7-9-2-3	Forenames of partner's mother
7-9-2-4	Forenames of deceased's mother
7-9-2-5	Forenames of adoptive mother
7-9-2-6	Forenames of godmother
7-9-2-7	Forenames of godfather / godmother
7-9-3	Forenames of child
7-9-3-1	Forenames given at birth
7-9-3-2	Forenames given after birth registration
7-9-3-3	Forenames of stillborn child
7-9-3-4	Forenames of minor child(ren) of deceased
7-9-3-5	Forenames of adopted child
7-9-3-6	Forenames before adoption
7-9-3-7	Forenames after adoption
7-9-4	Forenames of spouse(s) / partner(s)
7-9-4-1	Forenames of husband and wife
7-9-4-2	Forenames of spouse(s)
7-9-4-3	Forenames of future spouse(s)
7-9-4-4	Forenames after marriage
7-9-4-5	Forenames of last spouse

7-9-4-6	Forenames of last spouse of deceased
7-9-4-7	Forenames of husband
7-9-4-8	Forenames of wife
7-9-4-9	Forenames of registered partner(s)
7-9-5	Other forenames
7-9-5-1	Forenames of deceased
7-9-5-2	Forenames of missing person
7-9-5-3	Forenames of the absentee
7-9-5-4	Transliteration of forenames
7-9-5-5	Transcription of forenames
7-9-5-6	Change in spelling of forenames
7-9-6	Change of forenames
7-9-6-1	Forenames before
7-9-6-2	Forenames after
7-9-6-3	Forenames before the change
7-9-6-4	Forenames after the change
7-9-6-5	Forenames before acquisition of nationality
7-9-6-6	Forenames after acquisition of nationality
7-9-6-7	Forenames after loss of nationality
7-9-6-8	Forenames before loss of nationality
7-9-7	Decision of change of forenames
7-9-7-1	Change of forenames by judicial decision
7-9-7-2	Change of forenames by administrative decision
7-9-7-3	Change of forenames by decision of civil status authority
7-9-7-4	Change of forenames by decision of person concerned
7-9-7-5	Change of forenames under the personal law of person concerned
7-9-7-6	Change of forenames of child dated [DD/MM/YY]: …
7-9-7-7	Change of forenames of father required for reasons of identification
7-9-7-8	Change of forenames of mother required for reasons of identification
7-9-8	Deletion of forenames
7-9-8-1	Deletion of forenames of father for reasons of identification
7-9-8-2	Deletion of forenames of mother for reasons of identification
8-	Date(s)
8-1	Day, month, year [DD/MM/YY]
8-1-1	Day
8-1-2	Month
8-1-3	Year
8-1-4	Date, signature and seal
8-1-5	Date, place, signature, seal
8-1-6	For each annotation: date, place, signature, seal
8-1-7	Date and number

8-1-8	Date and number of record
8-2	Date of birth
8-2-1	Date of father's birth
8-2-1-1	Date of birth of husband's father
8-2-1-2	Date of birth of wife's father
8-2-1-3	Date of birth of partner's father
8-2-1-4	Date of birth of adoptive father
8-2-1-5	Age of father
8-2-1-6	Age of adoptive father
8-2-2	Date of mother's birth
8-2-2-1	Mother's date of birth
8-2-2-2	Date of birth of wife's mother
8-2-2-3	Date of birth of partner's mother
8-2-2-4	Date of birth of adoptive mother
8-2-2-5	Age of mother
8-2-2-6	Age of adoptive mother
8-2-3	Child's date of birth
8-2-3-1	Date of birth of stillborn child
8-2-3-2	Date of delivery
8-2-3-3	Date of baptism
8-2-3-4	Age of child
8-2-4	Husband's date of birth
8-2-4-1	Future husband's date of birth
8-2-4-2	Age of husband
8-2-4-3	Age of future husband
8-2-4-4	Husband's date of birth or age
8-2-5	Wife's date of birth
8-2-5-1	Future wife's date of birth
8-2-5-2	Age of wife
8-2-5-3	Age of future wife
8-2-5-4	Wife's date of birth or age
8-2-6	Date of birth of partner
8-2-6-1	Date of birth of partner A / B
8-2-6-2	Date of birth of future partner(s)
8-2-6-3	Date of birth of partner of deceased
8-2-6-4	Date of birth of last partner of deceased
8-2-6-5	Date of birth of previous partner(s) of deceased
8-2-6-6	Age of partner(s)
8-2-6-7	Age of future partner(s)
8-2-7	Date of birth of deceased
8-2-7-1	Date of birth of deceased's spouse

8-2-7-2	Date of birth of missing person
8-2-7-3	Date of birth of absentee
8-2-7-4	Age of deceased
8-2-7-5	Date of birth or age of deceased
8-2-8	/
8-2-8-1	Date of birth of declarant
8-2-8-2	Date of birth of witness(es)
8-2-8-3	Date and place of birth
8-3	Date of marriage
8-3-1	Date of declaration of marriage
8-3-1-1	Date of publication of banns
8-3-1-2	Date of future marriage
8-3-2	Date of officiation of marriage
8-3-2-1	Date of officiation of religious marriage
8-3-2-2	Date of marriage contract
8-3-2-3	Date of parents' marriage
8-3-2-4	When this date is not the date of marriage
8-3-2-5	Date of marriage leading to loss of […] nationality
8-3-2-6	Date of registration of marriage
8-3-2-7	Date of registration of religious marriage
8-3-2-8	Date and place of marriage
8-3-3	Date of separation
8-3-3-1	Date of legal separation
8-3-3-2	Date of judicial separation
8-3-3-3	Date of judicial cessation of separation
8-3-3-4	Date of conversion of judicial separation into divorce
8-3-4	Date of dissolution of marriage
8-3-4-1	Date of divorce
8-3-4-2	Date of decision to dissolve marriage
8-3-4-3	Date of registration of the dissolution of marriage
8-3-4-4	Effective date of dissolution of marriage
8-3-4-5	Date of cessation of civil effects of marriage
8-3-4-6	Date of annulment of marriage
8-3-4-7	Date and place of annulment of marriage
8-3-4-8	Date of conversion of marriage to registered partnership
8-3-4-9	Date and place of dissolution of marriage
8-4	Date of conclusion of partnership
8-4-1	Date of declaration of partnership
8-4-1-1	Effective date of declaration of partnership
8-4-1-2	Effective date of declaration of partnership as regards third parties
8-4-1-3	Date of registered partnership contract

8-4-1-4	Date of declaration by partners regarding property regime of registered partnership
8-4-1-5	Date of agreement establishing property regime of partnership
8-4-1-6	Date of declaration regarding the agreement establishing property regime of partnership
8-4-1-7	Date and place of declaration regarding the agreement establishing the property regime of the partnership
8-4-2	Date of registration of partnership
8-4-3	Date of modification of property regime of partnership
8-4-3-1	Date of modification of initial agreement
8-4-3-2	Date of registration of modifications to partnership
8-4-3-3	Effective date of modification of partnership as regards third parties
8-4-4	Date of dissolution of partnership
8-4-4-1	Date of dissolution of partnership by mutual consent
8-4-4-2	Date of decision of dissolution of partnership
8-4-4-3	Date of registration of dissolution of partnership
8-4-4-4	Effective date of dissolution of partnership
8-4-4-5	Effective date of dissolution of partnership between partners
8-4-4-6	Effective date of dissolution of partnership as regards third parties
8-4-4-7	Effective date of decision of dissolution of partnership
8-4-4-8	Date of conversion of registered partnership to marriage
8-4-4-9	Date and place of dissolution of partnership
8-4-5	Date of annulment of partnership
8-4-5-1	Date and place of annulment of partnership
8-4-5-2	Date of termination of partnership
8-4-5-3	Date of termination before civil registrar
8-5	Date of death
8-5-1	Date of father's death
8-5-1-1	Date of death of husband's father
8-5-1-2	Date of death of wife's father
8-5-1-3	Date of death of partner's father
8-5-2	Date of mother's death
8-5-2-1	Date of death of husband's mother
8-5-2-2	Date of death of wife's mother
8-5-2-3	Date of death of partner's mother
8-5-3	Date of child's death
8-5-4	/
8-5-4-1	Date of husband's death
8-5-4-2	Date of wife's death
8-5-4-3	Date of partner's death
8-5-5	Date and place of death
8-5-5-1	Date of death or marriage
8-5-5-2	Date of burial

8-5-5-3	Date of discovery of corpse
8-5-5-4	Date of presumed death
8-5-5-5	Date of presumed disappearance
8-5-5-6	Effective date of decision of absence
8-6	Date of record
8-6-1	Date of civil status record
8-6-1-1	Date of registration of record
8-6-1-2	Date of registration of birth record
8-6-1-3	Date of registration of marriage record
8-6-1-4	Date of registration of partnership record
8-6-1-5	Date of registration of death record
8-6-1-6	Date of registration of record of acknowledgment
8-6-1-7	Date of registration of record of stillborn child
8-6-2	Date of registration
8-6-2-1	Date of decision of rectification of record
8-6-2-2	Date of transaction
8-6-2-3	Date of registration of annotation
8-6-2-4	Date of notarial record
8-6-2-5	Date of notification
8-6-3	Date of issue
8-6-3-1	Date of issue of record
8-6-3-2	Date of issue of full copy
8-6-3-3	Date of issue of extract of record
8-6-3-4	Date of issue of certificate
8-6-3-5	Date of issue of family record booklet
8-6-3-6	Date of issue of duplicate family record booklet
8-6-3-7	Date of issue of international family record booklet
8-6-3-8	Date of issue, signature, seal
8-6-3-9	Copy provided to person(s) concerned on …
8-6-4	Date of request
8-6-4-1	Date of acceptance of request
8-6-4-2	Date of application
8-6-5	Date of decision
8-6-5-1	Date of judicial decision
8-6-5-2	Date of civil judicial decision
8-6-5-3	Date of administrative decision
8-6-5-4	Date of decision by administrative authority
8-6-5-5	Date of ecclesiastical judicial decision
8-6-5-6	Date of enforcement order
8-6-5-7	Date of decision of judicial confirmation
8-6-5-8	Date of decree

8-6-5-9	Date of act
8-6-6	Effective date
8-6-6-1	Effective date of decision
8-6-6-2	Effective date of declaration
8-6-6-3	Effective date of dissolution
8-6-6-4	Effective date of annulment
8-6-6-5	Date of irrevocability of decision
8-6-6-6	Date of annulment of decision
8-6-6-7	Effective date of adoption
8-6-7	Date of transcription
8-6-7-1	Date of transcription of record
8-6-7-2	Date of transcription of birth record
8-6-7-3	Date of transcription of marriage record
8-6-7-4	Date of transcription of death record
8-6-7-5	Date of transcription of record of registered partnership
8-6-7-6	Date of transcription of decision
8-6-7-7	Date of transcription of judicial decision
8-6-7-8	Date of transcription of administrative decision
8-6-8	Date of declaration
8-6-8-1	Date of declaration before civil registrar
8-6-8-2	Date of declaration of birth
8-6-8-3	Date of the declaration of death
8-6-8-4	Date of judicial declaration
8-6-9	Date of registration
8-6-9-1	Date of registration of declaration
8-6-9-2	Date of registration by clerk or consular official
8-6-9-3	Date of registration of modification by clerk or diplomatic or consular official
8-6-9-4	Date of registration of judicial decision
8-6-9-5	Date of registration of administrative decision
8-6-9-6	Date of contract
8-6-9-7	Date and place of registration of record
8-6-9-8	Date and place of registration
8-7	Date and nationality
8-7-1	Date of acquisition of nationality
8-7-1-1	Date of acquisition of nationality by decree
8-7-1-2	Date of acquisition of nationality by declaration
8-7-1-3	Date of declaration of nationality
8-7-1-4	Date of acquisition of nationality by choice
8-7-1-5	Date of acquisition of nationality by recovery / reintegration
8-7-1-6	Effective date of acquisition
8-7-1-7	Date of naturalization

8-7-1-8	Date of act granting naturalization
8-7-2	Date of acquisition of […] nationality
8-7-2-1	Date of acquisition of foreign nationality
8-7-2-2	Date of acquisition of foreign nationality by spouse
8-7-2-3	Effective date of acquisition of […] nationality
8-7-2-4	Date of acquisition of […] nationality by naturalization
8-7-3	Date of authorization to retain nationality
8-7-4	Date of loss of nationality
8-7-4-1	Date of loss of nationality by decree
8-7-4-2	Date of loss of nationality by judicial decision
8-7-4-3	Date of loss of nationality by declaration
8-7-4-4	Date of renunciation of nationality
8-7-4-5	Date of deprivation of nationality
8-7-4-6	Effective date of loss of nationality
8-7-4-7	Date of change of nationality
8-7-4-8	Date of withdrawal of naturalization
8-7-4-9	Date of annulment of naturalization
8-7-5	Date of loss of […] nationality
8-7-5-1	Date of renunciation of […] nationality
8-7-5-2	Date of deprivation of […] nationality
8-7-5-3	Effective date of loss of […] nationality
8-7-5-4	Effective date of renunciation of […] nationality
8-7-5-5	Effective date of deprivation of […] nationality
8-8	Other dates
8-8-1	Date of establishment of filiation
8-8-1-1	Date of acknowledgment
8-8-1-2	Date and place of acknowledgment
8-8-1-3	Date and place of acknowledgment (in the absence of parents' marriage)
8-8-1-4	Date of adoption
8-8-1-5	Date of legitimization
8-8-1-6	Date of legitimization by marriage
8-8-1-7	Date of legitimization by judicial decision
8-8-2	Date of declaration concerning the surname
8-8-2-1	Date of change of surname
8-8-2-2	Date of change of forenames
8-8-2-3	Date of choice of surname
8-8-2-4	Date of declaration of choice of surname
8-8-2-5	Date of declaration received for first child in common
8-8-2-6	Date of declaration of change of surname
8-8-2-7	Date of declaration of change of forenames
8-8-3	Date of conclusion of guardianship mandate

8-8-3-1	Date of registration of guardianship mandate
8-8-3-2	Beginning date of guardian's duties
8-8-3-3	Date of beginning of administration of property
8-8-3-4	Expiration date of guardianship mandate
8-8-3-5	End date of guardian's duties
8-8-4	Date and place of marriage / partnership
8-8-4-1	Date and place of termination of registered partnership
8-8-4-2	Date and place of termination of previous registered partnership
8-8-4-3	Date and place of marriage contract
8-8-4-4	Date and place of registered partnership contract
8-8-4-5	Date and place of record of the date of registered partnership
8-8-4-6	Date and place of the termination before the registrar
8-8-5	Date and place of transcription
8-8-5-1	Date and place of transcription of birth record
8-8-5-2	Date and place of transcription of marriage record
8-8-5-3	Date and place of transcription of record of registered partnership
8-8-5-4	Date and place of transcription of record of death
8-8-5-5	Date and place of transcription of decision
8-8-5-6	Date and place of transcription of judicial decision
8-8-5-7	Date and place of transcription of administrative decision
8-8-6	Date and place of decision
8-8-6-1	Date and place of judicial decision
8-8-6-2	Date and place of administrative decision
8-8-6-3	Date and place of annulment of decision
8-8-7	Date and place
8-8-7-1	Date and place of affixing the annotation
8-8-7-2	Date and place of affixing of annotation by registrar
8-8-7-3	Date and place of declaration
8-8-7-4	Date and place of registration by clerk
8-8-7-5	Date and place of issue
8-8-7-6	Date and place of issue of document
8-9	Dates and other information
8-9-1	/
8-9-1-1	On … [followed by a date] …
8-9-1-2	On … [followed by a date] …, at … [followed by a place] …
8-9-1-3	Hour / Minute [hh / mm]
8-9-1-4	Hour(s)
8-9-1-5	Minute(s)
8-9-1-6	at … hour(s) … minute(s)
8-9-2	Time of birth
8-9-2-1	Time of child's birth

8-9-2-2	Time of delivery
8-9-2-3	Time of death
8-9-2-4	Time of discovery of corpse
8-9-2-5	Time of declaration
8-9-3	Hour and date
8-9-3-1	Hour and date of declaration
8-9-3-2	Hour, date and place
8-9-3-3	Hour, date and place of registration
8-9-3-4	Hour, date and place of declaration of partnership
8-9-3-5	Hour, date and place of declaration of termination
8-9-3-6	Hour, date and place of declaration concerning agreement
8-9-4	Date and hour
8-9-4-1	Date and hour of record
8-9-4-2	Date and hour of declaration
8-9-4-3	Date, hour and minute of birth
8-9-4-4	Date, hour and minute of death
8-9-4-5	Date, hour and place of birth
8-9-4-6	Date, hour and place of death
8-9-4-7	Date, hour and place of marriage
8-9-4-8	Date, hour and place of declaration
8-9-5	Age
8-9-5-1	Age of witness(es)
8-9-5-2	Age of declarant
9-	Miscellaneous
9-1	Reference(s)
9-1-1	Reference of register(s)
9-1-1-1	Reference of register of births
9-1-1-2	Reference of register of acknowledgments
9-1-1-3	Reference of register of marriages
9-1-1-4	Reference of register of registered partnerships
9-1-1-5	Reference of register of deaths
9-1-2	Reference of birth record
9-1-2-1	Reference of father's birth record
9-1-2-2	Reference of mother's birth record
9-1-2-3	Reference of parent's birth record
9-1-2-4	Reference of husband's birth record
9-1-2-5	Reference of wife's birth record
9-1-2-6	Reference of partner's birth record
9-1-2-7	Reference of stillborn child's record
9-1-2-8	Reference of record of acknowledgment
9-1-3	Reference of record of marriage

9-1-3-1	Reference of record of civil marriage
9-1-3-2	Reference of record of religious marriage
9-1-3-3	Reference of record of marriage officiated abroad
9-1-3-4	Reference of record of conversion of marriage to registered partnership
9-1-3-5	Reference of record of registered partnership
9-1-3-6	Reference of foreign record of registered partnership
9-1-3-7	Reference of rectified record of registered partnership
9-1-3-8	Reference of record of conversion of registered partnership to marriage
9-1-4	Reference of record of death
9-2	/
9-2-1	Reference of change of nationality
9-2-1-1	Reference of father's change of nationality
9-2-1-2	Reference of mother's change of nationality
9-2-1-3	Reference of husband's change of nationality
9-2-1-4	Reference of wife's change of nationality
9-2-1-5	Reference of child's change of nationality
9-2-1-6	Reference of partner's change of nationality
9-2-2	Reference of change of surname
9-2-2-1	Reference of ascendent's change of surname
9-2-2-2	Reference of change of surname of spouse / partner
9-2-2-3	Reference of husband's change of surname
9-2-2-4	Reference of wife's change of surname
9-2-2-5	Reference of change of surname of ascendents of spouse / partner
9-2-2-6	Reference of change of surname of husband's ascendents
9-2-2-7	Reference of change of surname of wife's ascendents
9-2-3	Reference of change of forenames
9-2-3-1	Reference of change of child's forenames
9-2-3-2	Reference of change of forenames of an ascendent
9-2-3-3	Reference of change of husband's forenames
9-2-3-4	Reference of change of wife's forenames
9-2-3-5	Reference of change of forenames of husband's ascendents
9-2-3-6	Reference of change of forenames of wife's ascendents
9-2-4	Other references
9-2-4-1	Reference of authentic record
9-2-4-2	Reference of legal provision
9-2-4-3	Reference of change of filiation of an ascendent
9-2-4-4	Reference of decision
9-2-4-5	Reference of judicial decision
9-2-4-6	Reference of register of guardianships
9-2-4-7	Reference of guardianship mandate
9-3	Number

9-3-1	Register number
9-3-1-1	Number of civil status register
9-3-1-2	Number of register of family(ies)
9-3-1-3	Register page number
9-3-2	Record number
9-3-2-1	Birth record number
9-3-2-2	Marriage record number
9-3-2-3	Death record number
9-3-2-4	Registered partnership record number
9-3-2-5	Record of acknowledgment number
9-3-2-6	Notarial record number
9-3-2-7	Number of record of judicial registry of place of birth
9-3-2-8	Transaction number
9-3-3	Extract number
9-3-3-1	Extract number of birth record
9-3-3-2	Extract number of marriage record
9-3-3-3	Extract number of death record
9-3-3-4	Extract number of registered partnership record
9-3-3-5	Extract number of record of acknowledgment
9-3-3-6	Multilingual extract number
9-3-4	Registration number
9-3-4-1	Registration number of father in municipal register
9-3-4-2	Registration number of mother in municipal register
9-3-4-3	Registration number of deceased in municipal register
9-3-4-4	Registration number of spouses in municipal register
9-3-4-5	Registration number in register of males
9-3-4-6	Registration number of father in register of males
9-3-4-7	Registration number of deceased in register of males
9-3-4-8	Registration number of entry
9-3-5	Identification number
9-3-5-1	Identity number
9-3-5-2	Personal identification number in the receiving State
9-3-5-3	Identity card number
9-3-5-4	Identity card number of spouses
9-3-6	Contract number
9-3-6-1	Marriage contract number
9-3-6-2	Registered partnership contract number
9-3-7	Decision number
9-3-7-1	Judicial decision number
9-3-7-2	Administrative decision number
9-3-8	Other numbers

9-3-8-1	Phone
9-3-8-2	Fax
9-3-8-3	Registration number with medical association
9-3-8-4	Serial number
9-3-8-5	File No. …
9-3-8-6	Number of act
9-3-8-7	Number of section of act
9-4	Authentication of civil status record
9-4-1	Signature
9-4-1-1	Signature of secretary
9-4-1-2	Signature of delegated official
9-4-1-3	Signature of celebrant of marriage
9-4-1-4	Signature of person authorizing marriage
9-4-1-5	Signature of witness(es)
9-4-2	Signature of parent(s)
9-4-2-1	Signature of father
9-4-2-2	Signature of mother
9-4-2-3	Signature of child
9-4-3	Signature of husband
9-4-3-1	Signature of wife
9-4-3-2	Signature of partner(s)
9-4-3-3	Signature of future husband
9-4-3-4	Signature of future wife
9-4-3-5	Signature of future partner(s)
9-4-4	Signature of registrar
9-4-4-1	Signature of registrar, spouses and witnesses
9-4-4-2	Signature of registrar and partners
9-4-4-3	Signatures, after reading:
9-4-4-4	Signatures, after reading, of registrar and spouses
9-4-4-5	Signatures, after reading, of registrar and declarant(s)
9-4-4-6	Signatures, after reading, of registrar, spouses and witnesses
9-4-4-7	Signatures, after reading, of registrar and partners
9-4-5	Signatory(ies)
9-4-5-1	Capacity
9-4-5-2	Capacity of signatory
9-4-5-3	Position
9-4-5-4	Signatory's position
9-4-5-5	Signed by:
9-4-5-6	Signature of declarant(s)
9-4-5-7	Signature and capacity of declarant(s)
9-4-5-8	Signature, capacity and address of declarant

9-4-6	Seal
9-4-6-1	Seal, surname, position, signature
9-4-6-2	Signature and seal of depositary
9-4-6-3	Stamp
9-4-7	Other signature(s)
9-4-7-1	Written signature
9-4-7-2	Electronic signature
9-4-7-3	For legalization of the signature above
9-5	Check carried out
9-5-1	Document submitted
9-5-1-1	National identity card
9-5-1-2	Passport
9-5-1-3	Driving licence
9-5-1-4	Residence permit
9-5-1-5	Visa
9-5-2	Verification of the registered event
9-5-2-1	Verification of document concerning …
9-5-2-2	Verification of the civil status booklet concerning …
9-5-2-3	Verification should be free of charge and done as soon as possible
9-5-2-4	Correct
9-5-2-5	Is the date correct?
9-5-2-6	Is the signature authentic?
9-5-3	Validity
9-5-3-1	Valid for …
9-5-3-2	Valid for 6 months
9-5-3-3	Valid from … to …
9-5-3-4	This certificate is valid for … months beginning …
9-5-3-5	To be presented within 3 months
9-5-4	Proof of registration
9-5-4-1	Proof of registration in a foreign civil registry under another surname
9-5-4-2	Proof of registration in a foreign civil registry under other forenames
9-5-4-3	Proof of registration of surname(s) habitually used
9-5-4-4	Proof of registration of forenames habitually used
9-5-5	Additional proof
9-5-5-1	Proof of parents' marriage
9-5-5-2	Absence of proof of parents' marriage
9-5-5-3	Certificate
9-5-5-4	Affidavit
9-5-5-5	Report of medical examiner
9-5-5-6	Type, number and date of document establishing proof of nationality
9-5-5-7	Type, number and date of document establishing proof of previous nationality

9-5-6	Other documents
9-5-6-1	Number of accompanying documents
9-5-6-2	Attachments, if any
9-5-6-3	According to the documents produced
9-5-6-4	Consistent with data received
9-6	Person(s) concerned
9-6-1	Author(s) of the declaration
9-6-1-1	Declarant(s) (male)
9-6-1-2	Declarant(s) (female)
9-6-1-3	Capacity of declarant
9-6-1-4	Third declarant
9-6-1-5	Person declaring the birth
9-6-1-6	Person declaring the death
9-6-2	Persons concerned
9-6-2-1	Person concerned
9-6-2-2	Person requesting
9-6-2-3	Witness(es)
9-6-2-4	Witness(es) certifying personal knowledge of person's identity
9-6-2-5	Author(s) of request
9-6-2-6	Respondent(s) (male)
9-6-2-7	Respondent(s) (female)
9-6-3	Religion
9-6-3-1	Religion of father
9-6-3-2	Religion of mother
9-6-3-3	Religion of child
9-6-3-4	Religion of deceased
9-7	Profession(s)
9-7-1	Profession of spouse(s)
9-7-1-1	Profession of husband
9-7-1-2	Profession of wife
9-7-1-3	Profession of partner(s)
9-7-1-4	Title or profession of future husband
9-7-1-5	Title or profession of future wife
9-7-1-6	Title or profession of future partner
9-7-2	Profession of father
9-7-2-1	Title or profession of future husband's father
9-7-2-2	Title or profession of future wife's father
9-7-2-3	Title or profession of future partner
9-7-3	Profession of mother
9-7-3-1	Title or profession of future husband's mother
9-7-3-2	Title or profession of future wife's mother

9-7-3-3	Title or profession of future partner's mother
9-7-4	Profession of deceased
9-7-5	Profession of declarant
9-7-6	Medical doctor
9-7-6-1	Doctor attending the delivery
9-7-6-2	Sworn doctor certifying the death
9-7-6-3	Sworn doctor or midwife certifying that the child was stillborn
9-7-6-4	Midwife or care assistant attending the delivery
9-7-6-5	Person assisting the delivery
9-8	Consent(s)
9-8-1	Consent(s) required
9-8-1-1	Consent to marriage
9-8-1-2	Consent to partnership
9-8-1-3	Consent to acknowledgment
9-8-1-4	Consent to change of surname
9-8-1-5	Consent to change of forenames
9-8-1-6	Consent of parent (s)
9-8-1-7	Consent of spouse(s)
9-8-2	Consent(s) given
9-8-2-1	Consent of father
9-8-2-2	Consent of mother
9-8-2-3	Consent of child
9-8-2-4	Consent of husband
9-8-2-5	Consent of wife
9-8-2-6	Consent of partner(s)
9-8-2-7	Consent of person concerned
9-8-3	Other person or institution
9-8-3-1	Consent of legal representative
9-8-3-2	Consent of trustee
9-8-3-3	Consent of guardian
9-8-3-4	Consent of family council
9-8-3-5	Accreditation required
9-8-3-6	Accreditation granted
9-8-4	Approval(s)
9-8-4-1	Consent of parent(s)
9-8-4-2	Father's consent
9-8-4-3	Mother's consent
9-8-4-4	Child's consent
9-8-4-5	Authorization
9-8-5	Yes
9-8-6	No

This Resolution is transmitted to the Swiss Federal Department of Foreign Affairs in its capacity as depositary of the Conventions of the International Commission on Civil Status, for the purposes of the replacement of Annex 1 (List of Conventions and Recommendations referred to in article 1, paragraph 1, of the Convention) and Annex 2 (Code numbers of entries – numerical classification) attached to the Convention signed at Brussels on 6 September 1995, with Annexes 1 and 2, above, modified by Resolution 1/2015 adopted by the General Assembly of the International Commission on Civil Status at its meeting in Strasbourg on 16 September 2015.

DONE at Strasbourg, 22 December 2015

CHANTAL NAST
Deputy Secretary-General

No. 40831. Multilateral

CONVENTION RELATING TO THE INTERNATIONAL EXCHANGE OF INFORMATION IN CIVIL STATUS MATTERS. NEUCHÂTEL, 12 SEPTEMBER 1997 [*United Nations, Treaty Series, vol. 2290, I-40831.*]

MODIFICATION OF ANNEXES 1 AND 2 OF THE CONVENTION RELATING TO THE INTERNATIONAL EXCHANGE OF INFORMATION IN CIVIL STATUS MATTERS. STRASBOURG, 16 SEPTEMBER 2015

Entry into force: 1 July 2016

Authentic text: French

Registration with the Secretariat of the United Nations: Switzerland, 19 July 2016

Nº 40831. Multilatéral

CONVENTION CONCERNANT L'ÉCHANGE INTERNATIONAL D'INFORMATIONS EN MATIÈRE D'ÉTAT CIVIL. NEUCHÂTEL, 12 SEPTEMBRE 1997 [*Nations Unies, Recueil des Traités, vol. 2290, I-40831.*]

MODIFICATION DES ANNEXES 1 ET 2 DE LA CONVENTION CONCERNANT L'ÉCHANGE INTERNATIONAL D'INFORMATIONS EN MATIÈRE D'ÉTAT CIVIL. STRASBOURG, 16 SEPTEMBRE 2015

Entrée en vigueur : 1er juillet 2016

Texte authentique : français

Enregistrement auprès du Secrétariat de l'Organisation des Nations Unies : Suisse, 19 juillet 2016

[TEXT IN FRENCH – TEXTE EN FRANÇAIS]

Résolution 2/2015

modifiant les annexes de la Convention (n°26) concernant l'échange international d'informations en matière d'état civil, signée à Neuchâtel le 12 septembre 1997,

adoptée par l'Assemblée Générale le 16 septembre 2015 à Strasbourg

L'Assemblée Générale de la Commission Internationale de l'État civil ("la CIEC"),

réunie à Strasbourg le 16 septembre 2015,
sous la Présidence de Madame Marie-Jeanne Kappweiler, Avocat Général à la Cour Supérieure de Justice et Présidente de la Section luxembourgeoise, et composée des représentants des États membres suivants: Belgique, Espagne, France, Luxembourg, Mexique, Pologne, Suisse et Turquie.

Assistalent également à cette réunion, sans voix délibérative :
Mesdames Frédérique Granet, Secrétaire Générale, et Chantal Nast, Secrétaire Générale adjointe ;

Considérant que la Convention concernant l'échange international d'informations en matière d'état civil, signée à Neuchâtel le 12 septembre 1997, comporte deux annexes, les modèles des formules 1 à 8 des extraits/avis d'acte (annexe 1) d'une part, et la liste des énonciations et leurs codes (annexe 2) d'autre part ;

Considérant que ladite Convention prévoit la modification des annexes précitées ainsi que la procédure relative à cette modification à l'article 15, paragraphes 1 et 2, et à l'article 23, paragraphe 1, lettre e), comme suit :

« Article 15

1. Le codage des énonciations contenues dans les formules figurant à l'annexe 1 et la liste des codes prévus à l'annexe 2 pourront être modifiés par une résolution votée à la majorité simple par les représentants des États membres de la Commission Internationale de l'État Civil et des États non membres parties à la Convention.
2. La résolution visée au premier alinéa sera déposée auprès du Conseil Fédéral Suisse et prendra effet, dans les rapports entre les États contractants, à compter du premier jour du septième mois suivant son dépôt.

Article 23

1. Le Conseil Fédéral Suisse notifiera aux États membres de la Commission Internationale de l'État Civil et à tout autre État ayant adhéré à la présente Convention :
   e) toute résolution prise en application de l'article 15, avec la date à laquelle elle prendra effet. »

Considérant que la modification des annexes précitées est nécessaire en raison de l'évolution du système du codage des énonciations intervenue depuis l'adoption de la Convention du 12 septembre 1997 ;

Constatant que la majorité simple des États membres, requise à l'article 15, paragraphe 1, est satisfaite et qu'aucun État tiers n'est une partie contractante,

ADOPTE la présente Résolution modifiant les annexes 1 et 2 de la Convention du 12 septembre 1997 comme suit :

Convention du 12 septembre 1997

Annexe 1

Formule n° 1 **Extrait d'acte de naissance rectifié**

Formule n° 2 **Extrait d'acte de mariage**

Formule n° 3 **Extrait d'acte de mariage rectifié**

Formule n° 4 **Avis de dissolution de mariage**

Formule n° 5 **Extrait d'acte de décès**

Formule n° 6 **Extrait d'acte de décès rectifié**

Formule n° 7 **Extrait d'acte de reconnaissance**

Formule n° 8 **Extrait d'acte de reconnaissance rectifié**

Convention du 12 septembre 1997 – Annexe 1 / Formule n° 1 : recto

ÉTAT 2-1 : **SERVICE DE L'ÉTAT CIVIL DE** 1-1-1 :

EXTRAIT D'ACTE DE NAISSANCE RECTIFIÉ 1-3-1-7

N° de l'acte 9-3-2 :

Date de naissance de l'enfant 8-2-3 : *Jo* 8-1-1 |__|__| *Mo* 8-1-2 |__|__| *An* 8-1-3 |__|__|__|__|	**Lieu de naissance de l'enfant** 2-2-3 :
Nom de l'enfant 7-2 :	**Prénoms de l'enfant** 7-9-3 :
☐ **Sexe masculin** 1-8-2-1	☐ **Sexe féminin** 1-8-2-2
Numéro du registre de(s) famille(s) 9-3-1-2 :	**Lieu du dépôt du registre de(s) famille(s)** 2-6-2-1 :

Nom du père 7-1-1 :	**Nom de la mère** 7-1-2 :
Prénoms du père 7-9-1 :	**Prénoms de la mère** 7-9-2 :

Autres énonciations de l'acte 1-4-4-1 :

Extrait délivré à la suite d'une rectification de l'acte 1-8-9-2 :

- ☐ Décision de rectification de l'officier de l'état civil 1-9-4-2
- ☐ Décision de rectification du Ministère public 1-9-4-6
- ☐ Décision de rectification du tribunal 1-9-4-4
- ☐ Décision de rectification de la Cour d'appel 1-9-4-5
- ☐ Décision de rectification d'une autre autorité 1-9-4-7

Date de la décision de rectification de l'acte 8-6-2-1 : *Jo* 8-1-1 |__|__| *Mo* 8-1-2 |__|__| *An* 8-1-3 |__|__|__|__|

Date de délivrance 8-6-3 : *Jo* 8-1-1 |__|__| *Mo* 8-1-2 |__|__| *An* 8-1-3 |__|__|__|__|	**Nom du signataire** 7-7-1-2	**Signature** 9-4-1	**Sceau** 9-4-6

Convention du 12 septembre 1997 – Annexe 1 / Formule n° 2 : recto

ÉTAT 2-1 : **SERVICE DE L'ÉTAT CIVIL DE** 1-1-1 :

EXTRAIT D'ACTE DE MARIAGE 1-3-2-4

N° de l'acte 9-3-2 :

Lieu du mariage 2-3 :	**Date du mariage** 8-3 : *Jo* *8-1-1* |__|__| *Mo* *8-1-2* |__|__| *An* *8-1-3* |__|__|__|__|

Époux 4-1-1	**Épouse** 4-1-1-3
Nom de l'époux avant le mariage 7-3-1-1 :	**Nom de l'épouse avant le mariage** 7-3-2-1 :
Prénoms de l'époux 7-9-4-7 :	**Prénoms de l'épouse** 7-9-4-8 :
Date de naissance de l'époux 8-2-4 : *Jo* *8-1-1* |__|__| *Mo* *8-1-2* |__|__| *An* *8-1-3* |__|__|__|__|	**Date de naissance de l'épouse** 8-2-5 : *Jo* *8-1-1* |__|__| *Mo* *8-1-2* |__|__| *An* *8-1-3* |__|__|__|__|
Lieu de naissance de l'époux 2-2-4 :	**Lieu de naissance de l'épouse** 2-2-4-2 :
Nom de l'époux après le mariage 7-3-1-3 :	**Nom de l'épouse après le mariage** 7-3-2-4 :
Numéro du registre de(s) famille(s) 9-3-1-2 :	**Numéro du registre de(s) famille(s)** 9-3-1-2 :
Lieu du dépôt du registre de(s) famille(s) 2-6-2-1 :	**Lieu du dépôt du registre de(s) famille(s)** 2-6-2-1 :

Autres énonciations de l'acte 1-4-4-1 :

Date de délivrance 8-6-3 : *Jo* *8-1-1* |__|__| *Mo* *8-1-2* |__|__| *An* *8-1-3* |__|__|__|__|	**Nom du signataire** 7-7-1-2 **Signature** 9-4-1 **Sceau** 9-4-6

Convention CIEC du 12 septembre 1997 – Annexe 1 / Formule n° 3 : recto

ÉTAT 2-1 : **SERVICE DE L'ÉTAT CIVIL DE** 1-1-1 :

EXTRAIT D'ACTE DE MARIAGE RECTIFIÉ 1-3-2-5

N° de l'acte 9-3-2 :

Lieu du mariage 2-3 :	**Date du mariage** 8-3 : *Jo* 8-1-1 |_|_| *Mo* 8-1-2 |_|_| *An* 8-1-3 |_|_|_|_|

Époux 4-1-1	**Épouse** 4-1-1-3
Nom de l'époux avant le mariage 7-3-1-1 :	**Nom de l'épouse avant le mariage** 7-3-2-1 :
Prénoms de l'époux 7-9-4-7 :	**Prénoms de l'épouse** 7-9-4-8 :
Date de naissance de l'époux : 8-2-4 *Jo* 8-1-1 |_|_| *Mo* 8-1-2 |_|_| *An* 8-1-3 |_|_|_|_|	**Date de naissance de l'épouse :** 8-2-5 *Jo* 8-1-1 |_|_| *Mo* 8-1-2 |_|_| *An* 8-1-3 |_|_|_|_|
Lieu de naissance de l'époux 2-2-4 :	**Lieu de naissance de l'épouse** 2-2-4-2 :
Nom de l'époux après le mariage 7-3-1-3 :	**Nom de l'épouse après le mariage** 7-3-2-4 :
Numéro du registre de(s) famille(s) 9-3-1-2 :	**Numéro du registre de(s) famille(s)** 9-3-1-2 :
Lieu du dépôt du registre de(s) famille(s) 2-6-2-1 :	**Lieu du dépôt du registre de(s) famille(s)** 2-6-2-1 :

Autres énonciations de l'acte 1-4-4-1 :

Extrait délivré à la suite d'une rectification de l'acte 1-3-9-2 :

- ☐ Décision de rectification de l'officier de l'état civil 1-9-4-2
- ☐ Décision de rectification du Ministère public 1-9-4-6
- ☐ Décision de rectification du tribunal 1-9-4-4
- ☐ Décision de rectification de la Cour d'appel 1-9-4-5
- ☐ Décision de rectification d'une autre autorité 1-9-4-7

Date de la décision de rectification de l'acte 8-6-2-1 : *Jo* 8-1-1 |_|_| *Mo* 8-1-2 |_|_| *An* 8-1-3 |_|_|_|_|

Date de délivrance 8-6-3 : *Jo* 8-1-1 |_|_| *Mo* 8-1-2 |_|_| *An* 8-1-3 |_|_|_|_|	**Nom du signataire** 7-7-1-2	**Signature** 9-4-1	**Sceau** 9-4-6

Convention du 12 septembre 1997 – Annexe 1 / Formule n° 4 : recto

ÉTAT 2-1 : **SERVICE DE L'ÉTAT CIVIL DE** 1-1-1 :

AVIS DE DISSOLUTION DE MARIAGE 1-7-2-1

N° de l'acte 9-3-2 :

Date du mariage 8-3 : *Jo* *8-1-1* |__|__| *Mo* *8-1-2* |__|__| *An* *8-1-3* |__|__|__|__|	**Lieu du mariage** 2-3 :

Époux 4-1-1	**Épouse** 4-1-1-3
Nom de l'époux avant le mariage 7-3-1-1 :	**Nom de l'épouse avant le mariage** 7-3-2-1 :
Prénoms de l'époux 7-9-4-7 :	**Prénoms de l'épouse** 7-9-4-8 :
Date de naissance de l'époux 8-2-4 : *Jo* *8-1-1* |__|__| *Mo* *8-1-2* |__|__| *An* *8-1-3* |__|__|__|__|	**Date de naissance de l'épouse** 8-2-5 : *Jo* *8-1-1* |__|__| *Mo* *8-1-2* |__|__| *An* *8-1-3* |__|__|__|__|
Lieu de naissance de l'époux 2-2-4 :	**Lieu de naissance de l'épouse** 2-2-4-2 :
Nom de l'époux après le mariage 7-3-1-3 :	**Nom de l'épouse après le mariage** 7-3-2-4 :
Nom de l'époux après la dissolution du mariage 7-3-6-2 :	**Nom de l'épouse après la dissolution du mariage** 7-3-6-3 :
Numéro du registre de(s) famille(s) 9-3-1-2 :	**Numéro du registre de(s) famille(s)** 9-3-1-2 :
Lieu du dépôt du registre de(s) famille(s) 2-6-2-1 :	**Lieu du dépôt du registre de(s) famille(s)** 2-6-2-1 :

Dissolution du mariage 4-7-1 :

☐ **Divorce** 4-7-2 ☐ **Inexistence du mariage** 4-7-7 ☐ **Annulation du mariage** 4-7-6

Autorité ayant pris la décision de dissolution du mariage 1-1-2-1 :

	Tribunal de 1-1-4-1	**Cour d'appel de** 1-1-4-2
☐ **Juridiction civile** 1-1-4-3		
☐ **Juridiction religieuse** 1-1-4-6 :		
☐ **Autre autorité** 1-1-5 :		

Date de la décision de dissolution du mariage 8-3-4-2 : *Jo* *8-1-1* |__|__| *Mo* *8-1-2* |__|__| *An* *8-1-3* |__|__|__|__|	**Date de la dissolution du mariage** 8-3-4 : *Jo* *8-1-1* |__|__| *Mo* *8-1-2* |__|__| *An* *8-1-3* |__|__|__|__|

Date de délivrance 8-6-3 : *Jo* *8-1-1* |__|__| *Mo* *8-1-2* |__|__| *An* *8-1-3* |__|__|__|__|	**Nom du signataire** 7-7-1-2	**Signature** 9-4-1	**Sceau** 9-4-6

Convention du 12 septembre 1997 – Annexe 1 / Formule n° 5 : recto

ÉTAT 2-1 : **SERVICE DE L'ÉTAT CIVIL DE** 1-1-1 :

<table>
<tr><td>

EXTRAIT D'ACTE DE DÉCÈS 1-3-3-5

N° de l'acte 9-3-2 :

</td></tr>
</table>

<table>
<tr><td>Date du décès 8-5 :
Jo 8-1-1 |__|__| Mo 8-1-2 |__|__| An 8-1-3 |__|__|__|__|</td><td>Lieu du décès 2-4 :</td></tr>
</table>

<table>
<tr><td>Nom du défunt 7-5 :</td><td>Prénoms du défunt 7-9-5-1 :</td></tr>
<tr><td>Date de naissance du défunt 8-2-7 :
Jo 8-1-1 |__|__| Mo 8-1-2 |__|__| An 8-1-3 |__|__|__|__|</td><td>Lieu de naissance du défunt 2-2-5 :</td></tr>
<tr><td>☐ Sexe masculin 1-8-2-1</td><td>☐ Sexe féminin 1-8-2-2</td></tr>
<tr><td>Numéro du registre de(s) famille(s) 9-3-1-2 :</td><td>Lieu du dépôt du registre de(s) famille(s) 2-6-2-1 :</td></tr>
</table>

<table>
<tr><td>Nom du dernier conjoint du défunt 7-3-3-1 :</td><td>Prénoms du dernier conjoint du défunt 7-9-4-6 :</td></tr>
<tr><td>Nom du père du défunt 7-1-1-4 :</td><td>Prénoms du père du défunt 7-9-1-4 :</td></tr>
<tr><td>Nom de la mère du défunt 7-1-2-5 :</td><td>Prénoms de la mère du défunt 7-9-2-4 :</td></tr>
</table>

<table>
<tr><td>Date de délivrance 8-6-3 :
Jo 8-1-1 |__|__| Mo 8-1-2 |__|__| An 8-1-3 |__|__|__|__|</td><td>Nom du signataire 7-7-1-2   Signature 9-4-1   Sceau 9-4-6</td></tr>
</table>

Convention du 12 septembre 1997 – Annexe 1 / Formule n° 6 : recto

ÉTAT 2-1 : **SERVICE DE L'ÉTAT CIVIL DE** 1-1-1 :

EXTRAIT D'ACTE DE DÉCÈS RECTIFIÉ 1-3-3-6

N° de l'acte 9-3-2 :

Date du décès 8-5 : *Jo* *8-1-1* |__|__| *Mo* *8-1-2* |__|__| *An* *8-1-3* |__|__|__|__|	**Lieu du décès** 2-4 :

Nom du défunt 7-5 :	**Prénoms du défunt** 7-9-5-1 :
Date de naissance du défunt 8-2-7 : *Jo* *8-1-1* |__|__| *Mo* *8-1-2* |__|__| *An* *8-1-3* |__|__|__|__|	**Lieu de naissance du défunt** 2-2-5 :
☐ **Sexe masculin** 1-8-2-1	☐ **Sexe féminin** 1-8-2-2
Numéro du registre de(s) famille(s) 9-3-1-2 :	**Lieu du dépôt du registre de(s) famille(s)** 2-6-2-1 :

Nom du dernier conjoint du défunt 7-3-3-1 :	**Prénoms du dernier conjoint du défunt** 7-9-4-6 :
Nom du père du défunt 7-1-1-4 :	**Prénoms du père du défunt** 7-9-1-4 :
Nom de la mère du défunt 7-1-2-5 :	**Prénoms de la mère du défunt** 7-9-2-4 :

Extrait délivré à la suite d'une rectification de l'acte 1-3-9-2 :

☐ Décision de rectification de l'officier de l'état civil 1-9-4-2
☐ Décision de rectification du Ministère public 1-9-4-6
☐ Décision de rectification du tribunal 1-9-4-4
☐ Décision de rectification de la Cour d'appel 1-9-4-5
☐ Décision de rectification d'une autre autorité 1-9-4-7

Date de la décision de rectification de l'acte 8-6-2-1 : *Jo* *8-1-1* \|__\|__\| *Mo* *8-1-2* \|__\|__\| *An* *8-1-3* \|__\|__\|__\|__\|

Date de délivrance 8-6-3 : *Jo* *8-1-1* |__|__| *Mo* *8-1-2* |__|__| *An* *8-1-3* |__|__|__|__|	**Nom du signataire** 7-7-1-2	**Signature** 9-4-1	**Sceau** 9-4-6

Convention du 12 septembre 1997 – Annexe 1 / Formule n° 7 : recto

ÉTAT 2-1 : **SERVICE DE L'ÉTAT CIVIL DE** 1-1-1 :

EXTRAIT D'ACTE DE RECONNAISSANCE 1-3-4-7

N° de l'acte 9-3-2 :

Date de la reconnaissance 8-8-1-1 : *Jo* 8-1-1 |__|__| *Mo* 8-1-2 |__|__| *An* 8-1-3 |__|__|__|__|	**Lieu de la reconnaissance** 2-9-1 :

Nom de l'enfant 7-2 :	**Prénoms de l'enfant** 7-9-3 :
Date de naissance de l'enfant 8-2-3 : *Jo* 8-1-1 |__|__| *Mo* 8-1-2 |__|__| *An* 8-1-3 |__|__|__|__|	**Lieu de naissance de l'enfant** 2-2-3 :
Numéro du registre de(s) famille(s) 9-3-1-2 :	**Lieu du dépôt du registre de(s) famille(s)** 2-6-2-1 :

Auteur(s) de la reconnaissance 3-6-2 : ☐ **Père** 3-4-1 ☐ **Mère** 3-4-2	
Nom 7 :	**Prénoms** 7-9 :
Date de naissance 8-2 : *Jo* 8-1-1 |__|__| *Mo* 8-1-2 |__|__| *An* 8-1-3 |__|__|__|__|	**Lieu de naissance** 2-2 :

Autres énonciations de l'acte 1-4-4-1 :

Date de délivrance 8-6-3 : *Jo* 8-1-1 |__|__| *Mo* 8-1-2 |__|__| *An* 8-1-3 |__|__|__|__|	**Nom du signataire** 7-7-1-2	**Signature** 9-4-1	**Sceau** 9-4-6

Convention du 12 septembre 1997 – Annexe 1 / Formule n° 8 : recto

ÉTAT 2-1 :

SERVICE DE L'ÉTAT CIVIL DE 1-1-1 :

EXTRAIT D'ACTE DE RECONNAISSANCE RECTIFIÉ 1-3-4-8

N° de l'acte 9-3-2 :

Date de la reconnaissance 8-8-1-1 : *Jo* 8-1-1 |__|__| *Mo* 8-1-2 |__|__| *An* 8-1-3 |__|__|__|__|	**Lieu de la reconnaissance** 2-9-1 :
Nom de l'enfant 7-2 :	**Prénoms de l'enfant** 7-9-3 :
Date de naissance de l'enfant 8-2-3 : *Jo* 8-1-1 |__|__| *Mo* 8-1-2 |__|__| *An* 8-1-3 |__|__|__|__|	**Lieu de naissance de l'enfant** 2-2-3 :
Numéro du registre de(s) famille(s) 9-3-1-2 :	**Lieu du dépôt du registre de(s) famille(s)** 2-6-2-1 :

Auteur(s) de la reconnaissance 3-6-2 : ☐ **Père** 3-4-1 ☐ **Mère** 3-4-2

Nom 7 :	**Prénoms** 7-9 :
Date de naissance 8-2 : *Jo* 8-1-1 |__|__| *Mo* 8-1-2 |__|__| *An* 8-1-3 |__|__|__|__|	**Lieu de naissance** 2-2 :

Autres énonciations de l'acte 1-4-4-1 :

Extrait délivré à la suite d'une rectification de l'acte 1-3-9-2 :

- ☐ Décision de rectification de l'officier de l'état civil 1-9-4-2
- ☐ Décision de rectification du Ministère public 1-9-4-6
- ☐ Décision de rectification du tribunal 1-9-4-4
- ☐ Décision de rectification de la Cour d'appel 1-9-4-5
- ☐ Décision de rectification d'une autre autorité 1-9-4-7

Date de la décision de rectification de l'acte 8-6-2-1 : *Jo* 8-1-1 |__|__| *Mo* 8-1-2 |__|__| *An* 8-1-3 |__|__|__|__|

Date de délivrance 8-6-3 : *Jo* 8-1-1 |__|__| *Mo* 8-1-2 |__|__| *An* 8-1-3 |__|__|__|__|	**Nom du signataire** 7-7-1-2	**Signature** 9-4-1	**Sceau** 9-4-6

Convention du 12 septembre 1997

Annexe 2 : Liste des énonciations et leurs codes

1-1-1	Service de l'état civil de
1-1-2-1	Autorité ayant pris la décision de dissolution du mariage
1-1-4-1	Tribunal de
1-1-4-2	Cour d'appel de
1-1-4-3	Juridiction civile
1-1-4-6	Juridiction religieuse
1-1-5	Autre autorité
1-3-1-7	Extrait d'acte de naissance rectifié
1-3-2-4	Extrait d'acte de mariage
1-3-2-5	Extrait d'acte de mariage rectifié
1-3-3-5	Extrait d'acte de décès
1-3-3-6	Extrait d'acte de décès rectifié
1-3-4-7	Extrait d'acte de reconnaissance
1-3-4-8	Extrait d'acte de reconnaissance rectifié
1-3-9-2	Extrait délivré à la suite d'une rectification de l'acte
1-4-4-1	Autres énonciations de l'acte
1-7-2-1	Avis de dissolution de mariage
1-8-2-1	Sexe masculin
1-8-2-2	Sexe féminin
1-9-4-2	Décision de rectification de l'officier de l'état civil
1-9-4-4	Décision de rectification du tribunal
1-9-4-5	Décision de rectification de la Cour d'appel
1-9-4-6	Décision de rectification du Ministère public
1-9-4-7	Décision de rectification d'une autre autorité
2-1	État
2-2	Lieu de naissance
2-2-3	Lieu de naissance de l'enfant
2-2-4	Lieu de naissance de l'époux
2-2-4-2	Lieu de naissance de l'épouse
2-2-5	Lieu de naissance du défunt
2-3	Lieu du mariage
2-4	Lieu du décès
2-6-2-1	Lieu du dépôt du registre de(s) famille(s)
2-9-1	Lieu de la reconnaissance
3-4-1	Père
3-4-2	Mère
3-6-2	Auteur(s) de la reconnaissance
4-1-1	Époux
4-1-1-3	Épouse
4-7-1	Dissolution du mariage
4-7-2	Divorce
4-7-6	Annulation du mariage

4-7-7	Inexistence du mariage
7-	Nom
7-1-1	Nom du père
7-1-1-4	Nom du père du défunt
7-1-2	Nom de la mère
7-1-2-5	Nom de la mère du défunt
7-2	Nom de l'enfant
7-3-1-1	Nom de l'époux avant le mariage
7-3-1-3	Nom de l'époux après le mariage
7-3-2-1	Nom de l'épouse avant le mariage
7-3-2-4	Nom de l'épouse après le mariage
7-3-3-1	Nom du dernier conjoint du défunt
7-3-6-2	Nom de l'époux après la dissolution du mariage
7-3-6-3	Nom de l'épouse après la dissolution du mariage
7-5	Nom du défunt
7-7-1-2	Nom du signataire
7-9	Prénoms
7-9-1	Prénoms du père
7-9-1-4	Prénoms du père du défunt
7-9-2	Prénoms de la mère
7-9-2-4	Prénoms de la mère du défunt
7-9-3	Prénoms de l'enfant
7-9-4-6	Prénoms du dernier conjoint du défunt
7-9-4-7	Prénoms de l'époux
7-9-4-8	Prénoms de l'épouse
7-9-5-1	Prénoms du défunt
8-1-1	Jour
8-1-2	Mois
8-1-3	Année
8-2	Date de naissance
8-2-3	Date de naissance de l'enfant
8-2-4	Date de naissance de l'époux
8-2-5	Date de naissance de l'épouse
8-2-7	Date de naissance du défunt
8-3	Date du mariage
8-3-4	Date de la dissolution du mariage
8-3-4-2	Date de la décision de dissolution du mariage
8-5	Date du décès
8-6-2-1	Date de la décision de rectification de l'acte
8-6-3	Date de délivrance
8-8-1-1	Date de la reconnaissance
9-3-1-2	Numéro du registre de(s) famille(s)
9-3-2	Numéro de l'acte
9-4-1	Signature
9-4-6	Sceau

La présente Résolution est transmise au Département fédéral suisse des Affaires étrangères en sa qualité de dépositaire des Conventions de la Commission Internationale de l'État Civil, aux fins de remplacement de l'annexe 1 (recto des formules 1 à 8) et de l'annexe 2 (liste des énonciations et leurs codes), jointes à la Convention signée à Neuchâtel le 12 septembre 1997, par les annexes 1 et 2, ci-dessus, modifiées par la Résolution 2/2015 adoptée par l'Assemblée Générale de la Commission Internationale de l'État Civil réunie à Strasbourg le 16 septembre 2015.

Fait à Strasbourg, le 2 décembre 2015

Chantal NAST
Secrétaire Générale adjointe

[TRANSLATION – TRADUCTION]

RESOLUTION 2/2015 MODIFYING THE ANNEXES TO CONVENTION (NO. 26) ON THE INTERNATIONAL EXCHANGE OF INFORMATION RELATING TO CIVIL STATUS, SIGNED AT NEUCHÂTEL ON 12 SEPTEMBER 1997

ADOPTED BY THE GENERAL ASSEMBLY ON 16 SEPTEMBER 2015 AT STRASBOURG

The General Assembly of the International Commission on Civil Status ("the ICCS"),

At a meeting at Strasbourg on 16 September 2015,

Chaired by Marie-Jeanne Kappweller, Advocate General in the Higher Court of Justice and President of the Luxembourg Section, and composed of representatives of the following member States: Belgium, France, Luxembourg, Mexico, Poland, Spain, Switzerland and Turkey,

Also attending the meeting, without voting rights:

Frédérique Granet, Secretary-General, and Chantal Nast, Deputy Secretary-General,

Considering that the Convention on the international exchange of information relating to civil status, signed at Neuchâtel on 12 September 1997, includes two Annexes, as well as model forms 1 to 8 for extracts/notices of record (Annex 1), on the one hand, and the list of entries and their code numbers (Annex 2) on the other hand,

Considering that this Convention provides for the modification of the aforementioned Annexes as well as the procedure relating to this modification in article 15, paragraphs 1 and 2, and in article 23, paragraph 1 (e), as follows:

"Article 15

1. The coding of the entries contained in the forms in Annex 1 and the list of code numbers in Annex 2 may be modified by a resolution adopted by a simple majority of the representatives of the member States of the International Commission on Civil Status and the non-member States that are parties to the Convention.

2. Any such resolution shall be deposited with the Swiss Federal Council and shall take effect, in relations between the Contracting States, on the first day of the seventh month following such deposit.

Article 23

1. The Swiss Federal Council shall notify the member States of the International Commission on Civil Status and any other State which has acceded to this Convention of:

(e) Any resolution adopted in pursuance of article 15, together with the date on which it will take effect;".

Considering that the modification of the aforementioned Annexes is necessitated by changes in the entry coding system that have occurred since the adoption of the Convention of 12 September 1997,

Noting that the requirement of a simple majority of member States, specified in article 15, paragraph 1, is met and that no third State is a Contracting Party,

Adopts this Resolution modifying Annexes 1 and 2 of the Convention of 12 September 1997 as follows:

CONVENTION OF 12 SEPTEMBER 1997

ANNEX 1

Form No. 1	Extract from rectified record of birth
Form No. 2	Extract from record of marriage
Form No. 3	Extract from rectified record of marriage
Form No. 4	Notice of dissolution of marriage
Form No. 5	Extract from record of death
Form No. 6	Extract from rectified record of death
Form No. 7	Extract from record of acknowledgement
Form No. 8	Extract from rectified record of acknowledgement

CONVENTION OF 12 SEPTEMBER 1997 – ANNEX 1 / FORM N^{O}. 1: FRONT

STATE 2-1: STATE CIVIL REGISTRY SERVICE OF 1-1-1:

<table>
<tr><td colspan="2">EXTRACT FROM RECTIFIED RECORD OF BIRTH 1-3-1-7
NO. OF RECORD 9-3-2:</td></tr>
<tr><td>Date of birth of child 8-2-3:
Day Mo. Yr.
8-1-1 8-1-2 8-1-3</td><td>Place of birth of child 2-2-3:</td></tr>
<tr><td>Family name of child 7-2:</td><td>Given names of child 7-9-3:</td></tr>
<tr><td>□ Male 1-8-2-1</td><td>□ Female 1-8-2-2</td></tr>
<tr><td>Number of family register 9-3-1-2:</td><td>Place where family register is kept 2-6-2-1:</td></tr>
<tr><td>Family name of father 7-1-1:</td><td>Family name of mother 7-1-2:</td></tr>
<tr><td>Given names of father 7-9-1:</td><td>Given names of mother 7-9-2:</td></tr>
<tr><td colspan="2">Other entries in the record 1-4-4-1:</td></tr>
<tr><td colspan="2">Extract issued following rectification of the record 1-3-9-2:
□ Rectification decision by civil registrar 1-9-4-2
□ Rectification decision by government procurator's office 1-9-4-6
□ Rectification decision by a court 1-9-4-4
□ Rectification decision by the Court of Appeal 1-9-4-5
□ Rectification decision by another authority 1-9-4-7</td></tr>
<tr><td colspan="2">Date of rectification decision 8-6-2-1:
Day Mo. Yr.
8-1-1 8-1-2 8-1-3</td></tr>
<tr><td>Date issued 8-6-3:
Day Mo. Yr.
8-1-1 8-1-2 8-1-3</td><td>Name of Signer 7-7-1-2 Signature 9-4-1: Seal 9-4-6:</td></tr>
</table>

CONVENTION OF 12 SEPTEMBER 1997 – ANNEX 1 / FORM N°. 2: FRONT

STATE 2-1: STATE CIVIL REGISTRY SERVICE OF 1-1-1:

EXTRACT FROM RECTIFIED RECORD OF BIRTH 1-3-2-4 NO. OF RECORD 9-3-2:	
Place of marriage 2-3:	Date of marriage 8-3: Day Mo. Yr. 8-1-1 8-1-2 8-1-3
Husband 4-1-1:	Wife 4-1-1-3:
Family name of husband before marriage 7-3-1-1:	Family name of wife before marriage 7-3-2-1:
Given names of husband 7-9-4-7:	Given names of wife 7-9-4-8:
Date of birth of husband 8-2-4: Day Mo. Yr. 8-1-1 8-1-2 8-1-3	Date of birth of wife 8-2-5: Day Mo. Yr. 8-1-1 8-1-2 8-1-3
Place of birth of husband 2-2-4:	Place of birth of wife 2-2-4-2:
Family name of husband after marriage 7-3-1-3:	Family name of wife after marriage 7-3-2-4:
Number of family register 9-3-1-2:	Number of family register 9-3-1-2:
Place where family register is kept 2-6-2-1:	Place where family register is kept 2-6-2-1:
Other entries in the record 1-4-4-1:	
Date issued 8-6-3: Day Mo. Yr. 8-1-1 8-1-2 8-1-3	Name of Signer 7-7-1-2 Signature 9-4-1: Seal 9-4-6:

ICCS CONVENTION OF 12 SEPTEMBER 1997 – ANNEX 1 / FORM N°. 3: FRONT

STATE 2-1: STATE CIVIL REGISTRY SERVICE OF 1-1-1:

<table>
<tr><td colspan="2">EXTRACT FROM RECTIFIED RECORD OF MARRIAGE 1-3-2-5

NO. OF RECORD 9-3-2:</td></tr>
<tr><td>Place of marriage 2-3:</td><td>Date of marriage 8-3:
Day Mo. Yr.
8-1-1 8-1-2 8-1-3</td></tr>
<tr><td>Husband 4-1-1</td><td>Wife 4-1-1-3</td></tr>
<tr><td>Family name of husband before marriage 7-3-1-1:</td><td>Family name of wife before marriage 7-3-2-1:</td></tr>
<tr><td>Given names of husband 7-9-4-7:</td><td>Given names of wife 7-9-4-8:</td></tr>
<tr><td>Date of birth of husband 8-2-4:
Day Mo. Yr.
8-1-1 8-1-2 8-1-3</td><td>Date of birth of wife 8-2-5:
Day Mo. Yr.
8-1-1 8-1-2 8-1-3</td></tr>
<tr><td>Place of birth of husband 2-2-4:</td><td>Place of birth of wife 2-2-4-2:</td></tr>
<tr><td>Family name of husband after marriage 7-3-1-3:</td><td>Family name of wife after marriage 7-3-2-4:</td></tr>
<tr><td>Number of family register 9-3-1-2:</td><td>Number of family register 9-3-1-2:</td></tr>
<tr><td>Place where family register is kept 2-6-2-1:</td><td>Place where family register is kept 2-6-2-1:</td></tr>
<tr><td colspan="2">Other entries in the record 1-4-4-1:</td></tr>
<tr><td colspan="2">Extract issued following rectification of the record 1-3-9-2:
□ Rectification decision by civil registrar 1-9-4-2
□ Rectification decision by government procurator's office 1-9-4-6
□ Rectification decision by a court 1-9-4-4
□ Rectification decision by the Court of Appeal 1-9-4-5
□ Rectification decision by another authority 1-9-4-7</td></tr>
<tr><td colspan="2">Date of rectification decision 8-6-2-1:
Day Mo. Yr.
8-1-1 8-1-2 8-1-3</td></tr>
<tr><td>Date issued 8-6-3:
Day Mo. Yr.
8-1-1 8-1-2 8-1-3</td><td>Name of Signer 7-7-1-2 Signature 9-4-1: Seal 9-4-6:</td></tr>
</table>

CONVENTION OF 12 SEPTEMBER 1997 – ANNEX 1 / FORM N^O^. 4: FRONT

STATE 2-1: STATE CIVIL REGISTRY SERVICE OF 1-1-1:

<table>
<tr><td colspan="2">NOTICE OF DISSOLUTION OF MARRIAGE 1-7-2-1
NO. OF RECORD 9-3-2:</td></tr>
<tr><td>Date of marriage 8-3:
Day Mo. Yr.
8-1-1 8-1-2 8-1-3</td><td>Place of marriage 2-3:</td></tr>
<tr><td>Husband 4-1-1</td><td>Wife 4-1-1-3:</td></tr>
<tr><td>Family name of husband before marriage 7-3-1-1:</td><td>Family name of wife before marriage 7-3-2-1:</td></tr>
<tr><td>Given names of husband 7-9-4-7:</td><td>Given names of wife 7-9-4-8:</td></tr>
<tr><td>Date of birth of husband 8-2-4
Day Mo. Yr.
8-1-1 8-1-2 8-1-3</td><td>Date of birth of wife 8-2-5:
Day Mo. Yr.
8-1-1 8-1-2 8-1-3</td></tr>
<tr><td>Place of birth of husband 2-2-4:</td><td>Place of birth of wife 2-2-4-2:</td></tr>
<tr><td>Family name of husband after marriage 7-3-1-3:</td><td>Family name of wife after marriage 7-3-2-4:</td></tr>
<tr><td>Family name of husband after dissolution of marriage 7-3-6-2:</td><td>Family name of wife after dissolution of marriage 7-3-6-3:</td></tr>
<tr><td>Number of family register 9-3-1-2:</td><td>Number of family register 9-3-1-2:</td></tr>
<tr><td>Place where family register is kept 2-6-2-1:</td><td>Place where family register is kept 2-6-2-1:</td></tr>
<tr><td colspan="2">Dissolution of marriage 4-7-1:
□ Divorce □ Marriage declared non-existent □ Marriage annulled</td></tr>
<tr><td colspan="2">Authority having taken the decision to dissolve the marriage 1-1-2-1:</td></tr>
</table>

	Court of 1-1-4-1	Court of Appeal of 1-1-4-2
□ Civil jurisdiction 1-1-4-3:		
□ Religious jurisdiction 1-1-4-6:		
□ Other authority 1-1-5:		

<table>
<tr><td>Date of decision to dissolve marriage 8-3-4-2:
Day Mo. Yr.
8-1-1 8-1-2 8-1-3</td><td>Date of dissolution of marriage 8-3-4
Day Mo. Yr.
8-1-1 8-1-2 8-1-3</td></tr>
<tr><td>Date issued 8-6-3:
Day Mo. Yr.
8-1-1 8-1-2 8-1-3</td><td>Name of Signer 7-7-1-2 Signature 9-4-1 Seal 9-4-6</td></tr>
</table>

CONVENTION OF 12 SEPTEMBER 1997 – ANNEX 1 / FORM N^O^. 5: FRONT

STATE 2-1: STATE CIVIL REGISTRY SERVICE OF 1-1-1:

<table>
<tr><td colspan="2">EXTRACT FROM RECORD OF DEATH 1-3-3-5

NO. OF RECORD 9-3-2:</td></tr>
<tr><td>Date of death 8-5:
Day Mo. Yr.
8-1-1 8-1-2 8-1-3</td><td>Place of death 2-4:</td></tr>
<tr><td>Family name of deceased 7-5:</td><td>Given names of deceased 7-9-5-1:</td></tr>
<tr><td>Date of birth of deceased 8-2-7:
Day Mo. Yr.
8-1-1 8-1-2 8-1-3</td><td>Place of birth of deceased 2-2-5:</td></tr>
<tr><td>□ Male 1-8-2-1</td><td>□ Female 1-8-2-2</td></tr>
<tr><td>Number of family register 9-3-1-2:</td><td>Place where family register is kept 2-6-2-1:</td></tr>
<tr><td>Family name of last spouse of deceased 7-3-3-1:</td><td>Given names of last spouse of deceased 7-9-4-6:</td></tr>
<tr><td>Family name of father of deceased 7-1-1-4:</td><td>Given names of father of deceased 7-9-1-4:</td></tr>
<tr><td>Family name of mother of deceased 7-1-2-5:</td><td>Given names of mother of deceased 7-9-2-4:</td></tr>
<tr><td>Date issued 8-6-3:
Day Mo. Yr.
8-1-1 8-1-2 8-1-3</td><td>Name of Signer Signature Seal
7-7-1-2 9-4-1: 9-4-6:</td></tr>
</table>

CONVENTION OF 12 SEPTEMBER 1997 – ANNEX 1 / FORM N°. 6: FRONT

STATE 2-1: STATE CIVIL REGISTRY SERVICE OF 1-1-1:

<table>
<tr><td colspan="2">EXTRACT FROM RECTIFIED RECORD OF DEATH 1-3-3-6

NO. OF RECORD 9-3-2:</td></tr>
<tr><td>Date of death 8-5:
Day Mo. Yr.
8-1-1 8-1-2 8-1-3</td><td>Place of death 2-4:</td></tr>
<tr><td>Family name of deceased 7-5:</td><td>Given names of deceased 7-9-5-1:</td></tr>
<tr><td>Date of birth of deceased 8-2-7:
Day Mo. Yr.
8-1-1 8-1-2 8-1-3</td><td>Place of birth of deceased 2-2-5:</td></tr>
<tr><td>□ Male 1-8-2-1</td><td>□ Female 1-8-2-2</td></tr>
<tr><td>Number of family register 9-3-1-2:</td><td>Place where family register is kept 2-6-2-1:</td></tr>
<tr><td>Family name of last spouse of deceased 7-3-3-1:</td><td>Given names of last spouse of deceased 7-9-4-6:</td></tr>
<tr><td>Family name of father of deceased 7-1-1-4:</td><td>Given names of father of deceased 7-9-1-4:</td></tr>
<tr><td>Family name of mother of deceased 7-1-2-5:</td><td>Given names of mother of deceased 7-9-2-4:</td></tr>
<tr><td colspan="2">Extract issued following rectification of the record 1-3-9-2:
□ Rectification decision by civil registrar 1-9-4-2
□ Rectification decision by government procurator's office 1-9-4-6
□ Rectification decision by a court 1-9-4-4
□ Rectification decision by the Court of Appeal 1-9-4-5
□ Rectification decision by another authority 1-9-4-7</td></tr>
<tr><td colspan="2">Date of rectification decision 8-6-2-1:
Day Mo. Yr.
8-1-1 8-1-2 8-1-3</td></tr>
<tr><td>Date issued 8-6-3:
Day Mo. Yr.
8-1-1 8-1-2 8-1-3</td><td>Name of Signer 7-7-1-2   Signature 9-4-1:   Seal 9-4-6:</td></tr>
</table>

CONVENTION OF 12 SEPTEMBER 1997 – ANNEX 1 / FORM N^{O}. 7: FRONT

STATE 2-1: STATE CIVIL REGISTRY SERVICE OF 1-1-1:

<table>
<tr><td colspan="2">EXTRACT FROM RECORD OF ACKNOWLEDGEMENT 1-3-1-7

NO. OF RECORD 9-3-2:</td></tr>
<tr><td>Date of acknowledgement 8-8-1-1:
Day Mo. Yr.
8-1-1 8-1-2 8-1-3</td><td>Place of acknowledgement 2-9-1:</td></tr>
<tr><td>Family name of child 7-2:</td><td>Given names of child 7-9-3:</td></tr>
<tr><td>Date of birth of child 8-2-3:
Day Mo. Yr.
8-1-1 8-1-2 8-1-3</td><td>Place of birth of child 2-2-3:</td></tr>
<tr><td>Number of family register 9-3-1-2:</td><td>Place where family register is kept 2-6-2-1:</td></tr>
<tr><td colspan="2">Person making the acknowledgement 3-6-2: □ Father 3-4-1 □ Mother 3-4-2:</td></tr>
<tr><td>Family name 7:</td><td>Given names 7-9:</td></tr>
<tr><td>Date of birth 8-2:
Day Mo. Yr.
8-1-1 8-1-2 8-1-3</td><td>Place of child 2-2:</td></tr>
<tr><td colspan="2">Other entries in the record 1-4-4-1:</td></tr>
<tr><td>Date issued 8-6-3:
Day Mo. Yr.
8-1-1 8-1-2 8-1-3</td><td>Name of Signer Signature Seal
7-7-1-2 9-4-1: 9-4-6:</td></tr>
</table>

CONVENTION OF 12 SEPTEMBER 1997 – ANNEX 1 / FORM N^{O}. 8: FRONT

STATE 2-1: STATE CIVIL REGISTRY SERVICE OF 1-1-1:

EXTRACT FROM RECTIFIED RECORD OF ACKNOWLEDGEMENT 1-3-1-7 NO. OF RECORD 9-3-2:	
Date of acknowledgement 8-8-1-1: Day Mo. Yr. 8-1-1 8-1-2 8-1-3	Place of acknowledgement 2-9-1:
Family name of child 7-2:	Given names of child 7-9-3:
Date of birth of child 8-2-3: Day Mo. Yr. 8-1-1 8-1-2 8-1-3	Place of birth of child 2-2-3:
Number of family register 9-3-1-2:	Place where family register is kept 2-6-2-1:
Person making the acknowledgement 3-6-2: □ Father 3-4-1 □ Mother 3-4-2:	
Family name 7:	Given names 7-9:
Date of birth 8-2: Day Mo. Yr. 8-1-1 8-1-2 8-1-3	Place of child 2-2:
Other entries in the record 1-4-4-1:	
Extract issued following rectification of the record 1-3-9-2: □ Rectification decision by civil registrar 1-9-4-2 □ Rectification decision by government procurator's office 1-9-4-6 □ Rectification decision by a court 1-9-4-4 □ Rectification decision by the Court of Appeal 1-9-4-5 □ Rectification decision by another authority 1-9-4-7	
Date of rectification decision 8-6-2-1: Day Mo. Yr. 8-1-1 8-1-2 8-1-3	
Date issued 8-6-3: Day Mo. Yr. 8-1-1 8-1-2 8-1-3	Name of Signer 7-7-1-2 Signature 9-4-1: Seal 9-4-6:

CONVENTION OF 12 SEPTEMBER 1997

ANNEX 1: LIST OF ENTRIES AND THEIR CODES

1-1-1	Civil registry service of
1-1-2-1	Authority deciding to dissolve the marriage
1-1-4-1	Court of
1-1-4-2	Court of Appeal of
1-1-4-3	Civil jurisdiction
1-1-4-6	Religious jurisdiction
1-1-5	Other authority
1-3-1-7	Extract from rectified record of birth
1-3-2-4	Extract from record of marriage
1-3-2-5	Extract from rectified record of marriage
1-3-3-5	Extract from record of death
1-3-3-6	Extract from rectified record of death
1-3-4-7	Extract from record of acknowledgement
1-3-4-8	Extract from rectified record of acknowledgement
1-3-9-2	Extract issued following rectification of a record
1-4-4-1	Other entries in the record
1-7-2-1	Notice of dissolution of marriage
1-8-2-1	Male
1-8-2-2	Female
1-9-4-2	Rectification decision by civil registrar
1-9-4-4	Rectification decision by a court
1-9-4-5	Rectification decision by the Court of Appeal
1-9-4-6	Rectification decision by government procurator's office
1-9-4-7	Rectification decision by another authority
2-1	State
2-2	Place of birth
2-2-3	Place of birth of child
2-2-4	Place of birth of husband
2-2-4-2	Place of birth of wife
2-2-5	Place of birth of deceased
2-3	Place of marriage
2-4	Place of death
2-6-2-1	Place where family register is kept
2-9-1	Place of acknowledgement
3-4-1	Father

3-4-2	Mother
3-6-2	Person(s) making the acknowledgement
4-1-1	Husband
4-1-1-3	Wife
4-7-1	Dissolution of marriage
4-7-2	Divorce
4-7-6	Annulment of marriage
4-7-7	Marriage declared non-existent
7-	Family name
7-1-1	Family name of father
7-1-1-4	Family name of father of deceased
7-1-2	Family name of mother
7-1-2-5	Family name of mother of deceased
7-2	Family name of child
7-3-1-1	Family name of husband before marriage
7-3-1-3	Family name of husband after marriage
7-3-2-1	Family name of wife before marriage
7-3-2-4	Family name of wife after marriage
7-3-3-1	Family name of last spouse of deceased
7-3-6-2	Family name of husband after dissolution of marriage
7-3-6-3	Family name of wife after dissolution of marriage
7-5	Family name of deceased
7-7-1-2	Family name of signer
7-9	Given names
7-9-1	Given names of father
7-9-1-4	Given names of father of deceased
7-9-2	Given names of mother
7-9-2-4	Given names of mother of deceased
7-9-3	Given names of child
7-9-4-6	Given names of last spouse of deceased
7-9-4-7	Given names of husband
7-9-4-8	Given names of wife
7-9-5-1	Given names of deceased
8-1-1	Day
8-1-2	Month
8-1-3	Year
8-2	Date of birth
8-2-3	Date of birth of child
8-2-4	Date of birth of husband
8-2-5	Date of birth of wife
8-2-7	Date of birth of deceased

8-3	Date of marriage
8-3-4	Date of dissolution of marriage
8-3-4-2	Date of decision to dissolve marriage
8-5	Date of death
8-6-2-1	Date of record rectification decision
8-6-3	Date issued
8-8-1-1	Date of acknowledgement
9-3-1-2	Number of family register
9-3-2	Record number
9-4-1	Signature
9-4-6	Seal

This Resolution shall be transmitted to the Swiss Federal Department of Foreign Affairs, as depositary of the Conventions of the International Commission on Civil Status, with a view to replacing Annex 1 (front pages of forms 1 to 8) and Annex 2 (list of entries and their codes) to the Convention signed in Neuchâtel on 12 September 1997 by Annexes 1 and 2 above, modified by Resolution 2/2015 adopted by the General Assembly of the International Commission on Civil Status meeting in Strasbourg on 16 September 2015.

DONE in Strasbourg, on 2 December 2015

CHANTAL NAST
Deputy Secretary-General

No. 40998. Multilateral

AGREEMENT ESTABLISHING THE ADVISORY CENTRE ON WTO LAW. SEATTLE, 30 NOVEMBER 1999 [*United Nations, Treaty Series, vol. 2299, I-40998.*]

ACCESSION

United Arab Emirates

Deposit of instrument with the Government of the Netherlands: 22 April 2016

Date of effect: 22 May 2016

Registration with the Secretariat of the United Nations: Netherlands, 29 July 2016

Nº 40998. Multilatéral

ACCORD INSTITUANT LE CENTRE CONSULTATIF SUR LA LÉGISLATION DE L'OMC. SEATTLE, 30 NOVEMBRE 1999 [*Nations Unies, Recueil des Traités, vol. 2299, I-40998.*]

ADHÉSION

Émirats arabes unis

Dépôt de l'instrument auprès du Gouvernement néerlandais : 22 avril 2016

Date de prise d'effet : 22 mai 2016

Enregistrement auprès du Secrétariat de l'Organisation des Nations Unies : Pays-Bas, 29 juillet 2016

No. 43345. Multilateral

INTERNATIONAL TREATY ON PLANT GENETIC RESOURCES FOR FOOD AND AGRICULTURE. ROME, 3 NOVEMBER 2001 [*United Nations, Treaty Series, vol. 2400, I-43345.*]

RATIFICATION

Argentina

Deposit of instrument with the Director-General of the Food and Agriculture Organization of the United Nations: 17 May 2016

Date of effect: 15 August 2016

Registration with the Secretariat of the United Nations: Food and Agriculture Organization of the United Nations, 11 July 2016

Nº 43345. Multilatéral

TRAITÉ INTERNATIONAL SUR LES RESSOURCES PHYTOGÉNÉTIQUES POUR L'ALIMENTATION ET L'AGRICULTURE. ROME, 3 NOVEMBRE 2001 [*Nations Unies, Recueil des Traités, vol. 2400, I-43345.*]

RATIFICATION

Argentine

Dépôt de l'instrument auprès du Directeur général de l'Organisation des Nations Unies pour l'alimentation et l'agriculture : 17 mai 2016

Date de prise d'effet : 15 août 2016

Enregistrement auprès du Secrétariat de l'Organisation des Nations Unies : Organisation des Nations Unies pour l'alimentation et l'agriculture, 11 juillet 2016

No. 44004. Multilateral

INTERNATIONAL CONVENTION FOR THE SUPPRESSION OF ACTS OF NUCLEAR TERRORISM. NEW YORK, 13 APRIL 2005 [*United Nations, Treaty Series, vol. 2445, I-44004.*]

WITHDRAWAL OF THE DECLARATION RELATING TO THE TERRITORIAL EXCLUSION IN RESPECT OF GREENLAND

Denmark

Notification deposited with the Secretary-General of the United Nations: 15 July 2016

Registration with the Secretariat of the United Nations: ex officio, 15 July 2016

Nº 44004. Multilatéral

CONVENTION INTERNATIONALE POUR LA RÉPRESSION DES ACTES DE TERRORISME NUCLÉAIRE. NEW YORK, 13 AVRIL 2005 [*Nations Unies, Recueil des Traités, vol. 2445, I-44004.*]

RETRAIT DE LA DÉCLARATION RELATIVE À L'EXCLUSION TERRITORIALE À L'ÉGARD DU GROENLAND

Danemark

Dépôt de la notification auprès du Secrétaire général de l'Organisation des Nations Unies : 15 juillet 2016

Enregistrement auprès du Secrétariat de l'Organisation des Nations Unies : d'office, 15 juillet 2016

No. 47299. Multilateral

CONVENTION ON JURISDICTION AND THE RECOGNITION AND ENFORCEMENT OF JUDGMENTS IN CIVIL AND COMMERCIAL MATTERS. LUGANO, 30 OCTOBER 2007 [*United Nations, Treaty Series, vol. 2658, I-47299.*]

RATIFICATION

Iceland

Deposit of instrument with the Government of Switzerland: 25 February 2011

Date of effect: 1 May 2011

Registration with the Secretariat of the United Nations: Switzerland, 19 July 2016

RATIFICATION (WITH RESERVATION AND DECLARATIONS)

Switzerland

Deposit of instrument with the Government of Switzerland: 20 October 2010

Date of effect: 1 January 2011

Registration with the Secretariat of the United Nations: Switzerland, 19 July 2016

Nº 47299. Multilatéral

CONVENTION CONCERNANT LA COMPÉTENCE JUDICIAIRE, LA RECONNAISSANCE ET L'EXÉCUTION DES DÉCISIONS EN MATIÈRE CIVILE ET COMMERCIALE. LUGANO, 30 OCTOBRE 2007 [*Nations Unies, Recueil des Traités, vol. 2658, I-47299.*]

RATIFICATION

Islande

Dépôt de l'instrument auprès du Gouvernement suisse : 25 février 2011

Date de prise d'effet : 1er mai 2011

Enregistrement auprès du Secrétariat de l'Organisation des Nations Unies : Suisse, 19 juillet 2016

RATIFICATION (AVEC RÉSERVE ET DÉCLARATIONS)

Suisse

Dépôt de l'instrument auprès du Gouvernement suisse : 20 octobre 2010

Date de prise d'effet : 1er janvier 2011

Enregistrement auprès du Secrétariat de l'Organisation des Nations Unies : Suisse, 19 juillet 2016

Reservation and declarations: *Réserve et déclarations :*

[TEXT IN FRENCH – TEXTE EN FRANÇAIS]

Notification aux Parties et Signataires de la Convention concernant la compétence judiciaire, la reconnaissance et l'exécution des décisions en matière civile et commerciale, faite à Lugano le 30 octobre 2007

I. Ratification de la Suisse

Le 20 octobre 2010, la Suisse a déposé un instrument de ratification de la Convention en formulant les réserves et déclarations suivantes (textes originaux en français):

Conformément à l'article I, paragraphe 2, du protocole n° 1, la Confédération suisse se réserve le droit d'exiger l'observation d'autres modes de transmission, entre officiers ministériels, d'actes en provenance et à destination de la Suisse.

Conformément à l'article III, paragraphe 1, du protocole n° 1, la Confédération suisse déclare qu'elle n'appliquera pas le passage suivant de l'article 34, paragraphe 2 : «à moins qu'il n'ait pas exercé de recours à l'encontre de la décision alors qu'il était en mesure de le faire».

Dans l'annexe I relative à l'article 3, paragraphe 2, et à l'article 4, paragraphe 2, la déclaration de la Confédération suisse doit se lire ainsi :
- en Suisse : l'article 4 de la loi fédérale sur le droit international privé (for du lieu du séquestre/*Gerichtsstand des Arrestortes*/*foro del luogo del sequestro*).

Dans l'annexe II relative à l'article 39, paragraphe 1, la déclaration de la Confédération suisse doit se lire ainsi :
- en Suisse : le tribunal cantonal de l'exécution/*"kantonales Vollstreckungsgericht"*/*"giudice cantonale dell'esecuzione"*.

Dans l'annexe III relative à l'article 43, paragraphe 2, la déclaration de la Confédération suisse doit se lire ainsi :
- en Suisse : le tribunal cantonal supérieur.

Dans l'annexe IV relative à l'article 44, la déclaration de la Confédération suisse est en revanche confirmée en ces termes :
- en Suisse : un recours devant le Tribunal fédéral/*"Beschwerde beim Bundesgericht"*/*"ricorso davanti al Tribunale federale"*.

Dans l'annexe IX relative à l'article II du protocole n° 1, la déclaration de la Confédération suisse doit être considérée comme supprimée.

En application de son article 69, paragraphe 5, la Convention entrera en vigueur pour la Suisse le premier jour du troisième mois après la date de dépot de cet instrument, c'est-à-dire le 1er janvier 2011.

[TRANSLATION – TRADUCTION][1]

Notification to the Contracting Parties and Signatories of the Convention on Jurisdiction and the Recognition and Enforcement of Judgements in Civil and Commercial Matters, concluded at Lugano on 30 October 2007

I. Ratification by Switzerland

On 20 October 2010, Switzerland deposited an instrument of ratification of the Convention and formulated the following reservations and declarations (original texts in French):

> Conformément à l'article I, paragraphe 2, du protocole n° 1, la Confédération suisse se réserve le droit d'exiger l'observation d'autres modes de transmission, entre officiers ministériels, d'actes en provenance et à destination de la Suisse.
>
> Conformément à l'article III, paragraphe 1, du protocole n° 1, la Confédération suisse déclare qu'elle n'appliquera pas le passage suivant de l'article 34, paragraphe 2 : «à moins qu'il n'ait pas exercé de recours à l'encontre de la décision alors qu'il était en mesure de le faire».
>
> Dans l'annexe I relative à l'article 3, paragraphe 2, et à l'article 4, paragraphe 2, la déclaration de la Confédération suisse doit se lire ainsi :
> – en Suisse : l'article 4 de la loi fédérale sur le droit international privé (for du lieu du séquestre/*Gerichtsstand des Arrestortes/foro del luogo del sequestro*).
>
> Dans l'annexe II relative à l'article 39, paragraphe 1, la déclaration de la Confédération suisse doit se lire ainsi :
> – en Suisse : le tribunal cantonal de l'exécution/*"kantonales Vollstreckungsgericht"/"giudice cantonale dell'esecuzione"*.
>
> Dans l'annexe III relative à l'article 43, paragraphe 2, la déclaration de la Confédération suisse doit se lire ainsi :
> – en Suisse : le tribunal cantonal supérieur.
>
> Dans l'annexe IV relative à l'article 44, la déclaration de la Confédération suisse est en revanche confirmée en ces termes :
> – en Suisse : un recours devant le Tribunal fédéral/*"Beschwerde beim Bundesgericht"/"ricorso davanti al Tribunale federale"*.
>
> Dans l'annexe IX relative à l'article II du protocole n° 1, la déclaration de la Confédération suisse doit être considérée comme supprimée.

According to article 69, paragraph 5, the Convention will enter into force for Switzerland on the first day of the third month following the deposit of this instrument of ratification, i.e. on 1 January 2011.

[1] Translation provided by the Government of the Swiss Confederation – Traduction fournie par le Gouvernement de la Confédération suisse.

MODIFICATIONS OF ANNEXES I TO III AND IX OF THE CONVENTION ON JURISDICTION AND THE RECOGNITION AND ENFORCEMENT OF JUDGMENTS IN CIVIL AND COMMERCIAL MATTERS. BERN, 21 OCTOBER 2011

Entry into force: 21 October 2011

Authentic texts: Bulgarian, Czech, Danish, Dutch, English, Estonian, Finnish, French, German, Greek, Hungarian, Icelandic, Irish, Italian, Latvian, Lithuanian, Maltese, Norwegian, Polish, Portuguese, Romanian, Slovak, Slovene, Spanish and Swedish

Registration with the Secretariat of the United Nations: Switzerland, 19 July 2016

Only the authentic English and French texts of modifications of Annexes I to III and IX of the Convention are published in this volume, in accordance with article 12 (2) of the General Assembly regulations to give effect to Article 102 of the Charter of the United Nations, as amended, and the partial publication practice of the Secretariat.

MODIFICATIONS DES ANNEXES I À III ET IX DE LA CONVENTION CONCERNANT LA COMPÉTENCE JUDICIAIRE, LA RECONNAISSANCE ET L'EXÉCUTION DES DÉCISIONS EN MATIÈRE CIVILE ET COMMERCIALE. BERNE, 21 OCTOBRE 2011

Entrée en vigueur : 21 octobre 2011

Textes authentiques : bulgare, tchèque, danois, néerlandais, anglais, estonien, finnois, français, allemand, grec, hongrois, islandais, irlandais, italien, letton, lituanien, maltais, norvégien, polonais, portugais, roumain, slovaque, slovène, espagnol et suédois

Enregistrement auprès du Secrétariat de l'Organisation des Nations Unies : Suisse, 19 juillet 2016

Seuls les textes authentiques anglais et français des modifications des annexes I à III et IX de la Convention sont publiés dans ce volume, conformément au paragraphe 2 l'article 12 du règlement de l'Assemblée générale destiné à mettre en application l'Article 102 de la Charte des Nations Unies, tel qu'amendé, et à la pratique du Secrétariat en matière de publication.

[TEXT IN ENGLISH – TEXTE EN ANGLAIS]

[ANNEX I

The rules of jurisdiction referred to in Article 3(2) and 4(2) of the Convention are the following:]

— in Bulgaria: Article 4, paragraph 1, point 2, of the Private International Law Code,
— in Estonia: Article 86 of the Code of Civil Procedure (*tsiviilkohtumenetluse seadustik*),
— in Finland: paragraphs 1 and 2 of Section 18(1) of Chapter 10 of the Code of Judicial Procedure (*oikeudenkäymiskaari/ rättegångsbalken*),
— in Poland: Article 1103, paragraph 4, of the Code of Civil Procedure (*Kodeks postępowania cywilnego*),
— in Portugal: Article 65(1)(b) of the Code of Civil Procedure (*Código de Processo Civil*) in so far as it may encompass exorbitant grounds of jurisdiction, such as the courts for the place in which the branch, agency or other establishment is situated (if situated in Portugal) when the central administration (if situated in a foreign State) is the party sued and Article 10 of the Code of Labour Procedure (*Código de Processo de Trabalho*) in so far as it may encompass exorbitant grounds of jurisdiction, such as the courts for the place where the plaintiff is domiciled in proceedings relating to individual contracts of employment brought by the employee against the employer,
— in Switzerland: Article 4 of the Federal Act on Private International Law (*Gerichtsstand des Arrestortes/for du lieu du séquestre/ /foro del luogo del sequestro*),

[ANNEX II

The courts or competent authorities to which the application referred to in Article 39 of the Convention may be submitted are the following:]

— in Bulgaria: the '*окръжният съд*',
— in Switzerland: '*kantonales Vollstreckungsgericht*'/'*tribunal cantonal de l'exécution*'/'*giudice cantonale dell'esecuzione*',
— in the United Kingdom:
[...]
(b) in Scotland, the *Court of Session*, or in the case of a maintenance judgment, the *Sheriff Court* on transmission by the Scottish Ministers;
[...]

[ANNEX III

The courts with which appeals referred to in Article 43(2) of the Convention may be lodged are the following:]

— in Spain: the '*Juzgado de Primera Instancia*' which issued the contested decision with the appeal to be solved by the '*Audiencia Provincial*',
— in Switzerland: the higher cantonal court,

ANNEX IX

The States and the rules referred to in Article II of Protocol 1 are the following:

— Germany: Articles 68, 72, 73 and 74 of the Code of Civil Procedure (*Zivilprozessordnung*) concerning third-party notices,
— Estonia: Article 214(3) and (4) and Article 216 of the Code of Civil Procedure (*tsiviilkohtumenetluse seadustik*) concerning third-party notices,
— Latvia: Articles 78, 79, 80 and 81 of the Civil Procedure Law (*Civilprocesa likums*) concerning third-party notices,
— Lithuania: Article 47 of the Code of Civil Procedure (*Civilinio proceso kodeksas*),
— Hungary: Articles 58 to 60 of the Code of Civil Procedure (*Polgári perrendtartás*) concerning third-party notices,
— Austria: Article 21 of the Code of Civil Procedure (*Zivilprozessordnung*) concerning third-party notices,
— Poland: Articles 84 and 85 of the Code of Civil Procedure (*Kodeks postępowania cywilnego*) concerning third-party notices (*przypozwanie*),
— Slovenia: Article 204 of the Civil Procedure Act (*Zakon o pravdnem postopku*) concerning third-party notices.

[TEXT IN FRENCH – TEXTE EN FRANÇAIS]

[ANNEXE I

Les règles de compétence nationales visées à l'article 3, paragraphe 2, et à l'article 4, paragraphe 2, de la présente convention sont les suivantes:]

— en Bulgarie: l'article 4, paragraphe 1, point 2,du code de droit international privé,
— en Estonie: l'article 86 du code de procédure civile (*tsiviilkohtumenetluse seadustik*),
— en Finlande: le chapitre 10, article 18, paragraphe 1, premier et deuxième alinéas, du code de procédure judiciaire (*oikeudenkäymiskaari/rättegångsbalken*),
— en Pologne: l'article 1103, paragraphe 4, du code de procédure civile (*Kodeks postępowania cywilnego*),
— au Portugal: l'article 65, paragraphe 1, point b, du code de procédure civile (*Código de Processo Civil*), dans la mesure où il peut comprendre des règles de compétence exorbitantes, telles que celle des juridictions du lieu où se trouve la succursale, l'agence ou un autre établissement (situé(e) au Portugal) lorsque l'administration centrale (située à l'étranger) est la partie assignée, et l'article 10 du code de procédure du travail (*Código de Processo do Trabalho*), dans la mesure où il peut comprendre des règles de compétence exorbitantes, telles que celle des juridictions du lieu de domicile du demandeur dans les actions relatives à un contrat de travail intentées par le salarié contre l'employeur,
— en Suisse: l'article 4 de la loi fédérale sur le droit international privé (for du lieu du séquestre/*Gerichtsstand des Arrestortes/foro del luogo del sequestro*),

[ANNEXE II

Les juridictions ou autorités compétentes auprès desquelles la requête visée à l'article 39 de la présente convention est présentée sont les suivantes:]

— en Bulgarie: le *окръжният съд*,
— en Suisse: le tribunal cantonal de l'exécution/*kantonales Vollstreckungsgericht/giudice cantonale dell'esecuzione*,
— au Royaume-Uni:
  [...]
  b) en Écosse, la *Court of Session* ou, s'il s'agit d'une décision en matière d'obligation alimentaire, la *Sheriff Court*, saisie par les Scottish Ministers,
  [...]

[ANNEXE III

Les juridictions devant lesquelles les recours visés à l'article 43, paragraphe 2, de la présente convention sont portés sont les suivantes:]

— en Espagne: le *Juzgado de Primera Instancia* qui a rendu la décision contestée, la *Audiencia Provincial* statuant sur le recours,
— en Suisse: le tribunal cantonal supérieur,

ANNEXE IX

Les États et les règles visés à l'article II du protocole no 1 sont les suivants:

— Allemagne: les articles 68, 72, 73 et 74 du code de procédure civile (*Zivilprozessordnung*) concernant la *litis denuntiatio*,
— Estonie: l'article 214, paragraphes 3 et 4, et l'article 216 du code de procédure civile (*tsiviilkohtumenetluse seadustik*) concernant la *litis denuntiatio*,
— Lettonie: les articles 78, 79, 80 et 81 du code de procédure civile (*Civilprocesa likums*) concernant la *litis denuntiatio*,
— Lituanie: l'article 47 du code de procédure civile (*Civilinio proceso kodeksas*),
— Hongrie: les articles 58 à 60 du code de procédure civile (*Polgári perrendtartás*) concernant la *litis denuntiatio*,
— Autriche: l'article 21 du code de procédure civile (*Zivilprozessordnung*) concernant la *litis denuntiatio*,
— Pologne: les articles 84 et 85 du code de procédure civile (*Kodeks postępowania cywilnego*) concernant la *litis denuntiatio* (*przypozwanie*),
— Slovénie: l'article 204 du code de procédure civile (*Zakon o pravdnem postopku*) concernant la *litis denuntiatio*.

PROCÈS-VERBAL OF RECTIFICATION OF THE AUTHENTIC DANISH TEXT OF THE CONVENTION ON JURISDICTION AND THE RECOGNITION AND ENFORCEMENT OF JUDGMENTS IN CIVIL AND COMMERCIAL MATTERS. BERN, 16 JANUARY 2013

Entry into force: 16 January 2013

Authentic text: Danish

Registration with the Secretariat of the United Nations: Switzerland, 19 July 2016

PROCÈS-VERBAL DE RECTIFICATION DU TEXTE AUTHENTIQUE DANOIS DE LA CONVENTION CONCERNANT LA COMPÉTENCE JUDICIAIRE, LA RECONNAISSANCE ET L'EXÉCUTION DES DÉCISIONS EN MATIÈRE CIVILE ET COMMERCIALE. BERNE, 16 JANVIER 2013

Entrée en vigueur : 16 janvier 2013

Texte authentique : danois

Enregistrement auprès du Secrétariat de l'Organisation des Nations Unies : Suisse, 19 juillet 2016

[DANISH TEXT – TEXTE DANOIS]

1. Titre de la Convention
au lieu de:
*KONVENTION **OM** ANERKENDELSE OG FULDBYRDELSE AF RETSAFGØRELSER PÅ DET CIVIL- OG HANDELSRETLIGE OMRÅDE*

il faut lire:
*KONVENTION **OM RETTERNES KOMPETENCE OG OM** ANERKENDELSE OG FULDBYRDELSE AF RETSAFGØRELSER PÅ DET CIVIL- OG HANDELSRETLIGE OMRÅDE*

2. Préambule de la Convention, trois lignes avant la fin
au lieu de:
*I ØNSKET OM at sikre en så ensartet fortolkning som muligt **at** dette dokument,*

il faut lire:
*I ØNSKET OM at sikre en så ensartet fortolkning som muligt **af** dette dokument,*

3. Article 3, paragraphe 2, de la Convention
au lieu de:
*2. I særdeleshed kan **bestemmelserne I bilag I** ikke gøres gældende imod dem.*

il faut lire:
*2. I særdeleshed kan **de nationale kompetenceregler, der er angivet i bilag I,** ikke gøres gældende imod dem.*

4. Article 5, paragraphe 2, lettres b et c, de la Convention
au lieu de:
*b) **ved krav i forbindelse med en sag om en persons retlige status, ved den ret, der efter sin egen lovgivning er kompetent i sagen,** medmindre denne kompetence alene støttes på en af parternes nationalitet, eller*
*c) **ved krav i forbindelse med en sag om en persons forældreansvar, ved den ret, der efter sin egen lovgivning er kompetent i sagen,** medmindre denne kompetence alene støttes på en af parternes nationalitet,*

il faut lire:
*b) **ved den ret, der i henhold til den nationale lovgivning har kompetence til at påkende en sag vedrørende en persons retlige status, når anmodningen om underhold er accessorisk i forhold til denne sag,** medmindre denne kompetence alene støttes på en af parternes nationalitet, eller*
*c) **ved den ret, der i henhold til den nationale lovgivning har kompetence til at påkende en sag vedrørende forældreansvar, når anmodningen om underhold er accessorisk i forhold til denne sag,** medmindre denne kompetence alene støttes på en af parternes nationalitet.*

5. Article 5, paragraphe 3, de la Convention
au lieu de:
3. sager om erstatning uden for kontrakt, (…)

il faut lire:
*3. **i** sager om erstatning uden for kontrakt, (…)*

6. Article 7, 34 paragraphe 4, 40 paragraphes 1 et 2, 42 paragraphe 1, 47 paragraphe 1, 49, 57 paragraphes 1 et 3, de la Convention
au lieu de:
*(…) **medlemsstat** (…)*

il faut lire:
*(…) **stat** (…)*

7. Article 58 de la Convention
au lieu de:
*(…), hvor **en retsafgørelse er afsagt**, udsteder (…)*

il faut lire:
*(…), hvor **et retsforlig er indgået**, udsteder (…).*

8. Article 67, paragraphe 1, de la Convention
au lieu de:
*1. Denne **forordning** berører ikke konventioner, (…)*

il faut lire:
*1. Denne **konvention** berører ikke konventioner, (…)*

9. Article 68, paragraphe 1, de la Convention
au lieu de:
*(…) omhandlet i **Bruxelles-konventionens** artikel 4 (…)*

il faut lire:
(…) omhandlet i artikel 4 (…)

PROCÈS-VERBAL OF RECTIFICATION OF THE AUTHENTIC GERMAN, PORTUGUESE AND SLOVAK TEXTS OF THE CONVENTION ON JURISDICTION AND THE RECOGNITION AND ENFORCEMENT OF JUDGMENTS IN CIVIL AND COMMERCIAL MATTERS. BERN, 27 OCTOBER 2010

PROCÈS-VERBAL DE RECTIFICATION DES TEXTES AUTHENTIQUES ALLEMAND, PORTUGAIS ET SLOVAQUE DE LA CONVENTION CONCERNANT LA COMPÉTENCE JUDICIAIRE, LA RECONNAISSANCE ET L'EXÉCUTION DES DÉCISIONS EN MATIÈRE CIVILE ET COMMERCIALE. BERNE, 27 OCTOBRE 2010

Entry into force: 27 October 2010

Authentic texts: German, Portuguese and Slovak

Registration with the Secretariat of the United Nations: Switzerland, 19 July 2016

Entrée en vigueur : 27 octobre 2010

Textes authentiques : allemand, portugais et slovaque

Enregistrement auprès du Secrétariat de l'Organisation des Nations Unies : Suisse, 19 juillet 2016

[GERMAN TEXT – TEXTE ALLEMAND]

1. Article 47, paragraphe 2, de la Convention:
au lieu de:
*2. Die Vollstreckbarerklärung gibt die Befugnis, **solche Maßnahmen** zu veranlassen.*

il faut lire:
*2. Die Vollstreckbarerklärung gibt die Befugnis, **Maßnahmen, die auf eine Sicherung gerichtet sind**, zu veranlassen.*

[PORTUGUESE TEXT – TEXTE PORTUGAIS]

2. Article 24 de la Convention:
au lieu de:
*Para além dos casos em que a competência resulte de outras disposições da presente Convenção, é competente o tribunal de um Estado vinculado pela presente Convenção perante o qual o requerido compareça. Esta regra não é aplicável se a comparência tiver **como único objectivo** arguir a competência ou se existir outro tribunal com competência exclusiva por força do artigo 22.*

il faut lire:
*Para além dos casos em que a competência resulte de outras disposições da presente Convenção, é competente o tribunal de um Estado vinculado pela presente Convenção perante o qual o requerido compareça. Esta regra não é aplicável se a comparência tiver **como objectivo** arguir a competência ou se existir outro tribunal com competência exclusiva por força do artigo 22.*

3. Article 1, paragraphe 2, du Protocole n° 1:
au lieu de:
*2. Desde que a Parte Contratante em cujo território a citação ou notificação se deva realizar a tal não se oponha mediante declaração dirigida ao depositário, esses actos podem também ser transmitidos directamente pelos oficiais de justiça do Estado em que foram emitidos aos oficiais de justiça do Estado em cujo território se encontre o destinatário do acto. Neste caso, o oficial de justiça do Estado de origem transmitirá uma cópia do acto ao oficial de justiça do Estado requerido, que tem competência para a enviar ao destinatário. **O acto será transmitido** na forma prevista pela lei do Estado requerido. A remessa será comprovada por certidão enviada directamente ao oficial de justiça do Estado de origem.*

il faut lire:
*2. Desde que a Parte Ccontratante em cujo território a citação ou notificação se deva realizar a tal não se oponha mediante declaração dirigida ao depositário, esses actos podem também ser transmitidos directamente pelos oficiais de justiça do Estado em que foram emitidos aos oficiais de justiça do Estado em cujo território se encontre o destinatário do acto. Neste caso, o oficial de justiça do Estado de origem transmitirá uma cópia do acto ao oficial de justiça do Estado requerido, que tem competência para a enviar ao destinatário. **A remessa será transmitida** na forma prevista pela lei do Estado requerido. A remessa será comprovada por certidão enviada directamente ao oficial de justiça do Estado de origem."*

[TEXT IN SLOVAK – TEXTE EN SLOVAQUE]

4. Article 5(3) de la Convention:
au lieu de:
3. *vo veciach nárokov **na náhradu škody z iného ako zmluvného vzťahu** na súdoch podľa miesta, kde došlo alebo by mohlo dôjsť ku skutočnosti, ktorá zakladá **nárok na náhradu škody;***

il faut lire:
3. *vo veciach nárokov **z mimozmluvnej zodpovednosti**, na súdoch podľa miesta, kde došlo alebo by mohlo dôjsť ku skutočnosti, ktorá zakladá **takýto nárok;***

5. Article 14(2), sous-paragraphe a, de la Convention:
au lieu de:
2a) z používania alebo prevádzky lodí, zariadení alebo lietadiel uvedených v ods. 1 písm. a), pokiaľ právny poriadok štátu viazaného týmto dohovorom, v ktorom je takéto lietadlo registrované, nevylučuje voľbu právomoci súdu vo veciach poistenia takýchto rizík;

il faut lire:
*2a) z používania alebo prevádzky lodí, zariadení alebo lietadiel uvedených v ods. 1 písm. a), pokiaľ **vo vzťahu k posledne uvedeným** právny poriadok štátu viazaného týmto dohovorom, v ktorom je takéto lietadlo registrované, nevylučuje voľbu právomoci súdu vo veciach poistenia takýchto rizík;*

6. Article 26, paragraphe 1, de la Convention:
Au lieu de:
*1. Ak je osoba, ktorá má bydlisko v jednom štáte viazanom týmto dohovorom, žalovaná na súde iného štátu viazaného týmto dohovorom a **nedostaví sa na tento súd**, súd aj bez návrhu vyhlási, že nemá právomoc, ak si právomoc nemôže založiť na ustanoveniach tohto dohovoru.*

il faut lire:
*1. Ak je osoba, ktorá má bydlisko v jednom štáte viazanom týmto dohovorom, žalovaná na súde iného štátu viazaného týmto dohovorom a **nezúčastní sa konania**, súd aj bez návrhu vyhlási, že nemá právomoc, ak si právomoc nemôže založiť na ustanoveniach tohto dohovoru.*

7. Article 60, paragraphe 1(b), de la Convention:
Au lieu de:
*b) **ústrednú správu** alebo*

il faut lire:
*b) **ústredie riadenia** alebo*

PROCÈS-VERBAL OF RECTIFICATION OF THE AUTHENTIC HUNGARIAN AND SWEDISH TEXTS OF THE CONVENTION ON JURISDICTION AND THE RECOGNITION AND ENFORCEMENT OF JUDGMENTS IN CIVIL AND COMMERCIAL MATTERS. BERN, 20 OCTOBER 2011

PROCÈS-VERBAL DE RECTIFICATION DES TEXTES AUTHENTIQUES HONGROIS ET SUÉDOIS DE LA CONVENTION CONCERNANT LA COMPÉTENCE JUDICIAIRE, LA RECONNAISSANCE ET L'EXÉCUTION DES DÉCISIONS EN MATIÈRE CIVILE ET COMMERCIALE. BERNE, 20 OCTOBRE 2011

Entry into force: 20 October 2011

Authentic texts: Hungarian and Swedish

Registration with the Secretariat of the United Nations: Switzerland, 19 July 2016

Entrée en vigueur : 20 octobre 2011

Textes authentiques : hongrois et suédois

Enregistrement auprès du Secrétariat de l'Organisation des Nations Unies : Suisse, 19 juillet 2016

[HUNGARIAN TEXT – TEXTE HONGROIS]

1. Article 5, chiffre 1, points a) et b), de la Convention

au lieu de:

1. a) ha az eljárás tárgya szerződés vagy szerződéses igény, akkor a kötelezettség teljesítésének helye szerinti bíróság előtt;

b) e rendelkezés alkalmazásában, eltérő megállapodás hiányában a kötelezettség teljesítésének helye:

il faut lire:

*1. a) ha az eljárás tárgya szerződés vagy szerződéses igény, akkor a **vitatott** kötelezettség teljesítésének helye szerinti bíróság előtt;*

*b) e rendelkezés alkalmazásában, eltérő megállapodás hiányában a **vitatott** kötelezettség teljesítésének helye:*

2. Article 11, paragraphe 3, de la Convention

au lieu de:

*(3) Amennyiben **a jog az ilyen közvetlen keresetindítás vonatkozásában** lehetővé teszi ...*

il faut lire:

*(3) Amennyiben **az ilyen közvetlen keresetindítást szabályozó jog** lehetővé teszi ...*

3. Article 19, chiffre 2, point b), de la Convention

au lieu de:

*b) amennyiben a **munkavállaló egyik államban sem végez vagy végzett rendszeresen munkát**, annak a helynek a bíróságai előtt, ahol a telephely, amely a munkavállalót foglalkoztatta, található vagy található volt.*

il faut lire:

*b) amennyiben a **munkavállalónak egyik országban sincs vagy nem volt szokásos munkavégzési helye**, annak a helynek a bíróságai előtt, ahol a telephely, amely a munkavállalót foglalkoztatta, található vagy található volt.*

4. Article 24, première phrase, *in fine*, de la Convention

au lieu de:

*..., amely előtt az alperes **megjelenik**. (...)*

il faut lire:

*..., amely előtt az alperes **perbe bocsátkozik**. (...)*

5. Article 25 de la Convention

au lieu de:

*Amennyiben ezen egyezmény által kötelezett valamely állam bíróságához olyan keresettel fordulnak, **amelyre** a 22. cikk alapján az ezen egyezmény által kötelezett más állam bírósága kizárólagos joghatósággal rendelkezik, a bíróság hivatalból megállapítja joghatóságának hiányát.*

il faut lire:

*Amennyiben ezen egyezmény által kötelezett valamely állam bíróságához olyan keresettel fordulnak, **amelynek fő tárgyára** a 22. cikk alapján az ezen egyezmény által kötelezett más állam bírósága kizárólagos joghatósággal rendelkezik, a bíróság hivatalból megállapítja joghatóságának hiányát.*

6. Article 27, paragraphe 1, de la Convention

au lieu de:

*(1) Amennyiben azonos **jogalapból** származó, azonos felek között folyamatban lévő eljárásokat ezen egyezmény által kötelezett különböző államok bíróságai előtt indították, a később **megkeresett** bíróság az elsőként megkeresett bíróság joghatósága megállapításáig hivatalból felfüggeszti az eljárást.*

il faut lire:

*(1) Amennyiben azonos **igényből** származó, azonos felek között folyamatban lévő eljárásokat ezen egyezmény által kötelezett különböző államok bíróságai előtt indították, a később **felhívott** bíróság az elsőként megkeresett bíróság joghatósága megállapításáig hivatalból felfüggeszti az eljárást.*

7. Article 33, paragraphes 2 et 3, de la Convention

au lieu de:

*(2) Az az érdekelt fél, aki **valamely jogvita tárgyává határozat elismerését teszi,** az e cím 2. és 3. szakaszában szabályozott eljárásnak megfelelően kérelmezheti annak megállapítását, hogy a határozat elismerhető.*

*(3) Amennyiben az ezen egyezmény által kötelezett valamely állam bíróságán folyó eljárás kimenetele **az elismeréssel kapcsolatos kérdéstől függ**, az említett bíróság joghatósággal rendelkezik e kérdés eldöntésére.*

il faut lire:

*(2) Az az érdekelt fél, aki **egy jogvitában elsődlegesen egy határozat elismerésére hivatkozik,** az e cím 2. és 3. szakaszában szabályozott eljárásnak megfelelően kérelmezheti annak megállapítását, hogy a határozat elismerhető.*

*(3) Amennyiben az ezen egyezmény által kötelezett valamely állam bíróságán folyó eljárás kimenetele **azon kérdés megválaszolásának függvénye, hogy egy határozat elismerhető-e,** az említett bíróság joghatósággal rendelkezik e kérdés eldöntésére.*

8. Article 43, paragraphe 3, de la Convention

au lieu de:

*(3) A jogorvoslatot a **peres** eljárási szabályoknak …*

il faut lire:

*(3) A jogorvoslatot a **kontradiktórius** eljárási szabályoknak …*

9. Article 68, paragraphe 2, point a), de la Convention

au lieu de:

*… vagy birtoklási jog érvényesítése vagy **kinyilvánítása** céljából indították, a vagyontárgy feletti **rendelkezéshez szükséges engedély** megszerzésére irányul, …*

il faut lire:

*… vagy birtoklási jog érvényesítése vagy **megállapítása** céljából indították, a vagyontárgy feletti **rendelkezési jogosultság** megszerzésére irányul, …*

[SWEDISH TEXT – TEXTE SUÉDOIS]

10. Article 64, paragraphe 2, de la Convention

au lieu de:

2. *Denna konvention **skall** dock under alla förhållanden tillämpas*
   a) *i frågor om domstols behörighet, om svaranden har hemvist i en stat där denna konvention, men ingen av de rättsakter som avses i punkt 1 i denna artikel är tillämplig, eller om det av **artiklarna** 22 eller 23 i denna konvention följer att domstolarna i en sådan stat **skall** vara behöriga,*
   b) *i frågor om litispendens och mål som har samband med varandra i enlighet med bestämmelserna i **artikel** 27 och 28, om talan väcks i en stat där denna konvention, men ingen av de rättsakter som avses i punkt 1 i **denna artikel** är tillämplig, eller i en stat där både denna konvention och en av de rättsakter som avses i punkt 1 i **denna artikel** är tillämpliga,*
   c) *i frågor om erkännande och verkställighet, om **varken** ursprungsstaten eller verkställighetsstaten tillämpar någon av de rättsakter som avses i punkt 1 i **denna artikel**.*

il faut lire:

2. *Denna konvention **ska** dock under alla förhållanden tillämpas*
   a) *i frågor om domstols behörighet, om svaranden har hemvist i en stat där denna konvention, men ingen av de rättsakter som avses i punkt 1 i denna artikel är tillämplig, eller om det av **artikel** 22 eller 23 i denna konvention följer att domstolarna i en sådan stat **ska** vara behöriga,*
   b) *i frågor om litispendens och mål som har samband med varandra i enlighet med bestämmelserna i **artiklarna** 27 och 28, om talan väcks i en stat där denna konvention, men ingen av de rättsakter som avses i punkt 1 i **den här artikeln** är tillämplig, eller i en stat där både denna konvention och en av de rättsakter som avses i punkt 1 i **den här artikeln** är tillämpliga,*
   c) *i frågor om erkännande och verkställighet, om **antingen** ursprungsstaten eller verkställighetsstaten **inte** tillämpar någon av de rättsakter som avses i punkt 1 i **den här artikeln.***

PROCÈS-VERBAL OF RECTIFICATION OF THE AUTHENTIC SWEDISH, LATVIAN AND DUTCH TEXTS OF THE CONVENTION ON JURISDICTION AND THE RECOGNITION AND ENFORCEMENT OF JUDGMENTS IN CIVIL AND COMMERCIAL MATTERS. BERN, 29 JANUARY 2015

Entry into force: 29 January 2015

Authentic texts: Dutch, Latvian and Swedish

Registration with the Secretariat of the United Nations: Switzerland, 19 July 2016

PROCÈS-VERBAL DE RECTIFICATION DES TEXTES AUTHENTIQUES SUÉDOIS, LETTON ET NÉERLANDAIS DE LA CONVENTION CONCERNANT LA COMPÉTENCE JUDICIAIRE, LA RECONNAISSANCE ET L'EXÉCUTION DES DÉCISIONS EN MATIÈRE CIVILE ET COMMERCIALE. BERNE, 29 JANVIER 2015

Entrée en vigueur : 29 janvier 2015

Textes authentiques : néerlandais, letton et suédois

Enregistrement auprès du Secrétariat de l'Organisation des Nations Unies : Suisse, 19 juillet 2016

[DUTCH TEXT – TEXTE NÉERLANDAIS]

Néerlandais (erreurs contenues dans la version finale des annexes modifiées sur demande de l'UE, telles que notifiées le 21 octobre 2011):

7. Annexe IX, indication pour l'Allemagne
   au lieu de:
   — ***Germany:** (...)*

   il faut lire:
   — ***Duitsland:** (...)*

8. Annexe IX, indication pour la Hongrie
   au lieu de:
   — *Hongarije: de artikelen 58, **58** en 60 (...)*

   il faut lire:
   — *Hongarije: de artikelen 58, **59** en 60 (...)*

[LATVIAN TEXT – TEXTE LETTON]

Letton (erreur contenue dans la version finale des annexes modifiées sur demande de l'UE, telles que notifiées le 21 octobre 2011):

6. Annexe IX, indication pour la Hongrie
   au lieu de:
   — *Ungārijā: Civilprocesa kodeksa (**Kodeks postępowania cywilnego**) 58. līdz 60. pants attiecībā uz trešo personu paziņojumiem,*

   il faut lire:
   — *Ungārijā: Civilprocesa kodeksa (**Polgári perrendtartás**) 58. līdz 60. pants attiecībā uz trešo personu paziņojumiem,*

[SWEDISH TEXT – TEXTE SUÉDOIS]

1. Article 23, paragraphe 1, première phrase *in fine*, de la Convention
au lieu de:
*(...) i den **medlemsstaten** ha behörighet.*

il faut lire:
*(...) i den **konventionsstaten** ha behörighet.*

2. Article 27, paragraphe 1 *in initio*, de la Convention
au lieu de:
*1. Om talan väcks vid domstolar i olika **medlemsstater** rörande (...)*

il faut lire:
*1. Om talan väcks vid domstolar i olika **konventionsstater** rörande (...)*

3. Article 37, paragraphe 2 *in fine*, de la Convention
au lieu de:
*(...) i **ursprungsmedlemsstaten** på grund av att ändring i domen har sökts.*

il faut lire:
*(...) i **ursprungsstaten** på grund av att ändring i domen har sökts.*

4. Article 57, paragraphe 1, première phrase *in medio*, de la Convention
au lieu de:
*(...) i en **medlemsstat** skall på ansökan förklaras vara verkställbar i en annan **medlemsstat** i enlighet (...)*

il faut lire:
*(...) i en **konventionsstat** skall på ansökan förklaras vara verkställbar i en annan **konventionsstat** i enlighet (...)*

5. Article 63, paragraphe 1 *in fine*, de la Convention
au lieu de:
*(...) efter konventionens ikraftträdande och, när det gäller förfaranden för erkännande och verkställighet av en dom eller officiella handlingar, **endast i den medlemsstat** där erkännande eller verkställighet begärs.*

il faut lire:
*(...) efter konventionens ikraftträdande **i ursprungsstaten** och, när det gäller förfaranden för erkännande och verkställighet av en dom eller officiella handlingar, **i den stat** där erkännande eller verkställighet begärs.*

No. 48088. Multilateral

INTERNATIONAL CONVENTION FOR THE PROTECTION OF ALL PERSONS FROM ENFORCED DISAPPEARANCE. NEW YORK, 20 DECEMBER 2006 [*United Nations, Treaty Series, vol. 2716, I-48088.*]

DECLARATION UNDER ARTICLE 31

Peru

Deposit of instrument with the Secretary-General of the United Nations: 22 July 2016

Registration with the Secretariat of the United Nations: ex officio, 22 July 2016

Nº 48088. Multilatéral

CONVENTION INTERNATIONALE POUR LA PROTECTION DE TOUTES LES PERSONNES CONTRE LES DISPARITIONS FORCÉES. NEW YORK, 20 DÉCEMBRE 2006 [*Nations Unies, Recueil des Traités, vol. 2716, I-48088.*]

DÉCLARATION EN VERTU DE L'ARTICLE 31

Pérou

Dépôt de l'instrument auprès du Secrétaire général de l'Organisation des Nations Unies : 22 juillet 2016

Enregistrement auprès du Secrétariat de l'Organisation des Nations Unies : d'office, 22 juillet 2016

[TEXT IN SPANISH – TEXTE EN ESPAGNOL]

De conformidad con el artículo 31 de la Convención Internacional para la Protección de todas las Personas contra las Desapariciones Forzadas, la República del Perú declara que reconoce la competencia del Comité contra la Desaparición Forzada para recibir y examinar las comunicaciones presentadas por personas que se encuentren bajo su jurisdicción o en nombre de ellas, que aleguen ser víctimas de una violación de las disposiciones de la Convención por la República del Perú.

[TRANSLATION – TRADUCTION]

In accordance with article 31 of the International Convention for the Protection of All Persons from Enforced Disappearances, the Republic of Peru declares that it recognizes the competence of the Committee on Enforced Disappearances to receive and consider communications from or on behalf of individuals subject to its jurisdiction, claiming to be victims of a violation of the provisions of the Convention by the Republic of Peru.

[TRANSLATION – TRADUCTION]

Conformément à l'article 31 de la Convention internationale pour la protection des personnes contre les disparitions forcées, la République du Pérou déclare qu'elle reconnaît la compétence du Comité des disparitions forcées pour recevoir et examiner des communications présentées par ou pour le compte de particuliers relevant de sa compétence, qui affirment être victimes d'une violation des dispositions de la Convention par la République du Pérou.

No. 49279. Switzerland and Liechtenstein

AGREEMENT BETWEEN THE SWISS FEDERAL COUNCIL AND THE GOVERNMENT OF THE PRINCIPALITY OF LIECHTENSTEIN ON COLLABORATION IN THE FIELD OF AUTHORISATION PROCEDURES FOR BIOCIDAL PRODUCTS IN ACCORDANCE WITH DIRECTIVE 98/8/EC OF THE EUROPEAN PARLIAMENT AND THE COUNCIL CONCERNING THE PLACING OF BIOCIDAL PRODUCTS ON THE MARKET. BERN, 18 MARCH 2011 [*United Nations, Treaty Series, vol. 2803, I-49279.*]

Termination in accordance with:

53806. Agreement between the Swiss Federal Council and the Principality of Liechtenstein on collaboration in the field of biocidal products authorisation process in accordance with Regulation (EU) No. 528/2012 of the European Parliament and European Council concerning the making available on the market and use of biocidal products. Bern, 21 September 2015, and Vaduz, 5 October 2015 [*United Nations, Treaty Series, vol. 3139, I-53806.*]

Entry into force: 4 November 2015
Registration with the Secretariat of the United Nations: Switzerland, 15 July 2016

Information provided by the Secretariat of the United Nations: 15 July 2016

Nº 49279. Suisse et Liechtenstein

ACCORD ENTRE LE CONSEIL FÉDÉRAL SUISSE ET LE GOUVERNEMENT DE LA PRINCIPAUTÉ DU LIECHTENSTEIN SUR LA COLLABORATION DANS LE DOMAINE DU PROCESSUS D'AUTORISATION DES PRODUITS BIOCIDES CONFORMÉMENT À LA DIRECTIVE 98/8/CE DU PARLEMENT EUROPÉEN ET DU CONSEIL CONCERNANT LA MISE SUR LE MARCHÉ DES PRODUITS BIOCIDES. BERNE, 18 MARS 2011 [*Nations Unies, Recueil des Traités, vol. 2803, I-49279.*]

Abrogation conformément à :

53806. Accord entre le Conseil fédéral suisse et le Gouvernement de la Principauté de Liechtenstein sur la collaboration dans le domaine des procédures d'autorisation des produits biocides conformément au Règlement (UE) nº 528/2012 du Parlement européen et du Conseil concernant la mise à disposition sur le marché et l'utilisation des produits biocides. Berne, 21 septembre 2015, et Vaduz, 5 octobre 2015 [*Nations Unies, Recueil des Traités, vol. 3139, I-53806.*]

Entrée en vigueur : 4 novembre 2015
Enregistrement auprès du Secrétariat de l'Organisation des Nations Unies : Suisse, 15 juillet 2016

Information fournie par le Secrétariat de l'Organisation des Nations Unies : 15 juillet 2016

No. 51362. Netherlands and Venezuela (Bolivarian Republic of)

EXCHANGE OF NOTES BETWEEN THE KINGDOM OF THE NETHERLANDS AND THE BOLIVARIAN REPUBLIC OF VENEZUELA CONSTITUTING AN AGREEMENT ON OVERFLIGHT PERMISSION FOR STATE AIRCRAFT. CARACAS, 4 JUNE 2012 AND 4 JULY 2012 [*United Nations, Treaty Series, vol. 2955, I-51362.*]

EXCHANGE OF NOTES CONSTITUTING AN AMENDMENT OF ANNEX I TO THE EXCHANGE OF NOTES BETWEEN THE KINGDOM OF THE NETHERLANDS AND THE BOLIVARIAN REPUBLIC OF VENEZUELA CONSTITUTING AN AGREEMENT ON OVERFLIGHT PERMISSION FOR STATE AIRCRAFT (WITH ANNEXES). THE HAGUE, 24 OCTOBER 2014, 20 JULY 2015 AND 30 NOVEMBER 2015, AND CARACAS, 2 NOVEMBER 2015 AND 18 JANUARY 2016

Entry into force: 18 January 2016, in accordance with the provisions of the said notes

Authentic texts: English and Spanish

Registration with the Secretariat of the United Nations: Netherlands, 1 July 2016

N° 51362. Pays-Bas et Venezuela (République bolivarienne du)

ÉCHANGE DE NOTES ENTRE LE ROYAUME DES PAYS-BAS ET LA RÉPUBLIQUE BOLIVARIENNE DU VENEZUELA CONSTITUANT UN ACCORD RELATIF À L'AUTORISATION DE SURVOL POUR LES AÉRONEFS D'ÉTAT. CARACAS, 4 JUIN 2012 ET 4 JUILLET 2012 [*Nations Unies, Recueil des Traités, vol. 2955, I-51362.*]

ÉCHANGE DE NOTES CONSTITUANT UN AMENDEMENT DE L'ANNEXE I À L'ÉCHANGE DE NOTES ENTRE LE ROYAUME DES PAYS-BAS ET LA RÉPUBLIQUE BOLIVARIENNE DU VENEZUELA CONSTITUANT UN ACCORD RELATIF À L'AUTORISATION DE SURVOL POUR LES AÉRONEFS D'ÉTAT (AVEC ANNEXES). LA HAYE, 24 OCTOBRE 2014, 20 JUILLET 2015 ET 30 NOVEMBRE 2015, ET CARACAS, 2 NOVEMBRE 2015 ET 18 JANVIER 2016

Entrée en vigueur : 18 janvier 2016, conformément aux dispositions desdites notes

Textes authentiques : anglais et espagnol

Enregistrement auprès du Secrétariat de l'Organisation des Nations Unies : Pays-Bas, 1er juillet 2016

[TEXT IN ENGLISH – TEXTE EN ANGLAIS]

I

NOTE

The Hague, 24 October 2014

MinBuZa.2014.636215

The Ministry of Foreign Affairs of the Kingdom of the Netherlands presents its compliments to the Embassy of the Bolivarian Republic of Venezuela and has the honour to draw its attention to the following information.

The Kingdom of the Netherlands hereby requests the Bolivarian Republic of Venezuela to add five types of State aircraft to annex I of the Agreement on overflight permission between the Kingdom of the Netherlands and the Bolivarian Republic of Venezuela (Caracas, 4 July 2012), and would appreciate a prompt response in connection with this matter.

The relevant types of State aircraft and their registration numbers are set out below.

Aircraft	Registration number
AW139	PH-FBH, PH-DCG
NH90	088, 227, 228, 233, 234, 258, 277, 316, 317, 318, 319, 324, 325, 326, 327
DASH-8	C-GRNN, C-GPAB
Chinook	D-890 to D-895
Fokker 70	PH-KBX

In addition, several aircraft are no longer in use and should be removed from annex I:

Aircraft	Registration number
SH-14D Lynx	260, 261, 262, 264, 265, 266, 267, 268, 269, 270, 271, 272, 273, 274, 276, 277, 278, 279, 280, 281, 283
AS355 Twinstar	PH-HVH
Fokker F-50	U-05-06
DC-10-30F	T-255
DASH-8	PH-CGA, PH-CGB
NH90-NFH	N-008
Koffer 70	PH-KBX

The Ministry of Foreign Affairs takes this opportunity to convey to the Embassy the renewed assurances of its highest consideration.

Honourable Embassy of the Bolivarian Republic of Venezuela

II

EMBASSY OF THE BOLIVARIAN REPUBLIC OF VENEZUELA

The Hague, 20 July 2015

No.035/2015

The Embassy of the Bolivarian Republic of Venezuela to the Kingdom of the Netherlands presents its compliments to the Ministry of Foreign Affairs of the Kingdom of the Netherlands and has the honour to draw its attention to the following information in relation to the content of its note verbale No. MinBuZa.2014.636215 dated 24 October 2014.

The Bolivarian Republic of Venezuela hereby requests the Kingdom of the Netherlands to incorporate State aircraft into annex I of the Agreement on overflight permission between the Kingdom of the Netherlands and the Bolivarian Republic of Venezuela (Caracas, 4 July 2013), and would appreciate a response in connection with this matter.

The relevant types of State aircraft and their registration numbers are set out below.

Aircraft type	Registration number
Sky Truck (M-28)	GNB-96105, GBN-96106, GNB-96107
Super King (BE-20)	EV-07190, AB-0212, GNB-8270, GNB-8274, FAV-5134, AMB-1112
Beechcraft King (BE-90)	AB-0201
Sikorsky	EV-8437
MI-17	EV-0797
Aviocar Casa 212-200 (C-212)	TR-08118, AB-0204
Aviocar Casa 212-400 (C-212)	AB-0218, AB-0217
Falcon 50	YV-2165
Cougar (AS-532)	AMB-59194
Cessna C-550	AMB-0403, YV-2766
Super King BE-350	AMB-1111, AMB-2836
Y-8F200W (AN-12)	FAV-0102, FAV-1909, FAV-2509, FAV-2810, FAV-2803, FAV-2410, FAV-1192, FAV-2703
Shorts SD-360	FAV-2358
SD-3-30	FAV-2110
DO-228	YV-2980, YV-3000, YV-3083
Cessna C-208	FAV-0956, FAV-1708, FAV-2406, FAV-4292
Cessna C-206	FAV-0505, FAV-0506, FAV-1235, FAV-1257, FAV-1328, FAV-1565, FAV-1810, FAV-2104, FAV-2154, FAV-2709, FAV-2964, FAV-3110

In addition, several aircraft are no longer in use and should be removed from annex I:

Aircraft type	Registration number
MI-17	AB-0610, AB-0609
KC-707	FAV-8747, FAV-6944
Bell-214ST	FAV-2611
Super Puma (AS-332)	FAV-2216, FAV-3312, FAV-4423
Cessna C-550	FAV-0002, FAV-222
Cessna C-551	FAV-1967
Cessna C-750	FAV-1060
Cessna C-500	FAV-0222
Beriev BE-200	FAV-2540, FAV-3280, FAV-3150, FAV-2840
C-26	FAV-1964
F-20	FAV-1650

The Embassy of the Bolivarian Republic of Venezuela takes this opportunity to convey to the Ministry of Foreign Affairs of the Kingdom of the Netherlands the renewed assurances of its highest consideration.

Honourable Ministry of Foreign Affairs of the Kingdom of the Netherlands
Western Hemisphere Department
The Hague

III

BOLIVARIAN REPUBLIC OF VENEZUELA
MINISTRY OF PEOPLE'S POWER FOR FOREIGN AFFAIRS
OFFICE OF THE DEPUTY MINISTER FOR EUROPE

Caracas, 2 November 2015

I.DVM Europa No. 00420
Env.2016.1318
MinBuZa.2016.79428

The Ministry of People's Power for Foreign Affairs of the Bolivarian Republic of Venezuela, Office of the Deputy Minister for Europe, presents its compliments to the Honourable Embassy of the Kingdom of the Netherlands, accredited to the Government of the Bolivarian Republic of Venezuela, and takes this opportunity to inform it that, in accordance with the Agreement on the overflight of State aircraft over the territory of the Bolivarian Republic of Venezuela and the Kingdom of the Netherlands, annex I, the Defence Command of the Integrated Aerospace Force of the Bolivarian National Armed Forces has indicated that it "has no objection with regard to the aircraft included by the Kingdom of the Netherlands, provided that paragraph 2 of the terms on which the aforementioned Agreement is based is complied with".

Attached is a list of State aircraft that belong to the Bolivarian National Armed Forces and are to be included in or excluded from annex I of the Agreement in question. This list amends the content of note verbale No. 035/2015 dated 20 April 2015 from the Embassy of Venezuela in the Kingdom of the Netherlands by incorporating the Embraer 190 (E-190) aircraft, with abbreviation YV-3016.

The Ministry of People's Power for Foreign Affairs of the Bolivarian Republic of Venezuela, Office of the Deputy Minister for Europe, takes this opportunity to convey to the Honourable Embassy of the Kingdom of the Netherlands, accredited to the Government of the Bolivarian Republic of Venezuela, the renewed assurances of its highest consideration.

Honourable Embassy of the Kingdom of the Netherlands

List of State aircraft that belong to the Bolivarian National Armed Forces and are to be included in annex I of the Agreement on the overflight of State aircraft over the territory of the Bolivarian Republic of Venezuela and the Kingdom of the Netherlands

Aircraft type	Abbreviation (Registration)
Sky Truck (M-28)	GNB-96105, GNB-96106, GNB-96107
Super King (BE-20)	EV-07190, AB-0212, GNB-8270, GNB-8274, FAV-5134, AMB-1112
Beechcraft King (BE-90)	AB-0201
Sikorsky	EV-8437
MI-17	EV-0797
Aviocar Casa 212-200 (C-212)	TR-08118, AB-0204
Aviocar Casa 212-400 (C-212)	AB-0218, AB-0217
Falcon 50	YV-2165
Cougar (AS-532)	AMB-59194
Cessna C-550	AMB-0403, YV-2766
Super King BE-350	AMB-1111, AMB-2836
Y-8F200W (AN-12)	FAV-0102, FAV-1909, FAV-2509, FAV-2810, FAV-2803, FAV-2410, FAV-1192, FAV-2703
Shorts SD-360	FAV-2358
SD-3-30	FAV-2110
DO-228	YV-2980, YV-3000, YV-3083
Cessna C-206	FAV-0505, FAV-0506, FAV-1235, FAV-1257, FAV-1328, FAV-1565, FAV-1810, FAV-2104, FAV-2154, FAV-2709, FAV-2964, FAV-3110
Embraer 190 (E-190)	YV-3016

Legend:

AB: Armada Bolivariana (Bolivarian Navy)

AMB: Aviación Militar Bolivariana (Bolivarian Air Force)

EB: Ejército Bolivariano (Bolivarian Army)

EV: Ejército Venezolano (Venezuelan Army)

FAV: Fuerza Aérea Venezolana (Venezuelan Air Force)

GNB: Guardia Nacional Bolivariana (Bolivarian National Guard)

TR: Designator for transport aircraft

YV: ICAO designator for Venezuela

List of State aircraft that belong to the Bolivarian National Armed Forces and are to be excluded from annex I of the Agreement on the overflight of State aircraft over the territory of the Bolivarian Republic of Venezuela and the Kingdom of the Netherlands

Aircraft type	Abbreviation (Registration)
MI-17	AB-0610, AB-0609
KC-707	FAV-8747, FAV-6944
Bell-214ST	FAV-2611
Super Puma (AS-332)	FAV-2216, FAV-3312, FAV-4423
Cessna C-550	FAV-0002, FAV-222
Cessna C-551	FAV-1967
Cessna C-750	FAV-1060
Cessna C-500	FAV-0222
Beriev BE-200	FAV-2540, FAV-3280, FAV-3150, FAV-2840
C-26	FAV-1964
F-20	FAV-1650

RODRIGO GUERRERO CONTRERAS
Major General
Integrated Aerospace Defence Commander

"Custodians of defence"

Chávez lives! The fatherland continues!

Independence and socialist fatherland…we shall live and we shall win!

IV

WESTERN HEMISPHERE DIRECTORATE

The Hague, 30 November 2015

MinBuZa.2015.654108

The Ministry of Foreign Affairs of the Kingdom of the Netherlands presents its compliments to the Ministry of People's Power for Foreign Affairs of the Bolivarian Republic of Venezuela and has the honour to refer to the following notes verbales regarding the amendment of annex I of the Agreement on overflight permission between the Kingdom of the Netherlands and the Bolivarian Republic of Venezuela (Caracas, 4 July 2013):

- Note verbale from the Ministry of Foreign Affairs of the Kingdom of the Netherlands No. MinBuZa.2014.636215 dated 24 October 2014
- Note verbale from the Embassy of the Bolivarian Republic of Venezuela No. 035/2015 dated 20 July 2015
- Note verbale from the Ministry of People's Power for Foreign Affairs of the Bolivarian Republic of Venezuela I. DVM Europa No. 00420 dated 2 November 2015, confirming that the Bolivarian Republic of Venezuela accepts the amendment to annex I of the aforementioned Agreement, as proposed by the Kingdom of the Netherlands in note verbale No. MinBuZa.2014.636215 dated 24 October 2014

The Ministry has the honour to inform the Ministry of People's Power for Foreign Affairs of the Bolivarian Republic of Venezuela that the Kingdom of the Netherlands accepts the amendment to annex I of the Agreement, as proposed by the Bolivarian Republic of Venezuela in the note verbale dated 20 July 2015 from the Venezuelan Embassy, as confirmed and corrected by the note verbale dated 2 November 2015 from the Ministry.

The Ministry of Foreign Affairs of the Kingdom of the Netherlands hereby confirms that the relevant provisions of the Agreement on overflight permission apply to the aircraft included in annex I. Furthermore, the Ministry has the honour to propose that, in accordance with paragraph 10 of the aforementioned Agreement, the notes on the amendment of annex I of the Agreement on overflight permission between the Kingdom of the Netherlands and the Bolivarian Republic of Venezuela – the note verbale dated 24 October 2014, the note verbale dated 20 July 2015, the note verbale dated 2 November 2015, the present note verbale and the reply from the Ministry of People's Power for Foreign Affairs of the Bolivarian Republic of Venezuela – constitute an agreement between the Kingdom of the Netherlands and the Bolivarian Republic of Venezuela.

Lastly, the Ministry proposes that this agreement on the amendment of annex I, as attached, enter into force on the date of the note verbale from the Ministry confirming the agreement and its entry into force.

The Ministry of Foreign Affairs of the Kingdom of the Netherlands takes this opportunity to convey to the Ministry of People's Power for Foreign Affairs of the Bolivarian Republic of Venezuela the renewed assurances of its highest consideration.

Annex: Annex I of the Agreement on overflight permission between the Kingdom of the Netherlands and the Bolivarian Republic of Venezuela, as amended

MINISTRY OF FOREIGN AFFAIRS

Ministry of People's Power for Foreign Affairs of
the Bolivarian Republic of Venezuela

ANNEX TO NOTE VERBALE NO. MINBUZA.2015.654108

ANNEX I OF THE AGREEMENT ON OVERFLIGHT PERMISSION BETWEEN THE KINGDOM OF THE NETHERLANDS AND THE BOLIVARIAN REPUBLIC OF VENEZUELA, AS AMENDED

List of State aircraft (transport and cargo aircraft) of the Bolivarian National Armed Forces and the autonomous transport service of the national executive branch

Aircraft	Registration number
Airbus 319CJ	FAV-0001
Boeing 737	FAV-0207
Falcon 50	FAV-0018
Cougar AS532UL	FAV-0559 -2491 -2124
BE-200	YV-O-103 -104 -107 -108 -173 –YV-O-SATA 1-2-3-4-5-6
C-26	FAV-0009
C-130H	FAV-3134 -2716 -4951 -4224 -5320 -9508
Shorts SD-360	FAV-2469
Cougar	FAV-0133 -0562 -1487 -1982 -2544 -2124 -4135 -6164
Super Puma	FAV-0121 -5110 -6014 -7425
Bell	AB-0302 -0605 -0602
Casa	AB-0401 -0204 -0217
MI-17	EV-0672 -0673 -0674 -0679 -0680 -0796 -0797 -0798 -0799 -07100 -07105 -07106 -08107 -08108 -08109 -08111 -08112 -08113 AMB-1811 -0507 -0705 -0804 -1607 -2909
M-28	EV-9960 -9961 -0062 -0063 -0064 -0065 -0066 -0067 -0068 -0069 -0070 -0071
Arava	EV-8014 -8118 -9959
Sikorsky	EV-8437 -8438 -8439
MI-26T	EV-0681 -07103 -07104
BE-200	EV-7910 -0688
BE-90	EV-7702
SW3	YV-O-132
BE-300	YV-O-175
AC-690	YV-O-115-143
DA-42-DIAMOND	YV-O-160 -161 -162 -163 -164 -165
MI-172	YV-O-109 -110 -111
Sky Truck (M-28)	GNB-96105, GNB-96106, GNB-96107
Super King (BE-20)	EV-07190, AB-0212, GNB-8270, GNB-8274, FAV-5134, AMB-1112
Beechcraft King (BE-90)	AB-0201
Aviocar Casa 212-200 (C-212)	TR-08118, AB-0204
Aviocar Casa 212-400 (C-212)	AB-0218, AB-0217
Falcon 50	YV-2165
Cougar (AS-532)	AMB-59194
Cessna C-550	AMB-0403, YV-2766

Super King BE-350	AMB-1111, AMB-2836
Y-8F200W (AN-12)	FAV-0102, FAV-1909, FAV-2509, FAV-2810, FAV-2803, FAV-2410, FAV-1192, FAV-2703
Shorts SD-360	FAV-2358
SD-3-30	FAV-2110
DO-228	YV-2980, YV-3000, YV-3083
Cessna C-208	FAV-0956, FAV-1708, FAV-2406, FAV-4292
Cessna C-206	FAV-0505, FAV-0506, FAV-1235, FAV-1257, FAV-1328, FAV-1565, FAV-1810, FAV-2104, FAV-2154, FAV-2709, FAV-2964, FAV-3110
Embraer 190 (E-190)	Abbreviation YV-3016

List of State aircraft (transport and cargo aircraft) of the Kingdom of the Netherlands

Aircraft	**Registration number**
C-130H-30 Hercules	G-273, 275, 781, 988
G-IV Gulfstream	V-11
KDC-10	T-235 -264
Dornier 228	PH-CGN, PH-CGC
Cougar	S-400 -419 -433 -440 -441 -442 -444 -445 -447 -450 -453 -454 -456 -457 -458 -459
Chinook	D-661 -662 -663 -664 -665 -666 -667 -101 -102 -103 -106 -890 -891 -892 -893 -894 -895
NH90-NFH	N-102 -110 -164 -175 -195
AW139	PH-FBH, PH-DCG
NH90	088, 227, 228, 233, 234, 258, 277, 316, 317, 318, 319, 324, 325, 326, 327
DASH-8	C-GRNN, C-GPAB
Fokker 70	PH-KBX

V

BOLIVARIAN REPUBLIC OF VENEZUELA
MINISTRY OF PEOPLE'S POWER FOR FOREIGN AFFAIRS
OFFICE OF THE DEPUTY MINISTER FOR NORTH AMERICA AND EUROPE

Caracas, 18 January 2016

I.DVMANE-No. 00020
Env.2016.1318
MinBuZa.2016.79421

The Ministry of People's Power for Foreign Affairs of the Bolivarian Republic of Venezuela, Office of the Deputy Minister for North America and Europe, presents its compliments to the Honourable Embassy of the Kingdom of the Netherlands and takes this opportunity to reply to its note verbale No. MinBuZa 2015.654108 dated 30 November 2015, in which the Ministry of Foreign Affairs of the Kingdom of the Netherlands indicates that it "accepts the amendment to annex I of the Agreement, as proposed by the Bolivarian Republic of Venezuela in the note verbale dated 20 July 2015 from the Venezuelan Embassy, as confirmed and corrected by the note verbale dated 2 November 2015 from the Ministry".

In this regard, the Honourable Embassy of the Kingdom of the Netherlands is hereby informed that the Integrated Aerospace Defence Command, Strategic Operational Command of the National Armed Forces of the Bolivarian Republic of Venezuela, has stated that it has no objection regarding the aircraft included in the annex to note verbale No. MinBuZa.2015.654108 dated 30 November 2015 and consequently accepts the proposal of the Kingdom of the Netherlands, provided that paragraph 2 of the terms on which the aforementioned Agreement is based is complied with.

Therefore, attached is the list of State aircraft (transport and cargo aircraft) that belong to the Bolivarian National Armed Forces and are included in annex I of the Agreement on the overflight of State aircraft over the territory of the Bolivarian Republic of Venezuela and the Kingdom of the Netherlands.

The Ministry of People's Power for Foreign Affairs of the Bolivarian Republic of Venezuela, Office of the Deputy Minister for North America and Europe, takes this opportunity to convey to the Honourable Embassy of the Kingdom of the Netherlands the renewed assurances of its highest consideration.

The Honourable Embassy of the Kingdom of the Netherlands
Caracas

List of State aircraft that belong to the Bolivarian National Armed Forces and are to be included in annex I of the Agreement on the overflight of State aircraft over the territory of the Bolivarian Republic of Venezuela and the Kingdom of the Netherlands

Aircraft type	Abbreviation (Registration)
Sky Truck (M-28)	GNB-96105, GNB-96106, GNB-96107
Super King (BE-20)	EV-07190, AB-0212, GNB-8270, GNB-8274, FAV-5134, AMB-1112
Beechcraft King (BE-90)	AB-0201
Sikorsky	EV-8437
MI-17	EV-0797
Aviocar Casa 212-200 (C-212)	TR-08118, AB-0204
Aviocar Casa 212-400 (C-212)	AB-0218, AB-0217
Falcon 50	YV-2165
Cougar (AS-532)	AMB-59194
Cessna C-550	AMB-0403, YV-2766
Super King BE-350	AMB-1111, AMB-2836
Y-8F200W (AN-12)	FAV-0102, FAV-1909, FAV-2509, FAV-2810, FAV-2803, FAV-2410, FAV-1192, FAV-2703
Shorts SD-360	FAV-2358
SD-3-30	FAV-2110
DO-228	YV-2980, YV-3000, YV-3083
Cessna C-206	FAV-0505, FAV-0506, FAV-1235, FAV-1257, FAV-1328, FAV-1565, FAV-1810, FAV-2104, FAV-2154, FAV-2709, FAV-2964, FAV-3110
Embraer 190 (E-190)	YV-3016

Legend:

AB: Armada Bolivariana (Bolivarian Navy)

AMB: Aviación Militar Bolivariana (Bolivarian Air Force)

EB: Ejército Bolivariano (Bolivarian Army)

EV: Ejército Venezolano (Venezuelan Army)

FAV: Fuerza Aérea Venezolana (Venezuelan Air Force)

GNB: Guardia Nacional Bolivariana (Bolivarian National Guard)

TR: Designator for transport aircraft

YV: ICAO designator for Venezuela

List of State aircraft that belong to the Bolivarian National Armed Forces and are to be excluded from annex I of the Agreement on the overflight of State aircraft over the territory of the Bolivarian Republic of Venezuela and the Kingdom of the Netherlands

Aircraft type	Abbreviation (Registration)
MI-17	AB-0610, AB-0609
KC-707	FAV-8747, FAV-6944
Bell-214ST	FAV-2611
Super Puma (AS-332)	FAV-2216, FAV-3312, FAV-4423
Cessna C-550	FAV-0002, FAV-222
Cessna C-551	FAV-1967
Cessna C-750	FAV-1060
Cessna C-500	FAV-0222
Beriev BE-200	FAV-2540, FAV-3280, FAV-3150, FAV-2840
C-26	FAV-1964
F-20	FAV-1650

RODRIGO GUERRERO CONTRERAS
Major General
Integrated Aerospace Defence Commander

"Custodians of defence"

Chávez lives! The fatherland continues!

Independence and socialist fatherland…we shall live and we shall win!

[TEXT IN SPANISH – TEXTE EN ESPAGNOL]

I

27 OKT. 2014

nota

MinBuZa.2014.636215

El Ministerio de Asuntos Exteriores del Reino de los Países Bajos presenta sus respetos a la Embajada de la República Bolivariana de Venezuela y tiene el honor de solicitar a la embajada su atención sobre lo siguiente
El Reino de los Países Bajos ruega a la República Bolivariana de Venezuela que añada cinco tipos de aeronaves de Estado al Anexo I del Acuerdo de Autorización de Sobrevuelo entre el Reino de los Países Bajos y la República Bolivariana de Venezuela (Caracas, 4 de julio de 2012) y agradecería una reacción rápida sobre esta cuestión.
Se trata de los siguientes tipos de aeronaves de Estado, con los correspondientes números de registro.

AERONAVES	NÚMEROS de REGISTRO
AW139	PH-FBH, PH-DCG
NH90	088, 227, 228 233, 234, 258, 277 316, 317, 318, 319, 324, 325, 326, 327
DASH-8	C-GRNN, C-GPAB
CHINOOK	D-890 hasta D-895
FOKKER 70	PH-KBX

Asimismo, han dejado de utilizarse varias aeronaves, que deberán eliminarse del Anexo I:

AERONAVES	NUMEROS de REGISTRO
SH-14D Lynx ^	260, 261, 262, 264, 265, 266, 267, 268, 269, 270, 271, 272, 273, 274, 276, 277. 278, 279, 280, 281, 283
AS355 Twinstar	PH-HVH

27 OCT. 2014

Fokker F-50	U-05 -06
DC-10-30F	T-255
DASH-8	PH-CGA, PH-CGB
NH90-NFH	N-008
KOFFER 70	PH-KBX

El Ministerio de Asuntos Exteriores aprovecha la ocasión para reiterarle las seguridades de su más alta consideración.

La Haya, 24 de octubre de 2014.
A la Honorable Embajada de la República Bolivariana

MINISTRY OF FOREIGN AFFAIRS
2100

II

EMBAJADA DE LA REPÚBLICA
BOLIVARIANA DE VENEZUELA

No. 035/2015

La Embajada de la República Bolivariana de Venezuela ante el Reino de los Paises Bajos presenta sus respetos al Ministerio de Asuntos Exterios del Reino de los Países Bajos y tiene el honor de hacer referencia a su Nota Verbal MinBuZa.2014.636215 de fecha 24 de Octubre de 2014, en relación a su contenido desea llamar su atención sobre lo siguiente:

La República Bolivariana de Venezuela ruega al Reino de Los Países Bajos incorporar las Aeronaves de Estado al Anexo I del Acuerdo de Autorización de Sobrevuelo entre el Reino de Los Paises Bajos y la República Bolivariana de Venezuela (Caracas, 04 de julio de 2013) y agradecería una reacción sobre esta cuestión.

Se trata de los siguientes tipos de aeronaves de Estado, con los correspondientes números de registro:

TIPO DE AERONAVE	NUMERO DE REGISTRO
SKY TRUCK (M-28)	GNB-96105, GBN-96106, GNB-96107
SUPERKING (BE-20)	EV-07190, AB-0212, GNB-8270, GNB-8274, FAV-5134, AMB-1112
BEECHCRAFT KING (BE-90)	AB-0201
SIKORSKY	EV-8437
MI-17	EV-0797
AVIOCAR CASA 212-200 (C-212)	TR-06118, AB-0204
AVIOCAR CASA 212-400 (C-212)	AB-0218, AB-0217
FALCON 50	YV-2165
COUGAR (AS-532)	AMB-59194
CESSNA C-550	AMB-0403,YV-2766
SUPER KING BE-350	AMB-1111, AMB-2836
Y-8F200W (AN-12)	FAV-0102, FAV-1909, FAV-2509, FAV-2810, FAV-2803, FAV-2410, FAV-1192, FAV-2703
SHORTS SD-360	FAV-2358
SD-3-30	FAV-2110
DO-228	YV-2980, YV-3000, YV-3083
CESSNA C-208	FAV-0956,FAV-1708, FAV-2406, FAV-4292

EMBAJADA DE LA REPÚBLICA
BOLIVARIANA DE VENEZUELA

CESSNA C-206	FAV-0505, FAV-0506, FAV-1235, FAV-1257, FAV-1328, FAV-1565, FAV-1810, FAV-2104, FAV-2154, FAV-2709, FAV-2964, FAV-3110

Así mismo han dejado de utilizarse varias aeronaves, que deberan eliminarse del Anexo I:

TIPO DE AERONAVE	NUMERO DE REGISTRO
MI-17	AB-0610, AB-0609
KC-707	FAV-8747, FAV-6944
BELL-214ST	FAV-2611
SUPER PUMA (AS-332)	FAV-2216, FAV-3312, FAV-4423
CESSNA C-550	FAV-0002, FAV-222
CESSNA C-551	FAV-1967
CESSNA C-750	FAV-1060
CESSNA C-500	FAV-0222
BERIEV BE-200	FAV-2540, FAV-3280, FAV-3150, FAV-2840
C-26	FAV-1964
F-20	FAV-1650

La Embajada de la República Bolivariana de Venezuela aprovecha la ocasión para reiterarle al Ministerio de Asuntos Exteriores del Reino de Países Bajos las seguridades de su mas alta estima y consideración.

La Haya, 20 de Julio de 2015.

Al Honorable Ministerio de Asuntos Exteriores
del Reino de los Países Bajos.
Departamento para el Hemisferio Occidental
La Haya.

III*

REPÚBLICA BOLIVARIANA DE VENEZUELA
MINISTERIO DEL PODER POPULAR PARA
RELACIONES EXTERIORES
DESPACHO DEL VICEMINISTRO PARA EUROPA

I. DVM EUROPA Nº 00420

El Ministerio del Poder Popular para Relaciones Exteriores de la República Bolivariana de Venezuela, Despacho del Viceministro para Europa, saluda muy atentamente a la Honorable Embajada del Reino de los Países Bajos, acreditada ante el Gobierno de la República Bolivariana de Venezuela, en la oportunidad de hacer de su conocimiento que en el marco del Acuerdo de Sobrevuelos de Aeronaves de Estado sobre el territorio de la República Bolivariana de Venezuela y el Reino de los Países Bajos, Anexo 1, el Comando de Defensa de la Fuerza Aeroespacial Integral de la Fuerza Armada Nacional Bolivariana, ha comunicado que "no tiene objeción al respecto de las aeronaves incluidas por el Reino de los Países Bajos, siempre y cuando se cumpla con lo estipulado en el numeral 2 de los términos que dieron lugar al referido acuerdo".

Asimismo, se anexa listado de aeronaves de Estado pertenecientes a la Fuerza Armada Nacional Bolivariana a ser incluidas y excluidas del Anexo 1 del acuerdo en comentario, el cual tiene una modificación al contenido en la Nota Verbal N° 035/2015 de fecha 20/04/2015 de la Embajada de Venezuela en el Reino de los Países Bajos al incorporarse la aeronave EMBRAER 190(E-190), SIGLAS YV-3016.

El Ministerio del Poder Popular para Relaciones Exteriores de la República Bolivariana de Venezuela, Despacho del Viceministro para Europa, se vale de la ocasión para renovar a la Honorable Embajada del Reino de los Países Bajos, acreditada ante el Gobierno de la República Bolivariana de Venezuela, las seguridades de su más alta estima y distinguida consideración.

Caracas, 02 NOV 2015

REPÚBLICA BOLIVARIANA DE VENEZUELA
MINISTERIO DEL PODER POPULAR PARA RELACIONES EXTERIORES
DESPACHO DEL VICEMINISTRO PARA EUROPA

A la Honorable
Embajada del Reino de los Países Bajos

ENV-2016.1318
minbuza.2016.79428

*Published as submitted – Publié tel que soumis.

Anexo al oficio Nº ____________

de fecha ________ DE OCTUBRE DE 2015

LISTADO DE AERONAVES DE ESTADO PERTENECIENTES A LA FUERZA ARMADA NACIONAL BOLIVARIANA A SER INCLUIDAS EN EL ANEXO I DEL ACUERDO DE SOBREVUELO DE AERONAVES DE ESTADO SOBRE TERRITORIO DE LA REPÚBLICA BOLIVARIANA DE VENEZUELA Y EL REINO DE LOS PAÍSES BAJOS

TIPO DE AERONAVE	SIGLAS (MATRICULAS)
SKY TRUCK (M-28)	GNB-95105, GNB-95106, GNB-95107
SUPERKING (BE-20)	EV-07190, AB-0212, GNB-5270, GNB-8274, FAV-5194, AMB-1112
BEECHCRAFT KING (BE-90)	AB-0201
SIKORSKY	EV-8437
MI-17	EV-0797
AVIOCAR CASA 212-200 (C-212)	TR-05113, AB-0204
AVIOCAR CASA 212-400 (C-212)	AB-0216, AB-0217
FALCON 50	YV-2165
COUGAR (AS-532)	AMB-59194
CESSNA C-550	AMB-0403, YV-2755
SUPER KING BE-350	AMB-1111, AMB -2836
Y-8F200W (AN-12)	FAV-0102, FAV-1909, FAV-2503, FAV-2810, FAV-2903, FAV-2410, FAV-1192, FAV-2703
SHORTS SD-360	FAV-2358
SD-3-30	FAV-2110
DO-228	YV-2980, YV-3000, YV-3093
CESSNA C-208	FAV-0956, FAV-1708, FAV-2408, FAV-4292
CESSNA C-206	FAV-0505, FAV-0506, FAV-1235, FAV-1257, FAV-1328, FAV-1565, FAV-1310, FAV-2104, FAV-2154, FAV-2709, FAV-2964, FAV-3110
EMBRAER 190 (E-190)	YV-3015

LEYENDA:

AB: ARMADA BOLIVARIANA
AMB: AVIACIÓN MILITAR BOLIVARIANA
EB: EJÉRCITO BOLIVARIANO
EV: EJÉRCITO VENEZOLANO
FAV: FUERZA AÉREA VENEZOLANA
GNB: GUARDIA NACIONAL BOLIVARIANA
TR: DESIGNADOR PARA AERONAVES EN MISIONES DE TRANSPORTE
YV: DESIGNADOR OACI PARA VENEZUELA

LISTADO DE AERONAVES DE ESTADO PERTENECIENTES A LA FUERZA ARMADA NACIONAL BOLIVARIANA A SER EXCLUIDAS DEL ANEXO I DEL ACUERDO DE SOBREVUELO DE AERONAVES DE ESTADO SOBRE TERRITORIO DE LA REPÚBLICA BOLIVARIANA DE VENEZUELA Y EL REINO DE LOS PAÍSES BAJOS

TIPO DE AERONAVE	SIGLAS (MATRICULAS)
MI-17	AB-0610, AB-0509
KC-707	FAV-3747, FAV-9944
BELL-214ST	FAV-2611
SUPER PUMA (AS-332)	FAV-2216, FAV-3312, FAV-4423

Pág. 1/2

Anexo a oficio N° ________
de fecha 21 ________ DE OCTUBRE DE 2016.

CESSNA C-550	FAV 0002, FAV-222
CESSNA C-551	FAV-1957
CESSNA C-750	FAV-1060
CESSNA C-500	FAV-0222
BERIEV BE-200	FAV 2540, FAV-3290, FAV-5150, FAV-2840
C-26	FAV-1984
F-20	FAV-1650

RODRIGO GUERRERO CONTRERAS
GENERAL DE DIVISIÓN
COMANDANTE DE DEFENSA AEROESPACIAL INTEGRAL
"GUARDIANES PARA LA DEFENSA"

CHÁVEZ VIVE....! ¡LA PATRIA SIGUE....!
INDEPENDENCIA Y PATRIA SOCIALISTA...¡VIVIREMOS Y VENCEREMOS!

JHTO/.../YBS
21OCT2016

Pág. 2/2

IV

Dirección del Hemisferio Occidental
MinBUZA.2015.654108

El Ministerio de Asuntos Exteriores del Reino de los Países Bajos presenta sus respetos al Ministerio del Poder Popular para Relaciones Exteriores de la República Bolivariana de Venezuela y tiene el honor de hacer referencia a las Notas Verbales siguientes en relación de la enmienda del Anexo I del Acuerdo de Autorización de Sobrevuelo entre el Reino de los Países Bajos y la República Bolivariana de Venezuela (Caracas, 04 de julio de 2013):

- Nota Verbal del Ministerio de Asuntos Exteriores del Reino de los Países Bajos No. MinBuza.2014.636215 de fecha 24 de octubre de 2014,
- Nota Verbal de la Embajada de la República Bolivariana de Venezuela No. 035/2015 de fecha 20 de julio de 2015,
- Nota Verbal del Ministerio del Poder Popular para Relaciones Exteriores de la República Bolivariana de Venezuela "I. DVM Europa No 00420" de fecha 2 de noviembre 2015, confirmando que la República Bolivariana de Venezuela acepta la enmienda del Anexo I del Acuerdo mencionado, propuesta por el Reino de los Países Bajos en Note Verbal No. MinBuza.2014.636215 de fecha 24 de octubre de 2014.

El Ministerio tiene el honor de informar al Ministerio del Poder Popular para Relaciones Exteriores de la República Bolivariana de Venezuela que el Reino de los Países Bajos acepta la enmienda del Anexo I del Acuerdo propuesta por la República Bolivariana de Venezuela en la Nota Verbal de la Embajada Venezolana de fecha 20 de julio 2015, confirmada y corregida por la Nota Verbal del Ministerio de fecha 2 de noviembre 2015.

El Ministerio de Asuntos Exteriores del Reino de los Países Bajos confirma que las estipulaciones pertinentes del Acuerdo de Autorización de Sobrevuelo se aplican a las aeronaves incluidas en el Anexo I. Además El Ministerio tiene el honor de proponer que, conforme a la estipulación 10 del Acuerdo mencionado, las Notas sobre la enmienda del Anexo I del Acuerdo de Autorización de Sobrevuelo entre el Reino de los Países Bajos y la República Bolivariana de Venezuela - la Nota Verbal de fecha 24 de octubre de 2014, la Nota Verbal de fecha 20 julio de 2015, la Nota Verbal de fecha 2 de noviembre 2015, la presente Nota Verbal y la Nota Verbal de respuesta del Ministerio del Poder Popular para Relaciones Exteriores de la República Bolivariana de Venezuela - constituirán un acuerdo entre el Reino de los Países Bajos y la República Bolivariana de Venezuela.
Finalmente El Ministerio propone que este acuerdo sobre la enmienda del Anexo I, como incluido, entrará en vigor en la fecha de la Nota Verbal del Ministerio confirmando el acuerdo y confirmando la entrada en vigor del acuerdo.

El Ministerio de Asuntos Exteriores del Reino de los Países Bajos aprovecha la ocasión para reiterarle al Ministerio del Poder Popular para Relaciones Exteriores de la República Bolivariana de Venezuela las seguridades de su más estima y alta consideración.

Anexo: Anexo I del Acuerdo de Autorización de Sobrevuelo entre el Reino de los Países Bajos y la República Bolivariana de Venezuela en su versión enmendada

La Haya, 30 de noviembre de 2015

Ministerio del Poder Popular para Relaciones Exteriores
de la República Bolivariana de Venezuela

Anexo a la Nota Verbal no. MinBUZA.2015.654108

Anexo I al Acuerdo sobre de Autorización de Sobrevuelo entre el Reino de los Países Bajos y la República Bolivariana de Venezuela, como enmendado

LISTADO DE LAS AERONAVES DE ESTADO (AERONAVES DE TRANSPORTE Y CARGA) DE LA FUERZA ARMADA NACIONAL BOLIVARIANA Y DEL SERVICIO AUTÓNOMO DE TRANSPORTE DEL EJECUTIVO NACIONAL

AERONAVES	NÚMEROS DE REGISTRO
AIRBUS 319CJ	FAV-0001
BOEING 737	FAV-0207
FALCON 50	FAV-0018
COUGAR AS532UL	FAV-0559 -2491 -2124
BE-200	YV-O-103 -104 -107 -108 -173 -YV-O-SATA 1-2-3-4-5-6
C-26	FAV -0009
C-130H	FAV-3134 -2716 -4951 -4224 -5320 -9508
SHORTS SD-360	FAV-2469
COUGAR	FAV-0133 -0562 -1487 -1982 -2544 -2124 -4135 -6164
SUPER PUMA	FAV-0121 -5110 -6014 -7425
BELL	AB-0302 -0605 -0602
CASA	AB-0401 -0204 -0217
MI-17	EV-0672 -0673 -0674 -0679 -0680 -0796 -0797 -0798 -0799 -07100 -07105 -07106 -08107 -08108 -08109 -08111 -08112 -08113 AMB-1811 -0507 -0705 -0804 -1607 -2909
M-28	EV-9960 -9961 -0062 -0063 -0064 -0065 -0066 -0067 -0068 -0069 -0070 -0071
ARAVA	EV-8014 -8118 -9959
SIKORSKY	EV-8437 -8438 -8439
MI-26T	EV-0681 -07103 -07104
BE-200	EV-7910 -0688
BE-90	EV-7702
SW3	YV-O-132
BE-300	YV-O-175
AC-690	YV-O-115 -143
DA-42 DIAMOND	YV-O-160 -161 -162 -163 -164 -165
MI-172	YV-O-109 -110 -111
Sky truck (M-28)	GNB-96105, GNB-96106, GNB-96107
Superking (BE-20)	EV-07190, AB-0212, GNB-8270, GNB-

	8274, FAV-5134, AMB-1112
Beechcraft King (BE-90)	AB-0201
Aviocar Casa 212-200 (C-212)	TR-08118, AB-0204
Aviocar Casa 212-400 (C-212)	AB-0218, AB-0217
Falcon 50	YV-2165
Cougar (AS-532)	AMB-59194
Cessna C-550	AMB-0403, YV-2766
Superking BE-350	AMB-1111, AMB-2836
Y-8F200W (AN-12)	FAV-0102, FAV-1909, FAV-2509, FAV-2810, FAV-2803, FAV-2410, FAV-1192, FAV-2703
Shorts SD-360	FAV-2358
SD-3-30	FAV-2110
DO-228	YV-2980, YV-3000, YV-3083
Cessna C-208	FAV-0956, FAV-1708, FAV-2406, FAV-4292
Cessna C 206	FAV-0505, FAV-0506, FAV-1235, FAV-1257, FAV-1328, FAV-1565, FAV-1810, FAV-2104, FAV-2154, FAV-2709, FAV-2964, FAV-3110
Embraer 190 (E-190)	SIGLAS YV-3016

LISTADO DE LAS AERONAVES DE ESTADO (AERONAVES DE TRANSPORTE Y CARGA) DEL REINO DE LOS PAÍSES BAJOS

AERONAVES	NÚMEROS DE REGISTRO
C-130H-30 HERCULES	G-273, 275, 781, 988
G-IV GULFSTREAM	V-11
KDC-10	T-235 -264
DORNIER 228	PH-CGN, PH-CGC
COUGAR	S-400 -419 -433 -440 -441 -442 -444 -445 -447 -450 -453 -454 -456 -457 -458 -459
CHINOOK	D-661 -662 -663 -664 -665 -666 -667 -101 -102 -103 -106 -890 -891 -892 -893 -894 -895
NH90-NFH	N-102 -110 -164 -175 -195
AW139	PH-FBH, PH-DCG
NH90	088, 227, 228, 233, 234, 258, 277, 316, 317, 318, 319, 324, 325, 326, 327
DASH-8	C-GRNN, C-GPAB
FOKKER 70	PH-KBX

V*

REPÚBLICA BOLIVARIANA DE VENEZUELA
MINISTERIO DEL PODER POPULAR PARA
RELACIONES EXTERIORES
DESPACHO DEL VICEMINISTRO
PARA AMÉRICA DEL NORTE Y EUROPA

I.DVMANE- Nº 10020

El Ministerio del Poder Popular para Relaciones Exteriores de la República Bolivariana de Venezuela, Despacho del Viceministro para América del Norte y Europa, saluda atentamente a la Honorable Embajada del Reino de los Países Bajos, en la oportunidad de dar respuesta a su Nota Verbal Nº MinBUZA.2015.654108 de fecha 30/11/2015, mediante la cual el Ministerio de Asuntos Exteriores del Reino de los Países Bajos tiene a bien notificar que "...acepta la enmienda del Anexo I del Acuerdo propuesta por la República Bolivariana de Venezuela en la Nota Verbal de la Embajada venezolana de fecha 20 de julio de 2015, confirmada y corregida por la Nota Verbal del Ministerio de fecha 2 de noviembre 2015".

En atención al particular, se hace del conocimiento de la Honorable Embajada del Reino de los Países Bajos que el Comando de Defensa Aeroespacial Integral, Comando Estratégico Operacional de la Fuerza Armada Nacional de la República Bolivariana de Venezuela, ha comunicado que no tiene objeción respecto de las aeronaves incluidas en el Anexo de la Nota Verbal Nº MinBUZA.2015.654108 de fecha 30/11/2015 y en consecuencia acepta la propuesta del Reino de los Países Bajos, siempre y cuando se cumpla con lo establecido en el Numeral 2 de los términos que dieron lugar al referido Acuerdo.

A los fines consiguientes, se anexa el Listado de Aeronaves de Estado (Aeronaves de Carga y Transporte) pertenecientes a la Fuerza Armada Nacional Bolivariana incluidas en el Anexo I del Acuerdo de Sobrevuelo de Aeronaves de Estado sobre territorio de la República Bolivariana de Venezuela y el Reino de los Países Bajos.

El Ministerio del Poder Popular para Relaciones Exteriores de la República Bolivariana de Venezuela, Despacho del Viceministro para América del Norte y Europa, hace propicia la ocasión para reiterar a la Honorable Embajada del Reino de los Países Bajos las seguridades de su más alta y distinguida consideración.

REPÚBLICA BOLIVARIANA DE VENEZUELA
Ministerio del Poder Popular para Relaciones Exteriores
DESPACHO DEL VICEMINISTRO PARA AMÉRICA DEL NORTE Y EUROPA

Caracas, 18 ENE 2016

A la Honorable
Embajada del Reino de los Países Bajos
Caracas.-

Env. 2016.1318
minbuza.2016.79421

---

*Published as submitted – Publié tel que soumis.

E - - - 0 0 1 6

Anexo al Oficio N° 72
De fecha ... de Enero de 2016

LISTADO DE AERONAVES DE ESTADO (AERONAVES DE CARGA Y TRANSPORTE) PERTENECIENTES A LA FUERZA ARMADA NACIONAL BOLIVARIANA A SER INCLUIDAS EN EL ANEXO I DEL ACUERDO DE SOBREVUELO DE AERONAVES DE ESTADO SOBRE TERRITORIO DE LA REPÚBLICA BOLIVARIANA DE VENEZUELA Y EL REINO DE LOS PAÍSES BAJOS

TIPO DE AERONAVE	SIGLAS (MATRÍCULAS)
SKY TRUCK (M-28)	GNB-96105, GNB-96106, GNB-96107
SUPERKING (BE-20)	EV-07190, AB-0212 GNB-8270, GNB-8274, FAV- 5134, AMB-1112
BEECHCRAFT KING (BE-90)	AB-0201
SIKORSKY	EV-5437
Mi-17	EV-0797
AVIOCAR CASA 212-200 (C-212)	TR-08118, AB-0204
AVIOCAR CASA 212-400 (C-212)	AB-0218, AB-0217
FALCON 50	YV-2165
COUGAR (AS-532)	AMB-59194
CESSNA C-550	AMB-0403, YV-2766
SUPER KING BE-350	AMB-1111, AMB -2836
Y-8F200W (AN-12)	FAV-0102, FAV-1909, FAV-2509, FAV-2810 FAV-2803, FAV-2410, FAV-1192, FAV-2703
SHORTS SD-360	FAV-2358
SD-3-30	FAV-2110
DO-228	YV-2980, YV-3000, YV-3083
CESSNA C-208	FAV-0956, FAV-1708, FAV-2406, FAV-4292
CESSNA C-206	FAV-0505, FAV-0506, FAV-1235, FAV-1257 FAV-1325, FAV-1565, FAV-1810, FAV-2104, FAV-2154, FAV-2709, FAV-2954, FAV-3110
EMBRAER 190 (E-190)	YV-3016

LEYENDA

AB	ARMADA BOLIVARIANA	FAV	FUERZA AÉREA VENEZOLANA
AMB	AVIACIÓN MILITAR BOLIVARIANA	GNB	GUARDIA NACIONAL BOLIVARIANA
EB	EJÉRCITO BOLIVARIANO	TR	DESIGNADOR PARA AERONAVES EN MISIONES DE TRANSPORTE
EV	EJÉRCITO VENEZOLANO	YV	DESIGNADOR OACI PARA VENEZUELA

LISTADO DE AERONAVES DE ESTADO (AERONAVES DE CARGA Y TRANSPORTE) PERTENECIENTES AL REINO DE LOS PAISES BAJOS A SER INCLUIDAS EN EL ANEXO I DEL ACUERDO DE SOBREVUELO DE AERONAVES DE ESTADO SOBRE TERRITORIO DE LA REPÚBLICA BOLIVARIANA DE VENEZUELA Y EL REINO DE LOS PAISES BAJOS

TIPO DE AERONAVE	SIGLAS (MATRICULAS)
C-130H-30 HÉRCULES	G-273-275-781-988
G-IV GULFSTREAM	V-11
KDC-10	T-235-254
DORNIER 228	PH-CGN PH-CGC
COUGAR	S-400-419-433-440-441-442-444-445-447-450-453-454-456-457-458-459
CHINOOK	D-661-662-663-664-665-666-667-101-102-103-105-890-891-892-893-894-895
NH90-NFH	N-102-110-164-175-195
AW139	PH-FBH PH-DOG
NH90	088 227 228 232 234 258 277 316 317 318 319 324 325 326 327
DASH-8	C-GRNN C-GPAB
FOKKER 70	PH-KBX

RODRIGO EDSON GUERRERO CONTRERAS
GENERAL DE DIVISION
COMANDANTE DE DEFENSA AEROESPACIAL INTEGRAL

"GUARDIANES PARA LA DEFENSA"

CHAVEZ VIVE... ¡LA PATRIA SIGUE...!

INDEPENDENCIA Y PATRIA SOCIALISTA ... ¡VIVIREMOS Y VENCEREMOS!

[TRANSLATION – TRADUCTION]

I

NOTE

La Haye, le 24 octobre 2014

MinBuZa.2014.636215

Le Ministère des affaires étrangères du Royaume des Pays-Bas présente ses compliments à l'ambassade de la République bolivarienne du Venezuela et a l'honneur d'appeler son attention sur les informations suivantes.

Le Royaume des Pays-Bas demande par la présente à la République bolivarienne du Venezuela d'ajouter cinq types d'aéronefs d'État à l'annexe I à l'Accord relatif à l'autorisation de survol entre le Royaume des Pays-Bas et la République bolivarienne du Venezuela (Caracas, 4 juillet 2012) et apprécierait une réponse rapide à ce sujet.

Les types d'aéronefs d'État concernés et leurs numéros d'immatriculation sont indiqués ci-dessous.

Aéronef	Numéro d'immatriculation
AW139	PH-FBH, PH-DCG
NH90	088, 227, 228, 233, 234, 258, 277, 316, 317, 318, 319, 324, 325, 326, 327
DASH-8	C-GRNN, C-GPAB
Chinook	D-890 à D-895
Fokker 70	PH-KBX

En outre, plusieurs aéronefs ne sont plus utilisés et sont à retirer de l'annexe I :

Aéronef	Numéro d'immatriculation
SH-14D Lynx	260, 261, 262, 264, 265, 266, 267, 268, 269, 270, 271, 272, 273, 274, 276, 277, 278, 279, 280, 281, 283
AS355 Twinstar	PH-HVH
Fokker F-50	U-05-06
DC-10-30F	T-255
DASH-8	PH-CGA, PH-CGB
NH90-NFH	N-008
Koffer 70	PH-KBX

Le Ministère des affaires étrangères saisit cette occasion pour renouveler à l'ambassade les assurances de sa plus haute considération.

Ambassade de la République bolivarienne du Venezuela

II

AMBASSADE DE LA RÉPUBLIQUE BOLIVARIENNE DU VENEZUELA

La Haye, le 20 juillet 2015

N° 035/2015

L'ambassade de la République bolivarienne du Venezuela auprès du Royaume des Pays-Bas présente ses compliments au Ministère des affaires étrangères du Royaume des Pays-Bas et a l'honneur de se référer à sa note MinBuZa.2014.636215, datée du 24 octobre 2014 et d'appeler son attention sur les informations suivantes relatives à son contenu.

La République bolivarienne du Venezuela demande par la présente au Royaume des Pays-Bas d'intégrer des aéronefs d'État dans l'annexe I à l'Accord relatif à l'autorisation de survol entre le Royaume des Pays-Bas et la République bolivarienne du Venezuela (Caracas, 4 juillet 2013), et apprécierait une réponse à ce sujet.

Les types d'aéronefs d'État concernés et leurs numéros d'immatriculation sont indiqués ci-dessous :

Type d'aéronef	Numéro d'immatriculation
Sky Truck (M-28)	GNB-96105, GBN-96106, GNB-96107
Super King (BE-20)	EV-07190, AB-0212, GNB-8270, GNB-8274, FAV-5134, AMB-1112
Beechcraft King (BE-90)	AB-0201
Sikorsky	EV-8437
MI-17	EV-0797
Aviocar Casa 212-200 (C-212)	TR-08118, AB-0204
Aviocar Casa 212-400 (C-212)	AB-0218, AB-0217
Falcon 50	YV-2165
Cougar (AS-532)	AMB-59194
Cessna C-550	AMB-0403, YV-2766
Super King BE-350	AMB-1111, AMB-2836
Y-8F200W (AN-12)	FAV-0102, FAV-1909, FAV-2509, FAV-2810, FAV-2803, FAV-2410, FAV-1192, FAV-2703
Shorts SD-360	FAV-2358
SD-3-30	FAV-2110
DO-228	YV-2980, YV-3000, YV-3083
Cessna C-208	FAV-0956, FAV-1708, FAV-2406, FAV-4292
Cessna C-206	FAV-0505, FAV-0506, FAV-1235, FAV-1257, FAV-1328, FAV-1565, FAV-1810, FAV-2104, FAV-2154, FAV-2709, FAV-2964, FAV-3110

En outre, plusieurs aéronefs ne sont plus utilisés et sont à retirer de l'annexe I :

Type d'aéronef	Numéro d'immatriculation
MI-17	AB-0610, AB-0609
KC-707	FAV-8747, FAV-6944
Bell-214ST	FAV-2611
Super Puma (AS-332)	FAV-2216, FAV-3312, FAV-4423
Cessna C-550	FAV-0002, FAV-222
Cessna C-551	FAV-1967
Cessna C-750	FAV-1060
Cessna C-500	FAV-0222
Beriev BE-200	FAV-2540, FAV-3280, FAV-3150, FAV-2840
C-26	FAV-1964
F-20	FAV-1650

L'ambassade de la République bolivarienne du Venezuela saisit cette occasion pour renouveler au Ministère des affaires étrangères du Royaume des Pays-Bas les assurances de sa plus haute considération.

Ministère des affaires étrangères du Royaume des Pays-Bas
Département des Amériques
La Haye

III

RÉPUBLIQUE BOLIVARIENNE DU VENEZUELA
MINISTÈRE DU POUVOIR POPULAIRE POUR LES RELATIONS EXTÉRIEURES
CABINET DU VICE-MINISTRE POUR L'EUROPE

Caracas, le 2 novembre 2015

I. DVM Europa nº 00420

Le Ministère du pouvoir populaire pour les relations extérieures de la République bolivarienne du Venezuela, Cabinet du Vice-Ministre pour l'Europe, présente ses compliments à l'ambassade du Royaume des Pays-Bas, accréditée auprès du Gouvernement de la République bolivarienne du Venezuela, et saisit cette occasion pour l'informer que, conformément à l'Accord relatif au survol du territoire de la République bolivarienne du Venezuela et du Royaume des Pays-Bas pour les aéronefs d'État, annexe I, le Commandement de défense de la force aérospatiale intégrée des forces armées nationales bolivariennes a indiqué qu'il « n'a pas d'objection concernant les aéronefs inclus par le Royaume des Pays-Bas, à condition que le paragraphe 2 des termes sur lesquels se fonde l'Accord susmentionné soit respecté ».

Une liste des aéronefs d'État qui appartiennent aux forces armées nationales bolivariennes et devant être inclus ou exclus de l'annexe I à l'Accord en question est jointe. Cette liste modifie le contenu de la note nº 035/2015 datée du 20 avril 2015 de l'ambassade du Venezuela au Royaume des Pays-Bas en y intégrant l'aéronef Embraer 190 (E-190), avec l'abréviation YV-3016.

Le Ministère du pouvoir populaire pour les relations extérieures de la République bolivarienne du Venezuela, Cabinet du Vice-Ministre pour l'Europe, saisit cette occasion pour renouveler à l'ambassade du Royaume des Pays-Bas, accréditée auprès du Gouvernement de la République bolivarienne du Venezuela, les assurances de sa plus haute considération.

Ambassade du Royaume des Pays-Bas

Liste des aéronefs d'État appartenant aux forces armées nationales bolivariennes et devant être inclus dans l'annexe I à l'Accord relatif au survol du territoire de la République bolivarienne du Venezuela et du Royaume des Pays-Bas pour les aéronefs d'État

Type d'aéronef	**Abréviation (immatriculation)**
Sky Truck (M-28)	GNB-96105, GNB-96106, GNB-96107
Super King (BE-20)	EV-07190, AB-0212, GNB-8270, GNB-8274, FAV-5134, AMB-1112
Beechcraft King (BE-90)	AB-0201
Sikorsky	EV-8437
MI-17	EV-0797
Aviocar Casa 212-200 (C-212)	TR-08118, AB-0204
Aviocar Casa 212-400 (C-212)	AB-0218, AB-0217
Falcon 50	YV-2165
Cougar (AS-532)	AMB-59194
Cessna C-550	AMB-0403, YV-2766
Super King BE-350	AMB-1111, AMB-2836
Y-8F200W (AN-12)	FAV-0102, FAV-1909, FAV-2509, FAV-2810, FAV-2803, FAV-2410, FAV-1192, FAV-2703
Shorts SD-360	FAV-2358
SD-3-30	FAV-2110
DO-228	YV-2980, YV-3000, YV-3083
Cessna C-206	FAV-0505, FAV-0506, FAV-1235, FAV-1257, FAV-1328, FAV-1565, FAV-1810, FAV-2104, FAV-2154, FAV-2709, FAV-2964, FAV-3110
Embraer 190 (E-190)	YV-3016

Légende :

AB : Armada bolivariana (Marine bolivarienne)

AMB : Aviación militar bolivariana (Armée de l'air bolivarienne)

EB : Ejército bolivariano (Armée bolivarienne)

EV : Ejército venezolano (Armée vénézuélienne)

FAV : Fuerza aérea venezolana (Force aérienne vénézuélienne)

GNB : Guardia nacional bolivariana (Garde nationale bolivarienne)

TR : Indicateur pour les aéronefs de transport

YV : Indicateur OACI pour le Venezuela

Liste des aéronefs d'État appartenant aux forces armées nationales bolivariennes et devant être exclus de l'annexe I à l'Accord relatif au survol du territoire de la République bolivarienne du Venezuela et du Royaume des Pays-Bas pour les aéronefs d'État

Type d'aéronef	Abréviation (immatriculation)
MI-17	AB-0610, AB-0609
KC-707	FAV-8747, FAV-6944
Bell-214ST	FAV-2611
Super Puma (AS-332)	FAV-2216, FAV-3312, FAV-4423
Cessna C-550	FAV-0002, FAV-222
Cessna C-551	FAV-1967
Cessna C-750	FAV-1060
Cessna C-500	FAV-0222
Beriev BE-200	FAV-2540, FAV-3280, FAV-3150, FAV-2840
C-26	FAV-1964
F-20	FAV-1650

RODRIGO GUERRERO CONTRERAS
Général de division
Commandant de défense aérospatiale intégrée

IV

DIRECTION DES AMÉRIQUES

La Haye, le 30 novembre 2015

MinBUZA.2015.654108

Le Ministère des affaires étrangères du Royaume des Pays-Bas présente ses compliments au Ministère du pouvoir populaire pour les relations extérieures de la République bolivarienne du Venezuela et a l'honneur de se référer aux notes suivantes concernant la modification de l'annexe I à l'Accord relatif à l'autorisation de survol entre le Royaume des Pays-Bas et la République bolivarienne du Venezuela (Caracas, 4 juillet 2013) :

- Note du Ministère des affaires étrangères du Royaume des Pays-Bas n° MinBuZa.2014.636215 datée du 24 octobre 2014 ;
- Note de l'ambassade de la République bolivarienne du Venezuela n° 035/2015 datée du 20 juillet 2015 ;
- Note du Ministère du pouvoir populaire pour les relations extérieures de la République bolivarienne du Venezuela « I. DVM Europa n° 00420 » datée du 2 novembre 2015, confirmant que la République bolivarienne du Venezuela accepte la modification de l'annexe I à l'Accord susmentionné, telle que proposée par le Royaume des Pays-Bas dans la note n° MinBuZa.2014.636215 datée du 24 octobre 2014.

Le Ministère a l'honneur d'informer le Ministère du pouvoir populaire pour les relations extérieures de la République bolivarienne du Venezuela que le Royaume des Pays-Bas accepte la modification de l'annexe I à l'Accord, telle que proposée par la République bolivarienne du Venezuela dans la note de l'ambassade du Venezuela datée du 20 juillet 2015, telle que confirmée et corrigée par la note du Ministère datée du 2 novembre 2015.

Le Ministère des affaires étrangères du Royaume des Pays-Bas confirme par la présente que les dispositions pertinentes de l'Accord relatif à l'autorisation de survol s'appliquent aux aéronefs inclus dans l'annexe I. Par ailleurs, le Ministère a l'honneur de proposer que, conformément au paragraphe 10 de l'Accord susmentionné, les notes relatives à la modification de l'annexe I à l'Accord relatif à l'autorisation de survol entre le Royaume des Pays-Bas et la République bolivarienne du Venezuela, c'est-à-dire la note datée du 24 octobre 2014, la note datée du 20 juillet 2015, la note datée du 2 novembre 2015, la présente note et la réponse du Ministère du pouvoir populaire pour les relations extérieures de la République bolivarienne du Venezuela, constituent un accord entre le Royaume des Pays-Bas et la République bolivarienne du Venezuela.

Enfin, le Ministère propose que cet accord concernant la modification de l'annexe I, telle que jointe, entre en vigueur à la date de la note du Ministère confirmant l'accord et son entrée en vigueur.

Le Ministère des affaires étrangères du Royaume des Pays-Bas saisit cette occasion pour renouveler au Ministère du pouvoir populaire pour les relations extérieures de la République bolivarienne du Venezuela les assurances de sa plus haute considération.

Annexe : annexe I à l'Accord relatif à l'autorisation de survol entre le Royaume des Pays-Bas et la République bolivarienne du Venezuela, telle que modifiée.

MINISTÈRE DES AFFAIRES ÉTRANGÈRES

Ministère du pouvoir populaire pour les relations extérieures de
la République bolivarienne du Venezuela

ANNEXE À LA NOTE N° MINBUZA.2015.654108

ANNEXE I DE L'ACCORD RELATIF À L'AUTORISATION DE SURVOL ENTRE LE ROYAUME DES PAYS-BAS ET LA RÉPUBLIQUE BOLIVARIENNE DU VENEZUELA, TELLE QUE MODIFIÉE

Liste des aéronefs d'État (aéronefs-cargos et de transport) des forces armées nationales bolivariennes et du service des transports autonomes du pouvoir exécutif national

Aéronef	Numéro d'immatriculation
Airbus 319CJ	FAV-0001
Boeing 737	FAV-0207
Falcon 50	FAV-0018
Cougar AS532UL	FAV-0559 -2491 -2124
BE-200	YV-O-103 -104 -107 -108 -173 –YV-O-SATA 1-2-3-4-5-6
C-26	FAV-0009
C-130H	FAV-3134 -2716 -4951 -4224 -5320 -9508
Shorts SD-360	FAV-2469
Cougar	FAV-0133 -0562 -1487 -1982 -2544 -2124 -4135 -6164
Super Puma	FAV-0121 -5110 -6014 -7425
Bell	AB-0302 -0605 -0602
Casa	AB-0401 -0204 -0217
MI-17	EV-0672 -0673 -0674 -0679 -0680 -0796 -0797 -0798 -0799 -07100 -07105 -07106 -08107 -08108 -08109 -08111 -08112 -08113 AMB-1811 -0507 -0705 -0804 -1607 -2909
M-28	EV-9960 -9961 -0062 -0063 -0064 -0065 -0066 -0067 -0068 -0069 -0070 -0071
Arava	EV-8014 -8118 -9959
Sikorsky	EV-8437 -8438 -8439
MI-26T	EV-0681 -07103 -07104
BE-200	EV-7910 -0688
BE-90	EV-7702
SW3	YV-O-132
BE-300	YV-O-175
AC-690	YV-O-115-143
DA-42-DIAMOND	YV-O-160 -161 -162 -163 -164 -165
MI-172	YV-O-109 -110 -111
Sky Truck (M-28)	GNB-96105, GNB-96106, GNB-96107
Super King (BE-20)	EV-07190, AB-0212, GNB-8270, GNB-8274, FAV-5134, AMB-1112
Beechcraft King (BE-90)	AB-0201
Aviocar Casa 212-200 (C-212)	TR-08118, AB-0204
Aviocar Casa 212-400 (C-212)	AB-0218, AB-0217
Falcon 50	YV-2165
Cougar (AS-532)	AMB-59194
Cessna C-550	AMB-0403, YV-2766

Super King BE-350	AMB-1111, AMB-2836
Y-8F200W (AN-12)	FAV-0102, FAV-1909, FAV-2509, FAV-2810, FAV-2803, FAV-2410, FAV-1192, FAV-2703
Shorts SD-360	FAV-2358
SD-3-30	FAV-2110
DO-228	YV-2980, YV-3000, YV-3083
Cessna C-208	FAV-0956, FAV-1708, FAV-2406, FAV-4292
Cessna C-206	FAV-0505, FAV-0506, FAV-1235, FAV-1257, FAV-1328, FAV-1565, FAV-1810, FAV-2104, FAV-2154, FAV-2709, FAV-2964, FAV-3110
Embraer 190 (E-190)	Abréviation YV-3016

Liste des aéronefs d'État (aéronefs-cargos et de transport) du Royaume des Pays-Bas

Aéronef	**Numéro d'immatriculation**
C-130H-30 Hercules	G-273, 275, 781, 988
G-IV Gulfstream	V-11
KDC-10	T-235 -264
Dornier 228	PH-CGN, PH-CGC
Cougar	S-400 -419 -433 -440 -441 -442 -444 -445 -447 -450 -453 -454 -456 -457 -458 -459
Chinook	D-661 -662 -663 -664 -665 -666 -667 -101 -102 -103 -106 -890 -891 -892 -893 -894 -895
NH90-NFH	N-102 -110 -164 -175 -195
AW139	PH-FBH, PH-DCG
NH90	088, 227, 228, 233, 234, 258, 277, 316, 317, 318, 319, 324, 325, 326, 327
DASH-8	C-GRNN, C-GPAB
Fokker 70	PH-KBX

V

RÉPUBLIQUE BOLIVARIENNE DU VENEZUELA
MINISTÈRE DU POUVOIR POPULAIRE POUR LES RELATIONS EXTÉRIEURES
CABINET DU VICE-MINISTRE POUR L'AMÉRIQUE DU NORD ET L'EUROPE

Caracas, le 18 janvier 2016

I. DVMANE-nº 00020

Le Ministère du pouvoir populaire pour les relations extérieures de la République bolivarienne du Venezuela, Cabinet du Vice-Ministre pour l'Amérique du Nord et l'Europe, présente ses compliments à l'ambassade du Royaume des Pays-Bas et saisit cette occasion pour répondre à sa note nº MinBuZa 2015.654108 datée du 30 novembre 2015, dans laquelle le Ministère des affaires étrangères du Royaume des Pays-Bas indique qu'il « accepte la modification de l'annexe I à l'Accord, telle que proposée par la République bolivarienne du Venezuela dans la note de l'ambassade du Venezuela datée du 20 juillet 2015, telle que confirmée et corrigée par la note du Ministère datée du 2 novembre 2015 ».

À cet égard, l'ambassade du Royaume des Pays-Bas est informée par la présente que le Commandement de défense aérospatiale intégrée, Commandement stratégique opérationnel des forces armées nationales de la République bolivarienne du Venezuela, a déclaré ne pas avoir d'objection concernant les aéronefs inclus dans l'annexe de la note nº MinBuZa.2015.654108 datée du 30 novembre 2015 et accepte par conséquent la proposition du Royaume des Pays-Bas, à condition que le paragraphe 2 des termes sur lesquels se fonde l'Accord susmentionné soit respecté.

Par conséquent, la liste des aéronefs d'État (aéronefs-cargos et de transport) appartenant aux forces armées nationales bolivariennes et qui sont inclus dans l'annexe I à l'Accord relatif au survol du territoire de la République bolivarienne du Venezuela et du Royaume des Pays-Bas pour les aéronefs d'État est jointe.

Le Ministère du pouvoir populaire pour les relations extérieures de la République bolivarienne du Venezuela, Cabinet du Vice-Ministre pour l'Amérique du Nord et l'Europe, saisit cette occasion pour renouveler à l'ambassade du Royaume des Pays-Bas les assurances de sa plus haute considération.

Ambassade du Royaume des Pays-Bas
Caracas

Liste des aéronefs d'État appartenant aux forces armées nationales bolivariennes et devant être inclus dans l'annexe I à l'Accord relatif au survol du territoire de la République bolivarienne du Venezuela et du Royaume des Pays-Bas pour les aéronefs d'État

Type d'aéronef	**Abréviation (immatriculation)**
Sky Truck (M-28)	GNB-96105, GNB-96106, GNB-96107
Super King (BE-20)	EV-07190, AB-0212, GNB-8270, GNB-8274, FAV-5134, AMB-1112
Beechcraft King (BE-90)	AB-0201
Sikorsky	EV-8437
MI-17	EV-0797
Aviocar Casa 212-200 (C-212)	TR-08118, AB-0204
Aviocar Casa 212-400 (C-212)	AB-0218, AB-0217
Falcon 50	YV-2165
Cougar (AS-532)	AMB-59194
Cessna C-550	AMB-0403, YV-2766
Super King BE-350	AMB-1111, AMB-2836
Y-8F200W (AN-12)	FAV-0102, FAV-1909, FAV-2509, FAV-2810, FAV-2803, FAV-2410, FAV-1192, FAV-2703
Shorts SD-360	FAV-2358
SD-3-30	FAV-2110
DO-228	YV-2980, YV-3000, YV-3083
Cessna C-208	FAV-0956, FAV-1708, FAV-2406, FAV-4292
Cessna C-206	FAV-0505, FAV-0506, FAV-1235, FAV-1257, FAV-1328, FAV-1565, FAV-1810, FAV-2104, FAV-2154, FAV-2709, FAV-2964, FAV-3110
Embraer 190 (E-190)	YV-3016

Légende :

AB : Armada bolivariana (Marine bolivarienne)

AMB : Aviación militar bolivariana (Armée de l'air bolivarienne)

EB : Ejército bolivariano (Armée bolivarienne)

EV : Ejército venezolano (Armée vénézuélienne)

FAV : Fuerza aérea venezolana (Force aérienne vénézuéliennes)

GNB : Guardia nacional bolivariana (Garde nationale bolivarienne)

TR : Indicateur pour les aéronefs de transport

YV : Indicateur OACI pour le Venezuela

Liste des aéronefs d'État appartenant aux forces armées nationales bolivariennes et devant être exclus de l'annexe I à l'Accord relatif au survol du territoire de la République bolivarienne du Venezuela et du Royaume des Pays-Bas pour les aéronefs d'État

Type d'aéronef	Abréviation (immatriculation)
MI-17	AB-0610, AB-0609
KC-707	FAV-8747, FAV-6944
Bell-214ST	FAV-2611
Super Puma (AS-332)	FAV-2216, FAV-3312, FAV-4423
Cessna C-550	FAV-0002, FAV-222
Cessna C-551	FAV-1967
Cessna C-750	FAV-1060
Cessna C-500	FAV-0222
Beriev BE-200	FAV-2540, FAV-3280, FAV-3150, FAV-2840
C-26	FAV-1964
F-20	FAV-1650

RODRIGO GUERRERO CONTRERAS
Général de division
Commandant de défense aérospatiale intégrée

No. 52373. Multilateral

ARMS TRADE TREATY. NEW YORK, 2 APRIL 2013 [*United Nations, Treaty Series, vol. 3013, I-52373.*]

RATIFICATION

Guatemala

Deposit of instrument with the Secretary-General of the United Nations: 12 July 2016

Date of effect: 10 October 2016

Registration with the Secretariat of the United Nations: ex officio, 12 July 2016

N° 52373. Multilatéral

TRAITÉ SUR LE COMMERCE DES ARMES. NEW YORK, 2 AVRIL 2013 [*Nations Unies, Recueil des Traités, vol. 3013, I-52373.*]

RATIFICATION

Guatemala

Dépôt de l'instrument auprès du Secrétaire général de l'Organisation des Nations Unies : 12 juillet 2016

Date de prise d'effet : 10 octobre 2016

Enregistrement auprès du Secrétariat de l'Organisation des Nations Unies : d'office, 12 juillet 2016

No. 52722. Multilateral

CONVENTION ON SUPPLEMENTARY COMPENSATION FOR NUCLEAR DAMAGE. VIENNA, 12 SEPTEMBER 1997 [*United Nations, Treaty Series, vol. 3038, I-52722.*]

RATIFICATION

India

Deposit of instrument with the Director-General of the International Atomic Energy Agency: 4 February 2016

Date of effect: 4 May 2016

Registration with the Secretariat of the United Nations: International Atomic Energy Agency, 1 July 2016

N° 52722. Multilatéral

CONVENTION SUR LA RÉPARATION COMPLÉMENTAIRE DES DOMMAGES NUCLÉAIRES. VIENNE, 12 SEPTEMBRE 1997 [*Nations Unies, Recueil des Traités, vol. 3038, I-52722.*]

RATIFICATION

Inde

Dépôt de l'instrument auprès du Directeur général de l'Agence internationale de l'énergie atomique : 4 février 2016

Date de prise d'effet : 4 mai 2016

Enregistrement auprès du Secrétariat de l'Organisation des Nations Unies : Agence internationale de l'énergie atomique, 1er juillet 2016